中國古代地理總志叢刊

讀史方輿紀要

十一

〔清〕顧祖禹 撰
賀次君 施和金 點校

中華書局

貴州方輿紀要序

貴州蕞爾之地也。其形勢有可言者乎？曰：孫子有言「兵無常勢，水無常形」，即地之形勢亦安有常哉？今夫函關、劍閣，天下之險也，一旦武關入，陰平踰，所謂函關、劍閣者，曾不能如門閾之限焉。一成足以興夏矣，三户可以亡秦矣，此一成、三户者，豈有金城、湯池之固哉？有志者得而用之，天下不能與抗也。其可以貴州爲蕞爾而少之哉？嘗攷貴州之地雖偏隅逼窄，然驛道所經，自平溪、清浪而西，迴環達於西北，幾千六百餘里。崇禎四年督臣朱燮元討安位，位降。使位通上下六衛，并清、平、偏、鎮四衛，設亭障，置游徼，紀里道之數，千六百餘里。貴陽猶人之有胸腹也。東西諸府衛，猶人之兩臂然。守偏橋、銅鼓以當沅、靖之衝，則沅、靖未敢争也；據普安、烏撒以臨滇、粵之郊，則滇、粵不能難也；扼平越、永寧以拒川、蜀之師，則川、蜀未敢争也。所謂以守則固矣。命一軍出霑益以壓雲南之口，而以一軍東指辰、沅，聲言下湖南而捲甲以趨湖北，武陵、澧陽不知其所守。膺擊荆南，垂頭襄陽，而天下之腰膂已爲吾所制矣。一軍北出思、黔下重慶，敵疑我之有意成都，而不疑我之飈馳葭萌也。問途沔北，顧盼長安，而天下之噤吭且爲我所搤矣。所謂以攻則彊矣。如是而曰貴州蕞爾之地也，其然乎哉？客佛然起曰：子之言亦誕矣。夫貴州者，山箐蓊鬱，蠻左侏離，自設省以迄今兹，苗種狺狺，時或爲患。及大軍四集，則草薙而禽獮之矣，未聞其能爲中國病也。且東出沅、辰，則五溪結曲爲之限，北趨巴、蜀，則重江汗漫爲之防，子又何言之易矣？余曰：如客之言，所謂知其常而不知其變者也。貴州之地，自唐、宋以來通於中國者，不過什之一二。元人始起而疆理之，然大抵同於羈縻異域，未能革其草昧之習也。夫風氣日開，人才亦漸出，今中國衣冠固多流寓其間者，且英雄俊偉之士，亦何地不生，而謂貴州終於狉獉之俗也，吾不信也。彼苗頑者，貪殘性生，爭奪無厭，見利而逐，自取翦屠，固其宜矣。然安邦彦亦不過水西支孽耳。一旦披猖肆惡，結烏撒以攻霑益，而雲南爲之震驚；誘諸苗以襲偏、沅，而湖廣爲之奔命；帥其黨類，圍迫貴陽，龍里、新添以東，所在焚刼，而川、粵之師迴翔而不敢進，其爲患亦劇矣。賴邦彦亦止苗夷故智，無深識遠圖耳，猶且興五省之甲，僅而克之，西南半壁，驛騷殆遍，尚謂不能爲中國患乎？客曰：誠如子言，以水西一族，而貴州全力且不能禦之，又何有於縱横天下哉？余曰：此非貴州之不足恃也。用兵者不知其方也。王三善督川、貴之師，當貴陽就圍，逡巡途次，自平越至龍里，計程百三十里耳，積四日而後達，賊自畏葸，解圍引去耳。使三善於屯兵平越之時，分遣精鋭，從遵義而進，直指大方，覆其巢穴，賊必潰散。扼其要害，至則殲之，賊可旦夕平矣。計不出此，使賊展轉出没，逞其恣睢，動涉旬時，易三大帥，王三善、閔夢得、朱燮元。擾半天下而後底平，謂用兵者猶有人乎哉，故曰非貴州之不足恃也。〔一〕

讀史方輿紀要卷一百二十

貴州一

禹貢荆、梁二州荒裔，自春秋以來，皆爲蠻夷地。其在天文，或曰參、井之分野也。漢時亦爲牂牁南境。三國時相傳諸葛武侯封牂牁蠻酋濟火爲羅甸王，國於此。唐時羅羅鬼主居之，羅羅本羅甸之盧鹿部，後訛爲羅羅。宋時爲羅施鬼國地。或云州境即殷、周之鬼方也。易曰：「高宗伐鬼方。」詩言「覃及鬼方」，故今猶有羅鬼之名。元於此置八番順元等處軍民宣慰使司都元帥府，八番，程番、韋番、方番、洪番、龍番、金石番、羅番、盧番也。龍番又有卧龍、小龍、大龍三番，而實與龍番同種，故云八番。元志：「至元十六年西南諸番歸附者凡三千四百八十七寨。」隸四川行省，至元二十八年改隸湖廣行省。明初以其地分隸湖廣、四川、雲南三布政司，洪武十五年設貴州都指揮使司，永樂十一年始建貴州等處承宣布政使司。領府十，屬州九，縣十三，宣慰司一，安撫司二，長官司七十一，而都司所領衛十八，直隸所一，守禦所十，長官司六，總爲里七十有九，夏秋二税約三萬七百石有奇。蓋府衛參設焉。今仍爲貴州布政使司。

貴陽軍民府，屬州三，安撫司一，縣二，長官司十七。

新貴縣，附郭。貴定縣，附郭。

定番州，領長官司十七。

程番，附郭。小程番，韋番，方番，洪番，盧番，上馬橋，卧龍番，小龍番，大龍番，金石番，羅番，盧山。〔二〕以上皆長官司，又木官等里附見。

開州，

廣順州，

金筑安撫司，領長官司三。

木瓜，麻嚮，大華。

貴州宣慰使司，與府同城，屬長官司九。

水東，中曹蠻夷，青山，劄佐，龍里，白納，底寨，乖西蠻夷，養龍坑。

貴州衞，與府同城。

貴州前衞，與府同城。

安順軍民府，屬州三，長官司六。

寧谷，西堡。

鎮寧州，領長官司二。
十二營，康佐。
永寧州，領長官司二。
慕役，頂營。
普安州，
普安衛，與州同城。屬所四。
樂民，平夷，安南，安籠。
都勻府，屬州二，縣一，長官司八。
清平縣，都勻，邦水，平浪，平洲六洞。
麻哈州，領長官司二。
樂平，平定。
獨山州，領長官司二。
合江洲陳蒙爛土，豐寧。
都勻衛，與府同城。
平越軍民府，屬衛二，州一，縣三，安撫司一，長官司一。

清平衛，

興隆衛，

黄平州，領縣三。

餘慶縣，　甕安縣，　湄潭縣。

凱里安撫司，領長官司一。

楊義。

平越衛，與府同城。

黎平府，屬縣一，長官司十三。

永從縣，　潭溪，　八舟，　洪舟泊里，　曹滴洞，　古州，　西山陽洞，　湖耳，　亮寨，　歐陽，〔三〕　新化，　中林驗洞，　赤溪湳洞，　龍里。潭溪以下俱蠻夷長官司。

五開衛，與府同城。屬所五，隸湖廣都司。

黎平，　中潮，　新化亮寨，　龍里，〔四〕　新化屯。

銅鼓衛，隸湖廣都司。

思南府，屬縣三，長官司四。

安化縣，附郭。水德江，附郭。蠻夷，附郭。婺川縣，印江縣，沿河祐溪，朗溪。

思州府，屬長官司四。

都坪峨異溪，都素，施溪，黃道溪。〔五〕

平溪衛，隸湖廣都司。

鎮遠府，屬縣二，長官司二。

鎮遠縣，附郭。施秉縣，偏橋，邛水十五洞。

鎮遠衛，與府同城。屬長官司一，隸湖廣都司。

臻剖六洞横坡等處。

偏橋衛，隸湖廣都司。

清浪衛，同上。

銅仁府，屬縣一，長官司五。

銅仁縣，附郭。省溪，提溪，大萬山，烏羅，平頭著可。

石阡府，屬縣一，長官司三。

石阡，附郭。龍泉縣，苗民，葛彰葛商。

龍里軍民衞，屬長官司一。
大平伐。
新添軍民衞，屬長官司五。
新添，附郭。小平伐，把平寨，丹平，丹行。
威清衞，
平壩衞，
普定軍民衞，
安莊衞，屬所一。
關索嶺。
安南衞，
畢節衞，屬所一。
七星關。
赤水衞，屬所四。
赤水前，摩尼，阿落密，白撒。
烏撒衞，

烏撒後〔六〕

永寧衛，

普市所。

東連五谿，

思州、鎮遠、銅仁、黎平皆五谿地，與湖廣之辰、沅、靖州相錯雜，苗蠻環伺，乘間抵隙，每煩撲滅焉。

南接西粵，

廣西柳州府之西北境，慶遠府及南丹州之北境，皆與都勻、貴陽、安順接界，而泗城州密邇普安。滇、黔有警，應援相近，故師旅相尋，必議以一軍出泗州，爲後勁之勢。

西通滇服，

自普安而西七十里爲亦資孔驛，驛滇、黔分界處也。自驛而東地氣蒸濕，雨潦不時，自驛而西山川開朗，風景晴和，黔土在藩服之間，固爲最劣哉。

北屏川南。

川南亦蠻夷淵藪也。西起烏撒，東抵平茶，迴環不啻千里，跳梁之禍往往而起。萬曆以降遵義、永寧之亂，其尤劇者也。而貴州諸境與川南皆犬牙相錯，不特平越掣遵義之肘，畢節犄永寧之足也。故出奇致勝，從事於貴州者，什恒居其五六。

其大川則有烏江，

烏江，在貴陽府北二百里。出水西境内，與四川遵義府分界，湍流洶悍。其渡處有烏江關，兩境恃以爲險。東北流經平越府餘慶縣及甕安縣西，又北經石阡府西，又北入思南府，經府西北流入四川重慶府彭水縣界而爲涪陵江，經縣西又東北經武隆縣治南，復折而西北，經涪州城東而入於大江，蓋貴州東北境之大川也。

盤江。

盤江，在貴州境者爲北盤江。出四川烏撒府西北五十里，一統志：「盤江有二源，北流曰北盤江，南流曰南盤江，環繞諸部，各流千餘里，至平伐横山砦而合焉。」曲靖府霑益州正據南北二江之間。」蓋盤江之源流，諸志皆未備。一統志雖言有二源，而源所從出者既不詳，其言合於平伐横山砦，亦殊荒略。羅氏云源出陸涼州，亦非也。今詳見廣西大川右江。東南流至烏撒南九十里謂之可度河，又東南爲七星關河，折而南經雲南霑益州界入貴州境，經安南衛東，又南經永寧州西境，普安州東境，盤迴曲折於山箐間，陰翳蒙密，夏秋多瘴，安南志：「盤江兩岸崖壁阨束，林木深阻，江流闊狹無時，隱見不一，藏垢伏穢，蒸爲瘴癘。」流經慕悦長官司東南，而南盤江流合焉，又東南入廣西泗城州境而謂之左江。陶弼云：「左江即盤江，盤江即牂牁江也。」漢武帝時唐蒙欲浮船牂牁以制越，武帝遂使馳義侯發夜郎兵下牂牁江會番禺。諸葛武侯南征亦至盤江，此貴州西南境之大川也。今詳見川瀆異同。

其重險則有七星關，

七星關，在烏撒衛東南百七十里，畢節衛西九十里。其地有七星山，山有七峰，置關其上。楊慎云：「孔明禡牙之地也。」關下爲七星河，兩崖壁立，迤邐而東，鳥道崇岡，屹然天險。水經其中，奔騰澎湃，險不可犯。初立鐵柱繫鐵絙以渡，後爲浮梁，梁以七舟，名曰應星橋。然泛漲時輒至漂壞，易舟以濟，則橫流衝激，尤多覆溺。嘉靖間道士黃一中者始創爲七星橋，經營相度，糾工聚財，其徒繼之，功始集，公私便利。今從雲南霑益州而北，道烏撒，越七星關趨畢節，而後臻赤水、永寧，關當雲、貴、川三省之交，爲喉吭之要矣。元末大理段功追敗明玉珍於七星關。明朝洪武十四年傅友德自曲靖引兵擣烏撒，尋大破蠻兵，得七星關以通畢節，進至可度河，見四川烏撒府。而東川、烏蒙、芒部諸蠻皆下，關蓋必争之所矣。今有官軍戍守。

偏橋。

偏橋，在鎮遠府西六十里。自湖廣沅州而西，四百四十里而至偏橋。自貴陽府而東，三百六十里而至偏橋。蓋辰、沅之指臂，貴陽之噤喉，偏橋警而東西隔絶，糧援中斷矣。明時幅員滇洱，置驛四川，不如取途湖廣爲徑。雲南、湖廣之間，惟恃貴陽一線。有雲南不得不重貴陽，重貴陽不得不急偏橋，必至之勢也。元人開置黔壤，即有偏橋中寨及德勝寨偏橋四甲等處諸長官司。明初洪武四年設偏橋長官司，二十五年置衛，地在貴州，而軍屬湖廣，可以知控制之勢矣。嗣後苗夷有警，必急扼偏橋，而不軌之徒，亦復眈眈於此。楊應龍跋扈於前，襲偏橋而楚、黔中梗；安邦彦跳梁於後，犯偏橋而黔、貴幾危。後乃於湖南建節，而以偏、沅爲稱者，蓋偏橋在三省之交，苗蠻環錯，四顧皆急，其在貴陽，尤爲上游之形勝也。

按貴州自元以來，草昧漸闢，而山箐峭深，地瘠寡利，蠻夷盤繞，迄今猶然。惟是滇南北上，必假道兹土，故疆理制置，不容不急焉。又其地界川、湖夷峒之間，師旅之費，大都仰給二省，時稱匱詘，若寄生然。至於水西、普安、凱里諸酋，舊以富甲他夷，奸萌日稔。自萬曆以來，播、藺二凶構禍於外，水西狂孽繼亂於中，勞師動衆，騷驛已甚。而賊亦大創，不逞之志，漸屏息矣。夫中原制馭蠻夷，貴圖之於豫，逮其亂作而草薙禽獮之，亦豈善策也哉？

校勘記

〔一〕故曰非貴州不足恃也　按職本此句之下有：「客曰：然則貴州誠爲險要之區，英雄當從而争之矣。余曰：是又不然。天下有創起之地焉，有根本之地焉。創起云者，惟其所在不擇地而皆可以有爲者也。根本云者，得之則興，失之則亡，當竭智盡能以圖之，竭智盡能以保之者也。漢高創起於泗上，而以關中爲根本；光武創起於南陽，而以河北爲根本。泗上、南陽非無形勢可取，而苟無與天下之要會，英雄亦以郵傳視之矣。項羽戀戀於彭城，李密拳拳於鞏洛，狼戾無成，千古同歎，皆不知創起之地非根本之地者也。夫不知創起之地而以根本視之，不知根本之地而以創起置之，其敝皆足以至於亡。客曰：貴州之較泗上、南陽又何如哉？余曰：子姑置之，□□□州在秦、漢之交亦未入版圖，彼二君者亦□□□於其地耳。使貴州而爲今日之貴州，二君□□□地，而適當亡秦亂新之際，二君者，其竟以匹夫□乎哉？」此文借主客對話的形式，指出雲南、貴州等地只可作爲創起之地，而非根本之地。這是讀史方輿紀要作者顧祖禹鼓動西南地區漢人反清復明，希望他們能去奪取關中、河北等根本之地，故全文亦被清初抄書者所删，而不見於底本。

〔二〕盧山　底本原作「羅山」，今據鄒本及明志卷四六改。

〔三〕歐陽　職本、敷本與底本同，鄒本作「歐陽寨」，本書卷一二一亦作「歐陽寨長官司」，然明志卷四

六、嘉慶重修一統志又均作「歐陽」，無「寨」字。今仍從底本。

〔四〕龍里　底本原作「隆里」，鄒本作「龍里」。明志卷四六龍里長官司下云「南有龍里守御千户所」，然明史卷九〇兵志又作「隆里千户所」，蓋隆、龍音同，一地異名也。本書卷一二二亦作「龍里」，今從鄒本。

〔五〕黄道溪　底本原脱「溪」字，今據鄒本及明志卷四六補。

〔六〕烏撒後　底本原脱，今據鄒本補。烏撒後千户所見本書卷一二三。

讀史方輿紀要卷一百二十一

貴州二

貴陽軍民府，東至龍里衛六十里，西至威清衛六十里，南至廣西泗城州界三百五十里，北至四川遵義府界三百五十里，西北至畢節衛四百五十里，自府治至京師七千六百七十里。

禹貢荆、梁二州南裔，後爲西南夷地，漢、唐時皆未入中國。宋爲羈縻蠻地，志云：開寶中蠻酋普貴内附，置大萬谷樂總管府授之，嘉定中移府於今治。元至元二十年置順元等路軍民安撫司，通志：「元初爲羅甸鬼國，尋改羅甸軍民安撫司，至元十六年改順元軍民安撫司。二十年於司治北增置亦奚不薛總管府。二十四年復增置順元路，并貴州於司治内以統降附者。」元志皆不載。屬八番順元等處軍民宣慰司。明朝洪武四年置貴州宣撫司，六年升宣慰使司，隸四川行省。時酋長密定等舉土内附。永樂十一年改隸貴州布政司。成化十年分置程番府，隆慶六年移府治於省城，改爲貴陽府。萬曆二十八年又加軍民府。〔二〕今領州三，縣二，安撫司一，長官司十六。

府當四達之郊，控百蠻之會。志云：貴陽所轄夷種非一，曰羅羅，曰宋家，曰蔡家，曰仲家，曰龍家，曰曾竹龍家，曰紅仡狫，曰花仡狫，曰打牙仡狫，曰東苗，曰西苗，曰紫薑苗，曰賣爺苗，習俗各異。一旦有警，則滇南隔絶，便成異域，故議者每以貴陽爲滇南之門户。欲得滇南，未有不先從事貴陽者。自滇南而東出，貴陽其必争之地也，蓋應援要途，控臨重地矣。

新貴縣，附郭。元置貴竹長官司，屬順元路安撫司。明初因之，萬曆十八年改置今縣。編户六里。

貴定縣，附郭。萬曆三十六年割新貴縣及定番州地置。編户四里。

貴陽城，今府治，即明初宣慰司城也。洪武五年始築城，甃以石。其城依山麓爲址，地勢坡陀，高下少平衍，西南臨河，東北有池。爲水關二，門五。城周九里有奇。

甕蓬廢縣，府北四十里。元置，今爲甕蓬堡。又章龍廢縣，在府北二十里。元置，俗訛爲隴上。其相近者又有廢章龍州，通志作「龍章州」，似誤。○洪邊廢州，在府北八里。志云：元至元中建，隸八番羅甸宣慰司，今本志不載。又乖西廢軍民府，在府北百里，地名大乖西。元皇慶初置府。又大萬谷落廢總管府，宋開寶八年所置羈縻府也，在府北百二十里。

小羅廢縣，在府城南。元置，尋廢。俗名爾溪街。志云：府南二十里有大羅廢州，亦元置，俗訛爲大羅街。元志有小羅州無大羅州。或云對縣而言，故曰大羅。○鴨水廢縣，在府北百六十里，近鴨池河。志云：元置。按元志有高橋青塘鴨水等處長官司，無鴨水縣也。又骨龍等處廢長官司，在府北六十里；又陸廣等處廢長官司，在府北百五十里；底窩紫江等處廢長官司，在府東北百五十里；又曾竹等處廢長官司，在府西北八十里；皆元置，明朝廢。又水西故城，在府西北二百五十里，蓋明初所築，壘門尚存。

平伐廢長官司，府東南百二十里。元置平伐等處長官司，洪武十五年改爲平伐長官司，屬貴州衛。二十八年改屬龍里衛。萬曆八年改置新貴縣，以司地省入。今爲平伐鄉。一統志：「平伐長官司在龍里衛東南六十里。」

貴山，府北二里，入蜀之道也。一名貴人峰，貴州之名以此。又銅鼓山，在府東二里。高百餘仞，每陰雨，山半空洞中有聲若銅鼓。其相接者曰東山，峭壁千仞，俗名老王山。又有棲霞山，在府東七里。山半有來仙洞。○照壁山，在府東北里許，以巖石屹立而名。又東北六里有石洞山，山有石洞，通人行。一名髑髏山，俗呼枯髏山。通志：「在府北四里。」

獅子山，在府城西。土山戴石，狀如獅子。明初傅友德南征，駐兵於此。又城東亦有獅子山，城南里許亦有之，城周圍又有五虎山，城南五里則有鳳凰山，俗傳「五虎、三獅、一鳳凰」者也。天啓初水西土目安邦彦作亂，進圍會城，沿山札營，四面把截，以斷城中出入。城東有山岡，高與城齊，賊據其上，作厢樓，官軍設計焚之。會援軍至，賊始引却。又坎馬山，在府西二里。俗名坎馬沖山。

高連山，府南二里。山勢高聳，與貴人、天馬諸山連接。志云：即新添關諸山也。其前爲天馬山，又前爲天榜山。又斗崖山，在城南里許，俗名倒崖山。其相近者曰筆架山，山之西曰文筆峰，皆與高連山相映帶。○交椅山，在府南五里，以形似名。又卧牛山，在府南二十五里。山南有長豐堰，溉田甚廣。府南五十里曰簸箕山。旁有青巖，巖臨河，通定番州。其側爲羊、虎二場，四方軍民，貿易於此。

木閣箐山，府西北五十里。延袤百餘里，林木蓊蔚，中有道通水西、畢節。上有龍潭，深不可測。又三脚山，在府北五十里。三峰竦立，形如鼎足。又石人山，在府北三十里，水西大道也。山頂羣石，拱立如人，俗名石人山壩。又府北八里有翠屏山，旁有繡嶺。府北五里曰驪珠山。其相接者曰鴉關山。府北二里曰白崖山，兔場官道經其下。

石門山，府東六十二里。絶頂二石對峙，人行其中，儼然如門。唐志牂牁有高連、石門二山，志以爲即此山也。又冗刀山，在廢平伐司治西。「峰巒高聳，狀如列戟。宋末有蠻酋保郎者立砦此山，招集蠻類以拒蒙古，故址猶存。○清水山，在府東北百二十里。下臨清水江，兩岸壁立，水深莫測。又唐帽山，一統志云：「在府南六十里，以形似名。土人嘗避兵於此。」

南望山，府北百里。崇峰大箐，嵐氣晝冥，人跡罕至，爲郡之鎮。又魯郎山，在府北八十里。元時有魯姓者讀書於此，因名。本名乖西山，亦名書案山。旁有洗馬潭，相傳諸葛武侯南征時洗馬於此。○瑪瑙山，在府西三百五十里。峰巒透迤，林木疊翠。水西宣慰安氏宅其山麓。又箐林山，在府西北二百二十里水西境内。又北二里有聶石壩。又西北三百里有克仲壩，即水西巢窟也。

梯嶺，府南三里。有石級如梯，中曹司路經其上。志云：府城内前衛治西南隅有藏甲巖，一名鬼王洞。○朝陽洞，在府北廢骨龍長官司側，中容數百人。又白龍洞，在府西北十五里；雲崖洞，在府西北三里，舊名唐山洞；皆幽邃。又三仙洞，在府東四十里，地名蓊若堡，中有泉石之勝。又龍岡，在府北五十五里龍場驛側。又有東洞，正德初王守仁謫居於此，改名陽明洞。

烏江，府北二百里。源出水西，與四川遵義府分界，湍流洶悍。其北岸有烏江關。詳見大川。

南明河，府城南。源出定番州界，東北流經青巖下，至南門外，中有芳杜洲，廣百步，可以種植，其下流爲清水江。志云：清水江在府東北百二十里，與新添衛分界。水甚清冽，兩岸峰巖壁立，崎嶇難行，乖西巴鄉諸部苗、狫倚此爲險。景泰三年南和侯方瑛將兵濟此，平其兩岸，以爲坦途，至今苗、僚奪氣。又東北入於烏江。○三水江，在府北三十里。府西境之水派流而下，至此合流爲一，東流合於清水江，即陸廣諸水之下流也。

龍洞河，府南十里；又四方河，在府西南五里；下流俱入南明河。又富河，在城南一里。源出八里屯之龍井，東北流入南明河。又貫城河，在城北。源出夷界，流貫城中。夏秋漲溢爲患，正統、景泰以後常濬治之。下流亦入於南明河。

陸廣河，府西北百二十里。源出苗界，或曰即三水江上源也。當水西驛道，于此置巡司以盤詰行者。天啓初安邦彦挾宣撫司安位以叛，位之母曰奢社輝，與位據大方。撫臣王三善既解會城之圍，分軍屯陸廣以逼之。安邦彦糾羣賊攻陷陸廣，勢益張。既而官軍四集，邦彦塹陸廣以自守。議者謂陸廣去大方百七十里，前後左右皆羅鬼巢窟。王三善之敗，以失地利故也。未幾朱燮元督川、湖、雲、貴、廣五省之軍，分道並進，而親帥大軍駐陸廣，逼大方，奇兵四合，遂克之。滇紀：「陸廣河有水口砦，又有陸廣城，爲水西要地。」

濟番河，府西南三十里。俗名花仡狫河，八番路所經。成化初宣慰使宋昂壘石爲橋。其下流合於南明河。又鴨池河，在府西百五十里。一作「鵶池河」，下流達於陸廣河。○墨特川，在府西北。元大德五年順元酋長宋隆濟與水西土官妻蛇節作亂，攻陷楊、黄二砦，進攻貴州。元將劉國傑討之，自播州進戰，大破隆濟等於墨特川，賊遂降散。川蓋在水西境内。

澤溪，府西三里。一作「宅溪」。有廣濟橋跨其上。天啓初王三善援會城，營於南門外坡上，又移宅溪，安邦彦遠遁陸廣河外。通志：「澤溪在府治北，源出髑髏山，流合貫城河入南明河。」又西溪，在府西北二百八十里，流合陸廣河。又有沙溪，在府北二百里，流合烏江。○聖泉，在府西五里。自山麓湧出，下流溉田數百畝。又温泉，在府北九十里，地名楊郎壩。其始出可以熟物，流遠乃可浴。又神應泉，在府北百二十里，地名巴鄉。擊石則泉出，因名神應。又濟行泉，在新添關舖。有二源，出高連山穴，行者至此藉以濟渴。又有九十九泉，在府西二十里，地名高砦。泉出山頂，凡九十九穴。

新添關，府東南一里，貴州站在其下。又鵶關，在府北鵶關山下。關西爲楊柳舖，四川驛道所經也。又蔡家關，在府西北五里。亦謂之響水關。志云：府南百里有瓮巖關。又闊水關，在府西北。洪武三十年顧成征水西諸蠻，破闊水，進克宗那革、賈母龍等關砦，蓋皆在蠻境。○陸廣河砦，在府西北百二十里。有陸廣河巡司，陸廣驛亦置於此。其對岸曰黄沙渡，亦有巡司。又府北二百里有沙溪渡巡司。

洪邊堡，府北十里。土司宋氏所據。又有八姑蕩及平八莊諸砦，在府西北，皆諸苗窟穴也。天啓初安邦彦作亂，洪邊土酋宋萬化與諸苗應之，刻期復犯會城。撫臣王三善遣别將王建中等勦八姑蕩，焚莊砦二百餘處，窮追渡河，賊謀始寢。○孫官堡，在府西北。安邦彦渡江敗官兵，燒劫麻姑、孫官堡，撫臣王瑊先遣兵攻府西河沙壩，盡俘其羅鬼，廣順、定番、青巖、白納一帶，苗蠻爲之奪氣。又遣兵敗邦彦於趙官堡，水内、水外之賊皆潰去。趙官堡亦在府西北。

青巖堡，府南青巖下。天啓初安邦彦復攻貴陽，使其黨李阿二督四十八莊兵圍青巖，斷貴陽糧道。撫臣王三善使别將王建中救青巖，焚賊寨四十八莊，定番路始通是也。四十八莊，皆羣苗屯聚處，亦謂之「四十八馬頭」。

奢香驛，府西北二百六十里。奢香者，明初水西酋靄翠之妻也。靄翠死，香爲貴州都督馬爗所辱，香訴於朝，明太祖爲誅爗而封香爲順德夫人。香歸，開貴州東北赤水、烏撒道以通蜀烏蒙，立龍場九驛，世辦馬匹廩餼以報德，故驛因以名。又水西驛，在奢香驛東五十里，即陸廣驛也。志云：自奢香驛而西北，又經金鷄、閣鴉、歸化三驛，而至畢節驛，去府城四百二十里。○龍洞鋪，在府東十里。天啓初安邦彦叛攻會城，撫臣王三善引兵赴救，克龍里，邦彦退屯龍洞，即此。

貴州驛，在府城北。又府北六十里有劄佐驛，九十里爲底砦驛，府北百里又有渭河驛，百二十里有養龍坑驛。又龍場驛，在府西北五十五里。又西五十里即陸廣驛也。○威清驛，在府西北四十里；又平壩驛，在府西北九十里；又府東五十里有龍里驛：皆爲往來之要道。

麥架橋。府北三十里，通水西大道。又阿江橋，在府西十里，雲、貴往來必出於此。

定番州，府南八十五里。東至龍里衛大平伐長官司八十里，〔二〕西至金築安撫司百里，南至廣西泗城州界百五十里。

古蠻夷地，元至元十六年置程番武勝軍安撫司。明初改置程番長官司，隸貴州衛，正統四年屬貴州宣慰司。成化十年置程番府於此。時長官方勇等請設府治，遂從之。十二年創築府城，周二里。隆慶二年移府治於省城。萬曆十二年置定番州於舊府治，編户四里。屬貴陽府，領長官司十三，里三。

州北屏貴陽，東接龍里，控禦蠻僚，糧援所資也。

程番長官司，附州。元安撫司治此。明朝洪武五年改置長官司，授土酋程谷祥。本隸貴州衛，尋隸宣慰司，後爲府治。隆慶初屬貴陽府，萬曆中始爲州治。編户一里。

廢定遠府，州南二百二十里。元置，領桑州等五州、朝宗等十一縣。明初俱廢。志云：州南三十里有廢南寧州，宋所置羈縻州也。似悮。

連珠山，州南八里。五山圓秀，連絡如珠。其相近者曰笠山，俗名斗蓬山。又南二里有三寶山，上有龍洞。志云：州南五里有掛榜、筆架二山。又有營盤坡，在州南二里。○麒麟山，在州東五里。又州東一里有琴山。

天馬山，州西南七里。又州西五里有交椅山，西一里有旗山，皆以形似名也。志云：旗山相近有紅土坡。又有楊梅坡，以所産名。○驕龍玩珠山，在州北二里，以山勢盤曲向城也。又州北二十里有鳳凰山。

龍山，在州西。志云：在程番司西二十里。又司治南二里有蒙山。○滴水崖，在州東南十里。水出崖中，四時不絶，行者資以濟渴。崖前有平地名曰三墓，賊常於此出没爲患，今立哨守之。

都泥江，州城南。一名牂牁江。源出州西北二十里亂山中，曰濛潭，經州南界地名破蠶，流入廣西南丹州境。志云：江有三流，一自金築東北流遶州城，一自上馬橋東流入境合爲一江而東南注。詳見川瀆盤江。又七曲江，在州西二十里；又有玉帶河，在州北二里；皆流合都泥江。

清水塘，州南五里。水清不涸，溉田數百畝。志云：程番司北一里乾堰塘，此水盈縮，可以驗豐歉。

程番關。州北十里。又鷄窩關，在州南十里。相近者又有磨石關。○滴水巖關，在州南十五里。又南五里有石門關。又有卜弄、立旺等砦，皆在州境。

小程番長官司，州西北十里。北至府城七十五里。元置小程番蠻夷軍民長官司，明朝洪武四年酋長程受孫歸附，改置今司授之。初屬貴州衛，尋屬宣慰司，又改屬程番府，後改今屬。餘皆倣此。編户十里。

唐帽山，在司治北。又司東四里有五魁山。○嘉木箐，在司南十五里。又司南五十里有江度箐。又有伏龍坡，在司南二里，西通上馬橋，東達盧番司。又司西二里有廖家壩。

漣江。在司治東；又冷水河，在司南五十里；俱流入於都泥江。

韋番長官司，州南十里。北至府城九十五里。元置韋番蠻夷長官司，明朝洪武五年酋長韋四海歸附，〔三〕仍置司授之。編户十里。

印山，司西一里。又司南十里有三寶山。

大韋河。司南三里，流入都泥江。志云：河上通程番，下接卧龍番。又滚水泉，在司西三里。

方番長官司，州南七里。北至府城九十里。元至元十六年置方番河中府安撫司，明朝洪武五年酋長方得用歸附，改置今司授之。編户一里。

錦屏山，司北一里。其相近又有將臺、旗峰二山。

小河。在司治南，又南五里有底方河，司北一里有雲溪水，下流皆合於都泥江。

洪番長官司，州西九里。東北至府城九十里。元置洪番永盛軍安撫司，明朝洪武五年改置今司。編户一里。

三疊山，在司治南。峰巒綿連，曲折三疊。又司北一里有伏蛟山。

小溪。在司治南。溪流清澈，亦東入都泥江。

盧番長官司，州北五里。北至府城八十五里。元置盧番靖海軍安撫司，尋又析其西北境置盧番蠻夷長官司。明朝洪武五年酋長盧朝俸歸附，改置今司授之。編户一里。

象山，司南一里。〔四〕又南里許曰獅山，有南里許曰太平山。志云：司東三里曰桐木山。又有長崖，在司南十五里。

洗馬河。在司東。下流南入於都泥江。

上馬橋長官司，州西北二十里。北至府城七十里。元置上橋縣，屬定遠府。明朝洪武五年酋長方朝俸歸附，〔五〕置今司授之。編户一里。

屏風山，司南一里。又南二里曰卓筆山。○高洞山，在司北二里。又北二里曰崖頭山。

上馬橋河，司治東北，流入貴陽府界。或曰即南明河之上源也。

洞口關。司東十三里。又小山關，在司北二十里。青苗關，在司南二十里。長田關，在司東二十里。

卧龍番長官司，州南十五里。北至府城百里。志云：宋置南寧州治此。至道元年有南寧酋長龍溪璶入貢，自號龍番。元豐二年復入貢。元置卧龍番南寧州安撫司。明朝洪武五年酋長龍得壽歸附，改置今司授之。編户□里。

筆架山，司南三里，旁有月坡，皆以形似名。又有文峰山，在司南十里。志云：司東十里有仙人洞，東南十里有白象洞，洞中有石如人如象也。

遶翠江，在司治南。自山澗中遶流而東，亦入都泥江。

下馬關。司南三十里。又鴨水關，在司西六十里。

小龍番長官司，州東南二十里。北至府城百有三里。元置小龍番静蠻軍安撫司。明朝洪武五年酋長龍昶歸附，改置今司授之。編户一里。

九龍山，在司治北。有九嶺起伏，蜿蜒如龍。又馬鞍山，在司南十五里。又南五里曰旗鼓山。○牛眠嶺，在司南十里。其相近有文秀峰。又古松坡，在司南一里。

雙峽水。在司治南。有二水導流會於司東，又南流而西折入於都泥江。

大龍番長官司，州東南三十里。北至府城百十里。元置大龍番應天府安撫司。明朝洪武五年改置今司。編户十里。

執笏山，在司治南。其相近者曰掛榜山。又栗木山，在司西十里。志云：司南一里又有桐木岡。

奔龍江，司東一里。又大龍河，在司治後，合奔龍江下流入於都泥江。

龍堰口關。司西十二里。

金石番長官司，州東二十里。西北至府城百里。志云：宋元豐二年石番來貢，即此。元置金石番太平軍安撫司。明朝洪武五年酋長石愛歸附，置今司授之。編户□里。

三台山，司南一里。又司治東有小龍山，司治西二里有天堂山。又伏龍山，在司南五十里。司東六十里又有天生洞。

回龍江，在司東南，流入都泥江。

墓口關。司西十五里。又梅子關，在司西七十里。木星關，在司西南七十里。

羅番長官司，州南三十里。北至府城百十五里。志云：宋元豐二年羅番入貢，即此。元置羅番遏蠻軍安撫司。明朝洪武五年酋長龍世映歸附，改置今司授之。編户一里。

屏風山，司治北。又司北三里有松明嶺。又龍王洞，在司西五里。

環帶江，在司治南。又司治北有羅番河，流合環帶江。又有小水河，司東五里，亦流合而入都泥江。

烏羅關。司西四十里。又司北二十里有冗夏關，相近者曰竹柯關。

盧山長官司，州南七十里。北至府城百五十里。元置盧山等處蠻夷軍民長官司。明朝洪武五年土酋盧經保歸附，改置今司授之。編户一里。

盧山，司治南，極高。旁有三石峽如門，盤旋而上，頂平廣，可容千人。有泉池田土，可耕食，蓋鄉人避兵處也。又五門山，在司東三里。司南二十里又有茶山，産茶。○寶塔山，在司西五里。峰巒尖削如塔。又司治北有紗帽山，亦以形似名。志云：司北一里有卧牛岡。南十五里有翁松嶺。

腰帶河，在司治南。又擺遊河，在司西三十里。下流俱入於都泥江。

翁松關。司西七十里。又司西六十里有苦練關。

木官里，州南百四十里。元置木當蠻夷長官司，明朝改爲木官里，初屬貴州衛，尋屬宣慰司，成化初屬程番府，今屬定番州。餘倣此。

沿臺山。在里寨西三里，寨北五里又有木栗山。又獨峰，在寨東二里。

克度里，州東南百里。元置雍郎容都等處長官司，〔六〕明初改爲克度里，今屬定番州。

松岐山，在里寨南二里。又南四里有高囤山。

龍井河，在寨南。

克度關。志云：在定番州東南百八十里，接廣西境，屬克度里管轄。

通州里。州東南百五十五里。元置重州蠻夷長官司，明初改爲通州里，今屬定番州。

連雲山，里寨南五里，以高竦連雲也。相近又有屏風山。

遶村溝，在里寨西。

通州關。志云：在定番州東南百七十里，抵新添衛之丹平、丹行二長官司界。又有把馬等十八寨，俱屬通州里管轄。

開州，府東北。

本水西地，崇禎三年開置今州，屬貴陽府。

廣順州，在府北。

本水西地，崇禎三年開置今州，〔七〕屬貴陽府。

金筑安撫司，府西南百二十里。東至定番州百里，西至安順軍民府百三十里，北至平壩衛九十里。

古蠻夷地，宋爲羈縻蠻境。志云：宋爲南寧州地。元置金竹府，屬順元等路。明朝洪武四年改置金筑長官司，十年升爲安撫司，隸貴州衛，志云：初，金竹酋長密定歸順，置長官司授之，治斗笠寨。洪武十六年遷治杳林峰。永樂十一年又遷於馬嶺之陽，即壩寨也。正統十年直隸貴州布政司，成化十一年改屬程番府，隆慶二年改屬貴陽府。編户十里。領長官司三。

司重岡疊阜，山廣箐深，居諸夷叢集之中，稱爲要地。

古筑廢縣，志云：在司南百里。元置古筑縣，隸金竹府。俗名其地曰占羊。明初縣廢。

天臺山，司西南二十里，孤聳如臺，又螺擁山，在司東二十里。山高五里，狀如螺擁。上有深淵，水碧如藍，四時不涸。又簸箕山，在司東六十里。馬鞍山，在司治後。又司北十里有龕石坡。

麻線河，司北十里。流延如線，下流入於都泥江。○乾溪，在司南五里。雨集成溪，雨止溪涸。又勝水，在司西五里，地名麻大砦。人汲則湧，不汲則止。

翁桂關，司東二十里。又有白崖關，在司東十五里。○乾溝關，在司西四十里。又西五里有文馬關。又有燕溪關，在司北十三里。志云：司東南又有羅榮砦。

天生橋。司北三十里。石壁千仞，環遶如城。水流其下，人行其上，平坦如橋。

木瓜長官司，安撫司東百里。元置木瓜仡狫蠻夷軍民長官司。志云：元初置羅賴州，尋改木瓜等處蠻夷軍民長官司，隸葛蠻長官司。悮也。明朝洪武五年酋長石蓋歸附，改置今司授之，又以從征官顧宸副之，屬金筑安撫司。成化中改屬程番府，隆慶中復改今屬。編户一里。

天馬山，司西一里。旁有蓮花洞。又獨鯉山，在司南一里。司東二里又有鳳凰山。

九曲溪，司南八里。又沿井，在司北一里。清流洶湧，雖旱不涸。

蔓頭關。司北十五里。

麻嚮長官司，安撫司東百十里。志云：元置麻嚮等處蠻夷長官司。悮也，蓋明朝洪武五年增置，〔八〕以授歸附土酋得雍，成化中改隸程番府，後復舊。編户一里。

百連山，司北二里。又司治後有盤龍山。

小河，在司治前。

打仇關。司東二里。

大華長官司。安撫司東百二十里。元置大小化等處蠻夷軍民長官司，明朝洪武十年改置今司，〔九〕成化中改屬程番府，後復故。今編户一里。

翠松山，司治前。又司南十里有牛角山。司北二里有播苔山。

清水溝，司西一里。相近又有龍塘。

黑石關。司北六里。

貴州宣慰使司，與府同城。明初置，後增置府治，而宣慰司如故。領長官司九。

水東長官司，府北三里。元置水東砦長官司。明朝洪武五年土酋向四歸附，置今司授之，又以隨征官胡文英副之。編户一里。

中曹蠻夷長官司，府東南三十里。元爲白納縣阿聳寨地。一統志云：「元中曹白納等處長官司也。明朝洪武五年土酋謝石寶與劉禮賓歸附，置司授石寶，而以劉禮賓副之。」編户一里。

青山長官司，府東北四十里。元置青山遠地等處蠻夷軍民長官司。明朝洪武五年土酋蔡劄、劉士真歸附，置司授劄，而以士真爲副。編户一里。

劄佐長官司，府北五十里。元置落邦劄佐等處長官司。明朝洪武五年土酋宋文忠歸附，改置今司授之。編户一里。

龍里長官司，府東五十里。元爲龍里等砦長官司。志云：本龍里縣，後改長官司。明朝洪武五年土酋何有善歸附，改置今司授之。編户一里。

白納長官司，府東南七十里。元置茶山白納等處長官司，明朝洪武初并入中曹司。永樂四年復置今司，授歸附土酋周可敬，又以土人趙仲祖副之。編户一里。

白納廢縣，司西八里。元初嘗置縣於此，亦曰躬蛾寨。

風洞山。在司西。山腹有洞，風貫其中，有聲如雷。

底寨長官司，府北百里。元置底寨等處長官司。明朝洪武五年土酋蔡永昌歸附，置司授之。八年又以從征官梅忠副之。編户一里。

乖西蠻夷長官司，府東北百五十里。元置雍真乖西葛蠻等處蠻夷軍民長官司。明朝洪武五年土酋楊文真歸附，改置今司授之，又以土人劉海爲副。今編户一里。

陰陽山，司治旁。土人以雲氣占晴雨，因名。

金明寨。在司境。洪武二十一年顧成統平越等衛軍征乖西、扒古、谷勞、金明等砦，平之。或曰其地與都勻府豐寧司接界。

養龍坑長官司。府北二百二十五里。元爲養龍坑宿徵等處長官司。明朝洪武五年土酋蔡普化歸附，置司授之，又以土人謝文直爲副。今編户一里。

養龍坑。在司旁。兩山夾峙，潴流其中，泓渟淵深，龍藏其下。春初牧牝馬其側，多産龍駒。

貴州衛，在府城内西偏。洪武四年建，隸宣慰司，尋隸貴州都司。舊領程番等一十三長官司，正統四年十三長官司皆改屬宣慰司。後又屬程番府，即定番州所領諸司也。

貴州前衛。在府城内西北隅。洪武二十六年建，屬貴州都司。

安順軍民府，東至貴陽府金築安撫司百三十里，南至廣西泗城州界二百四十里，西至雲南平夷衛界三百二十里，北至安莊衛九十里，自府治至布政司百五十里，至京師八千二百九十里。

古荒服地，唐、宋爲羈縻蠻地。志云：宋爲普里部。元置習安州，元志不載。屬雲南普定路。明朝洪武十六年改安順州，屬普定府。十八年府廢。屬普定衛。正統三年改隸貴州布政司，州親領十四寨。名勝志：「嘉靖中州移治普定衛城内。」萬曆三十年升爲安順軍民府。今領州三，長官司六。

府右臨粵西，左控滇服，形勢雄遠，屹爲襟要。

普定廢縣，在府治西。志云：元置縣，隸普定路，明初省入安順州。今元志不載。又府治舊在今治南，地名八十一寨，正統中移治普定衛西南。

舊坡山，州治西北。兩峰相峙，中有石闕，爲郡治之要隘。舊經云：「州治馬頭山，即此山之麓也。」又新坡山，在府西北三里。其嶺長廣五里，府治枕之，以爲形勝。志云：府西南三里有紅土坡，土色如硃。西南十里有黑土坡，土色如墨。

巖孔山，府東四十五里。高峻盤亘，頂平廣，可坐萬人。旁多孔穴，有崖孔寨，山因以名。又馬首山，在府東南四十里。○搏翠峰，名勝志云：「在府東北五里。其麓有龍潭洞，出洞十餘丈即天生橋。廣記：天生橋石壁千仞，環繞如城，水經其下，驚濤急湍，乃天設之險。」

碧波橋河，在府東二里。又府西十里有寧谷橋河。

舊坡石關。在舊坡山上。又普利驛，志云：在南門外。

寧谷長官司，府西南三十里。元置寧谷寨。明朝洪武十九年置今司，授土酋顧興仁爲副長官。正統初授其三世孫雄爲正長官，領二十九寨。

馬鞍山，司西十一里，以形似名。

乾海子。司東南四十里。水泛成湖，波面甚闊。志云：雲南值旱，此水必泛溢，境內常豐；雲南雨潦，此水必涸，境內多旱；蓋地脉相通，互爲盈縮云。又清水井，在司東南三十里。

西堡長官司，府西北九十里。元置西堡寨。明洪武十九年置今司，二十五年授土酋卜却，領四寨。

習安廢州，在司北浪伏山下。志云：元置州於此，隸普定府，明初廢。

伐木山，司南六十里。山高箐深，多材木。○白石崖，在司西南五十里。崖甚險峻，惟一徑可以攀援。頂平廣可居。又有泉，四時不竭。蠻嘗據此爲硬砦，成化中官軍討破之。

楚由洞，司東南五十里。山高萬仞，盤桓起伏迤邐三百餘里。洞在山畔，深廣亦百餘里。又播老鴉洞，在司東南六十里。山勢峻險，洞深不可測。

谷隴河，司西北五十里，下流合於烏江。志云：司南四十里有索橋，在谷隴河上，水勢湍急，繫藤爲橋以濟往來云。

阿驢寨。在司境，蠻砦也。洪武十五年吴復擊破西堡賊，拔阿驢等砦。二十六年顧成平西堡賊，拔阿得等砦。砦蓋與阿驢相近。

鎮寧州，府南七十里。東北至金筑安撫司百五十里，西至永寧州六十里。

古蠻夷地，元始置鎮寧州，通志：「宋爲普東部，元於羅黎砦置和弘州，尋改鎮寧州。」元志皆不載。屬普定路。明朝洪武十四年屬普定府，志云：時置州於羅夷砦，即羅黎也。尋屬普定衛，正統三年改屬貴州布政司，州親領六砦。名勝志：「嘉靖十二年州遷治於安莊衛城内。」萬曆三十年改今屬。領長官司二。

州介滇、粤之間，山川險阻，翼帶南垂，亦爲要地。

火烘坡，州治北。古名和弘，元置州治此。山高峻，其氣燥燠，雖隆冬登陟，汗常夾背。輿圖云：「州治火烘砦，亦名羅黎砦。」是也。

既濟泉，在州治東。其地極熱，此水獨凉。

安莊驛。州北三十里。亦曰白水站。志云：州城内有税課司。洪武十六年置司於普定府城内，永樂九年改爲普定衛税課司。正統三年改屬鎮寧州，又改曰鎮寧州在城税課司。

十二營長官司，州北三十里。元爲十二營砦。明朝洪武十九年置今司，授土酋隴阿佐世守，領二十九砦。

普定故城，司東南二十里。志云：洪武十四年大軍克普定，暫立此城爲守禦。十五年征南將軍傅友德徙於今衛治，而故城遺址尚存。

馬鞍山，司東三十里，又司西北三里有猫兒山，皆以形似名。

公具河，司東北四十里。旁有公具砦，因名。灌溉田畝，軍民利之。又阿破河，在司北五十里，亦以旁有阿破砦而名。土人以索爲橋而渡。又龍潭，在司治北。水色常黑，雖旱不涸。

天生橋。司東北四十里，爲往來要道。

康佐長官司。州東四十里。元爲康佐砦。明朝洪武十九年置長官司，授從征官薛福壽，又以于成副之。領四砦。

擺山洞。司東七里。廣七丈，深不可測。旁有擺山砦，洞因以名。

永寧州，府西南九十里。東至鎮寧州六十里，西至普安州百九十里，北至安莊衛百五十里，南至廣西泗城州界百六十里。

古荒服地，元置永寧州，屬普定路。志云：元初爲達安，夷名打罕，尋改爲永寧州，大德中改屬湖廣行省，至正中爲廣西泗城州所併。明朝洪武十四年仍置永寧州，屬普定軍民府。府廢，屬普定衛。正統三年改屬貴州布政司，親領六砦。郭子章黔記：「州初治打罕砦，宣德間改建於關索嶺所，俗仍謂之打罕州。成化三年打罕州土同知韋阿禮作亂，調廣西泗城州土舍岑善忠勦平之，即此。萬曆四年又改建於安南衛。」志云：州西去安南衛三十里。似悮。其相去蓋百里。萬曆三十年改今屬。領長官司二。

州山川險阻，林箐蓊蔚，控禦邊陲，恃爲保障。

紅崖山，州西北八十里。四面懸崖，壁立萬仞，惟東面一徑可登。山畔有洞，寬廣若堂，深數十丈，相傳諸葛武侯駐兵處。上有諸葛營。○打罕坡，在州北十里。舊名達安坡，道經其上，凡十里，崎嶇險峻。

盤江，州西三十里。自普安州流經頂營司西，又南流逕此。江之西岸，即慕役長官司境。亦謂之北盤江，以別於南盤江也。有盤江巡司，其地名黃土陂。志云：盤江巡司在州西北百八十里。似悮。○者馬河，在州西北六十里，即者卜河之悮也。自安南衛流入境，注於盤江，有者馬橋跨其上。

查城驛。在州北八十里，與安莊、安南二衛接界。

慕役長官司，州西七十里。舊志作百七十里，似悮。元置慕役砦。明朝洪武十九年置今司，授土酋阿夷，又以從征官杜仲仁副之。領四寨。

安籠箐山，司北五十里。山巒相接，林木蓊密，周四十里。官道經其中，險阻難行，秋冬多霧，昏曉不辨。輿程記：「箐東北去關索嶺四十里。」○象鼻嶺，在司西北四十里。路出滇南必經其上，險峻難登。

盤江，司東四十里，即北盤江也。又東南而南盤江自雲南羅雄州界流合焉，東南入廣西泗城州境。

白水河。司西北三十里驛道側。自安莊衛西南流經此。有白虹橋跨其上，洪武二十五年建。志云：白水河自高崖下注，長數十丈，飛沫如雨，凡二三里，瀑布之大者無逾於此。其下流注於盤江。又郎公河，在司東南三十里。

湍流急疾，不能爲橋，惟設舟楫以濟往來。或曰即白水河下流也。

頂營長官司。州北七十里。舊志：在州南百五十里。似悮。元置頂營寨。明朝洪武四年置今司，授土酋阿光繼，又以從征官程士貴副之。領四砦。

箐眉山，司西百里，地名陸堡。勢極高大，周四十餘里。河流縈紆其下。巔有兩峰，峰畔一谷甚寬平，可耕藝。土氣多燠，蔬果四時不乏。然多煙瘴，不可居，惟土著仲家居焉。

鷄公背坡，司東三十里。形如鷄背，與關索嶺對峙。下臨溪澗，山路艱險。○關索嶺，在司北三十里。嶺極高，周迴百餘里，入滇者道必由此。與安莊衛接界。

盤江。在司西二十里。自安南衛流經司界而入州境。今有盤江渡，與安南衛接界。

普安州，府西南二百里。東至永寧州百九十里，南至雲南廣南府界五百四十里，西至雲南平夷衛界百十里，西北至雲南霑益州界二百五十里，東北至安南衛一百六十里。

古夜郎地，漢牂牁郡地，蜀漢爲興古郡地。隋屬牂州。唐武德二年置西平州，貞觀元年改盤州，以盤江爲名。隸戎州都督府。後爲南詔之東鄙，東爨烏蠻居之，號于矢部。一作「榆市部」。其後爨酋阿宋號齊彌部，尋復爲于矢部。宋寶祐中附於蒙古，蒙古置于矢部萬户府。通志：「延祐四年置，改爲普山府。」至元間改置普安路，領和龍、八納、習舊、普安四部。隸雲南行省。尋改爲宣撫司，一作「安撫」。後復爲普安路。通志：「領和龍、習舊、八納三千户所。」明朝洪武十六年置普安軍民府，隸雲南布政司。二十二年改置軍民指揮使司，隸雲南都司，尋改隸貴州都司。志云：初置軍民府，授土酋那邦妻適恭。適恭卒，子普旦襲。洪武二十五年普旦與越州叛酋阿資等連兵，襲陷普安府。事平，罷州置衛，又移治今城。永樂元年改普安安撫司，屬普定衛。十三年改爲州，初置安撫司，授土酋慈長。十二年長復謀不軌，因改爲州。隸貴州布政司，領羅羅夷民十二部，號十二營，謂部長曰營長。名勝志：「州初治撒麻砦，尋遷海子，復遷衛郭，萬曆十三年遷入衛城。」萬曆三十年改今屬。州當雲、貴之襟喉，達川、廣之聲援，據險立城，控扼蠻夷，實爲要害。

普安城，志云：舊城在今州東三十里，元普安路治此。洪武中遷於今治，城周七里有奇。

附唐廢縣，州南百里，地名黄草壩。唐置縣，屬羈縻盤州。又平夷廢縣，在州西百二十里，即今雲南之平夷衛。又盤水廢縣，在州東盤江上。唐志盤州領三縣，即此也。天寶以後廢。今亦見雲南陸凉州。○羅山廢縣，在州西百里香羅山。又有永山、石梁二廢縣，俱在州西。皆元置，屬普安路。明初廢。

番納牟山，州治西北。州之鎮山也。驛道經此，一名雲南陂，陂陀相續，往來者行石齒中。其西有和合山。又營盤山，在州治西。相傳武侯征南時結營於此。志云：州治南一里有雄鎮山，普安衛治在其下。治東又有筆架山，三峰相峙，中峰特起。

八部山，州東三十里。九峰摩空，一泉奔注，普安舊治在其下。又新盤山，在州東七十里，新興站在其上。又八納山，州東北七十里。高二十里，頂寬平。有潭，四時不涸。舊有夷砦。又盤江山，州東北百八十里，接安南、安莊二衛界。志云：州東南百五十里有楊那山，勢極陡峻，者卜河出焉。安南所在其下。

廣午山，州北九十里。林木鬱然，下有小溪流入山穴。又羅摩塔山，在州治北百八十里。四面峭壁，惟一徑可通，上有砦。其東北崖下瞰盤江。○香羅山，在州西百里，平夷千户所在其上。又夾牛山，亦在州西百里，樂民千户所在其上。又州西南二百七十里有黨壁山。四山環繞，東南一箐，外狹中曠，可容數百家，土夷每避暑於此。又名躲瘴。

格孤山，州東北四百五十里。山勢雄峻，界連滇、蜀。明朝洪武十四年傅友德自曲靖帥師循格孤山而南，徑擣烏撒，蓋循格孤之南而西北出也。志云：在州東南。似悮。○得都山，在州東南四百二十里。一名白崖，産雄黄、水銀。志云：在州治東。亦悮。

碧雲洞，州南三里。本名水洞，外狹内廣。又州治南有新石洞。樂民所城西有天橋洞，以有石如橋也。

盤江，州東百里。自安南衛流入永寧州界，又遶流入州境。志云：州東百二十里有盤江渡，即安南衛及頂營司接界處也。又東南流入永寧州慕役長官司界。一統志：「盤江自烏撒、普暢砦經州東北。」悮。又拖長江，在州東七十里。源出沙陀石崖中，下通盤江。

者卜河，州東南百八十里。源出楊那山，流經安南衛境，下流入盤江。志云：州南二百里有磨溪，即者卜河下流也。又深溪河，在州東南百二十五里。源出木邦砦，西南流經黄草壩，曲折三百里入盤江。○輭橋河，在州東三十五里；又南板橋河，在州東南八十里；上接州南三十餘里之大水塘，俱流入盤江。

響水，州南五十里。水入石洞，聲聞數里。又三一溪，在州東。志云：水源有三：一出州北沙河莊，一出雲南坡，一出城北三里目前山。三流合一，入於水洞。○以冲海子，在州西南安所城南。周三里，深不可測，旁有石門海子之水注入焉。

芭蕉關，州東八十五里。又倒木關，在州南四十里。州西百十里又有分水嶺關，東南三百四十里有安籠箐關。○何買砦，在州南。洪武二十四年傅友德等克普安，别將楊文拔何買砦，唐鐸擊破楚華山砦。砦亦在州境。

亦資孔驛。州西七十里石象山下，遞運所亦在焉。亦曰亦資孔站。又西七十里至雲南之平夷衛，滇、黔孔道也。天啓二年安邦彦叛圍貴州，西出侵掠，雲南撫臣閔洪學遣兵援黔，收復新興、普安等城及亦資孔站是也。又新興驛，在州東七十里。亦曰新興站。有新興堡，城周二里。又東八十里至安南衛之尾灑驛。○湘滿驛，在州治南。又有湘滿站，在州城北。又税課局，在州城東門外。○保甸舖，在州東。弘治十一年官軍討普安亂賊，營於保甸舖側，爲賊所襲，死者甚衆。

普安衛。州治西南。洪武二十二年建，屬貴州都司。領守禦所四。

樂民守禦千户所，州西南百里夾牛嶺上。洪武二十二年建。所城周一里。

平夷守禦千户所，州西百里香羅山上。亦洪武二十二年建。城周一里。

安南守禦千户所，州東南百六十里楊那山下。亦洪武二十二年建。城周二里。

安籠守禦千户所。州東南三百里安籠箐口。亦洪武二十二年建。城周一里。

都勻府，東至平越府黃平州界二百二十里，西至龍里衛界百二十里，南至廣西南丹州界三百十里，北至平越軍民府界百里，自府治至布政司二百六十里，至京師八千二百四十五里。

古西南夷地，蠻名都雲。五代史「晉天福五年都雲酋長尹懷昌帥其屬十二部附於馬氏」，即此。元置都勻軍民府。元志：「又有都雲桑林獨立等處蠻夷軍民長官司，屬管番軍民總管。又有都雲縣，屬定遠府。都雲洞長官司，屬新添葛蠻安撫司。」一統志：「元置都雲等處安撫司，屬雲南行省。」通志：「元置都雲軍民府，領都雲縣，定雲府領合江、陳蒙二州，俱隸思明路。尋合置都雲定雲等處安撫司，隸雲南行省。」皆未知所據。明朝洪武十六年置都雲安撫司，〔一〇〕隸四川布政司。二十三年改置都勻衛軍民指揮使司，自是改雲爲勻。仍隸四川布政司。永樂七年改屬貴州都司。時都勻衛領七長官司。衛屬貴州都司，而七長官司則屬布政司。尋復屬衛。弘治六年復置都勻府。與衛同城。今領州二，縣一，長官司八。

府山川環峙，控扼廣遠，西固粵西之脣齒，北接川、播之籓籬。明初散毛、散狗二蠻作亂，涼國公藍玉遣鳳翔侯張龍討翦之，境内始寧。天啓初都勻、麻哈之間有長田一帶苗蠻助安邦彥爲亂，掠清平、新添諸路，餉道爲梗，官軍討平之，賊勢始殺。志稱黔中四苗、仲，而狡悍無如勻、哈，制之不可無策矣。

都雲廢縣，府西南十七里。志云：元置縣於此。又有都雲桑林獨立等處廢長官司，在府西二百里。今府城，明初衛治也。洪武二十三年苗叛，平羌將軍何福討平之，築城於中都雲竹林蠻砦，奏改安撫司爲衛，都雲爲都勻。從之。初爲土城，尋甃以石。弘治中改爲府城。有門五。城周八里有奇。又有内城，周不及二里。

合江廢州，志云：在府東南二百五十里。宋所置羈縻蠻州也。元因之，尋改爲合江州長官司。攷元志有峽江州，屬管番軍民總管府，蓋訛爲合江也。明初廢。又陳蒙廢州，在府東南百里。志云：亦宋所置羈縻州。元初因之，尋爲陳蒙蠻夷軍民長官司，亦屬管番軍民總管府。明初廢。又定雲廢府，志云：在府東百五十里，元置。今元志不載。又府北七十里有都鎮麻乃等處廢長官司，元置，屬新添葛蠻安撫司，亦明初廢。

龍山，府西五里。高萬仞，雙峰插天，爲府境之望。陸東游記：「出都匀西門渡邦水河，河闊百餘武。及岸西，過小團陂，又西爲觀音坐山。山旁道達姫家冲，稍西北上煤炭坡。又西里許曰犇山，即龍山麓也。盤曲崎嶇三四里而及山巔，羣山環列，不啻兒孫，郡城樓堞、市衢、井舍，歷歷在目。」○小孤山，在府西二里。又府西北十里有養牛山，上有砦。西北五十里有二龍戲珠山，二山環繞，中有圓山，其狀若珠。

東山，在城東。其相接者曰譙山，山高可望遠也。又蟒山，在府南三里。府東南五里又有文筆山。○七星山，在府北七里。又府城西北一里有筆架山，三峰高聳。

邦水河，在府城西。自邦水司流入，南流爲都匀河。羅氏云：「都匀河即平越衛之麻哈江。」是也。又東南逕獨山州爲獨山江，入廣西天河縣境。詳見廣西大川右江。

長河，在府城北。有二源，俱出山澗中，至城東北三里合流爲一。其下流達湖廣黔陽縣，可通舟楫。又便河，在府城東。起自北門，歷西南一帶，環城圍繞，阻絶諸苗入城之路。今淤。又三道河，在城東二里，下流合邦水河。○胡公堰，在府城北一里。明初指揮胡綱所築，城西之田賴以灌溉。

平定關，府北二十五里。其南有平定橋。又靖盜關，在府北二十里。威鎮關，在府西四十里。今改爲粟谷堡。志云：府西十里又有屏山關，路通平伐，賊往往出没於此，因增置關戍守。

擺沙寨，府西北三十里。天啓初府境長田諸苗應安邦彦爲亂，平越官軍討之，克其擺沙大砦。砦居諸寨之中，去平越百里，官軍由間道襲破之。進攻甕岳等寨，復攻府城西南仲賊，克江時、户西、高平、養古數十寨，掃蕩二百餘里云。

來遠驛。府北一里。又府北七十里有都鎮驛。○雲津渡，在府西一里，邦水河渡處也。府東五十里又有揚安渡，即長河渡處。近志云：府東四十里有馬尾渡。

清平縣，府北百三十里。北至清平衛一里。自昔爲蠻夷地，洪武十四年開置清平堡，二十二年升爲清平長官司，屬平越衛。二十三年置清平衛於司北，因改屬清平衛。弘治八年改司爲縣，屬都勻府。編户一里。

恭溪望城崖嶺等處廢長官司，縣東南三十五里。元置，屬新添葛蠻安撫司，明初廢。今爲望城堡。

香爐山，縣東三十里。壁立千仞，延袤三十餘里。衆山環列，若戈鋋相向。盤亘三四重，鳥道懸崖，而上可容百萬人。有瀵流一溪，沃疇千畝，聚落蜂屯，保以爲奸。正統末苗韋同烈者憑險旅拒於此，官軍討之，久而弗克，景泰三年乃就撫。正德十二年苗阿向等復據舊巢作亂，列栅數十里，積粟聚兵，結都黎、都蘭、大漂、大壩、龍對諸苗相形援。詔湖、貴合兵討之，環列山下，弗克。攻偵知苗俗以長至日爲歲朝，至其夜，架梯懸崖，直擣其巢，焚其砦栅，遂平之，因城香鑪爲官戍。嘉靖十三年增撥清平衛中左所兵戍守。

東山，縣東三里，有巖洞之勝。又東二里有馬鞍山。○盔山，在縣西三里。形如覆釜，一名鍋底山。又西二里有葛貢山。又石仙山，在縣南三里。又南一里有萬朝山。雙乳山，在縣北六里。縣北二十里又有羅冲山。

望城山，縣東二十五里。又有筆架山，在縣東二十里。其相近者爲小華山。又天榜山，在縣東北二十五里。

木級坡，縣南五里。兩木交生，如階級然，夷苗恒出没於此，爲戍守要地。又龍王坡，在縣南四里。王家坡，在縣東一里。觀音坡，在縣北二十里。○雲谿洞，在縣北十五里。溪水從洞流出，資以溉田。舊名大空洞。相近有賓陽洞，一名小空洞。志云：縣北七里有天然洞，嘉靖十五年新開。其左爲太極洞。土人以雲谿、賓陽、天龍爲三洞。

山江河，縣東五十里，或云源出香鑪山；又縣東八十里有舟溪江，其上源即興隆衛之重安江也；並流而南，經平定長官司界合爲一川，又東合於麻哈江。

東門溪，在縣城東，又西門溪在縣西五里，勇勝溪在縣南九里，凱還溪在縣北五里，下流皆合於山江河。志云：縣西北五里有葛貢連塘，有灌溉之利。○濟生池，在縣治西北。志云：縣城即清平衛城也。正統十四年苗賊圍城凡十四日，軍民賴此以濟。又有便河，在城内。正德八年鑿，引城濠水注之，以防不虞，因名。

鷄場關，縣南十里，又縣北羅冲山上有羅冲關，俱洪武二十五年建。○清平驛，在縣治南。志云：衛城南一里有清平驛。洪武十六年建爲翁霾驛，隸四川黄平安撫司，至十九年改清平驛，隸平越衛是也。滇程記：「興隆衛達清平有黄安、周洞、重安、羅冲、落燈等七亭，由清平達平越有鷄場、胡賓、楊老、羊場、三郎等五亭。」又云：「陟梅嶺關渡麻哈江，地與羊、鷄之場爲諸夷互市處，以十二辰相遞，歷十二日一市，每場歲三十市。」

黎樹寨。在縣東北，苗寨也。景泰二年湖廣督臣王來攻香爐山賊，分軍一自龍場進，一自萬朝山進，一自重安江進，諸將破黎樹、翁溝三百餘寨，又招撫兖水等二百餘寨，〔二〕遂會兵香爐山下，賊黨縛其魁出降。重安江，見平越府，即廢重安長官司也。○龍角寨，在縣北五十里，亦苗砦。志云：縣多仡狫諸苗是也。

都勻長官司，府南七里。志云：元爲上都雲等處軍民長官司。今元志不載。明朝洪武十六年置今司，授土酋吴賴爲副長官。景泰三年授其孫正爲正長官。編户一里。

鳳凰山，司治南。又司東十里有都雲洞，洞有南北二門。或云元置都雲洞長官司即此地也。明初因之，弘治六年始徙長官司於今治。○黄土坡，在司境，苗砦也。弘治三年黄土坡夷王和等作亂，官軍討平之。

都勻河。司治南。即邦水河也，自府城西南流經此曰都勻江。志云「司南有馬尾河，獨山、平州往來所經也」，即都勻河矣。又司境有羊猓諸苗，多瀕都勻河而居。

邦水長官司，府西二十里。志云：元爲中都雲板水等處軍民長官司地。今元志不載。明朝洪武十六年置司，土官吴氏世襲。編户一里。

箐口山，司西南二十五里，高險多箐。志云：司境多狆狫屬夷，依山爲險。

邦水河。在司東南。本名板水，後訛爲邦，即都勻河上流也。一名板水塘。

平浪長官司，府西五十里。志云：元都雲安撫司地，明朝洪武十六年分置今司，土官王應銘世襲。編户一里。

凱陽山，司西南六十里。山險峻，有砦在其上，即凱口囤也。圍十餘里，高四十丈，四壁斗絶，獨一徑僅尺許，盤旋而登。上有天池，雖旱不竭。嘉靖十五年部苗阿向據此爲亂，撫臣陳光宅檄水西安萬銓討之，屯兵囤下者三閱月，仰視絶壁，無可爲計。獨東北隅有巨樹，斜科偃蹇半壁間，去地二十丈許，乃募壯士，乘夜先登，垂徽引下人繼上，復攀緣至囤頂，僅得二三十人，即舉火發炮，大呼曰：「天兵上囤矣。」賊驚起，自相格殺，及奪徑，墜崖者甚衆。會撫臣失士心，阿向走免。月餘，復襲殺守囤官軍而據之。詔安萬銓進勦，萬銓招下之。平凱記：「凱口苗阿向，自正德末據大囤爲亂，官軍屢討之不下。嘉靖十五年檄水西兵與官軍合勢俱進，尋破其囤，斬向。向姪阿四者更名王聰，聚黨襲破戍軍，復據囤爲亂，官軍復進討。聰乘夜來犯，官軍擒斬過當，追擊至囤下，沉賊於溪河甚衆，隨援繩梯直擣其巢，賊皆降潰。進攻老虎山，克之，追擒聰於甲聳山中。繼而其黨王佑、王毛復乘虚據囤，官軍購旁砦順民攻復之，餘孽走谷坡箐中，次第撫定，悉擒其黨，賊遂平。於是更凱口囤爲滅苗鎮，益兵守禦。」

鷄冠山，在縣東，以形似名。志云：司西北二十里有雄黄洞。

麥冲河。司東南十里。岸有古寨。下流入於都勻河。正德三年都勻、清平間叛苗富架重惡龍作亂，官軍討之，一由楊安、答干、麥冲進，一由清平、索驢、撒毛進，即此麥冲河也。

平州六洞長官司。府西南百五十里。元爲六洞柔遠等處蠻夷軍民長官司。明朝洪武十六年置今司，授土酋楊氏世守。編户一里。

六洞山，司西南七十里。山險峻，上有大六洞砦。○凱口洞，在司東北三十里。苗人常避兵於此。

平州河，司治南。水中有沙洲，土人開肆貿易其上。

羡塘寨。在司境。洪武三十一年顧成討司境叛苗，破苗坡、羡塘、光金、蒙臺諸蠻酋是也。

麻哈州，府北六十里。西至平越軍民府三十里，北至清平衛七十里。

古蠻夷地，元置仡狫砦長官司。屬新添葛蠻安撫司。通志：「元置麻峽縣，尋改爲麻哈長官司，遷治於仡狫砦。」悮也。攷元志，麻峽屬定遠府，而麻哈長官司則志不載。明朝洪武五年改置麻哈長官司，〔二〕授土酋宋氏，後改爲土同知。隸平越衛。弘治八年升爲州，又改今屬。州內爲石墻，外爲土墻。有門四。領長官司二。

州西控平越之肘腋，南壯都匀之肩背，苗蠻錯聚，捍禦所資也。

波隴山，州東十里。志云：州西十里有銅鼓山。有樹狀如圓鼓，因名。○玉屏山，在州北一里。又州南二里有天馬山。

麻哈江，州南五里。其上流爲清水江，下流即邦水河也。志云：州南又有擺遞河。

都鎮驛。州城內。都匀、平越之交也。

樂平長官司，州西北四十里。南至平越府二十里。元仡狫砦地，明朝洪武五年置樂平長官司，〔三〕授土酋宋氏爲副長官，隸平越衛。弘治八年改今屬。編户一里。

馬場山，司東北五十六里。與牧馬場相連，因名。

樂平溪。司治南，下流合於麻哈江。志云：司境有紫薑苗，夾溪而居云。

平定長官司。州西北百里。東北至清平衛六十五里。洪武二十二年置司，授土酋吴氏。初屬平越衛，三十年改隸清平衛，後又改今屬。編户一里。

揚古山，司北二十里。又有平孔山，在司南三十里。

舟溪江。司東八十里。又司東北五十里爲山江河，有山江渡，至清平城四十里。司東又有平定溪，流入山江河。

獨山州，府南百五十里。東至廣西融縣界百六十里，南至廣西天河縣界二百里。

古蠻夷地，元置獨山州軍民長官司。屬新添葛蠻安撫司。洪武十二年改爲九名九姓獨山州長官司，〔一四〕境内有九名、九姓苗也。隸都雲衛。弘治八年升爲獨山州，有土城。仍屬都匀府。

領長官司二。

州密邇粤西，襟帶南服，爲邊隅要地。

獨山，州南二十里。山尖圓高峻，無他山聯屬，因名。又鎮夷山，在州治南。山高頂平，土酋結寨其上以鎮夷苗，因名。

獨山江，在州南。即都匀河之下流也，又南入廣西天河縣界。又母魚河，州南二十里，流入獨山江。

阿坑關。州北三十里。又鷄公關，在州南四十里。其相近者又有鐔子窑關。

合江洲陳蒙爛土長官司，州東百里。西北至府城二百里。志云：宋置合江、陳蒙二羈縻州，元初因之，尋置陳蒙蠻夷軍民長官司，隸管番軍民總管府。明朝洪武十六年改置今司，授土酋張氏爲副長官，屬都雲衛。後改今屬。編户一里。

丙王山。在司東，高數百丈。又梅花洞，在司東南三十里。宣德九年叛苗據此爲變，都指揮顧勇討破之。相近者又有石黄洞，亦叛苗據守處。志云：司境多短裙苗，皆依山洞爲窟穴。

豐寧長官司。州西南七十里。北至府城二百二十里。志云：元都雲安撫司地，明朝洪武二十三年置今司，授土酋楊氏，隸都雲衛。弘治八年改今屬。編户一里。

行郎山，司西南八十里。山麓斗絶，山頂平坦，道路崎嶇，土人造梯以登。上有蠻民二百餘家。半山巖中有流泉湧出，四時不竭。志云：司境有仲家苗，皆依山以居。

黑石關。在司南，爲戍守要地。○谷勞砦，在司西南。洪武二十六年顧成討豐寧叛苗藩臺、谷勞、摇安諸砦，皆近司境。

都匀衛。與府同城。洪武二十三年置衛。尋增置都匀府，而衛不改。隸貴州都司。

平越軍民府，東北至偏橋衛百八十里，東南至都匀府百三十五里，南至新添衛七十里，西北至四川遵義府三百五十里，自府治至布政司百八十里，至京師八千二百里。

古蠻夷地，宋爲羈縻蠻地，通志：「宋嘉泰初土官宋永高克復麥新地，亦内附，號黎峨黑等寨。元置平月等處長官司。」按元志有平伐月石等處長官司，屬播州軍民安撫司，疑即此地也。元置平月等處蠻夷軍民長官司。屬管番軍民總管府。明朝洪武十四年置平越衛軍民指揮使司，〔一五〕領長官司五。屬四川布政司，尋改屬貴州都司。三十年割清平、平定二長官司屬清平衛。弘治七年又改麻哈長官司爲州，隸都匀府。萬曆二十七年平楊應龍，分播州地置平越軍民府，與衛同城而理。今領衛二，州一，縣三，安撫司一，長官司一。

府山溪深險，苗夷環伺，介黔、播之肘腋，爲楚、蜀之藩維。萬曆中分道討播，平越其北出之要也。事平置府於此，厚襟帶之防，成犄角之勢，屹然雄鎮矣。

平越城，今府治。洪武十四年建土城，置衛於此。三十年改甃以磚石，有門四。城周八里有奇。

平越坡。〔一六〕在府治東十里。有平越坡之云也。

三陂地蓬等處廢長官司，府東南三十里。元置，屬新添葛蠻安撫司，明初廢。今爲地蓬舖。

疊翠山，府東南三里。羣峰稠疊，青翠可挹，三江皆會其下。又石闕口山，在府東南二里。兩崖如門，官路經其中。又月山，在府南一里。又南二里曰筆峰山，高聳卓立，四時常青。○文筆山，在府東南五里。一峰挺秀，如立筆然，下臨三江。稍西曰天馬山，與文筆並峙。又有筆架山，亦在府南五里。

滃霾山，府北六十里。山高林深，霾霧滃鬱。又峨黎山，在府東八十里。絶頂有泉。又有穿巖，巖孔穿透，廣容千人。

七盤坡，府東五里。官道經其上，高峻崎嶇，折旋凡七坡。下有溪。一云以盤迴七里而名。又倒馬坡，在府西南五里。官道經此，騎行者苦其險仄，馬多困踣。○燕子洞，在府西二里。又西八里有百人洞，一名穿洞。清泉湧出，廣容百人。

麻哈江，府東南三里。其上源即廣平州之兩岔江，南流入境，其水清深，縈遶城下，又東南經揚義司界而入麻哈州境。○馬場江，在府南四里，與羊場江通。其水湍急而深，中流如沸，又南合於麻哈江。志云：衛東南七里有三江口，三江即馬場、羊場與麻哈江也。三水會合，波流縈迴，爲郡之勝。

清水江，府西四十里。其上流自新添衛流入界，源遠流闊，雄吞諸溪，又北經乖西、巴鄉諸苗界而入烏江。天啓初安邦彦作亂，圍貴陽，撫臣王三善分兵從清水江馳救是也。

地松河，府東北十五里，其地名松屯。南流入麻哈江。又羊場河，在府東五里。横截驛道，弘治十年建石梁於其上，曰通濟橋。流通馬場江入麻哈江。○冷溪，在府西南四十五里，流入清水江。

武勝關。府南二里。又穀芒關，在府南四十五里。梅嶺關，與新添衛接界，在府東四十里。七星關，在府北五里。志云：府東南二十里又有羊場關，以羊場河而名。又有高平砦，亦在府境。○平越驛，在府城内。又城南有平越站。又府南三十里有黄絲站，府東三十里有楊老站。志云：自遵義入貴州之通道也。有楊老堡。

清平衛，府東北六十里。東至興隆衛六十里，西至揚義長官司四十里，南至都匀府一百三十里。

古西南夷地。明朝洪武十四年始開置清平堡。二十二年增置清平衛指揮使司，隸貴州都司。通志：「二十四年移衛治於清平堡北。」似悮。萬曆二十七年改屬平越府。初領清平、平定二長官司，弘治七年改清平司爲縣，屬都勻府，又以平定司改屬麻哈州。志云：衛與清平縣同城。今城邑及山川險隘俱詳見清平縣。

興隆衛。府東北百二十里。南至清平衛六十里，西至黄平州七十五里，東北至偏橋衛六十里。

衛羣山環拱，溪水交流，居川、黔之間，爲要會之處。古牂牁夷地，宋、元皆爲羈縻蠻地。通志：「宋爲狼洞砦，屬黄平府，元因之。」未詳所據。明朝洪武二十二年始置興隆衛軍民指揮使司，隸貴州都司。通志：「洪武八年爲四川播州重安長官司地。二十二年潁國公傅友德征南，以其地當西南要衝，始置今衛。初名興龍，後改爲隆。」萬曆二十一年改今屬。

衛北接川、播，東控溪蠻，爲三方之保障，楚、蜀、黔也。壯四達之噤喉。

興隆城，今衛治。洪武二十六年建，尋甃以石。爲門四。城周三里有奇。

香罏山，衛西南十五里，與清平衛接界。峭拔高聳，叛苗常屯據於此。今詳見清平縣。

龍巖山，衛城北一里。一名龍洞山。石勢嶄巖，水色深碧，相傳龍居其中，時出雲雨。明初衛名興龍，以此。一名狼洞。其相接者又有揭榜山，崖壁端直而峻削，因名。○大翁山，在衛北二十里，形勢雄偉。其對峙者曰馬鞍山，巖石甚勝。

飛雲巖，衛東三十里。一名東坡山。壁立千仞，奇勝萬端。下有澄潭，旁爲月潭寺。今置月潭公館於此。○截洞，在衛南。景泰二年苗賊韋同烈僞稱苗王，糾衆數萬，屯聚截洞，攻平越、清平。官軍進討，會師興隆。賊迎戰，擊敗之，遂退據香爐山。洞蓋與香爐山接。

重安江，衛南三十里。源出苗境，兩山夾岸，水深莫測，當滇、貴驛道，維舟爲渡。又南入清平縣界而爲舟溪江，下流入麻哈江。○處洞河，在衛西十里。源出苗境，東流經處洞至衛城西，有興隆大河及興隆小河流合焉，又東入鎮遠府之鎮陽江。

高溪，在衛西南，旁有高溪屯；又秀溪，在衛東三十五里東坡堡下；下流皆入重安江。

大石關。在衛北。又衛南二十里有重安關，關南有重安橋。志云：衛西南二十五里有重安巡司，舊屬黃平安撫司，今屬黃平州。○東坡堡，在衛東二十五里，又衛南三十里有重安堡，皆置站於此。又黃平驛，在衛城南，亦兼置興隆站。

黃平州，府北七十里。西北至四川遵義府三百里，東南至興隆衛百三十里。

古蠻夷地，宋爲羈縻蠻地。一統志：「宋爲黃平府，立上、下三曲二長官司，隸敍州。」今宋志不載。元置黃平府，屬播州軍民安撫司。明朝洪武八年改爲黃平安撫司，仍屬播州宣慰司。初楊氏世守其地，元至元中黃平蠻叛播州，楊氏將羅季明討平之，遂有其地。明初羅鏞歸附，仍令世守。萬曆二十七年改爲州，又改今屬。

州控禦蠻僚，襟帶黔、楚，且土田沃饒，山谿險固，北出播州，界壤相接，爲門户之地。

黃平城，今州治。元置府於此。舊有土城，明初因舊址修築。洪武八年改建安撫司。以地多叛苗，復置黃平守禦千户所於城内，隸四川都司。十五年改隸貴州都司，萬曆中并所入州。城邑攷：「城本洪武二十五年築，甃以石。有門三。周九里有奇。」

重安廢長官司，州東南百里。元黄平府地。明初洪武八年置重安長官司，授土酋張佛保，又以馮鐸副之，世守其地，屬播州宣慰司。萬曆二十七年廢。一統志：「司在播州東南四百里，又東三十里即興隆衛。司近重安江，故名。」〇葛浪洞等處廢長官司，在州西。元置，屬播州軍民安撫司，明初廢入黄平安撫司。

梯子山，州西北五十里。山最高，中有一徑至山之巔，屈曲陡峻，梯石爲磴而上。又都凹山，在州西北三十里。州北六里又有琴坡山。〇筆架山，在州治南，以形似名。州南五里又有銅釘山。相近者又有宜娘山，上有壘。又斗崖山，在州西五里。亦曰西巖山。志云：廢重安司北五十里有馬鞍山，亦高峻。

馬鬃嶺，州東四十里。官路所經，接鎮遠、石阡二府界。嶺之陽有馬蹄井。〇七里谷，在州東五里。俗名七里衝。兩山壁立，中通一路。楊應龍叛時屯兵二十七營於此，以窺黄平，蓋以此爲貴竹咽喉也。又州城東有梅子洞，以多梅樹而名。又有燕子洞，在州西十五里。

兩岔江，州西南十五里。有兩源。一統志：「兩岔江源，一出上塘，一出大原，流轉三波合而爲一，流入平越界，即麻哈江之上源也。」又州西有算水，流入兩岔江。〇泠水河，在城東。水白而寒，三伏亦不可涉，下流亦入兩岔江。

西門河，在州西北。自北而東入鎮陽江。又東溪，在州東北，流入西門河。〇苗裏水，在廢重安司西南。出苗裏寨，下流入鎮陽江。

馬鬃嶺關。在馬鬃嶺上。其東有鎮寧關，屬石阡府。又爛泥關，在州北。志云：州北十五里又有深溝關。○丹章砦，在廢重安司西南，舊爲叛苗屯聚處。

餘慶縣，州西百六十里。北至四川遵義府百六十里。元末爲餘慶州，屬播州軍民安撫司。明朝洪武十五年改長官司，隸播州宣慰司，土官毛氏世守其地。萬曆二十七年改置今縣。編户□里。

白泥廢長官司，縣東北百四十里。元置白泥等處長官司，屬播州安撫司，至正末改爲白泥州。明朝洪武十七年復爲長官司，授土酋楊氏世守，隸播州宣慰司。萬曆二十七年併入餘慶縣。

拱辰山，縣南百五十里，以山勢北向而名。又紫霄山，在廢白泥司東四十里。山勢巍聳，上凌霄漢。

小烏江，縣南六十五里。源出縣東境之椒溪，西南流入於烏江。志云：縣東北有魚窟頭山，龍溪出焉，下流入小烏江。

白泥河，在縣東廢白泥司南。源出黄平州葛根洞，流經此，又東北入思南府界，亦入於烏江。

走馬坪寨。在縣東南。舊爲控扼苗夷之處。嘉靖三十四年督臣馮岳以播州之三度關、餘慶之走馬坪、石阡之龍泉司爲三省接壤，苗夷之衝，請各立哨堡於其地。

甕安縣，州西北百八十里。西至四川遵義府百二十里。志云：宋紹興中開設甕水砦，爲黄平府地，土酋猶氏世守。明朝洪武十七年猶恭以地歸附，授甕水安撫司，屬播州宣慰司。萬曆二十七年播酋楊應龍作亂，出甕安犯龍里。事平，改置今縣。編户一里。

草塘廢安撫司，縣東百里。元置舊州草塘等處長官司，隸播州軍民安撫司，土酋宋氏世有其地。明朝洪武十七年宋顯威以地歸附，授草塘安撫司，仍隸播州宣慰司。萬曆二十七年并入甕安縣。

旗山，縣南五里。山頂有洞。一名川巖。又萬丈山，在廢草塘司東南二十里。崖壁高峻，矗立萬丈。又有後巖，在廢草塘司治北。沿巖曲折而上，石壁列兩旁，如雉堞然。○龍洞，在縣北三里之鼠場，極幽邃。水深數仞，中有一石橫架如橋，寬夷可涉。

烏江，縣西五十里。與四川遵義府接境，又東北入石阡府界，縣境諸山溪之水皆流合焉。

黃灘關，縣西十五里。萬曆中李應祥自平越進攻播賊，破四牌、乾溪等砦，直抵黃灘關是也。志曰：四牌砦在縣東四十里，舊播州叛苗所聚。

飛練堡，廢草塘司北十里。旁有飛練泉。萬曆中播酋作亂攻貴州邊界，圍飛練，又攻東坡、爛橋諸砦，焚之，楚、黔路梗，黃平、龍泉所在告急是也。東坡砦即興隆衛之東坡堡，與爛橋砦皆接偏橋衛境。

西坪寨，在縣西。景泰五年苗塘苗賊黃龍、韋保等作亂，攻劫西坪、黃灘等處，屯塞營堡。貴州督臣蔣琳會四川兵進討，龍等據地泡山寨，其黨黃定干據水坪大寨，官軍擊破之，盡焚其巢，分兵破中潮山及三百羅等砦。賊猶據沿江崖箐以抗拒，於是克乖西、谷種、乖立諸寨，擒其賊首，餘寨遂望風逃遁。○乾溪寨，在縣東。或云元所置乾溪吳地等處長官司也，明初廢爲砦。又東有中坪寨。

天邦囤。在廢草塘司西北三十里。萬曆中貴州兵討楊應龍，與賊戰於飛練堡，賊佯走天邦囤，誘官軍至，盡殲之。

湄潭縣，州北百里。本播州之苦竹壩、三里、七牌地，萬曆二十七年議者以湄潭川當川、貴之險要，始置縣於此。四十七年官軍討永寧叛酋，敗賊於湄潭是也。今編户□里。

容山廢長官司，在縣東。舊志：在播州東三百二十里。元置容山長官司，隸播州安撫司。明初因之，授土酋張氏世守。地界湖、貴間，溪山荒曠，土地鹵瘠。嘉靖中爲臻洞所殘破，民夷桀驁，長官不能治也。萬曆中平播，因以兵威略定其地。故有湄潭驛，於是改置縣，而長官司遂廢。

湄潭水。在縣西。一統志：「播州東二百里有湄潭水，下流入烏江。」○三江水，在廢容山司東五里。有三源，俱出苗界山箐中，流經司東之望浦合爲一川，下流亦入烏江。

凱里安撫司，府東北百里。西北至四川遵義府三百二十里。

本牂牁蠻地，元爲播州安撫司地。名勝志：「元置凱里安撫司，屬播州軍民安撫司，土酋楊端世守其地。明初端之孫友與其弟鏞殺而司廢。」今考元志不載凱里司，疑有脱悮。明朝正統中分播州宣慰司地置凱里安撫司，嘉靖九年改屬貴州清平衛，通志：「司在衛東四十五里。」萬曆二十七年改今屬。司接壤川、貴，於遵義尤爲密邇。語曰「骨肉麤醯，參商播、凱」，甚言其相倚之切也。

楊義長官司，府東南二十里。元爲平月長官司地。明朝洪武十四年置司，土酋楊氏世守其地，屬平越衛。編户一里。

杉木箐山，司西五十里。峰巒高峻，苗倚爲險。滇記：「由杉木箐出水西之卧遮龍場約五十里，又西有撒以河、烏西橋、六歸河，皆水西境内之大道也。

十里溪。司西八十里，清水江支流也。志云：明初王師征蠻，嘗駐兵十萬於此。

平越衛。治府城内。洪武十八年置，屬貴州都司。

黄平守禦千户所。在黄平州治南。洪武十八年建，亦隸貴州都司。

黎平府，東至湖廣靖州二百十里，西至都勻府界三百六十里，南至廣西柳州府六百里，北至鎮遠府二百六十里，東北至湖廣沅州三百里，自府治至布政司六百三十里，至京師六千二百里。

禹貢荆州荒裔，漢爲武陵郡南境地，唐爲羈縻蠻地，宋因之。志云：五代時思州田氏據有溪洞，宋乾德中授其土酋爲蠻夷官。元置上里平軍民長官司。屬思州軍民安撫司。里，或曰當作「黎」。按元志有上黎平長官司，屬新添葛蠻安撫司，似非一處，後訛里爲黎也。一統志云：「元爲潭溪等處長官司。」潭溪，元志不載。明朝洪武五年置蠻夷軍民長官司，屬思州宣慰司，永樂十一年改置黎平府，屬貴州布政司。今領縣一，長官司十三。

府南通交、廣，北走沅、辰，山川環繞，夷苗錯伺，爲控扼要地。

黎平城，今府治。明初設長官司，洪武十八年立五開衛以鎮撫苗夷。十九年始築土城，二十三年改甃以石，環城爲池。永樂十一年建府治於城西，弘治八年遷入城内，在五開衛治之南。有門四。城周八里有奇。

誠州富盈等處廢長官司，在府西北。元置，屬新添葛蠻安撫司，明初廢。志云：府西有廢上黎平長官司，亦元置，後廢。又五開洞長官司，志云在府境。府東又有廢銅鼓長官司，皆元置，明初廢。今元志不載。

五龍山，在府城中。高不逾數仞，廣十餘里，山勢盤紆，連綿相屬。有二澗夾之，皆西北流。中央曰黄龍山，府治其上。南曰赤龍山，北曰玄龍山，皆以方名。府城南北跨二山之巔，其旁二山僅培塿耳。

寶帶山，府南三里。蟠旋如帶，亘二十餘里，遶城西北，皆山麓也。其相接者曰筆架山，在城南五里。又錦屏山，在城東三里。山高聳，爲郡之鎮。○太湖山，在府東北五里。又府東北五十里有掛榜山，又五十里有森嘉坡山，又五十里曰白山，皆苗賊出没處。

太平山，府東四十里。其東南二十里曰丑家山，苗賊巢穴也。又巴龍山在府東南九十里，龍見山在府東百里，皆高勝。又有跕坡山，在府南四十里。○石井山，在府西南四十里。又府西六十里有天甫山，西南百二十里有四砦山。又寶唐山，在府西北百二十里。山高廣，爲郡境之望。

摩天嶺，府東八十里，其高摩天。又銅鼓巖，在府東北二十里。有洞高大如屋，深遠可三里許，中有溪水横流。又羅團洞，在府東北十五里。洞門高廣，旁有石磴如牀，容二百餘人。

福禄江，在府西。源出苗地，至府界爲古州江，東至永從縣南合彩江爲福禄江，又南合大巖江爲南江，流入廣西懷遠縣界。

新化江，在府西。源出天甫山，東北流經八舟、龍里、亮砦、歐陽諸司，又東北入於沅江。一名三石江。又清水江，在府西北。出生番界，東至赤、白兩江口合新化江。○寶帶江，在府西南三里。源出石井山下之莊家潭，東北流遶寶帶山，沿城西北，至府城北五里匯於歛材溪，又東北經掛榜山，又北經亮砦西，又北入於沅江。

歛材溪，府北五里。出府東北六十里之歛材山，西流經太湖山北而入於寶帶江。又甯溪水，在府東。源出府東南六十里之丑家山，北流經甯溪堡，又北入於歛材溪。

陵溪關，府東九十里。又府南百五十里有播陽關。

地青寨，府南六十里。又枷勺砦，府南二十里，防苗要地也。○羅團堡，府東二十里。又東二十里爲甯溪堡，有土城，周一里。志云：甯溪山箐險阨，苗蠻出没，隆慶中設堡，屬隆里所戍守。又二十里爲鐵爐堡，有城，周三里。又平苗堡，府東九十里。今廢。一名苗坡堡。邊略：「羅團以下四堡皆五開衛軍防戍。」

水井堡，府南二十里。有土城，周一里。又府東南三十里有燕窩衝堡。山谷深險，苗賊潛伏處也。亦曰燕巢衝。○鎮羅堡，在府北九十里中林司界。今廢。

黄團驛。府東一里。又東三十里有銅鼓驛。又三十里爲鐵爐驛。又三十里爲江團驛。志云：府東百二十里有三里坪驛。有城，周一里。又東三十里曰西樓驛，亦有小城，可戍守。○石家驛，在府東百八十里。即湖廣靖州之石家堡也，亦有土城。城北五里曰横江橋，通道所經。又永平驛，在府東二百十里。亦有土城，東北去靖州不過三里。今亦詳見靖州。

永從縣，府南六十里。一統志：「唐爲溪洞福禄州，宋改福禄永從軍民長官司，元因之，屬思州安撫司。」今元志不載。明初改永從蠻夷長官司，屬思州宣慰司。永樂十一年改今屬，正統七年又改爲永從縣。有土城。編户二里。

江頭山，縣西五里。又縣南三十里有上皮林山，又南十里爲灑洞山，又南二十里有衝口山。

福禄江，在縣南。自府西流入界，有彩江自縣西流合焉，南入西山陽洞司界。○永從溪，在縣南三里。源出江頭山，東流入湖廣通道縣界爲多星江。

赤沙上寨。在縣西。又縣南有赤沙中寨，縣東有赤沙下寨。又頓洞寨，在縣西南十里。

潭溪蠻夷長官司，府東南三十里。通志：「宋置潭溪洞蠻夷軍民長官司，屬誠州，元因之，屬都雲定雲安撫司。」今元志不載。明朝洪武五年置今司，〔一七〕授土酋石文漢，屬思州宣慰司。永樂十一年改今屬。編户三里。

潭溪舊城，志云：舊址東北去府三十里。本上黎平之官團砦，明初置司於此，正統間始移今治。

銅關鐵寨山，司東二十里。山高峻，其上平廣，可容千人。三面絶險，惟南有徑可登。志云：山之西一里有石崖，四壁峭絶，中可容二百人。○磨槃山，在司東四十里。又司西北二十里有天橋山，一名灣砦山。

潭溪，在司南。有巨石跨其上，廣二丈餘，長十倍之，名天生橋。一統志：「潭溪在洪州泊里司治南。」恐悮。

頓洞寨。司南四十里。又有容洞、銅鑼二砦，俱在司南七十里。司境之砦凡二十有五，此其最著者。

八舟蠻夷長官司，府北七十里。通志：「宋置八舟蠻夷軍民長官司，元因之，屬思州安撫司。」今元志不載。明初置今司，授土酋吴金骨，初屬思州宣慰司，尋改今屬。編户二里。

八舟山，司治南。上有石如人，名仙人巖。

八舟江，在司南。自府境流經此而入龍里司界，即新化江也。

新寨。在司北。又司北四十里，有平南砦。志云：司境之砦凡二十，此爲最著。○權砦，在司南。其前有權砦渡。

洪州泊里蠻夷長官司，府東南百二十里。東至湖廣通道縣界八十里，南至廣西羅城縣界百十里。一統志：「宋置洪州泊里等洞蠻夷軍民長官司，元因之，屬思州安撫司。」明朝洪武五年置今司，授從征官李德輿世守，初屬思州宣慰司，尋改今屬。編户四里。

龍洞山，司治南。洞寬廣，深里許。旁有龍潭。又都莫山，在司南十里。特洞山，在司西南五十里。○六平山，在司西北十里。又司北十里有陸陪山。志云：司東二十里有石崖山，又東二十里有磨槃山。

灑洞山，在司西南。下有泉，曰灑洞泉，亦名神泉。明初俞通海克蠻賊於此。里道志：「灑洞北去府城百二十里。」

洪州江，司治北。流經府東龍見山下，入靖州通道縣境入渠陽江。渠陽江，蓋渠水之别名也。又潭洞江，在司南一里。出龍洞山，東流合洪州江。○上黄溪，在司東南。源出灑洞山，東北流入通道縣界，會洪州江入於渠陽江。志云：洪州司山勢險絶，有泉數道，合流成江，深廣可以行舟，即洪州江也。

特洞寨。在特洞山上。高數十仞，四面壁立，惟一徑僅尺許，曲折而入。上有天池，雖旱不竭。其中平田數百畝，皆腴壤也。又東曰都莫大砦，去司治九十里，爲苗賊哨聚之所。○江口砦，在司北五里。又北十里曰草坪砦。志云：司北四十里有秦洞砦，五十里爲吴家砦。又潘老砦，在司北百十里。又十里曰上黄砦，又四十里曰浦洞砦。司境之砦凡三十有八也。

曹滴洞蠻夷長官司，府西北百里。元置曹滴等洞軍民長官司，屬思州安撫司。明朝洪武五年置今司，授土酋楊都。萬曆初屬思州宣慰司，後改今屬。編户六里。

容江巴黄廢長官司，在司東南。一統志：「宋置，元析置曹滴洞司，明初以容江巴黄司并入曹滴洞。」按元志不載容江巴黄長官司也。又舊曹滴洞司，一統志云：「在府南六十里。」黎乘云：「故地名龍峻，成化十年移治霸留，即今司治。」

銀賴山，司南十里。舊有銀賴洞砦。明初俞通海討古州諸蠻洞，首克銀賴洞及三門、會水、古州、蒲洞，進克銅鑼蠻，又克龍里四砦，克灑洞及上黄、洪州、迷洞，又克楊潮三達及龍寨兩洞，蠻賊悉平。其地皆在府境。

苗沙山，在司治西。容江之水出焉。亦曰苗沙洞。又高韋山，在司南三十里。高鏡山，在司東七十里。

容江，在司治西南，下流入福禄江。○高鏡溪，在司東。出高鏡山，流合新化江。又高韋溪，出高韋山，下流亦入新化江。

忙斂寨。司南五里。又司南四十里有五湖寨，相近有高牙砦。又賴洞砦，在司南七十里。或以爲即銀賴洞砦也。相近又有銅羅砦。又司北四十里有羅洞砦。

古州蠻夷長官司，府西北八十里。宋咸平初古州刺史向通展入貢，其後皆臣附。元置古州八萬洞軍民長官司，屬思州安撫司。明朝洪武五年置今司，〔一八〕授土酋楊秀茂，屬思州宣慰司。二十五年古州蠻叛，都督俞通海討平之。三十年復叛，詔楚王、湘王合征之。事平，復令楊氏世守。永樂十一年改今屬。編户二里。

廢古州，在司東。志云：在府北八十里。原隰平曠，可爲邑居。相傳宋時古州治此，土人呼爲裹古州。又北三十里有古城屯。

古州江，在司西南。又南流入府境，即福禄江之上源。

王梅寨。司北四十里。又司北三十五里有秦洞寨，司北六十里有蒲洞寨。志云：司境之寨凡四十有五。

西山陽洞蠻夷長官司，府西南二百里。古生苗地。明朝永樂五年置司，〔一九〕授土酋韋方魁，屬思州宣慰司，十一年改今屬。地多侗人，獷悍難治。正統中侗人叛亂，後稍平。嘉靖八年復韋昌金世守。編户二里。

大巖山，在司治北。志云：山之西爲高峰嶺，又西南有西山，東有大有山。○小巖山，亦在司北，與大巖山相連。

大巖江。在司南。源出大巖山，東南流入福禄江。志云：福禄江自永從縣南流入境，會於大巖江。亦謂之南江。

湖耳蠻夷長官司，府東北百二十里。志云：元置湖耳蠻夷軍民長官司，屬思州安撫司。今元志不載。明朝洪武五年置今司，授土酋楊再禄，屬思州宣慰司。永樂十一年改今屬。十二年又以土酋歐景甫爲副長官，司屬新化府。府廢，仍屬黎平府。編户二里。

白雲巖山，司西五里。又西三里有響水洞，水出洞中，衝激有聲。志云：司西又有仡狼山。○石流山，在司東三十里。飛泉迸出，亂石四流。又東十里有九牛山。

朗溪，在司東。源出石流山，一名楠溪，東流入湖廣會同縣界。亦曰朗江。志云：朗江舊流東合清水江入沅水，其後南徙，土人謂之變溪。○清泉，在司治西南。兩石相向，中有泉穴，深不可測。

固安寨。司東二十里。又司北二十里有禿洞砦，又北十里有溪口砦。○長灘砦，在司西三十里。又張砦，在司西北二十五里。志云：司境之砦凡四十有八。

亮寨蠻夷長官司，府東北九十里。元置亮寨蠻夷軍民長官司，屬思州安撫司。明朝洪武五年置今司，〔二〇〕授土酋龍政中，屬思州宣慰司。永樂中屬新化府，後改今屬。編户一里。

程巖山，司西五里，石壁臨溪。其相接者有羅丹山、龍池山。又西有石門山，皆高勝。

錯寨。在司西南。志云：寨南有錯寨渡。又羅丹寨，在司西羅丹山下。○諸葛寨，亦在司西。志云：府北八十五里有諸葛營，即此寨也。司因以名。

歐陽寨蠻夷長官司，府東北八十里。志云：元置歐陽洞軍民長官司，隸思州安撫司。元志不載。明朝洪武五年置今司，〔二一〕授土酋楊氏世守，屬思州宣慰司。永樂中屬新化府，後又改今屬。編户一里。

東茶山，在司東。志云：西七里有邦砦山，又西曰吴砦山。

東茶溪。在司東北。出東茶山，流入亮寨界，下流合於湖耳司之朗溪。

新化蠻夷長官司，府東北六十里。志云：元置新化等處蠻夷軍民長官司，屬思州安撫司。今元志不載。明朝洪武五年置今司，〔二二〕授土酋歐明萬，屬思州宣慰司。永樂十一年增置新化府治焉。宣德十年府廢，而長官司如故，屬黎平府。編户一里。

六疊山，司西十五里。盤迴六疊，始至山頂，因名。

楊家砦。司東五里。相近有蓮花、烏潭、琴圖等砦。又司東十五里有休團砦。

中林驗洞蠻夷長官司，府北百里。志云：元置中林驗洞蠻夷軍民長官司，屬思州安撫司。今元志不載。明朝洪武五年置今司，授從征官楊盛賢，仍屬思州宣慰司。永樂中屬新化府，後改今屬。編户一里。

赤溪湳洞蠻夷長官司，府東北三百里。志云：元置赤溪湳洞蠻夷軍民長官司，屬思州安撫司。今元志不載。明朝洪武五年置今司，授土酋吴世銘，屬思州宣慰司。永樂六年楊通諒以功爲正長官，而吴氏副之。尋屬新化府，後改今屬。編户一里。

江口寨。司南三里。又司南十里有小湳砦。志云：司境連苗窠，屯砦錯列，由山路三百里而達鎮遠府。

龍里蠻夷長官司。府北八十里。志云：元置龍里蠻夷軍民長官司，屬思州安撫司。今元志不載。明朝洪武五年置今司，授土酋楊光福，仍屬思州宣慰司。永樂中屬新化府，後改今屬。編户一里。

婆洞寨。司北十五里。明朝景泰四年婆洞賊由石流山攻掠古城鄉，參政甄完擊敗之，追至黄蘖山而還。山蓋在司界。

五開衛，在府治北。洪武十八年建，隸湖廣都司。

黎平守禦千户所，府西南三十里。洪武二十一年置。有土城，周一里有奇。

中潮守禦千户所，府東南四十里。建置同上。有土城，周不及二里。志云：府東南百十里有中右所，百四十里有中中所，皆置土城爲戍守處。蓋府境諸司皆在西北，惟洪州一司僻在東南，中潮等三所皆在洪州北境，其間叢山峻坂，密箐深林，磴道縈紆，中惟一徑，東達通道縣，西至郡城，中潮其衝也。苗賊出没必由於此，蓋府東南之鎖鑰矣。

新化亮寨守禦千户所，府東北五十里。建置同上。有土城，周三里有奇。

龍里守禦千户所，府東北八十里。洪武二十五年置。有土城，周二里有奇。龍亦作「隆」。

新化屯千户所。府東北四十里。又東北至新化司二十里。建置同上。有土城，周二里有奇。其相近有江口、關峽二堡，皆爲守禦處。一統志：五所俱屬五開衛。○平茶所，在府東九十里。亦有土城，周二里有奇。去所二十里曰來威屯。又有平茶屯所，在府東百二十里。亦有土城，周一里有奇。又懷仁所，在府東南百三十里。今廢爲朝陽屯。又長春所，在洪州司北。今廢爲上黄堡。武陽所，在府西。今廢爲天甫屯。平和所，在府東北。今廢爲龍巖滴洞屯。平茶以下皆洪武二十五年所置也。

銅鼓衛。府北百二十里。洪武二十年建，後二年廢。永樂三年復建，隸湖廣都司。衛城周三里有奇。

楚王山，衛東三里。志云：衛城四圍皆高山，可以屯兵。其東三里曰楚王山，有楚王舊壘，明初征蠻時築。

清水江，在衛西南，即新化江也。江水清深，旁皆亂山叢箐，爲生苗巢穴，可通竹木牌筏至靖州之遠口堡。志云：自衛而西百二十里抵清水江，江南三十里抵亮寨司。似悞。

楓香堡，衛東三十里。成化中水冲苗夷爲患，因設堡築城，撥衛軍戍守。又東四十里爲黄泥關，山谿險隘，可據爲固。又五十里至糾坡堡，嘉靖初吴洞苗爲患，設立堡城，置軍哨守。又百里至靖州。

石炭堡。在衛西。又西爲營砦，又西爲山洞屯。志云：衛西八十里抵藕洞苗砦，皆山箐深險處。

校勘記

〔一〕成化十年至又加軍民府　鄒本「隆慶六年」作「隆慶二年」，「萬曆二十八年」作「萬曆二十九年」。明志卷四六「成化十年」又作「成化十二年」。

〔二〕東至龍里衛大平伐長官司八十里　「龍」，底本原作「東」，今據職本、鄒本改。龍里衛見本書卷一二三。

〔三〕洪武五年　明志卷四六云韋番長官司置於洪武十五年六月，與此異。

〔四〕司南一里　「司」，底本原作「州」，今據職本改。

〔五〕洪武五年　明志卷四六作「洪武十五年六月」。

〔六〕元置雍郎容都等處長官司　「容」，元志卷六三作「客」。

〔七〕崇禎三年開置今州　明志卷四六作「萬曆四十年置州」。

〔八〕洪武五年增置　明志卷四六作「洪武七年六月置」。

〔九〕洪武十年改置今司　明志卷四六作「洪武七年六月置」。

〔一〇〕洪武十六年置都雲安撫司　明志卷四六作「洪武十九年十二月置」。

〔一一〕諸將破黎樹翁溝三百餘寨又招撫兖水等二百餘寨　明史卷三一六貴州土司傳「翁溝」作「翁滿」，「兖水」作「衮水」。

〔一二〕洪武五年改置麻哈長官司　明志卷四六作「洪武十六年置」。

〔一三〕洪武五年置　明志卷四六作「洪武二十四年五月置」。

〔一四〕洪武十二年改爲九名九姓獨山州長官司　明志卷四六作「洪武十六年置」。

〔一五〕洪武十四年置平越衛軍民指揮使司　明志卷四六作「洪武十四年置平越守禦千户所，十五年閏二月改爲平越衛，十七年二月升軍民指揮使司」，與此異。

〔一六〕平越坡　此平越坡條共十六字，底本、職本均無，敷本、鄒本有，今據補。

〔一七〕洪武五年置今司　「五年」，明志卷四六作「三年」。

〔一八〕洪武五年置今司　明志卷四六作「洪武三年正月改置」。

〔一九〕永樂五年置司　明志卷四六作「洪武初置，後廢，永樂元年正月復置」，與此異。

〔二〇〕洪武五年置今司　明志卷四六作「洪武三年正月置」。

〔二一〕洪武五年置今司　明志卷四六作「洪武三年正月改置」。

〔二二〕洪武五年置今司　明志卷四六作「洪武三年正月改置」。

讀史方輿紀要卷一百二十二

貴州三

思南府，東至銅仁府界二百九十里，西至四川遵義府界四百里，南至石阡府界百四十里，北至四川彭水縣界六百五十里，東北至四川酉陽宣撫司界二百里，自府治至布政司八百六十里，至京師七千三百九十五里。

禹貢梁州荒裔，歷代爲蠻夷地。後周武帝時内附，以其地屬黔州。隋初屬庸州，大業初屬巴東郡。唐武德四年置務州，治務川縣。貞觀四年改爲思州，天寶初曰寧夷郡，乾元初復故。宋爲羈縻蠻地，政和八年開置思州，仍治務川縣。宣和中廢，紹興初復爲思州。元置思州軍民安撫司，通志云：「至元中改爲思南宣撫司，隸湖廣行省。」今元志不載。明朝洪武五年改思南宣慰使司，隸湖廣行省。志云：思州自唐永隆中已爲田氏所據，歷宋至元皆内附。明初田仁厚等獻地來歸，置司授之，仍令世守。永樂十一年改爲思南府，時宣慰田宗鼎以不法廢，因改爲府。隸貴州布政司。今領縣三，長官司四。

府襟帶川蜀，控扼黔、楚，山溪連亘，蠻僚環錯。昔人以爲牂牁要路，唐初招慰使冉安昌以務川當牂牁要路，請置郡撫之。蓋地接黔、播，今四川彭水縣，故黔州治。播州，今四川遵義府。自播以西南皆漢牂牁郡地。形援便易也。

安化縣，附郭。隋務川縣地。志云：唐置思州，治務川縣，後没於蠻。宋大觀初蕃部長田祐恭歸附，仍置思州。後廢置不一。元初置新軍萬户府，尋改爲思州軍民安撫司，徙治龍泉坪。其地有龍泉，因置龍泉坪長官司爲附郭。今石阡府龍泉縣是。後燬於火，移治清江。至元十八年仍還舊治。至正中田氏族屬相争，分據其地以獻僞夏，始設思南道都元帥府，復徙今治。明初改爲宣慰司，治鎮遠州。二十二年還治水德江，永樂十一年始爲府治。弘治十四年始建土城，嘉靖二十八年甃以石。萬曆二十八年復分置安化縣於郭内。〔一〕城周四里有奇。編户二里。

水德江長官司，附郭，在府治東南。元置水特姜長官司，屬思州安撫司，土酋張坤元世守其地。明朝洪武初張乾福來歸，置司授之。二十二年改今名，爲宣慰司治。永樂十一年爲府治，十八年復以土人楊潮海爲副長官。今編户一里。

蠻夷長官司，附郭，在府治西南。洪武十年增置，授土酋安輝世守，復以李斌副之，屬思南宣慰司。尋爲司治。今編户一里。

思王廢縣，在府南。唐武德三年置，屬思州。貞觀初州廢，屬務州。四年改務州爲思州，縣仍屬焉。唐末廢。志云：縣在府南，水路三百里。今鎮遠府東八十里有故城。又扶歡廢縣，在府西南五十里。志云「唐貞觀十六年開山洞置扶歡縣，屬溱州，以縣東有扶歡山而名」，即此。後廢。溱州，今見四川真安州。

多田廢縣，府西北四十五里。唐書：「武德四年務州刺史奏置，以土地稍平，墾田盈畛而名。貞觀八年改屬費州，後廢。」志云：縣北有樂浮山。又扶陽廢縣，在府西北八十五里。劉昫曰：「隋仁壽四年庸州刺史奏置，以扶陽水爲名。」今隋志不載。唐武德四年屬務州，貞觀四年改屬費州，後省。○城樂廢縣，在府西北百五十里。唐武德四年山南道大使趙郡王孝恭招慰生僚置，屬思州。初築城時，人歌舞之，故曰城樂。貞觀初屬務州，八年改屬費州，後没於蠻。

涪川廢縣，府東北百里。隋志云：「開皇五年置，屬黔州，大業初屬黔安郡。」唐武德四年屬務州，貞觀四年屬思州，是年置費州治焉。天寶初改州爲涪川郡，乾元初復爲費州，後州縣俱廢。宋白曰：「州界有費水，因以名州。」通志：「費州，後周宣政初置，唐武德間移州治蒙籠山。」悮。

牂牁廢縣，在府西。隋初置，兼置牂州治焉。大業初改州爲牂牁郡。唐武德二年復曰牂州，改縣曰建安。四年又改州曰牁州，尋復故。開元中降爲羈縻州，屬黔州都督府，後廢。志云：牂州南有新興廢縣，唐初與州同置。又有賓化廢縣，亦隋初置，屬牂州，唐因之。後俱廢。新唐書：「武德三年牂牁首領謝龍羽來降，因置牂州。」是也。通志云「唐志稱牂牁蠻國，其王號鬼主，别部曰羅殿王，似牂牁去今郡甚遠」，蓋思州遷徙亦不一地，牂牁故址亦不可得而攷矣。

廢充州，志云：在故牂州北百五十里。唐武德三年以牂牁别部蠻置，所領平蠻等縣七。通典羈縻充州所領有梓潼縣，與湖廣沅州西廢業州接界。開元二十五年充州酋趙君道來朝，又後唐天成二年有牂牁清州刺史宋朝化來朝，宋乾德三年有南寧州刺史龍彦瑫來貢，景德四年有羅瓮井都指揮使顔士龍來貢，皆牂牁蠻也。寰宇記：「南寧州本清溪鎮，唐置，在黔州西南二十九日行。從南寧州至羅殿王部落八日行，與雲南接界，曰充州，曰琰州，曰犍州，曰莊州，曰明州，曰牂州，曰矩州，曰清州，凡九州，每年朝貢。自㵲州、襲州、峨州以下凡四十四州，洞內羈縻而已。」時於黔州置都督府，管播州下五十三州，即南寧州以下諸州是也。又梓潼廢縣，考新、舊唐書不在充州七縣之列，未詳所據。或曰牂、充等州皆在今黎平、都勻之境。

廢莊州，在府境。隋牂牁郡地。唐貞觀三年以南謝蠻首領謝疆地置南壽州，四年更名莊州，領石牛等七縣，尋復置清蘭縣屬焉。十一年升爲都督府。景龍二年府罷，屬黔州都督府。州南百里有桂嶺關。又廢應州，在莊州之北。四夷述：「南蠻別種有東謝蠻，渠帥姓謝氏，在黔州西數百里，地方千里。貞觀三年首領謝元深入朝，因開其地爲應州，領都尚等五縣。」唐志：「東謝蠻在西爨之南，居黔州西三百里。」又廢矩州，與應州相近，唐武德四年置。顯慶初矩州人謝无靈反，黔州都督李子和討平之。唐末仍没於蠻。

廢明州，在府南境。四夷述：「西趙蠻在東謝之南，並南蠻別種。其界山洞深阻，莫知里數，南北十八日行，東西十二日行，趙氏代爲酋長。貞觀二十一年西趙酋長趙磨奴請內附，因置明州，其土俗略與東謝同。」胡氏曰：「東謝蠻西接牂牁蠻，南接西趙蠻，牂牁之別部曰羅殿。今廣西買馬路，自桂州至邕州橫山砦二十餘程，自橫山至杞國二十二程，〔二〕又至羅殿十程。」唐貞觀十三年渝州人侯弘仁自牂牁開道，經西趙出邕州以通交、桂，即此道也。又蠻州，亦近府境。唐貞觀中置，領巴江一縣，屬黔州都督府。貞元十三年有蠻州刺史宋鼎等請入朝，從之。即此。尋没於蠻。

巖門山，府城西南。兩相對峙，巖壁險峻，官道出其中，左曰大巖門，右曰小巖門，永勝、武勝二關依巖而立，郡之門户也。去巖門數里有迎春、藏春二洞，又有鐘鼓洞，皆奇峭。○萬勝山，在城東南一里。四面陡絶，元末紅巾之亂，郡人避兵於此。又城東三里有東勝山。

馬鞍山。

思唐山，府東北四里。勝覽云：「山南連河只水，北枕内江水。」内江即水德江也。又有三峰山，志云：在城東，高竦奇秀。或曰即城南三里之三台山。又天馬山，在城南二里，與三台相接。○大龍頭山，在府東北七里。其南有白鹿峰，在城東七里。又銅鑼山，在府東十五里，以水出山峽中如鑼鳴也。或曰以山形如鑼而名。又東十五里爲馬鞍山。

石柱山，府西二十里。頂有巨石，參差屹立，爲郡之勝。又思王山，在府西南三百七十里。舊名龍門山。○屏風山，在府北百二十里，府北百八十里又有石馬山，峰巒竦拔，獨冠諸山。上有巨石如馬。又蒲竹山，在府北二百里。山極高峻。

烏江，在府城南。自石阡府流入界，至府南十里，經鮎魚峽，湍流澎湃，險不可言。旁有大巖，巖有一孔，若鮎魚口然。經城北一里有香爐灘，灘石如鼎，因名。灘下爲白鷺洲，突出中流。志云：洲在城東北一里，雙峰峙左，二水繞旁。又北歷獅吼洞。烏江越府城三十里，至洞下瀉十餘里，聲如獅吼，舟莫能行。稍北爲潮底泊，江流經此，平静無波，商旅皆於此易舟而下。至府北三百五十里爲龔灘，洪濤洶湧，聲震如雷，長十餘里，惟輕舟始得濟。又北歷袁灘而入四川彭水縣界。亦謂之黔江，亦謂之涪陵江也。詳見前大川。

水德江，府東南一里。源出烏江，東北流入四川彭水縣界入涪陵江。又思印江，在府東三十里。舊名思邛水。源出朗溪，下流合水德江。唐以此名州。

上費溪，在府東北百里。舊費州以此名。北流入四川黔江縣界，亦曰黔江。又東北入湖廣施州界，謂之清江。○青鸞溪，在府西五十里，下流入烏江。俗名黑鵝溪。

石牛潭，府西南三十五里。澄澈深廣，水際有石如卧牛，因名。又龍泉，在府東二里萬勝山下；馬家泉，在府南十三里，自山麓懸流，勢如瀑布，俗名白水泉；皆有灌溉之利。

永勝關，府西二里，府西南二里又有武勝關，皆在巖門山下。○太平關，府東一里。府南十里又有德勝關。志云：府城西南又有水關。○洪渡，府北三百里，蓋即烏江渡口。其旁居民皆事舟楫以濟人。

板橋鎮。府東百二十里，有巡司。志云：司舊置於石阡府苗民司北。弘治十四年酉陽蠻争沿河司地，因遷司治於此，以固藩籬。又府西北二百八十里有覃韓偏刀水巡司。〔三〕府北三百七十里有都儒五堡三坑等處巡司。〔四〕司本屬婺川縣，後改今屬。

婺川縣，府北二百四十里。隋開皇末置婺川縣，屬庸州，大業初屬巴東郡。唐武德四年置務州治此，貞觀四年爲思州治，後廢。宋政和八年仍置務川縣爲思州治，宣和四年廢爲務川堡，隸黔州。紹興初復爲縣，思州治焉。元曰婺川縣，屬思州軍民安撫司。明初屬思南宣慰司，永樂十一年改今屬。城周二里有奇。編户四里。

安夷廢縣，在縣南。本婺川縣地，宋政和八年析置安夷縣，屬思州。宣和四年廢爲砦，屬黔州。紹興初復故。元并入婺川縣。通志：「今鎮遠縣即宋之安夷縣。」恐悞。

華蓋山，縣西十里。峰巒高大，林木深邃，昔人嘗避兵於此。或以爲無黨山也。勝覽云：「無黨山在思邛縣南四十四里，以四面懸絶而名。」○多羅山，在縣西四里。其相接者有馬鞍石巖，又西一里有山羊巖，皆高勝。又木悠峰，在縣西四里。上有水月宫，産硃砂。

巖前山，縣東北二十里。山産硃砂。又東北三十里有長錢山，亦産硃砂，地名板場。志云：縣有板場坑水銀場，税課局蓋置於此，成化九年廢。又泥塘山，在縣南五十里，亦産硃砂。○大巖山，在縣東八十里。山有巖屋，頗深廣，容百餘人。又卧龍山，在縣北五十里，地名祥川。其相接者有金藏崖，頗幽勝。志云：金藏崖在縣東五十里。

倒羊江，縣北五里。江城關臨其上。或云江源出華蓋山，東北流入於烏江。又豐樂河，在縣東五十里。又有羅多水，在縣東八十一里。流經縣東六十里之豐樂渡，合豐樂河南流入府界注於烏江。又河只水，在縣東二十一里，流合豐樂河。志云：河只、羅多皆僚姓名也。

暖塘，縣北五里。至冬尤暖，秋分後魚皆聚焉。又縣東北二十里有來鴈塘，昔有鴈集於此，人以爲瑞。

焦巖關。縣東十二里。關北有焦巖渡。又缺窑關，在縣東北百五十里。○烏金關，在縣西二十里。又西十里曰杉木關。又石板關，在縣西五十里。又西二十里曰長灘關。江城關，在縣北五里。又縣北八十里有天生關，百里有濯水關。志云：縣西南百三十里有九杵關，路通遵義，舊爲要害。又縣西有石槽、檬子、土地三關，俱接遵義境，舊皆有兵戍守。通志：「九杵關在縣東三十里。」似悞。

印江縣，府東三十里。唐開元四年開生僚地置思邛縣，屬思州，後廢。宋政和八年置邛水縣，屬思州。宣和中廢爲堡，隸黔州。紹興初復置縣，隸思州。元置思邛江等處長官司，屬思州軍民安撫司。後訛邛爲印。明初因之，授土酋張氏世守，隸思南宣慰司。永樂中屬思南府。弘治十八年長官張鶴齡罪廢，改置今縣。〔五〕城周二里有奇。編户四里。

大聖登山，縣東五里。山高聳，爲縣境之望。

思印江，縣南十里。源出朗溪司，北流入水德江。又中洲溪，在縣北五里，流入思印江。

峨林關。縣南七里。又秀寶關，在縣南三十里。仡楠關，在縣東七十里。

沿河祐溪長官司，府東北二百十里。西北至婺川縣百七十里。元置，屬播州軍民安撫司，以土酋張文龍世守其地，冉永安副之。明朝改今屬。編户三里。

鬼巖山，司東十里。高百丈，延袤二十餘里，爲江東諸山之望，東南接酉陽境。又高歇峰，在司北十里。形如削壁，高聳入雲。

河由江。司北十里，源出銅仁府烏羅司；又石馬江，在司西百三十五里；下流俱入水德江。志云：司北五里有五門灘，四十里有培塔灘，亂石橫江，水勢最險。又有黎芝灘與湖白灘，相距十里，崖石險峻，皆江流所經也。○桃竹溪，在府北高歇峰，下流合河由江。

朗溪蠻夷長官司。府東四十五里。北至沿河司二百六十里。唐貞觀八年置朗溪縣，屬巫州，今湖廣沅州也。後没於蠻。元爲朗溪洞，洞人佗、僚據此。明朝洪武十年置今司，〔六〕授土酋田榮。永樂四年又以土酋任鑑副之，屬思南宣慰司。十一年改屬烏羅府。正統四年府廢，復改今屬。編户二里。

琴德山，司東五里。山多材木，望之鬱然，爲司之勝。

仁溪，在司治前。出山巖中，自高而下，居人引以溉田。中有川主洲，在司治東南。居人建川主廟於其上，因名。

皂嶺關。司東五十里。又司北四十里有松嶺關。

思州府，東至湖廣沅州界九十里，東南至湖廣天柱縣界二百五十里，南至黎平府界三百里，西至鎮遠府界百里，北至銅仁府界百二十里，東北至湖廣麻陽縣界二百八十里，自府治至布政司七百五十里，至京師七千七百二十里。

禹貢荆州南裔，漢爲武陵、牂牁二郡地，唐爲思州地，宋因之。元屬思州軍民安撫司，通志：「元至元十二年思州田氏降，置沿江安撫司，隸思州宣撫司，尋自龍泉坪移宣撫司治清江，即此地也。後宣撫仍還舊治。至正中其族屬鎮遠州知州田茂安始分據其地以獻僞夏，於是創設思南府，而宣慰田琛徙治都坪，思州自此分爲二。」按元志有沿河等處長官司，疑即志所稱沿江安撫司，而思州爲宣撫司，元志不載。明朝洪武三年分置思州宣慰司，志云：吴元年田氏歸附，是年始置宣慰司，仍隸湖廣行省，以田琛世其職。一云明初以思南授田仁厚，而以思州授其子弘正，琛即弘正之子也。永樂十一年改爲思州府，時田琛與思南宣慰田宗鼎有隙，弄兵坐廢。隸貴州布政司。今領長官司四。

府東連沅、靖，西抵涪、渝，扼槃瓠之噤喉，元志：「思州蠻有狫獚、仡猪、木傜、猫獖數種，蓋皆槃瓠之苗裔。爲楚、蜀之唇齒，且重山環抱，溪水縈流，商賈貿遷，居民輻輳，實西南雄勝之地矣。

都坪峨異溪蠻夷長官司，附郭。元置臺蓬若洞住溪等處蠻夷軍民長官司，屬思州軍民安撫司。明朝洪武六年改置今司，授土酋何夢霖。二十五年省入黄道溪長官司。永樂十一年復置，授土酋周斌與何氏並世其職，爲府治。十三年營府城，後復展築。有門四。城周二里有奇。編户四里。

平溪廢長官司，府東北五十里。志云：元置平溪等處蠻夷軍民長官司，屬都雲軍民府。攷元志平溪等處長官司屬管番軍民總管府，去府境似遠。明初廢。又廢都素府，志云：在府北七十里。元初置，尋廢。

松園屯山，府城北。高大磅礴，爲郡之鎮。志云：府治北有後山，舊在城外，議者以俯瞰城中，敵至難守，乃築石城環之，周百二十丈。今亦曰據勝山。又龍塘山，在府城北，産鉛、鐵。一云山在府東六十里。又平山，在府北十里。頂平如臺。○獨峭山，在府東北一里。孑然孤峭，卓異羣峰。又平軒山，在府東一里。一作「平埂山」。又巖前山，在府東五十里。

峨山，府南三里。其山崒嵂而嵬峩，登陟頗艱。下有架溪，跨以木橋，往來者經其上。志云：府南一里有點燈山，亦高竦，夜常有光如燈。又上、下住溪山，在府西三十里。諸溪之水流經山下，瀦而復流，因名。

白崖，府西五里。高峻難登，中有空洞，下臨深潭。○打寶坡，在府南五里。又府南百里有岑賈坡，外接洪江，苗所出没。又十萬囤，在府東十里。其地平曠，可屯十萬兵。

清江，在府東，即㵲水也。經鎮遠府境曰鎮陽江，流至府西三十里曰住溪，以衆水所瀦也。又東經城南曰架溪，至府東三十里曰平溪，流入湖廣沅州境注於沅江。志云：府東八里曰異溪，以小水派流合平溪大河而名。○灑溪，在府城北。源出都素司之馬口溪，遶城北而東合於架溪，謂之清江。一云灑溪在城南，似悮。

養苗溪，府西北八十里。源出巖洞中，有巨石障流，土人架木槽引以灌田。又轉水，在府西北四十里。羣山四合，水經其間，衆流悉匯，旋繞數曲，風氣完固，可建城邑，引流而東南，至府北十里爲紙漕溪，又東南入於清江。○龍溪，在府西五十里。相傳土人擊銅鼓於此而龍出，因以成溪。府西二十里又有凹溪，東岸有油魚洞，西岸有銅魚洞，俱流合於清溪。

平溪關，府東北三十里，又東北三十里有鮎魚關，俱屬平溪衛。又黄土關，在府南十五里。○盤山關，在府城北。志云：關倚城臨水，一徑盤回。又清平關，在府南一里。都哨關，在府東一里。

平溪驛。府東北四十里平溪衛城外。有平溪渡。又東北三十里有晃州驛。又七十里爲便溪驛，有便溪浮橋。又東五十里即沅州也。○磨砦，在府北五里，有磨砦渡。又府北五十里有雲盤渡，轉水津濟處也。

都素蠻夷長官司，府西九十里。本蠻地，明初爲馬口砦，屬黄道司。永樂十一年始置今司。編户二里。

土麻山，在司治北。又江頭山，在司東北三十里。志云：山在府西北八十里。旁有歇路坪，土人每遇節序，則相聚笙歌於此。又天應山，在司東南十里。舊志云：山在司西百里，最高聳。土人常禱雨於此，呼雷而雷應，因名。○天平囤山，在司南二里。志云：土人避兵處也。又有獅子口山，在司境平牙砦，爲洞苗出没處。

馬口溪。司北一里，即灑溪上源也。又左溪，在司南十里；冷水溪，在司西南二十里；下流俱入於清江。又竹溪河，在司北，流合灑溪。有竹溪河渡。

施溪長官司，府北二百五十里。元置施溪漾頭等處長官司，屬順元等路軍民安撫司。明朝洪武五年遷置施溪長官司於平地砦，授土酋劉道忠，隸湖廣沅州衛，尋屬思州宣慰司。永樂十一年改今屬。編户一里。

丹川廢縣，通志云：「今司治。唐武德初置丹川縣，屬夷州。貞觀初州廢，改屬務州，是年縣廢。」縣蓋以溪水産丹砂而名。舊志：施溪司在府南百四十里。似悮。

御屏山，司北里許。又司北二十里有蠟傍山，其相近者有六龍山，苗常出没於此。○漾頭山，在司南三里。又大龍坑山，在司西三十里。

獨逕巖，司東北十里。路狹巖險，設隘禦苗。志云：司境有硃砂坑四十八面，明初督其課以充貢。尋改折秋糧二十三石，罷其貢。坑猶存。

施溪。司東里許。其上流自銅仁府來，流經司北十里有龍門灘，灘險損舟，下流達湖廣辰州府界。

黄道溪長官司。府東北百三十里。元置黄道溪軍民長官司，屬思州安撫司。明朝洪武初仍置今司，授土酋劉貴，又以土酋黄文聰副之。二十五年遷治武陵坪，仍屬思州宣慰司。永樂十一年改今屬。編户一里。

丹陽廢縣，通志：「今司治。唐初置丹陽縣，屬思州。貞觀初改屬務州，二年廢。」舊志：黄道司在府南百二十里。似悮。○野雞坪廢長官司，在司西。元置，屬思州安撫司，明朝洪武五年廢。志云：司西有務程龍鼈坪長官司，又有岳溪都坪長官司，洪武二十五年俱廢入黄道司。

旗頭山，司西三十里。山勢險峻，高可萬仞。又龍山，在司西八十里，以形似名。〇黃崖冲山，在司西南五里。山勢險固，其中平廣，有據險避苗囤。又楊柳巖，在司西二十里，亦險峻。

九曲坡，司西十里。山高路險。又田堧坪，在司西北三十里。四山圍繞，中有廣原沃野。坪前半里爲小石橋，路出晃川通沅州大道；又前四里餘爲大石橋；皆往來通津也。嘉靖中議者謂田堧坪一帶係平溪、萬山、黃道等衛司，及沅州相鄰接，爲三省屯砦通衢，又迫近大隴山叛苗，宜築一城，增兵戍守云。〇泉洞，在司西七里。崖壁千仞，瀑泉飛瀉，下成溪河，以艇從旁入，洞廣容百人。

黃道溪。司西南八十里。志云：司北五里有淘沙溪。西北三十里有瑰樓溪。五十里有白崖溪，爲思州、銅仁分界處。溪左山上常有戍兵屯守。又田塍巖溪，在司西五十里，有渡。諸溪下流皆附平溪大河入於沅江。〇龍泉，在司治北。其水清潔而甘，居民賴以溉田。

平溪衛。府東北三十里。西南至清浪衛七十里，東北至湖廣沅州百六十里。洪武二十二年建，隸湖廣都司。

衛當黔、楚之衝，控禦溪苗，東西應援，良爲要地。所屬關堡驛站，分見上府境及湖廣沅州。

鎮遠府，東至思州府界二百二十里，東南至湖廣靖州界四百二十里，南至黃平州湄潭縣界六十里，西至平越府興龍衛界二百二十里，西北至遵義府界百四十里，北至石阡府界百八十里，自府治至布政司四百三十里，至京師七千四百三十里。

禹貢荊、梁二州荒裔，唐爲思州地，尋没於蠻。蠻名豎眼大田溪洞。元初置鎮遠沿邊溪洞招討使司，尋改爲鎮遠府，屬思州軍民安撫司。通志：「元至元十二年置招討司，二十年改爲軍民總管府。」似悮。明朝洪武五年改爲鎮遠州，隸湖廣行省。通志：「時改置思南宣慰司，治鎮遠州。二十二年始徙治水德江，州直隸湖廣布政司。」永樂十一年仍於州置鎮遠府，隸貴州布政司。正統三年省州入府。今領縣二，長官司二。

府東達沅、辰，西通貴竹，當往來之衝，爲扼要之地。嘉靖中知府周瑛議：「鎮遠東接沅州，西接播州，中間道路險阻，乃雲、貴往來必繇之所。而所屬邛水、施秉等司縣，又與洪江一帶生苗接踵，百姓平居無事，皆帶鏢弩自隨，有事則鬻刃接矣。故鎮遠者，雲、貴之門户也。邛水、施秉者，鎮遠之噤喉也。欲通雲、貴，當守鎮遠。欲守鎮遠，宜經營邛水、施秉等司縣。此形勢之可考，事理之必然也。」

鎮遠縣，附郭。一統志：「元置鎮安縣，尋改安夷縣，後又爲金容金達等處蠻夷軍民長官司地，屬思州安撫司。明朝洪武五年改爲鎮遠金容金達蠻夷長官司，屬鎮遠州，授土酋何氏世守。正統三年改屬府，弘治十一年長官何倫以罪廢，因改爲鎮遠縣。」〔七〕城邑攷：「府舊無城。嘉靖三十年議者言：『府治前逼大江，後逼高山，參錯廣輪，丈不盈百，縱使築城，寇自高臨卑，勢難固守。迤西三里地名平昌，高爽饒衍，可容萬家。後山如圭如笏，前江環繞如拖練然。四圍諸山皆如龍翔馬馳，拱揖相向，宜於此設立城池。但地連鎮遠衛教場，宜相視地形，彼此易置。』不果。乃即舊址爲城。有門三，周四十五丈。而於江南岸築土城爲縣治。」編户三里。

思邛廢縣，府東南九十里。唐開元中置思邛縣，蓋治此。思南志「府東南三百九十里有廢思邛縣」，即此也。後徙而北。今爲印江縣。又思王廢縣，在府東八十里，亦唐故縣治。今俱見思南府。通志：「府境有定安、永安二縣，皆元置，屬鎮遠沿邊溪洞招討司，尋廢。」未知所據。

金容金達舊長官司，志云：在今府東八十里。元初置司於此。又有楊溪公俄等處廢蠻夷軍民長官司，在府西。元置，屬思州安撫司，明初并其地置鎮遠金容金達司是也。又曉愛瀘洞赤溪等處廢長官司，在府東；又府東七十里有卑帶洞大小田等處廢長官司：皆元置，屬思州安撫司。明初俱廢。通志：「府南有廢德珉蠻夷長官司，元置。」未詳所據。

中河山，府治東半里。志云：元置鎮遠軍民總管府，以授田氏，治中河山上，即此。有兩水夾流，山處其中。兩崖皆有巨石卓立水中，上豐下儉，呼香爐崖。南麓有洞曰太和洞；北曰北洞，一名東巖洞。又吉祥山，在府治西半里。臨江，狀如燕窠，上有吉祥寺。志云：府城中有五老山，以五峰相接而名。○鐵山，在府東北三里。石皆鐵色，下爲鐵溪。溪之第一灣有巨石，下瞰如屋。其第二灣有長潭，潭之北岸爲鐵山絶頂，南岸石委積成洞，有蹊隧通鎮陽江。江邊羣石錯立，急湍奔瀉，名浮石灘。其東有石側立，上多樹木，名古牛崖，郡之名勝也。又筆架山，在府東南五里，三峰並聳。

石崖山，在府治北。石高百仞，屹立如屏，亦曰石屏山，郡之鎮山也。山半有石竇，久雨竇中水出，其明如虹，則江必溢，居民候此以避水。山右有路，旋繞屈曲，名九曲岡。志云：苗自金浦、狗洞來，必由縣後大石崖山。自施秉、鼓樓坡來，必由衛後小石崖山。有事時戍守於此。○雙峰山，在府西三里。一名平昌山。志云：諸山自府北境白羊坡頓伏而來，至此方止，雙峰圓聳插天，江水環其前，四山迴合，中有平原可居，演武場在焉。又一里有獅子山，自東南望之如獅，自北望之如展旗。又六里有白石柱，臨江駢立，一大一小，高數十丈。西至偏橋有西峽渚山，懸崖飛瀑，奇勝不一。

觀音山，府東十里。巖石錯立，俗名觀音巖。志云：府西十里亦有觀音巖，巖高數十丈，屹立江上。下有石洞，可據船而入，稱爲幽勝。又太平山，在府東二十五里。上有小池，雖旱不涸。○巴邦山，在府東南四十五里。周圍陡絶，苗夷出没，居人常避兵於此。又思邛山，在府東南八十里。一統志：「山連思邛水，在舊思邛縣東。」又都來山，在府東南九十里。志云：山在舊思邛縣東五十里，唐錦州有常豐縣，與此接界。又都波山，亦在舊思邛縣東，接洛浦縣界。常豐、洛浦，在今銅仁府境，去府界遠，恐悮。

鼓樓坡，府南十里。岡阜重複，狀如鼓樓。又馬場坡，在府東十五里。兩旁皆深谷，中有一路，苗自白蟲來者，必經此，爲戍守要地。○大洞，在府東五里分水嶺北。俗名七間屋，以寬廣相似也。嘉靖中好事者名曰凌玄洞。

鎮陽江，在府治南。一名鎮南江，又名㵎溪，志以爲五溪之一也。亦曰鎮遠河，受興隆、黄平諸水，過府城而東，流三百餘里入於沅江。

鐵溪，在城東北鐵山下，南流入鎮陽江。其水剛利，可淬鐵。又焦溪，在府東十里；宛溪，在府東十五里；梅溪，在府東五十里；秋溪，在府東百三十里；下流皆匯於鎮陽江。○松溪，在府西北一里。府西五里有牙溪，又西五里曰小由溪。相近者曰勇溪，仡狫所居，旁多隘口。又白冰溪，在府西三十里。自盤石奔流入江，潔白如冰。自鐵溪以下，所謂鎮遠九溪也。

平寧陂，府西六十三里。居民引水溉田，四時不竭。又龍池，在府北一里。○雲根五竅泉，在府西油榨關崖下。五竇並出，行者藉以濟渴。

油榨關，府西三十里。旁有二仙坡，山二峰突立，其狀如人，崖壁險固，控拒所資。又焦溪關，在府東三十里，臨焦溪上，有焦溪橋。志云：府東三里有復古關，府治東有東關，城北又有北津關，西北有鎮西關，旁有西關泉，府西三里又有思南坡關，西二十里有望雲關，相近者曰九曲關，俱洪武二十二年以後次第增置。又鐵山關，在城東北鐵溪上。

甕蓬關，府西五十里，爲戍守要地。志云：府東四十里有溜沙關，地名金蓬洞。又東二十里有梅溪關。○清浪關，在府東七十五里。清浪衛治於此。

爛橋關，府西七十五里鎮陽江西岸長坡上。萬曆中播酋楊應龍作亂，焚東坡、爛橋，楚、黔路梗，即此。東坡堡見興隆衛，蓋與爛橋相接。又紫岡關，在府西北八十里。○老鷹關，在府東北九十里，與思州府都素司接界。又凱料關，在府北九十里，與石阡府接界。志云：自甕蓬關以下俱洪武二十三年以後置。

相見堡，在府西。志云：堡初屬沅州，後屬鎮遠衛，嘉靖中改屬府。又柳塘堡，在府北，屬偏橋衛。○茅坪砦，在府南，苗砦也。成化二年茅坪諸處苗作亂，官軍討平之。

鎮遠驛。在府治西。又偏橋驛，在府西六十里。清浪驛，在府東九十里。志云：驛西去衛十五里。又西五里有清浪橋。

施秉縣，府西南六十里。通志：「元至元二十年置施秉前江等處蠻夷軍民長官司，屬思州安撫司。」元志不載。明朝洪武五年置施秉蠻夷長官司，授土酋楊氏，屬思州宣慰司。永樂十年長官楊政麒從宣慰田琛之亂，官廢。正統九年改置今縣。編户一里。

岑嶅山，縣北一里。爾雅：「小山多石曰嶅。」土人呼高爲岑也。元末有陳元帥者屯兵於此，營壘尚存。又岑麓山，在縣治後。四面陡立，岡巒重複。志云：縣初治從化鎮，正統十四年苗叛縣燬，景泰間招撫復業，依此爲治。

巴施山，縣東北二十五里。其山圓聳插天，狀如卓筆。又癞頭坡，在縣北十五里，軍民會哨於此。

洪江，在縣治南，即鎮陽江之别名也。又有秉溪，在縣西南，北流入洪江。○響泉，在縣治内。泉聲觸石如雷，冬夏不涸，灌溉甚廣。

岑麓堡。縣治北。郡志：縣舊有岑麓等四堡。又邛水司舊有蕩洞等十六堡，鎮遠司舊有金浦一堡，正統十四年皆爲苗賊所毁。天順、成化間議於府境及邛水司要衝處所立蕩洞、岑麓、八弓、得民等四堡，不果。成化八年始築蕩洞堡，嘉靖中始築岑麓堡，後相繼修葺，爲守禦之備。

偏橋長官司，府西六十里。元至元二十年置偏橋中砦蠻夷軍民長官司，屬思州安撫司。明朝洪武五年改置今司，授土酋安德，屬鎮遠州。正統三年改屬府。編户二里。

鳳凰山，司北三里。又司東二十里有馬鞍山，與府接境。峰巒特起，形如馬鞍。○甕蓬洞，在司東十五里。江水經此而出，隘口凡五，行舟過此，如入甕中，甕蓬關以此名。稍西又有芙蓉洞，水自洞出，流經甕蓬，長不滿百尺，高百餘丈，旋盤旋塞。又果老巖，在司西五里，亦幽邃。

杉木河，在司北。出黃平州湄潭縣界，流入境，又東南入鎮陽江。又黃平河，在司西。其上源即黃平州之西門河也，下流亦入鎮陽江。

偏橋。在司東十里。左倚高崖，右臨溪水，斲石架木，以通往來。又有爛橋關，在司西十五里。見上。

邛水十五洞蠻夷長官司。府東八十里。志云：元置安寧縣，尋改邛水縣。元志不載。明朝洪武五年置團羅、得民、曉隘、陂帶、邛水五長官司，二十五年并四司入邛水司，授土酋袁誠本爲副長官，屬思州宣慰司。永樂十一年改今屬。編户五里。

馬首山，司南一里。其山東昂西伏，狀如馬首。明朝長官鄧章嘗聚兵保民於此。又岑樓山，在司東南八里。金朝山，在司西十五里。又西五里爲巴邦山，與府接界。〇岑藥洞，在司西八里。峪峒深邃，莫測其際。

邛水，在司治南。源出夷地，東流入洪江。

蕩洞堡。在司東北。又司東南有得民等堡，爲戍守要地。黔略云：「邛水、施秉與洪江一帶生苗接踵，清浪衛止控扼在外道路，其苗所自入，防禦最切者，蕩洞、得民諸處是也。」

鎮遠衛，在府治西南鎮陽江西岸。洪武二十三年建，隸湖廣都司。領長官司一。

臻剖六洞横坡等處長官司。衛西七十里。元置臻洞湝洞等處長官司，屬播州軍民安撫司，即此地。明初廢，洪武二十三年改建今司。

偏橋衛，府西六十里偏橋長官司南。西南至興隆衛六十里。洪武二十三年建衛，隸湖廣都司。

衛當黔、播之咽喉，爲辰、沅之藩屏，苗夷有警，衛實當其衝。萬曆二十六年播酋襲據偏橋，掠興隆、鎮遠，楚、黔路梗，事平後益爲重地。餘見上偏橋司。

清浪衛。府東七十五里。洪武二十三年置，隸湖廣都司。

衛當往來之衝，控扼苗蠻，亦爲要地。

銅仁府，東至湖廣麻陽縣界百二十里，東南至湖廣沅州界八十里，南至思州府黄道溪長官司界七十里，西南至思州府都素長官司界二百里，西至思南府印江縣界三百里，北至四川邑梅長官司界二百二十里，東北至湖廣五砦長官司界六十里，自府治至布政司九百里，至京師七千八百里。

禹貢荆州南裔，後爲溪蠻地，唐屬錦州，五代以後仍没於蠻。通志：「宋爲思、珍二州地。」元屬思州軍民安撫司。明初隸思州宣慰司，永樂十一年置銅仁府，隸貴州布政司。今領縣一，長官司五。

府東連溪洞，北接苗夷，窺伺之患，視他郡倍多，蓋辰、沅之要隘，而思、石之門户也。鎮壓得人，則楚、黔兩路可恃以無恐矣。

銅仁縣附郭。元置銅仁大小江等處蠻夷軍民長官司，隸思州安撫司。一統志：「初隸都雲定雲等處安撫司，後改隸思州也。明朝洪武五年改置銅仁長官司，授土酋李氏世守，隸思州宣慰司。永樂中建府治焉。萬曆二十五年以土司李永不職，改置今縣。」城邑攷：「府舊無城，景泰二年始築土城，嘉靖二十七年改甃以石。有門六。城周五里有奇。」編户五里。

常豐廢縣，志云：在府西南五里。唐置，屬錦州。今見湖廣麻陽縣。又洛浦廢縣，在府東北。亦唐錦州屬縣也。今見湖廣永順宣慰司。○德明洞廢長官司，在府西北。元置，屬思州安撫司。明初廢。

東山，府城東。嶙峋峭拔，迥出羣山，爲郡之鎮。又東里許爲天乙峯，亦雄峻。又石笏山，在府東五里。一名文筆山。志云：文筆山在府東南五里，高插雲漢。○銅崖山，在府城西南。高十仞，屹立銅仁大、小二江間。又天馬山在府南五里，又南一里曰灑袍山，其南四里曰雙貴峯，志云府南三十里又有玉屏山，俱秀聳。

諸葛山，府西十里。形勢突兀，俯瞰諸垤。上有武侯屯營故址。志云：府西三里曰三台山，其相接者曰半月山。又有席帽山，在府西二里；翀鳳山，在府北三里；皆以形似名也。又獅子山，在府南七十里，以山形雄踞而名。

百丈山，府西百里。峯巒崒嵂，林木叢茂。一云山在府西二百十里。又層嶂山，在府西百十里。層崖疊嶂，如壁立然。志云：府西二百里有獨崖山。又有將軍山，在府北六十里。○黄蠟洞，在府東五里。又東五里有滴水洞，又府北四十里有川江洞，皆深邃。

銅仁大江，府城西南。源出烏羅司西九龍山，東流經城南，又東入湖廣麻陽縣界謂之錦水，下流入於沅江。○銅仁小江，在府城西。源出府西北甕濟洞，東南流至府治西北，合於銅仁大江。今城西南有雙江渡，崖削水深，渡以小舟，即二江合流處也。

龍勢關，在府東北。又東北有石榴關。志云：毛口砦隘，在府東北二十里。黑檀隘，在府東北七十里。張家砦隘，在府東北八十里。又倒馬關，在府北。又北有清水塘關、芭龍甕梅關及倒水關，並爲守禦處。○施溪漾頭關，在府東南三十里，接施溪司界。

亞寨堡，府西北六十里。宣德七年總兵蕭綬大征叛苗於貴州，設亞砦等十堡是也。今爲戍守重地。又孟溪堡，在府西一百里。通志云：「宋置龍泉葛澤長官司於此，元因之。」今宋、元志皆不載，明初置今堡。又小橋堡，在府西北百八十里，接四川酉陽平茶司境，亦苗蠻出入之衝也。又落馬堡，在府西北二十里。落壕堡，在府西五里。城北堡，在府城北門外。

石子營。府北三里。又府西三里有壩地岡營，東三里有木桶營。志云：府境近郊之守如石子墺、黃蠟灘、壩地岡、木桶營、凱槽溪、龍于砦諸處，皆爲要地。又烏業營，在府西北。一名烏泥營。又西北有河界營。嘉靖二十七年討叛苗，官軍自銅仁進屯烏泥營，又屯河略營是也。○天生砦，在府北百二十里。正德八年官軍討叛苗，入天生砦囤，絶蠻峒水道，賊平。今其地有天生橋。又龍于砦，在府西二十里。其地有龍于渡。又開添舖，在府南，有兵屯守。通志：「府境有廢太平溪金場。永樂十三年置，宣德八年廢。」

省溪長官司，府西百里。一統志：「元置省溪等處軍民長官司，隸都雲定雲安撫司。後改省溪壩場等處蠻夷長官司，隸思州軍民安撫司。明朝洪武五年改置今司，授土酋楊氏，又以戴氏副之，隸思州宣慰司。永樂十一年改今屬。」

編户一里。

五雲山，府西五里。常出五色雲，因名。又江頭山，在司西九十里。逌羅江出焉。司北三里又有仙女洞，亦幽勝。

逌羅江。司北二里。源出江頭山，至司西二十五里其流始大，東流合於銅仁江。水産金。或謂之省溪。又司北七里有雲舍泉，西流注於逌羅江。

提溪長官司，府西百四十里。一統志：「元置提溪等處軍民長官司，隸都雲定雲安撫司，後隸思州軍民安撫司。」元志不載。明朝洪武五年置今司，授土酋楊秀纂，後又以張秉仁副之，屬思州宣慰司，尋改今屬。編户一里。

磴山，司東三里。山高險，有石磴縈紆而上。又濫泥山，在司西三十里。

提溪。司西五里。源出濫泥山，引流而東，入於銅仁大江。中産砂金。志云：府東一里有印江，流合提溪。

大萬山長官司，府南百里。元置大萬山蘇葛辦等處軍民長官司，隸思州安撫司。明朝洪武五年改置今司，授土酋楊政華，仍隸思州宣慰司。後改今屬。編户一里。

勒舍廢長官司，在司東。志云：元置，屬思州安撫司，尋廢入大萬山司。

新坑山，司北五里。巖谷深邃，土人常避兵於此，志云：山産硃砂、水銀。又大萬山，在司南三里。司以此名。

司前溪。司南一里。出大萬山，東北流入於銅仁大江。

烏羅長官司，府西二百里。宋爲烏羅洞，屬思州。祥興元年湖南制置使張烈良等起兵興崖山，軍敗奔思州烏羅，爲元軍所襲，皆戰死，元因置烏羅龍干等處長官司，屬思州安撫司。明朝洪武五年改置今司，授土酋楊世雄，屬思南宣慰司。永樂十一年置烏羅府治焉，又以冉興祖爲副長官。正統四年府廢，改今屬。編户四里。

九龍山，司西九十里。高百丈，下分九枝，銅仁大江出焉。俗名飯甑山。又迎虹山，亦在司西南。高出羣山之表，朝旭初升，山色光映，因名。相近又有雲朵山，秀麗如雲。○石梁山，在司東五里。山石横亘，如棟梁然。又東五里有琴閣山。志云：司東十三里又有木降山。

木耳坡，志云：在司治旁。官道經其上，俯視羣山，森列其下，蒼翠鬱然。○觀音囤，在司西南三里。崖壁峭峻，卓然天險。上有三井，可容五百人。又萬勝蹬，在司西南三十里。上亦有井，可容百人，苗亂土人恒藉此以避兵。

乜江，司治南。上納烏羅溪、羊溪二水，下達湖廣辰州，可通舟筏。其旁地爲宋隴諸苗蠻所據，阻絶不通人跡。○木耳溪，在司西南。源出山洞中，其流曲折，東抵平南砦爲九十九渡水。又烏羅溪，在司治東。源出林箐諸山，流瀠司前，爲乜江上源。

平南關。在司南。其相近者又有野猫關。東近府境之孟津堡，西近思南府朗溪司界，有官兵戍守。

平頭著可長官司，府西北百三十里。元置平頭著可通達等處長官司，隸思州安撫司。明朝洪武五年改置今司，〔八〕授土酋楊氏，又以田氏副之，屬思州宣慰司。永樂十一年屬烏羅府，正統四年改今屬。編户一里。

森崖山，司治南。峰巒高聳，林木蓊鬱，望之如雲。又石榴坡，在司西南。道出烏羅司，最險仄，有毒霧，行者畏之。

甘梗泉，在司南。石崖中一泉湧出，清濁分流，居人資以灌溉。

地架堡，司東北。控禦苗夷，最爲要地。邊略：「地架及小橋、亞砦，與湖廣麻陽縣之鴉剌關爲三省連接處，戍守最切。鴉刺守，則銅信溪、小坡水、草塽水、打田、石羊頭等處隘兵可以不用。亞砦守，則毛口砦、石子塽、黄蠟灘、白水洞等處隘兵可以不用。地架守，則孟溪堡、平南關、冠帶河、瓮絞囤、龍于砦、張家砦、四十八旗、提溪、省溪等處隘兵可以不必全用。地架、亞砦不守，則張家、毛口、瓮絞諸處防禦最切矣。嘉靖中議者又以地架偏在一隅，應西遷苗羊坪，爲地架、小橋適中之處，可與烏羅、朗溪相應援。」不果。

油蓬堡，在司西。志云：司孤懸苗界，地最廣饒，賦役出辦居多，與烏羅、朗溪及四川之邑梅司接壤，守禦至切，而油蓬堡、苗羊坪、冠帶河皆置戍處也。嘉靖中議者以孟溪堡偏守一隅，宜遷於油蓬堡，乃平烏二司適中處，且可與四十八旗相應援云。又冠帶河堡，在司西南。苗犯思、石，此爲必由之道，有險囤可以固守。○四十八旗屯軍，在司東南，爲湖廣軍民雜處之地。嘉靖中議築堡於此，恃爲險固。不果。

地運寨。在司東南，苗寨也。志曰：貴州叛苗有黑潭、乾溪、罵勞、吕喝、罵冲、地所、塘寨、蜈公、地運、平頭、地根、老條、龍塘、苟腦、山岔、栗凹、治古、麥地、抱木、老見、旦逞、普杓、田坪、烏牌、平茶、麻峒、木枰等二十七寨，多在銅仁北境。邊略：「嘉靖二十七年貴州及湖廣境内羣苗皆叛，備兵使者趙之屏討之。分兵屯河界，龍勢，麥地三營，剿境内龍塘、鬼堤、江口、小茶園、麥地、都庫、罵勞、桐木坪、上下中地所、老見、老條、新江口十四砦。又調湖廣鴉刺，眉亮二營，剿境内田坪、旦逞、栗凹、匏頸、麥冲、狗腦坡六砦。又調四川地架、平茶二營，剿境内塘砦、地根、地適、地架、吕喝、新砦、抱木、普杓八砦。次第克平，前後凡七十二壘是也。」

石阡府，東至銅仁府界八十里，東南至思州府界三十里，南至鎮遠府界百七十里，西至平越府餘慶縣界百六十里，北至思南府界百二十里，自府治至布政司六百二十里，至京師七千七百六十里。

禹貢梁州荒裔，歷代爲蠻地，唐爲思州地，通志：「唐武德四年置夷州，即今府治。」宋爲羈縻蠻地。元屬思州安撫司。明初隸思南宣慰司。永樂十一年置石阡府，隸貴州布政司。領縣一，長官司三。

府山谿峻險，江水縈紆，懸崖削坂，茂樹深林，爲黔、播參連之地，蠻夷叢蕞之墟，蓋邊方勝境，形援要區也。

石阡長官司，附郭。元置石阡等處軍民長官司，屬思州安撫司。明朝洪武五年改置今司，授土酋楊正德，屬思南宣慰司。永樂十一年爲府治，十四年又以土酋安景文爲正長官，而楊氏副之。城邑攷：「府舊無城，正德五年始築土城，嘉靖初建三門。城周三里有奇。」

龍山，在府城東南隅。山高聳。左巖畔有古洞，洞內石隙中有水瀉入深潭，至春瀰漫，流出五巴砦入於大溪，冬則涸。時有大風颷發，俗呼爲風鬼洞。志云「洞在石阡司治後龍山下」，即此。又金鷄山，在石阡司治東，高百丈。又東有黄楊山，上多黄楊木。又知府山，在府東三里。其右曰倈山。

崖門山，在府治西南。有兩山高下相并，謂之崖門。崖下水流合平茫水入大溪。西上有洞向北，深廣莫測。志云：司西五里有排衙山。其相近者曰雲堂山，一名琵琶山，草塘後洞苗所出没處也。一統志：「琵琶山，在府南四十里。」〇駱駝山，志云：在石阡司西三里。又西爲飛馬山。府西南又有掛榜山。府南曰温塘山。

青山，府北七十里。山高聳，多林木。又北五里爲筆架山。志云：石阡司北又有文筆山。又迎仙峰，在府西北百五十里。下有龍塘泉。○望鄉崖，在府西百六十里。下亦有泉，曰望鄉泉。

香爐囤，府北十里。平地高二十丈，可容五百人，避苗寇者倚此爲險。又十萬囤，在府南六里，可容十萬人。○寒林箐，在府城西，以竹樹陰森而名。城西北有杉木箐，多杉木。

秋滿洞，志云：在石阡司治南。成化中郡守余志記略曰：「府南梭砦隔岸有山，高峻凌空。下有秋滿洞，洞門開敞。洞後穿過塘池砦、平茫溪，石泉長流，資以灌田。正統間苗賊爲亂，民多竄入洞內。賊不敢入，但守洞口，計當困死，民從洞後逸出皆得免。」又龍洞，在府西南龍底江上。闊三丈餘，深一里。又府西張家砦旁高山上亦有洞，峻險人不能至。

烏江，府西百五十里。自四川遵義府流入界，又東北流入思南府境，又北入四川彭水縣界而爲涪陵江。詳見大川。

龍底江，在府城西南三里。亦謂之大溪。其上源爲包溪、舖溪，流經府東黄茅囤而合流，遶府前入思南府界注於烏江。○洋溪，在府北十里。出銅仁府提溪司山中，西南流入界，又西經龍泉縣界，有桶口河流合焉，入於烏江。又深溪，在府西百二十里；各容溪，在府西八十里；皆西流注於烏江。

登沙塘，在石阡司治南，居民築堤遏水以避旱。又司治西有新寒陂，相近者有各容陂，皆潴水溉田。志云：府城南一里有温泉，泉源湧出，四時清暖；相近又有小温泉；歲旱，居民皆決渠引水以溉田。○平貫沙洲，在石阡司治北。上有平貫砦，砦前有温泉潭。又保大沙洲，在司治西。相近者爲石灘。志云：龍底江所經也。

松明關，在府治東。又東有凱斜關，南去鎮遠府九十里，鎮遠衛軍戍守。又大定關，在府東南，官路所經也。屬鎮遠衛。○鎮寧關，在馬鬃嶺大路。嶺屬黄平州，蓋境相接也。又武定關，在府境白馬嶺上。志云：松坎關，在府治南。府東北又有石灰窑關。

銅鼓關。在府西北。志云：石阡司與思南府蠻夷司接界處。又鎮夷關，在府北。地屬思南府印江縣，接近府境。志云：石阡司又有象鼻關。司前又有太平砦。○茶菌關，在府南，與偏橋衛接界。又府西南有錫樂坪關，與平越府餘慶縣接界。

龍泉縣，府西百二十里。西南至四川綏陽縣百七十里。元初置大保龍泉長官司，尋改爲龍泉坪長官司，思州安撫司治於此。明朝仍爲長官司，屬思南宣撫司。永樂十一年改今屬，十七年以土酋安永和爲正長官司。萬曆二十七年播酋楊應龍突犯龍泉，長官安民志戰死。播平改爲龍泉縣，以民志後世襲土縣丞。編户二里。

綏陽山，在縣治西北。又雞公山，在縣西北二十里。通志云：「唐綏陽縣治綏陽山下。」又雞翁縣，在雞公山下。今俱見四川綏陽縣。○東山，在縣東二十里。又縣東五十里有石牛山。

騰雲洞，縣北十里。平地突起一峰，四面險阻，中通一孔，外窄隘而中高廣，可以避兵。○青竹崖，在縣治東北。一名深箐。又縣治東有瑪瑙崖、山羊巖，皆高險。又黄蠟箐，在縣治東。縣北又有隘頭箐、石笋峰、中宗崖，皆錯列近境。

黄陽古囤，縣東三十里。巉巖絶壁，有大河環繞其上，可容百萬人。又龍泉坪，即今縣治。舊長官司以此名。萬曆中楊應龍以播州叛，突攻龍泉，又從龍泉移兵攻婺川。既而湖帥陳琳進兵白泥，分兩翼，使陳良玭等由龍泉坪進是也。

桶口河，在縣北。流合洋溪，西入烏江。又縣治北有清江溪，亦流合桶口河。又仡木溪，在縣南。環遶縣治，入於清江溪。

牛水口關，縣西八十里。志云：縣界又有天井關、青龍關、張教壩關、竹壩平關，俱爲戍守處。又東山砦，在縣南。

鄧坎寨。在縣南。楊應龍攻龍泉，襲官軍於鄧坎，官軍擊走之，破其金竹、青岡嘴、虎跳關等七砦，蓋縣境去播最近也。

苗民長官司，府西南八十里。本蠻地，名曰壁林。明朝洪武五年置今司，〔九〕建文初授土酋汪得英，屬思南宣慰司。永樂十一年改今屬。編户二里。

洋川廢縣，通志云：「在今司南洋溪山下，唐夷州屬縣也。」今見四川綏陽縣。

馬鞍山，在司治東。山形昂聳。又東有黄楊山，多黄楊樹。又筆架山，在司治南。司西又有青山。○長沙嶺，在司東。志云：司南有爛沉箐，又有來林箐。司西又有大夫峰，又有斜崖，環拱司治。

小溪，司北四十里。源出山箐中，出溪口會於烏江。水流漂疾，恒有漲溢之患。志云：司北有相公灘，即溪流湍激處也。又有金場灘，在司治南。沙洲，在司治東。山溪之水匯流經此，北入於小溪。○大龍潭，在司北。澄深不測，有灌溉之利。

板橋。司北四十里，跨小溪上。正統初建橋以便行旅，天順三年、成化十四年以後屢經修治。板橋巡司亦置於此。

志云：板橋巡司在府西北三十里。弘治中遷治於思南府東，境内之巡司遂廢。○金樹呰，在司前，舊爲戍守處。

葛彰葛商長官司。府南百里。元置葛彰葛商等處長官司，屬思州安撫司。明朝洪武五年仍置今司，授土酋安永，屬思南宣慰司。永樂中改今屬。編户二里。

夜郎廢縣，通志「在司西六十里，唐武德四年置夜郎縣，屬夷州，貞觀初與州俱廢」，即此縣云。

獅子山，在司治旁。有二山，皆高聳。又司東有飛鳳朝陽山。又金順山，在司東五十里。下有石蔭泉，廣一丈，深莫測。○麒麟山，在司治南。又南爲雲谷。其相接者爲聚兵墩，峰峻險，可以屯兵。

隘門山，在司治北。兩峰相峙，險隘如門。又司西有擒苗山，其相近者曰三尖峰、黄楊嶺，又有峰洞巖、瓮古巖及山丹、綿花諸坪，俱爲西面之險。○杉木嶺，在司北。又北爲葛冲巖。志云：司東有甘猛崖，司南有坪畊箐，司境又有崖頭、葛蔓諸箐，皆以巖險蔭翳而名。

樂回江，在司南。其源有三，至方竹箐合爲一流，出司東北，又折而西流，注深溪入烏江。○滑龍陂，在司南；旁有滑龍灘；皆樂回江所經也。

牛塘壩關。在司境。又司南有樂回寨。

校勘記

〔一〕萬曆二十八年復分置安化縣於郭内　明志卷四六作「萬曆三十三年改置安化縣」。

〔二〕自横山至杞國二十二程　底本「杞國」上原有「自」字，今據職本、鄒本及通鑑卷一九五唐紀一一胡注删。又「二十二程」，底本原作「三十二程」，今亦據鄒本及通鑑改。

〔三〕有覃韓偏刀水巡司　「刀」，明志卷四六作「力」。

〔四〕有都儒五堡三坑等處巡司　「三」，明志卷四六作「二」。

〔五〕弘治十八年長官張鶴齡罪廢改置今縣　明志卷四六作「弘治七年六月改爲印江縣」。

〔六〕洪武十年置今司　明志卷四六作「洪武七年十月置」。

〔七〕洪武五年至因改爲鎮遠縣　「洪武五年」、「弘治十一年」，明志卷四六作「洪武二年」、「弘治七年」，與此異。

〔八〕洪武五年改置今司　明志卷四六作「洪武七年十月改置」。

〔九〕洪武五年置今司　明志卷四六作「洪武七年十月置」。

讀史方輿紀要卷一百二十三

貴州四

龍里衛軍民指揮使司，東至新添衛六十里，東南至都勻府二百里，西南至定番州百里，西至貴陽府六十里，西北至底砦長官司百里，自衛治至布政司見上，至京師八千二百八十五里。

古蠻夷地，通志云：「唐宋時爲羅甸蠻地。」元置平伐等處長官司，屬新添葛蠻安撫司。志云：元初置龍里州，隸八番羅甸宣慰司，至元末改爲平伐長官司。大德元年平伐首領内附，乞隸亦奚不薛千户，從之。尋改隸新添葛蠻安撫司。明朝洪武二十三年置龍里衛，屬貴州都司。二十九年又升爲軍民指揮使司。志云：洪武四年置龍里驛，十九年改曰龍里站，二十三年始置衛，屬貴州都司，而總領於四川布政司。永樂十一年增置貴州布政司，衛仍屬貴州都司。今領長官司一。

衛咫尺會城，噤喉要地，脱有不虞，則黔、楚之路絶，而肘腋之患至矣。故曰欲保貴陽，先守龍里，此前鑒也。天啓初安邦彦作亂，犯貴陽，先據龍里，以絶官軍之援。既而官軍克龍里，賊遂引而西。

龍里廢縣，衛東南五十里。志云：元初置縣，屬龍里州，尋省入平伐長官司。又龍里廢州，在今衛治西。亦元初置，尋廢。今衛城，明朝洪武二十三年築，甃以石。有門四。城周四里。

平伐廢長官司，衛東南六十里。元置，明初因之，萬曆十八年省。今見貴陽府。又噥聳古平等處廢長官司，志云：在衛東十里。元置，隸新添葛蠻安撫司，明初廢。

龍架山，衛南一里。衛西南一里又有回龍山。衛西一里又有馬鞍山。志云：衛城東有紫虛觀山。又龍里站旁有朝音山，參差角立，爲近郊之險。

冗刀山，在廢平伐司西南八里。峰巒如列戟，上有營壘故址。今見貴陽府。又長衝山，在衛西四十里。舊爲苗賊出没之所，成化間置哨堡以守之。

簸箕河衛北四里。入新添衛境，下流合清水江。又原溪，在衛西南五里，東北流合於簸箕河。今其地有廣濟橋，爲往來者必經之道。○加牙河，廢平伐司北。源出衛東南谷者砦，流入大平伐之瓮首河。

長衝關，衛西十七里，又龍聳關在衛東二十里，俱洪武二十五年置，設兵戍守。志云：衛西一里有西關，東一里有東關，又衛西五里有永通關，二十里有黎兒關，皆戍守處也。

龍頭營，在衛東。天啓初安邦彦犯會城，撫臣王三善赴救，自新添抵龍頭營，敗賊兵，奪龍里是也。○白杵營，在衛東南。安邦彦犯會城，其黨洪邊土司宋萬化據龍里，官軍不能進，别將楊愈懋等與賊戰於江門白杵營，死之。

蓮花堡。在衛西。天啓三年安邦彦再犯會城，使賊黨何中尉據龍里，撫臣王三善遣别將祁繼祖等下龍里，破蓮花堡，連燒上、中、下三牌賊砦百餘處，於是龍里之路始通。又高砦，亦在衛西。王三善克龍里，引兵復進，奪高砦七里衝，乘勝進兵畢節鋪，遂抵會城是也。○龍里驛，在衛城西。又龍里站亦置於此。

大平伐長官司。衛南八十里。洪武十九年置，授土酋宋隆豆爲副長官，屬貴州衛。二十八年改今屬。編户四里。

谷峽山，司治東北。連峰峭壁，中一徑可通，舊與平伐長官司分界。

甕首河。司東南二十里。下流合清水江。

新添衛軍民指揮使司，東南至都勻府一百五十里，東北至平越軍民府七十里，西南至龍里衛六十里，北至乖西長官司五十里，自衛治至布政司一百二十里，至京師八千二百六十里。

古蠻夷地，宋爲羈縻蠻地。志云：宋嘉泰初土官宋永高克服麥新等地，以其子勝守之，改麥新曰新添。元至元間置新添葛蠻安撫司，初隸湖廣行省，後改屬雲南行省。至正間廢。明朝洪武四年置新添長官司，二十二年增置新添千户所，屬貴州衛。二十三年改所爲衛，二十九年又升爲軍民指揮使司，隸貴州都司。都司仍統於四川。永樂中始增置貴州布政司，而衛所悉屬於貴州都司。後倣此。今領長官司五。

衛當出入之交，居形援之要，會城有警，新添無恙，折衝不虞無術也。蓋根柢滇、黔，控扼蠻左，衛實居其上游矣。天啓初安邦彦之亂，貴陽圍，龍里陷，賊方分兵下甕安，襲偏、沅，以斷我軍，時主帥者出平越，抵新添，西指會城，賊旋引却。甕安縣，見平越府。

新添長官司，附郭。明朝洪武四年置，授土酋宋仁貴。初屬貴州衛，尋爲衛治。城邑攷：「衛城洪武二十二年築，甃以石。有門四。城周五里有奇。」編户十里。

甕城都桑廢長官司，衛西南二十里。元置，屬新添安撫司，明初廢。

金星山，在衛城西。又西二里有銀盤山。又象鼻山，在衛北一里。衛北十里又有楊寶山，峰巒秀聳。○文筆山，在衛南六里。亦名筆峰山，以山勢高聳也。城南十里又有天馬山，與文筆山對峙。

谷定山，衛西北五里。又衛東北十里有蔡苗山，上有飛泉，懸崖而下，宛如玉虹。志云：縣東十里有東山，南十五里有松牌山。

猪母洞，衛東二十里。天啓初安邦彦圍貴陽，撫臣王三善自平越赴援，至猪母洞，明日次新添是也。志云：猪母洞今名憑虚洞，其後又有雷鳴洞。

清水江，衛西北三十里。自貴陽府流入界，又東北入平越府境。○大籠河，在衛東六十里，北流入清水江。又八字河，在衛東二里。有東西二水，合流如八字，其下流亦入清水江。

甕城河，衛西南二十里。源出龍里衛廢平伐長官司界，東北流經此，下流亦入於清水江。天啓初安邦彦犯會城，據龍里，王三善進兵平越，别將徐時逢敗死於甕城河。又官軍討邦彦於水西，不克，退屯威清，苗仲乘官軍之潰，大掠龍里，至甕城，尸横四十里，即此。志云：甕城河受衆水之流，漲溢獨甚，横截官道，津濟爲艱。舊有浮梁，弘治六年改建惠政橋於其上，其處即元甕城司廢址也。○乾溪，在衛西十里，流合甕城河。又麥新溪，在衛城西，流合八字河。上有麥新橋。

谷忙關。衛東十五里，與平越衛接界；又衛西南十五里有甕城關；俱洪武二十三年建。志云：衛城東有東關，又有西關在衛西。新添驛，在衛城北。又新添站亦置於此。

小平伐長官司，衛西南五十里。元爲雍真乖西葛蠻等處長官司，屬順元路軍民安撫司。志云：元爲雍真等處蠻夷長官司，大德初改平伐等處兼雍真蠻夷長官司。似悮。明朝洪武十五年置小平伐長官司，授土酋宋斌保，屬貴州衛。二十三年屬龍里衛，二十九年改今屬。編户六里。

谷阻山，司東五里。又司西十里有隴冒山。

雍真河。在司治西，流入清水江。元長官司以此名。

把平砦長官司，衛南六十里。元置，屬順元路安撫司。明朝洪武五年仍置今司，〔一〕授土酋蕭任成，屬貴州衛。二十三年屬龍里衛，二十九年改今屬。編户二里。

擺籠山，司東二十里。又司北十五里有翁黄山。

翁黄河。在翁黄山下，又司南有羅鴨溪，皆流入甕城河。

丹平長官司，衛西南百里。志云：元置丹平等處蠻夷長官司，屬廣西南丹州，後廢，明朝洪武三十年置今司，授土酋莫谷送，改今屬。後廢，永樂元年復置。編户四里。

隴黄山，在司治南。又司東三十里有擺舖山。司東北三十五里有洞得山。

甲港溪。〔二〕司東十五里，流入甕城河。

丹行長官司。府西南百二十里。志云：元置丹行等處蠻夷長官司，屬廣西南丹州，後廢。明朝洪武三十年改置今司，授土酋羅海，又改今屬。尋省，永樂元年復置。編户五里。

睹虎山，司西十里。多林木，謂之睹虎大箐。又藤茶山，在司治西南。

藤茶河。在司東南。源出藤茶山，東北流，亦甕城河之上源也。

威清衛指揮使司，東至貴陽府六十里，東南至定番州百三十里，南至金筑安撫司八十里，西至平壩衛六十里，北至水西鴨池河百里，自衛治至布政司見上，至京師八千三百六十里。

本貴州宣慰司地，洪武二十一年置威清站，隸貴州衛。二十三年始置今衛，隸貴州都司。

衛肘腋會城，控扼孔道，襟帶山川，拒塞苗左，西偏要地也。

威清城，今衛治。洪武二十六年建，甃以石。有門四。城周四里有奇。

馬鞍山，衛城東南。又有筆山，亦在城東。志云：衛西北五里又有蜜蜂山。○銅鼓山，在衛西南二十里。相傳諸葛武侯南征，獲銅鼓於此。又羊耳山，在衛北。天啓初别將張彦方敗水西賊於此。

香爐嶺，在城西。又城南一里有曹本洞，明敞如堂室。又衛西南十里有凉繖洞，一名華蓋洞，近時或易爲雲龍洞。其相對者曰扁洞，洞口匾窄而中寬廣。○聳翠峰，志云：在衛東十里石官堡。

的澄河，衛西八里。志云：源出普定九溪壩，東流入界，經衛西入山洞中，伏流十里，至青山長官司界而復出，合於陸廣河。今有的澄河巡司，在衛西五里。永樂中置。

鴨池河，衛西北百里，與水西爲界。天啓初王三善解會城之圍，乘勝而前，一軍屯陸廣向大方，一軍屯鴨池向安邦彦巢穴，賊糾其黨攻陷陸廣，乘勝赴鴨池，我師退屯威清，既而官軍復振，賊塹鴨池以自守是也。

大𡾊洪，衛西北百五十里，入水西境内。天啓初別將張彦方敗賊於羊耳，追至鴨池河，深入大𡾊洪紅岡島，即此。○汲波塘，在衛西南二十里。壅溪澗諸流，灌田甚廣。

的澄關。衛西八里。臨的澄河上，因名。路出滇南。○三岔砦，在衛西北，與水西接境。崇禎初督臣朱燮元討水西，分兵三道，一出三岔，一出陸廣，一出遵義，即此。又威清驛，在衛城南。威清站亦置於此。

平𡾊衛指揮使司，東至威清衛六十里，南至金筑安撫司九十里，西至普定衛六十里，北至水西界百里，自衛治至布政司百二十里，至京師八千五十里。

古西南夷地，元爲金筑府地，明朝洪武二十三年置今衛，屬貴州都司。

衛背負崇岡，面臨沃野，山川環峙，控扼要衝。

平𡾊城，今衛治。洪武二十三年建。有門四。周四里有奇。

鹿角山，衛城南十里。石峰聳立，形如鹿角。又馬頭山，在衛東南二十五里。羣山連絡，高聳凌空，狀如馬首。○天馬山，在城西一里。又城南一里有圓帽山，三里有筆山，八里有蹲獅山，亦名獅子山。又團山，在城内衛治南，小山也。又衛治西南有觀音山。

袈裟巖，衛南五里。削壁千仞，如展袈裟。其相接者又有包玉巖。○南仙洞，在衛東南十五里。石壁高十丈，入洞二十餘武，地勢平廣，可容千人。其西有深潭。又洛陽洞，在衛東十五里。下有洛陽河。

車頭河，衛南十里，水勢百折。又南十里有麻綿河，衛東十五里爲洛陽河，其水皆匯流而東北入於鴨池河。○東溪，在衛城東。源出東北石洞中，流灌田畝，人賴其利。又龍洞泉，在衛南二十五里龍洞堡側，亦有灌溉之利。

滴水關。衛南三十里。又平壩驛，在衛城東南。又衛城南有沙作站。

普定衛軍民指揮使司，東至平壩衛六十里，東南至金筑安撫司界百里，西至安莊衛六十里，東北至水西界百里，自衛治至布政司一百八十里，至京師八千二十里。

古蠻夷地，志云：晉爲興古郡地，唐爲羅甸蠻地，後爲羅鬼、仡狫、可剾苗民所居，號普里部。元初置普定府，屬雲南行省。志云：元初置普定萬户，尋改爲府。至元中又創置羅甸宣慰司於此。二十七年司罷，仍爲普定府，領安順、永寧、鎮寧、集安四州。大德七年改府爲路，仍屬曲靖宣慰司。尋改屬湖廣行省。明朝洪武十四年仍置普定府，屬貴州布政司。未幾增置普定衛。十八年廢府，二十五年改置普定衛軍民指揮使司，仍屬四川。領三州、六長官司，正統中始割隸貴州布政司。正統三年改屬貴州都司。

衛山川扼塞，民夷輻輳，襟帶三州，謂四川、雲、貴。控引百蠻，邊鄙一都會也。

普定城，今衛治。志云：故城在今城東二十里。洪武十四年築。明年改築今城，甃以石，府衛皆治焉。有門四，水關三。城周八里。

旗山，衛東南一里，峻拔如卓旗。又城東有馬鞍山。城西一里有龍井山，二里有印山，三里有大林山、小林山，又有唐帽、猫兒等山。志云：衛治東南有東勝山，高數仞，長倍之，俗名青龍山。又治西有西秀山，上有浮圖七級。二山皆在城内，與近城諸山互相掩映。○搏翠山，在衛東北五里。其上危峰雄峙，下有龍潭洞，泉石甚勝。又玄真山，在衛西十五里楊家橋舖。山高險，一徑逶迤，可達其巔。

歡喜嶺，衛北二里。洪武中蠻賊攻城，指揮顧成大破之於此，軍民皆喜，因名。志云：衛東南二里有清虚洞，亦幽勝。

九溪河，衛東南四十里。溪流九曲，縈迴而東，即威清衛的澄河之上源也。○龍泉，在城西一里，出龍井山。又永濟泉，在城西北二里。水出石中，湧流成溪。又鎗鑿泉，在城西十里，自山麓下流。俗傳諸葛武侯駐兵於此，將士以鎗鑿之，泉即湧出。又聖泉，在衛東北五里，亦自山麓引流。志云：衛城四面皆深濠，山溪水注之，縈迴四達，皆流會於九溪河。

思臘河，在衛北境，接水西界。天啓初官軍議討水西，使黔兵由普定渡思臘河徑趨賊巢，謂此。

羅仙關，衛東十里。又楊家關，在衛東三十里。老虎關，在衛西三十里。牛蹄關，在衛西五里。大屯關，在衛西十五里。舊皆爲戍守處。

何買砦。在衛北。洪武十年安陸侯吴復遣將楊文擊普定賊，破何買等砦是也。又穿心堡，在衛東二十里。有穿心堡橋。志云：衛西十里有諸葛營，相傳武侯遺址。○普利驛，以城南門外，隸安順府。又城西一里有普定站。

安莊衛指揮使司，東至普定衛六十里，東南至安順府百里，西至安南衛百十里，北至水西界百二十里，自衛治至布政司二百四十里，至京師八千三百里。

古蠻夷地，元爲永寧、鎮寧二州地。明朝洪武二十三年置安莊衛，志云：洪武十四年置納吉堡，是年改爲衛。隸貴州都司。領守禦千户所一。

衛近接黔、蜀，遠控滇、粤，而關索嶺者，又明初用兵之地也。洪武十六年太祖嘗諭傅友德云：「關索嶺非古道，古道又在西北，可以大軍蹂之。開此道以接普定，即芒部渠長可盡獲也。」噫，用兵於西南，衛其綰轂之口矣。

安莊城，今衛治。洪武二十五年築，甃以石。有門四。周四里有奇。

青龍山，在衛城南。連峰疊巘，逶迤如龍。下有嘉樂池。其對峙者曰白虎山，亦在城南。又龜山，在衛西南五里。○東坡山，在衛東三里。逶迤盤鬱，高三十里，亘十餘里，衛之名山也。志云：衛東一里有玉京山，又有筆架山，皆與東坡山相接。

環翠山，在城北。林木蒼翠，環拱衛城。又白崖山，在衛西三里。山勢起伏聯絡，自水西至普定懽喜嶺、老虎關、馬場鋪、龍井舖等處，綿亘百里，至此而止。又慈母山，亦在衛西三里。形如母負子，俗名背兒崖。又有螺山，在衛西三十里。下有大河。○白馬洞，在衛南三里。又衛西五里有紫雲洞，一名太極洞，以上圓下方也；又有巢雲洞，在衛北二十里：皆有泉石之勝。又有黑洞，在衛東一里；又衛東南五里曰仙人洞：皆深黑，非秉炬不可入。

烏泥江，志云：在衛南百里。源出山箐中，匯諸溪澗之水其流始盛，東南流入金筑安撫司界，又東南入定番州界。

流急水渾，故曰烏泥，即都泥江也。詳見川瀆盤江。

白水河，衛南三十里。源出山中，懸崖飛瀑，自高注下，三崿相承，凡數十仞，湍激若雷，時有雲霧塞其下。滇程記云：「白水驛達渣城有鷄背、關嶺、白石堡、安籠箐凡六亭。諺云『渣城、白水，半人半鬼』，蓋滇路之險絕者。」南流經慕役長官司注於盤江。

楊吉河，衛西南十五里。下流注於白水河。又賀家溪，在衛城北。源出東坡山，東北流遶衛城中，西出溉田甚廣。又石溪，在衛南四十里。流入慕役長官司界，注於白水河。○荻蘆池，在衛北六十里。周迴八里，中有小島，居人資以灌溉。又有石泉，在衛西三里。出石竇中，引流溉田。其相近有豐泉，出白崖山下，浸灌頗廣。又清泉，亦出白崖山，其下流爲浦泉，合於城西五里之碧溪入白水河。

老虎關，在衛東二十五里，與普定衛接界。又木各屯，在衛東南九十里，舊爲戍守處。

白水堡。衛南二十五里。堡東爲安莊站。又北口堡，在衛南五十五里。南口堡，在衛南八十里。堡東爲渣城站。又有渣城驛，西南至安南衛三十里。

關索嶺守禦千户所。衛南五十里。洪武二十一年置關索嶺、雞公背二堡，尋并雞公背入焉。二十五年置爲所。建城，甃以石。有門三。城周三里。

關索嶺，即所治。滇、黔通道也。洪武十五年諭吴復等取關索嶺，既又勑曰：「若通關索嶺，慎勿與蠻人戰於嶺上。當分哨直擣其巢穴以掩襲之，使彼各救其家，不暇糾合以抗我師。其旁土砦，即未能下，合兵攻之，無不克也。」既而諸將克關索嶺，又取其旁土砦數十。滇程記：「雞公背與關索嶺相對，兩山之趾，界以溪澗。嶺凡四十三盤，至巔，有香樹坡、小箐口坡、白口東坡、安籠箐坡、胡椒凹、象鼻嶺，左右皆崖箐萬仞，中僅有道如梁，行者慄且汗矣。」今亦見永寧州頂營長官司。

馬跑泉，所北十里。相傳關索嶺兵至此，馬跑泉出，因名。

阿咱寨。在所南。洪武十五年吴復等攻關索嶺，别將顧成克阿咱等山砦。既而蠻攻安莊，成復擊破之，進擊阿咱砦，又圍鹿角、當硬諸砦，追破慕役諸蠻賊是也。

安南衛指揮使司，東北至安莊衛百十里，南至普安衛安籠所二百二十里，西南至普安州安南所百五十里，西至普安州百六十里，北至普安州界二百五十里，自衛治至布政司三百四十里，至京師七千一十四里。

古西南夷地，元爲普安路地。明朝洪武二十三年置安南衛，先是洪武十七年置尾灑驛，屬普安軍民府，至是改置今衛。隸貴州都司。

衛據山川之勝，扼往來之衝，指臂滇、黔，恃爲襟要。

安南城，今衛治。志云：洪武十七年置尾灑驛，二十年置尾灑遞運所，二十一年置尾灑站及尾灑堡。二十三年置衛，治江西坡。二十五年遷治尾灑堡，因築衛城，甃以石。有門四。城周四里有奇。

尾灑山，衛南二里。山勢高聳，其巔常有雲霧，土人因名尾灑，猶華言水下也。又玉枕山，在衛南一里。獨秀山，在衛東一里。又東一里有飛鳳山，衛東北五里有龍翔山。○白基山，在衛西三十二里。巍峨挺秀，旁有削壁。志云：衛西南五十里有白石崖，崖壁峭絶，飛泉下垂。

盤江山，衛東三十七里，東北與安莊衛爲界。石路屈曲，降陟峻險。西南至普安州百八十里，山蓋諸州之望也。○爆石巖，在衛東二十里。巖崖高峻，挺出山半。有泉出石竇中，流注深潭。又清源洞，在衛東十二里。洞深曠，有清泉流出，當官道旁，行旅資焉。又朝陽洞，在衛城西南一里。巖巒高聳，林箐茂密，日出則光先照。有泉出石隙中，澄澈如練。

江西坡，衛西南三十里，高聳寬平。洪武中置衛於此，後遷今治。坡旁有河，洪武十五年建橋跨其上，曰江西坡橋。又江西坡鋪亦置於此，商民輻輳，無異城市。

盤江，衛東四十里。自雲南霑益州流入界，又南入安順府境。其間崖壁隘束，林箐障阻，紆回隱見，廣不過里許，至沙麓津則上下皆迫狹，岸廣中深，其流尤細，而瘴癘鬱蒸，行旅艱阻。嘉靖初常疏滌之，未幾壅滯如故。志云：盤江自烏撒過西堡諸溪，流經皮古、毛口諸屯，合規模小溪水，至下馬坡轉南入巖穴，或見或隱，下通烏泥江。似悮。今詳見大川。

者卜河，衛東南四十里。源出普安州楊那山，曲折二百餘里，至永寧州界入於盤江。又江西坡河，自江西坡東南流，亦入於盤江。

烏鳴關。衛南二里山巔，下入深箐。洪武中置，有戍兵。又盤江關，在衛東盤江上。其下即盤江渡，爲雲、貴孔道。兩山陡夾，水勢洶湧，行者憚之。○尾灑堡，在衛城東北。又尾灑驛、尾灑站及遞運所，俱置於此。

畢節衛指揮使司，東北至赤水衛百八十里，南至水西奢香驛百六十里，西至四川烏撒府二百六十里，北至四川鎮雄府二百四十里，自衛治至布政司四百二十里，至京師九千五百六十里。

古蠻夷地，明初爲貴州宣慰司地，洪武十六年始置畢節衛，志云：洪武十五年傅友德平烏撒諸蠻，置烏蒙衛於烏蒙境内。明年奏請徙治於此，因畢節驛爲名。隸貴州都司。領守禦千户所一。

衛通道滇、蜀，控扼夷蠻。洪武中傅友德駐此，以其地寬廣，四面皆夷，路當衝要，因請置今衛，以保障邊隅，聯絡形勢。其後羣蠻蠢動，所藉以解散奸謀，振揚武略者，恒繇於此。議天啓初水西安邦彦作亂，時邦彦結永寧賊奢崇明、烏撒賊安效良寇掠川、貴及滇南之境，而邦彦爲最强。議者謂以重兵臨畢節，扼其交通四出之路，而後可以奇兵四面俱進。由貴州抵大方大方，水西賊巢。路險，賊惟恃畢節一路外通，畢節至大方不及六十里，賊所必争者也。畢節守而賊四走之路斷矣。既而水西克平，果繇畢節爲我所扼也。唐鳳儀言：「畢節諸夷出入之所，爲川、貴藩籬。自四川之鎮雄、烏撒、永寧，以迄雲南霑益，其安危之故，係於畢節而已。」

畢節城，今衛治。洪武十六年傅友德使别將湯昭立排栅爲守，二十年始築衛城，甃以石。有門四。周三里有奇。

木稀山，衛東四十里。巉崖陡峻，石磴崎嶇，僅容一馬，設關以守其險。志云：衛東一里有青螺山，二里有東壁山，其相接者曰崧山。又衛南二里有南霽山。北一里曰北鎮山。又北一里曰脱穎峰，亦曰筆峰。又雲峰，在衛北五里。一名靈峰。衛北百里又有石笋峰，以孤峰獨立而名。

翠屏山，衛西九十里。四時蒼翠，望之如屏。與四川烏撒府接界。又七星山，在衛西九十里。七星關置於此。見前重險七星關。○鼉音洞，在衛南五十里。一名響鼓洞。又豐樂原，在衛西十里。平原沃野，豐樂舖置於此。

響水河，衛東二里。源出四川鎮雄府，東南流經此，懸崖飛瀑，有聲如雷。志云：河源有三，合流爲一，南入落析水河。○落析水河，在衛南八十里。經歸化、鴿鴉二關間流入水西境，爲陸廣河之上源。又南加河，在衛南十里。源出衛西四十里之清水塘，流入落析水。

七星關河，衛西九十里，即盤江也。自烏撒衛流經此，兩岸壁立，有七星渡，嘉靖中改建橋於其上，下流入雲南霑益州境。○威鎮河，在衛東十里，上有橋，路出赤水衛；又歸化河，在衛南四十里；其下流皆入水西界合於落析水。

善欲關，衛南五里。又老鴉關，在衛西三十里，道出烏撒。○木稀關，在木稀山上，與赤水衛接界。又北鎮關，在衛北二里北鎮山下。志云：衛西北二十里有羅羅關。衛南八十里又有落析關，臨落析河渡。又鐵鎖關，在衛西南。戴金云：「由四川永寧赤水以至畢節，重岡巨箐，馬不成列，間關百倍。由畢節鐵鎖關而入，則山箐益深，道路益險，部落有名，巢居非所矣。」

層臺驛，衛北六十里，接赤水衛界，川、貴之通道也。志云：層臺驛西去烏撒三百里。○周泥驛，在衛西六十里。周泥站亦置於此。有小城，設兵戍守。又西六十里爲黑章驛，入烏撒府境。又西六十里爲瓦甸驛。明初太祖諭傅友德曰：「雲南士卒糧食少，不宜分屯。止於赤水、畢節七星關各置一衛，黑章之北、瓦甸之南，中置一衛，如此分守，則雲南道路往來無礙。」謂此地也。

畢節驛。衛東一里，隸貴州宣慰司。又畢節站亦置於此。志云：衛東南三十里有歸化驛，又東南三十里曰閣鴉驛，又五十里曰金雞驛，又五十里即奢香驛也，爲往來之孔道。

守禦七星關後千户所。衛西七星山上。洪武二十二年置，屬烏撒衛。永樂十二年改今屬。城邑攷：「所城，洪武中置。有門四。周二里有奇。」

赤水衛指揮使司，東至遵義府三百里，南至畢節衛百七十里，西至鎮雄府三百里，西北至永寧衛百四十里，北至普市所九十五里，自衛治至布政司五百九十里，至京師九千二百八十里。

古蠻夷地，元爲永寧路地。明朝洪武二十二年分置今衛，隸貴州都司。領所四。

衛連絡滇、黔，藩屏川蜀，山川環峙，亦控扼處也。

赤水城，今衛治。洪武二十二年築，甃以石。有門五。周三里有奇。

雪山，衛北二十里。巉巖高峻，亘數十里。方冬積雪，春盡始消。中通一道，置關於此，有兵戍守。又落幔山，在衛北十里。峰巒高出羣山之上，如懸幔然。又海洪山，在衛西北四十里。延袤高秀，林木深密。衛北四十五里又有摩泥山，亦高峻。

層臺山，衛西南百里。山高箐密，烟霧晦冥，接畢節衛界。層臺驛置於此。志云：衛西有香爐山，西南五十里又有相見坡。兩山相對，道經其上，行者交相望見，故名。又倒馬坡，在衛西南百十里，以升陟峻險而名。○東陵山，在衛城東。水石清幽，蒼翠如挹。又猿窩山，在衛城東南。山勢險阻，林木蓊鬱，爲猿猱窟宅。志云：衛東有東山。又衛東北五十里有黑泥坡，官道所經，泥濘爲甚。

石寶嶺，在衛城南，與衛北雪山對峙。又白崖山，在衛南五十里；西崖，在城西；皆高聳。○水腦洞，在衛西四十二里。成化四年討敍州都掌蠻，别將崔旻由普市、水腦進是也。又西接鎮雄府界。又滑石洞，在衛東南百二十里。

赤水河，衛城南。源自四川鎮雄府，經城西五十里之紅土川東流經此。每遇雨漲，水色深赤。下流至永寧界入永寧河。一名赤虺河。志云：河當川、貴驛道，初以舟濟，尋爲浮橋。其南北近岸處水淺流濶，船不能及岸，人猶病涉。正統中增造小舟相維，始與岸接。其後相繼修葺。在今城南。

杉木河，衛東南五十二里，土人伐木山中，皆由此出；又白撒溪，在衛東南白撒所旁；下流皆入赤水河。又龍溪，在衛北十二里。其源曰瀑布泉，飛流成溪，東南注於赤水河。○三渡水，在衛東北七十里。水流曲折，横截官道，行者三涉，南流入赤水河。又一碗水，在衛東北四十里。泉出石隙，渟泓僅如一碗，雖羣聚飲不竭。

雪山關，在衛北雪山上。又赤水河關，在衛城南一里。○石關，在衛東北八十里。又木稀關，在衛西南七十里，與畢節衛接界。

白崖驛，在衛南白崖旁。又西南六十里爲層臺驛。里道志：「衛城南關有赤水驛，城東南又有赤水站。又阿永站，在衛南四十里。又南二十里爲阿永驛，古阿永蠻部也。舊志云永寧江出於此。又有落臺站，在城南百里。摩泥站，在衛北四十里，又北去永寧衛九十里。四站俱洪武十四年傅友德所建。」

紅崖囤。衛東南百里，水西賊巢也。天啓初川兵克永寧，進兵追奢崇明，連克紅崖、天台二砦，賊數千人迎降，遂安撫紅獠四十八砦。又天啓三年貴州總兵魯欽自遵義直入賊巢，進營紅崖。紅崖與天台、水脚、婁石、牛酸草等囤素稱天險，至是多爲官軍所破。舊志：赤水衛至水西大方六十里。紅崖蓋在大方迤北。

赤水前千户所，在衛南百里層臺山下。志云：赤水五千户，四在城南，惟前所置於此。洪武二十七年築所城。有門三。周一里有奇。

摩尼千户所，衛北四十五里。洪武二十二年建。有石城，周一里有奇。

阿落密千户所，衛南四十里。洪武二十七年建。有石城，周一里有奇。

白撒千户所。衛東南七十里。洪武二十二年建。有石城，周一里有奇。

烏撒衛，在烏撒府治南。洪武十五年置，屬雲南都司。永樂十二年屬貴州都司，領千户所一。今詳見四川烏撒軍民府。

烏撒後千户所。衛南二百四十里，在雲南霑益州治西北。永樂二年置。

永寧衛。在永寧司治西南。洪武四年置，屬貴州都司。今詳見四川永寧宣慰司。

普市守禦千户所。北至永寧衛五十里，南至赤水衛摩尼所五十里，西南至畢節衛二百四十里，西至永寧九姓長官司百四十里，自所至布政司七百二十里，至京師八千二百五十里。

古蠻夷地，元爲永寧路地。明初屬四川永寧宣撫司，洪武二十二年置今所，直隸貴州都司。

所四山圍繞，峻險如壁。明初以地當滇、貴要衝，設所以涖之，控扼羣蠻，爲邊隅之襟帶。

普市城，今所治。志云：洪武二十五年建。有門二。周二里有奇。

木案山，所東二里。茂林修竹，横亘青翠，下平如案。洪武中以山當南北之道，乃置所於山下。又秀林山，在所南二里。山多竹樹，鬱然森秀。又所北有錦屏山。

落窩溪，所東十里。志云：所東六里有龍泉澗，出山谷中，至所南潛流入洞，出爲落窩溪，下流入永寧河。

猫兒關。在所西北。東去永寧衛五十里，爲苗夷出没之處。有險可恃，設兵戍守。○普市驛，在所南三里。又普市站亦在城南，西去永寧衛五十里。

附考

水西宣慰司。在貴陽府西北三百里。土酋安氏世守其地，其先濟火之後也。蜀漢建興三年諸葛武侯南征，牂牁帥濟火積糧通道以迎，武侯表封羅甸國王，居普里，即今普定衛。俗尚鬼，號正祭者爲鬼主。唐開成初鬼主阿風内附，會昌中封羅甸王。後唐天成二年羅甸王普靖請率九部入貢。宋開寶間有普貴者納土歸附，仍襲王爵。自濟火至普貴凡三十六世矣。時有宋景陽者，真定人，奉詔平定諸蠻，因析置大萬谷落總管府授之。元開置安撫長官，分授諸酋長。明朝洪武四年有靄翠、宋欽及土人安沙溪等歸附，詔以靄翠爲貴州宣慰使，欽與沙溪等俱同知，皆設治於會城内，仍各統所部居水西，而靄翠最强。靄翠死，弟安的襲職，因爲安氏。安氏領羅夷民四十八部，部長曰頭目。宋氏世居衛城側，領夷民十二部，部長曰馬頭。同知安氏領夷民一部，部長亦曰頭目。安氏世據水西之地，南逾陸廣，東接遵義，西連赤水，北抵永寧，延袤數百里，山險箐深。有水西、大方、織金、大灼諸城堡，而大方尤爲險固。役屬部落，日以富强。萬曆中安疆臣潛與播酋相結，繼而朝廷赫然誅播，懼禍及，遂悉力深入。播平，朝廷嘉其功不問也。天啓初疆臣死，子位幼弱，土目安邦彥挾之以叛。時永寧賊奢崇明者亦倡亂，與邦彥相結。朝廷討之，崇明敗歸邦彥。又烏撒土目安效良、霑益土目李賢等皆叛應邦彥。邦彥縱横滇、黔之交，南犯會城，東襲偏、沅，洪邊土司宋萬化及東西諸苗悉叛應之。官軍四面攻討，未克。四年，督臣朱燮元議以滇兵出霑益遏烏撒應援，而別布天生橋、尋甸以絶其走；蜀兵臨畢節扼其交通四出之路，而別出龍場、巖頭以奪其險；黔兵由普定渡思臘河徑趨邦彥巢，而陸廣、鴨池擣其虚；粵西出泗城分兵策應，然後率大軍由遵義鼓行而進。燮元旋以憂去。崇禎二年燮元復督川、湖、雲、貴、廣五省之兵再涖黔，乃檄滇兵下烏撒，蜀兵出永寧、畢節扼各路要害，而自帥大軍駐陸廣逼大方。會邦彥與奢崇明犯赤水，深入永寧，乃遣官軍一從三岔入，一從陸廣入，一從遵義入，復以奇兵繞出其後，賊不能支，遂大潰，斬邦彥等，圍安位於大方。賊窘，請削水外六目地及開畢節等驛路以降，許之。燮元又遣兵誅擺金、兩江、巴鄉、狼狽、火烘、五峒叛苗，以孤其勢。位尋死，其族黨争納土歸附，燮元因請分水西之壤授諸渠長及有功漢人，使勢少力分，易以制馭，於是水西復定。

水西城，水西巢穴也。直貴陽府之北。旁多大山深箐，徑路迂迴，夷恃爲險。野記云：「夷人所據，或箐名，或洞名，皆因險築壘，如内地之城郭，而所屬之地界多謂之則溪，如内地之鄉邑。其號爲則溪者，凡十有一，而箐洞之屬以累百計，未易悉數也。」

大方城，在水西西偏，與畢節衛相近。險固匹於水西，夷人以爲重地。天啓三年黔撫王三善討水西，入大壩、洪江、烏江直逼大方，賊焚大方老巢遁入火灼堡。崇禎二年督臣朱燮元圍大方，賊降。舊志：大方南近陸廣河，西近赤水衛是也。

織金城，在水西西北。地深阻，夷人以爲險巢。天啓三年黔撫王三善逼大方，安邦彦竄入織金。既而三善爲降賊所誘，師陷，邦彦遂復熾。

火灼城，在水西北，深險與織金相次。○果勇底城，在水西西北，近時水西酋險巢也。亦曰果勇底砦。其東十餘里爲沙窩等砦，皆險奥可憑。

比喇大箐，在水西、大方之間，東北去果勇底砦五十里。崇巖茂林，四面深阻，中平廣，容數萬人，夷酋奥地也。又有波羅箐及白蠟等箐，皆山嶺險惡，僅通一徑，夷人築壘其上以爲固。又有塔砦箐，近水西。來泥箐，近果勇底。相去皆二十餘里。○隴跨箐，在大方東北，與比喇相近。又有木泥箐，在其東。皆深阻盤回，夷人窟穴其間。又以列箐，在隴跨北。自遵義出水西，由此達赤水、烏蒙之境。

十萬溪大箐，水西東境。野記：「自新添山砦西三十里入箐中，溪水回環，山巒峭拔。又六十里懸巖絶壁，無徑可行，遥望一山甚危峻，四面皆設屯寨，即十萬溪箐也。」○杓裏箐，在水西東北，路近遵義。中有平川，可容數萬人，入路極險。其西有莫隴法地坉，危峰突峙，四面絶壁，夷人周爲石垣，上營木城，坉後有間道可登。

白玉洞，在水西東北。亦曰白玉巖，夷酋聚糧處。洞險惡，西近卧遮龍場。志云：自卧遮出平越府楊義司之杉木箐約五十里。

閣鴉洞，在大方西南，近畢節之閣鴉驛。志曰：落析水自畢節流逕此，謂之閣鴉江，流頗盛。渡江而北即至大方。有閣鴉洞，俗名牛臯子洞，懸崖絶壁，下臨巨川，舟行洞中，深廣不可測，登降以梯乃得上。夷人常保此，以爲大方之障蔽。滇紀：「由閣鴉至大方，洞凡三十有四，而閣鴉最險。又有巖底水洞，在大方城南。洞深廣二十餘里。相近又有水銀洞、巖下洞，俱險峻。」

角溪洞，在大方東，最深險。中又有洞，爲水所限。又阿足洞，在大方東北。一名阿脚洞。奇險難入，與紅巖洞、比喇箐皆相近。又有險水洞、阿母遮洞，皆夷人據守處。○比渡坡，在大方東南。志云：渡六歸河至比渡坡趨以列箐，道險隘。

陸廣河，在水西南境。志云：水西之河，最大者曰陸廣。其上流曰鵶池，下流東注曰黄沙渡，會於清水江，又東會於涪江。鵶池，或曰即鴨池河。涪江，即烏江别名也。○落析水，在水西西境，下流爲鴿鵶河。又有西溪，源出畢節衛界化閣山，流合落析水，下流爲鵶池河，即陸廣河上源也。

六歸河，在水西城西三十餘里。自山箐中匯流而東出，經巖石間，湍流峻急，闊處幾數十丈，涉渡爲艱。夷人以閣鵶江爲外險，六歸河爲内險。下流入於烏江。○以撒河，在果勇底東北。湍流迅險，流合六歸河。

化乍關。在陸廣河西北。夷人於此戍守，爲中外之界。○老塘鋪，在閣鴉驛西十里，水西通烏蒙之道也。又有牛羊山鋪，道出畢節，自此而西南至烏撒之養馬川爲捷徑云。又官莊，在水西城西六歸河上，爲往來通道。

校勘記

〔一〕洪武五年仍置今司　明志卷四六作「洪武十五年六月置」。

〔二〕甲港溪　底本原作「甲港山」，據下文「流入甕城河」，知其必爲河無疑，職本作「甲港溪」，今據改。

川瀆異同序

水源于山者也，山附于水者也。水源于山，則水之源不異，山附于水，則水之流不異，如是則曷異乎爾？曰：源不異而流不能不異，流之大勢或不異，而其間浸淫淤閼升沉遷改之迹亦不能不異。是故言郡邑而不詳其山川，言山川而不攷其同異，未可云辨于方輿者也。禹貢以山川源委條貫于九州之次，一經一緯，燦若列眉。職方諸書，未有繼之者也。司馬遷著史記，昔人稱其明于山川條列，然所記載，僅錯見于羣篇之中，而河渠一書未爲詳核。班固志地理，復爲溝洫志，溝洫何必不在地理中與？其于江、漢、淮、濟何以略而不書與？後世言川瀆者則紆回複亂，如棼絲之不可理也。志郡邑者則凌雜剥裂，如累礫之不可辨也。唐六典叙十道山川，推本職方，而未能遠法禹貢，故于川瀆源流，未遑綜論于十道之後。鄭氏通志自謂準禹貢以理川源，本開元十道圖以續今古，予嘗讀其書，以爲不足以實其言也。今所詮次，大略本之禹貢遺意，其間略者詳之，闕者益之，舊迹新途，判然難合者則分别而書之。言川瀆而不言山者，以川瀆之異多，而山之異少也。嗟乎，其間蓋有天事焉，有人事焉。大河之日徙而南也，濟瀆之遂至于絶也，不可謂非天也。開鑿之迹，莫盛于隋，次則莫盛于元，其間陂陀堙障，易東西之舊道，爲南北之新流，幾幾乎變天地之常矣，又何從而驗其爲濰、沮、濟、漯之故道也哉？說者曰：禹貢導川，先及黑、弱，而今别爲西裔之川。洛、渭次于四瀆之後，而今目爲一方之水。濟川雖絶，諸家皆載其源流，而竟視爲枯瀆。盤江懸隔嶺表，于禹迹何與焉？漕渠一時之制耳，恐非萬世之經也。海運特元人故轍，何容附于川瀆之後。乃猶謂無倍於禹貢，所未解也。曰：易不云乎「觀其會通，行其典禮」，聖人所以經世而善俗也。夫時勢遷流，姑勿論矣。即禹貢以來四千年間，其爲山崩澤竭，地震川移之類，亦不知凡幾也。詩有之曰「百川沸騰，山冢崒崩，高岸爲谷，深谷爲陵」，是以王横有九河湮没之言，班固有商竭周移之慨，使神禹生於今日，亦必不能執禹貢之舊文繩今日之山川矣。子猶欲規規而索之，毋乃不知晦朔與春秋乎？誠欲識古今之因革，究天地之變通，亦于其所以異者求之可已。

讀史方輿紀要卷一百二十四

目次

讀史方輿紀要卷一百二十四

川瀆一　禹貢山川

鄭氏樵曰：「禹貢爲萬世不易之書，後之言山川者，未有不本於禹貢而能識其指歸者也。」夫禹貢亦紀治水耳，何必兼言山？蓋山與川相因也，不相悖也。雖然動静殊形，融結異理，體於不變者山也，歸於必變者川也，此異同所由分也。欲知今日之川瀆，盍先觀禹貢之山川。

禹貢：導岍及岐，至於荆山，逾於河；壺口、雷首，至於太岳；底柱、析城，至於王屋；太行、恒山，至於碣石，入於海。

蔡氏沈曰：「此導北條大河北境之山也。」岍山，今見陝西鳳翔府隴州。岐山，見鳳翔府岐山縣。荆山，見西安府富平縣。壺口，見山西平陽府吉州。雷首，見山西名山雷首。太岳，見山西名山霍山。底柱，見河南名山底柱。析城，見澤州陽城縣。王屋，見河南懷慶府濟源縣。亦見山西垣曲縣。太行，見河南名山太行。恒山，見北直名山恒山。碣石，見北直名山碣石。孔氏穎達曰：「禹貢山川之分見於九州者，其經也；聚見於後者，其緯也。無經則不知其定所，無緯則不知其脉絡。禹本導水，而先之以導山者，天下之水未有不源於山者也。」司馬遷曰：「中國山川東北流，其維首在隴、蜀，尾没於勃、碣。」蘇軾曰：「地之有山，猶人之有脉，有近而不相連者，有遠而相屬者，雖江、河不能絶也。」

西傾、朱圉、鳥鼠，至於太華；熊耳、外方、桐栢，至於陪尾。

蔡氏曰：「此導北條大河南境之山也。」西傾，見陝西名山西傾。朱圉，見鞏昌府伏羌縣。鳥鼠，見臨洮府渭源縣。太華，見陝西名山太華。熊耳，見西安府商州。外方，見河南名山嵩高。桐栢，見南陽府桐栢縣。陪尾，見山東兖州府泗水縣。曾氏肇曰：「禹貢所紀諸山，非水之所出，即水之所經，故初則隨山以相視羣川之源委，次即導山以經理羣川之脉絡，又即導山旁澗谷之水以盡達之川，其後則旅平焉，以告治水之成功。禹施功在水，而致意于山蓋如此。」

導嶓冢，至於荆山；内方，至於大别；

蔡氏曰：「此導南條江、漢北境之山也。」嶓冢山，見陝西名山嶓冢。荆山，見湖廣襄陽府南漳縣。内方，見安陸府荆門州。大别，見湖廣名山大别。

岷山之陽，至於衡山，過九江，至於敷淺原。

蔡氏曰：「此導南條江、漢南境之山也。」岷山，見四川名山岷山。衡山見湖廣名山衡岳。

九江，見湖廣大川洞庭湖。敷淺原，見江西九江府德安縣博陽山，或以爲即廬山。呂氏祖謙曰：「岷山之脉，其一支爲衡山者，已盡于洞庭之西；其一支又南而東度桂嶺者，則包瀟湘之原，而北經袁、筠之境以盡於廬阜；其一支又南而東度庾嶺者，則包彭蠡之源，以北盡於建康；其一支則又東包浙江之源，而北其首以盡於會稽，南其尾以盡於閩越也。」左傳昭四年：晉司馬侯曰：「四嶽、所謂東岱，南霍，西華，北恒也。三塗、今河南嵩縣有三塗山。服虔云：「虎牢、轘轅、崤澠，此三塗也。」陽城太室、謂陽城之太室，今河南登封縣之嵩山也。荆山，見上。或以爲湖廣南漳縣之荆山。終南，見陝西名山終南。九州之險也。」史記封禪書：「自崤以東，崤，三崤也。見河南名山。名山五，大川二。山曰太室。太室者，嵩高也。恒山，泰山，會稽，見浙江名山會稽。湘山。即湖廣岳州府之君山。水曰濟，曰淮。自華以西，名山七，名川四。曰華山，薄山。薄山者，襄山也。即雷首山。岳山，即太岳。岐山，吴岳，見陝西隴州。鴻冢，司馬貞曰：「黄帝臣大鴻葬雍，因名鴻冢，即今陝西鳳翔縣也。」瀆山。瀆山者，蜀之汶山也。即岷山。水曰河，祠臨晉；見陝西朝邑縣。沔，祠漢中；湫淵，祠朝那；見陝西固原州。江水，祠蜀。」公孫卿曰：「天下名山八，三在蠻夷，五在中國。中國華山、首山、太室、太山、東萊，今山東平度州萊山也。此五山也。」又管子云：「凡天下名山五千二百七十，出銅之山四百六十七，出鐵之山三千六百有九。」亦見山海經。淮南子：「天地之間，九州八極。九州之名，類皆詭誕，今不載。土有大山，山有九塞，澤有九藪。九山者，曰會稽，曰泰山，曰王屋，曰首山，曰太華，曰岐山，曰太行，曰羊腸，羊腸即太行之險道也。或曰今山西交城縣之羊腸山。曰孟門。見山西吉州。九塞者，曰大汾，或云今山西曲沃縣之蒙坑是也。曰澠阨，見河南重險。曰荆阨，或曰即湖廣南漳縣之荆山。曰方城，見河南裕州。曰殽阪，即三崤。曰井陘，見北直重險。曰令疵，亦曰令支，見北直永平府。曰句注，見山西名山。曰居庸，見北直重險。呂氏春秋亦言九塞，與此合。九藪者，越之具區，見南直大川太湖。楚之雲夢，見湖北安陸縣。秦之楊紆，職方以爲冀州藪，爾雅十藪秦有楊紆。穆天子傳：「西征至楊紆之山。」又淮南子：「禹治洪水，具禱楊紆。」高誘亦以爲秦藪也。紆，一作「華」，或作「陓」。晉之大陸，見北直隆平、寧晉、廣阿三縣。梁之圃田，爾雅作「鄭有圃田」。見河南中牟縣。宋之孟諸，見河南商丘縣。齊之海隅，今登州之地。趙之鉅鹿，即大陸也。或曰在趙州隆平縣者爲大陸，在順德府鉅鹿縣者爲鉅麓。夫鉅鹿、隆平，地本相接，一澤瀰漫，豈容分之爲二？正如具區五湖爲川爲藪，後儒曲爲之説，於義實有未安。爾雅十藪，魯有大野，今山東鉅野縣有鉅野澤，即禹貢所云「大野既豬」者。燕之昭余。職方：「并州藪曰昭余祁。」爾雅亦作「昭余祁」，呂氏春秋作「燕之大昭」。今山西祁縣。爾雅又云：「周有焦穫，凡十藪也。」今陝西涇陽縣有焦穫澤。夫九塞、十藪，爾雅及呂氏春秋皆前言之，而獨以淮南子爲據者，取其備也。國語：周太子晉曰：「古之長民者，不墮山，不崇藪，不防川，不竇澤。夫山，土之聚也；藪，物之歸也；川，氣之導也；澤，水之鍾也。天地成而聚於高，歸物於下也。」馬氏融曰：「地東西爲廣，南北爲輪。凡言山川之序，皆先北而南，自西而東，必然之勢也。」

右導山

導弱水至於合黎，餘波入於流沙。

蔡氏曰：「此導西流之川也。」弱水，今見陝西甘州衛，合黎山亦在焉。流沙，今衛西北境居延海。漢志注云：「古文以爲流沙也。」淮南子：「弱水源出窮石山。」班固地理志金城郡臨羌縣西有弱水。又張掖郡删丹縣注：「導弱水自此，西至酒泉合黎。」括地志曰：「蘭門山一名窮石山，在删丹縣西南七里。」通釋：「弱水出吐谷渾界窮石山，自删丹縣西流至合黎山，與張掖河合是也。」又按正義所引括地志之張掖河，乃羌谷水，班固志别云出在觻得縣南羌中，且正義引之亦止以爲合黎水，未嘗即以爲弱水也。括地志：「蘭門山，一名合黎，一名窮石。」夫弱水至合黎，非出於合黎也。又云：「合黎水一名羌谷水，一名鮮水，一名覆袁水，今名副投河，又名張掖河。」夫弱水合於張掖河，非即張掖河也。史記正義：「合黎水出臨路松山，東北流歷張掖故城下，又北流經張掖縣北二十三里，又北經合黎山，折而北經流沙磧西入居延海，行千五百里。」庶爲近之。但其所云臨路松山者，甘州東南有故臨松城，五代志以爲因臨松山而名，又今莊浪衛有大、小松山，果何指乎？水經注：「合黎水出吐谷渾界中。」後皆本其説駁臨路松山，正所以駁合黎水也。〔一〕蓋禹貢時之弱水大抵堙没，今可見者張掖河之源流耳。

導黑水，至於三危，入於南海。

蔡氏曰：「此導南流之川也。」黑水，今見陝西肅州衛。三危山，見廢沙州衛。孔安國曰：

「黑水自北而南，徑三危山入南海。」杜佑通典曰：「黑水出張掖鷄山，南流徑敦煌，過三危山，又南入南海。」此云在肅州衛者，蓋據此爲說。又按山海經曰：「黑水出崑崙西北隅。」班固地理志益州郡滇池縣有黑水祠。又漢志注：「犍爲郡南廣縣有汾關山，黑水所出，北至僰道入江。」〔二〕司馬貞索隱則引地志之在滇池者，張守節正義則引地志之在南廣者，又引括地志曰：「黑水出梁州城固縣之北太山。」又唐史：「咸通中樊綽宣慰安南，親見山川，以麗水爲即古之黑水。」夫麗水乃金沙江之異名，在雲南北境，其下流仍合大江，初非入南海之水，樊綽所稱麗水者，謬以瀾滄江爲麗水下流也。宋程大昌乃云：「麗水狹小，不足以界別雍、梁二州，而以西洱河、榆葉澤相貫，爲足當黑水之稱。」其言固已支離失叙，元金履祥又誤以瀘水爲黑水，輾轉滋謬，李元陽始益暢程氏之說。而證瀾滄江爲黑水說者，謂雍州西境有三危山，黑水之流今已不至其地，瀾滄去南海雖近，而於三危之境無關，疑以傳疑，似無容强爲之説矣。麗水、瀾滄，今俱詳雲南大川。易氏祓曰：「欲正主水，先清客水。弱、黑二水，皆水性之異者，一西流而一南流，經行荒僻，初無與於中國。當洪水泛溢，二川亦失其故道，漫漶而東，爲中國病。大禹先從而經理之，二川安流，而中國之川可以次第治矣。」

導河積石，至於龍門，南至於華陰，東至於底柱，又東至於孟津，東過洛汭，至於大伾，北過洚水，至於大陸，又北播爲九河，同爲逆河，入於海。

蔡氏曰：「此導北條北境之大河也。」積石山，見陝西名山。積石山有二，此即西寧衛西南境之大積石也。龍門山，見陝西韓城縣。馬氏曰：「河源不始於積石，此記其施功之始也。諸家皆言河出崑崙，經積石乃爲中國之河。禹自此導之，東北流，又北折而南出龍門中，懸流奔浪，所謂下龍門，流浮竹，非駟馬之追也。」華陰即華山之陰，山當大河南下之衝，河水至此乃復折而東，潼關在焉，潼關，見陝西重險。爲古今形勝之會。陝西志云：陝西通志，明馬理撰。「黄河由積石暨潼關凡五大折。由積石北逕湟中，則鄯、蘭也，是一折也；自蘭州益轉而東北，直至靈州西南，爲涼、會諸州之境，是又一折也；自靈州更折而北，經寧夏、榆林之間，直至古豐州西北，是又一折也；自古豐州西北復轉而東出三受降城之南，是又一折也；經古勝州之北，又轉而南經古勝州之東，廢東勝州之西，又南流出秦、晉兩境之間，以直抵于潼關，是又一折也。蓋包絡全陝之三面，回環五千餘里，秦中爲關、河天險，不信然與？」底柱山，在河南陝州、山西平陸縣之間。河自蒲津西來，至是微折而南，山當轉曲之間，河水包山而過，自漢至唐皆爲漕運之道。詳見河南名山。自此而東至於孟津，爲古來南北之津要，河陽三城在焉。詳見河南重險。又東至鞏縣之北，洛水入焉。曰洛汭者，河之南，洛之北，其兩間爲汭也。河、洛清濁異流，皦焉殊別，應瑒靈河賦「資靈川之遐源，涉津洛之阪泉」，謂此矣。大伾，在北直大名府濬縣城東，黎陽、白馬之津皆在其境，昔爲天下要衝，今則一望平陸耳。蓋河流南徙，陵谷改觀也。浲水即今順德府廣宗縣境之枯洚渠。大陸澤，見前大陸藪。九河，爾雅：「曰徒駭，曰太史，曰馬頰，曰覆鬴，曰胡蘇，曰簡，曰絜，爾雅書註疏皆作「絜」，蔡傳訛作「潔」。曰鉤盤，曰鬲津。」漢書：「成帝時許商以爲古説九河有徒駭、胡蘇、鬲津，見在成平、今北直獻縣東南有廢成平縣。東光、今北直河間府屬縣。鬲今山東德平縣，縣東有廢鬲縣。界中，自鬲以北至徒駭間相去二百餘里。」孔氏曰：「九河故道，河間成平以南，平原鬲縣以北，徒駭最西，以次而東，今略載其可知者。徒駭，地志即古今輿地諸志。以爲虖池也。滹沱河，今見北直大川。許商謂徒駭在成平。孔氏曰：「在滄州景成。」寰宇記：「在滄州清池縣西五十里。」九域志：「在故滄州西北二十里。」元志云：「在山東齊河縣。」景成，今亦見獻縣境内。太史在徒駭之東。許商謂太史、馬頰、覆鬴皆在東光之北、成平之南。通典：「九河四在景成，二在平原。其太史、簡、絜未詳處所。」元志云太史河在滄州南皮縣治北，蓋亦臆言之耳。馬頰，輿地志以爲篤馬河也。今見山東德州。元和志：「篤馬河在德州安德、平原二縣東。」寰宇記：「在棣州商河縣北。」一統志：「在東光縣界。」覆鬴在平原界中。鬴，亦作「釜」。通典：「覆釜河在德州安德。」或云在滄州慶雲縣。今亦見山東海豐縣。胡蘇在勃海。漢志注：「勃海郡東光有胡蘇亭。」許商亦云：「在東光。」寰宇記：「在滄州饒安、無棣、臨津三縣。」元志：「在慶雲縣西南。」簡亦在勃海，蓋絜與簡相近。許商云：「簡、絜、鉤盤俱在東光之南，鬲縣之北。」輿地記：「簡、絜在滄州之臨津縣。」孔氏謂簡在貝州歷亭縣，悮也。元志云：「簡、絜在南皮城外十餘步。」又蔡氏曰：「九河一爲經流，先儒悮分簡絜爲二。」曾氏亦主此説。林氏曰：「河自大陸以北播爲九道，安得以一爲經流，八爲支派耶？」鉤盤亦在平原。顏師古曰：「平原故縣即九河之鉤盤。」寰宇記：「鉤盤在樂陵縣東南，從德州平原來。」元志：「獻縣東南八十里有鈎盤河。」鬲津在鈎盤之北。漢志注：「平原鬲縣，平當以爲鬲津。」許商亦云：「鬲津在鬲縣。」通典云：「在獻縣之廢饒安縣。」輿地記：「在無棣。」寰宇記：「在樂陵東，西北流入饒安。」元志：「在慶雲縣，又在樂陵西三十里。」今亦見山東齊河縣。夫黃河自塞外而來，盤曲萬山之中，匯合百川之水，自鞏、洛而東，已出險就平，大伾以北，地勢益復廣衍，大陸則又鍾水之區也，乘建瓴之勢，注沮洳之鄉，奔騰橫溢，必不能免。禹因而疏之，順其性之所便，從其地之所近，而九河以名，此在洚洞之時，最爲當機而扼要，禹平成之烈，亦莫著於此也。自禹治河之後，河遂得其所歸。計初時泛濫乍平，九河自必勢均力敵，既而橫流益殺，更復冬春消減，九河之或盈或涸，或通或湮，亦理所必有。爲時益遠，後人但見安瀾之效，而忘其弭患之功，遂置九河於度外，而任其升沉，壅閼益遠，淫潦乘之，河於是起而發大難之端矣。夫九河之湮也，非一朝一夕之故，則九河之復也，亦必非一手一足之烈。然治平成以後之河，與治洪荒時之河亦復不同，不得其意，漫欲師神禹之故轍，勢必如漢行封建，而反者九起，王安石法周官，而禍及於雞豚矣。鄭玄謂齊桓霸世，塞河廣田，於是九河爲一。書緯云：「齊桓之霸，遏八流以自廣。」鄭氏之說本此。夫齊桓方申曲防之禁，豈躬爲遏塞之舉乎？于欽云：「河自大陸趨海，勢大土平，自播爲九，禹因而疏之，非禹鑿之爲九也。禹後歷商、周至齊桓時，千五百餘年，支流漸絶，經流獨行，其勢必然，非齊桓塞八流以自廣也。」周譜云：「定王五年，大河南徙。」九河之湮廢，當始於此時。三代之時，河患見於經傳者絕少，雖盤庚之誥有「蕩析離居」之言，然其時之臣民方且戀戀厥居，不以從遷爲樂，蓋止於濱河浸溢之患，不若後世漂没田廬千里一壑之甚也。漢代河患漸多，自宋以後大河未有十年無事者，説者以爲天地之氣，古今不同，豈其然乎？漢世去古未遠，九河之迹，已不能詳究，後代乃欲鑿空駕虛以實其説，多見其不知量矣。王氏曰：「漢世去古未遠，講求九河，止得其三。唐人集累世補傳之語，遂得其六。歐陽忞輿地記又得其一。或新河而載以舊名，或一地而互爲兩説，皆無依據。」又漢平帝時，司空掾王横言：「往者天常連雨，東北風，海水溢，西南出浸數百里，九河之地，已爲海所漸矣。」酈道元謂今碣石淪於海水，王横之説，信而有徵。宋世諸儒主此説以釋禹貢，謂滄州以北之渤海與北平接境，相去五百餘里，禹貢九河當在其地。于欽云據禹貢之文，則大陸與九河相接，大陸去海岸已數百里，若又東至海中始叙九河，則大陸與九河相去千里，不應如是之遠。王横謂海溢出浸數百里，而青、兖、營、平郡縣不聞有漂没之處，乃獨浸九河，此亦不可信也。今平原迤北諸州，雖皆樹藝，已爲平土，而地勢河形，高下曲折，其爲九河之迹無疑也。逆河當九河之下流，爲河、海相接之處。孔氏曰：「九河至滄州同合爲一，謂之逆河。」蔡氏曰：「逆河以海潮逆入而名也。」蓋海水内吞，河水外灌，不惟藉水力以刷沙，而海之潮淤亦藉河力以敵之，此禹以水治水之法矣。潘季馴曰：「九河非禹所鑿，特疏之耳。」蓋九河乃黄河必經之地，勢不能避，而禹仍合之同入於海，其意蓋可見也。

嶓冢導漾，東流爲漢，又東爲滄浪之水，過三澨，至於大別，南入於江，東匯澤爲彭蠡，東爲北江，入於海。

蔡氏曰：「此導南條北境之漢水也。」嶓冢山，在陝西漢中府寧羌州東北三十里，詳見陝西名山嶓冢。漢水出焉，亦曰漾，闞駰曰：「漾水出崑崙西北隅，至氐道重源顯發而爲漾。」其說似誕。華陽國志：「漾水東源出武都氐道漾山，因名曰漾。」漾山，或曰即嶓冢之別名。言東源者，別于西漢水也。西漢水，亦詳見大川漢水。一名沮水，以其初出沮洳然也。水經注以沮水爲漢之別源。一名沔水。孔安國曰：「泉始出爲漾，東南流爲沔，至漢中東行爲漢。」如淳曰：「北人謂漢爲沔，漢、沔通稱也。」今由漢中府而東則曰漢水，自襄陽而下亦曰沔水，亦曰夏水，其實即漢水矣。滄浪水，在今湖廣襄陽府均州北，地志云：漢水中有洲曰滄浪洲，漢水亦名滄浪水，俗訛爲千齡州，在今均州城北四十里。又水經注：「荆山相鄰有康狼山，或謂之滄浪荆山，即襄陽府南漳縣之荆山。」禹貢曰「東爲滄浪」，明非別水也。三澨，在今安陸府沔陽州。孔氏曰：「三澨，今景陵縣三參水是也。」參去聲。今京山縣有澨水，出縣西七十里磨石山，〔三〕南流經景陵縣西南三十里，又東入蒿臺湖曰三汊口，亦曰三汊水，或以爲三澨，或以爲三參。又許慎曰：「澨者，增埤水邊土人所止也。」楚中多以澨名者。左傳文十七年：「楚師次於句澨以伐諸庸。」此澨水當在今鄖陽府境，與上庸近。宣四年：「楚令尹子越將攻王師於漳澨。」今安陸府荆門州當陽縣北有漳水，杜佑以爲即春秋時之漳澨。昭二十三年：「楚司馬薳越追吳師不及，縊於薳澨。」或曰即京山縣。定四年：「吳敗楚師于雍澨，五戰及郢。既而楚左司馬戌敗吴師於雍澨，三戰皆傷，死之。」今安陸府京山縣西南八十里有澨水，劉氏以爲即春秋之雍澨。或云京山縣有汊澨、漳澨、薳澨，此禹貢之三澨也。蓋漢水之旁以澨名者，非一處矣。書疏：明茅瑞徵輯禹貢匯疏。「三澨，一在沔陽，一在景陵，一在京山。自南而北，皆有澨水，與漢水相距又甚近也。」大别山，在今漢陽府城東北百步。詳湖廣名山大别。漢水自西北來，經其東而南入於江，所謂漢口也。詳湖廣重險夏口。江、漢合流而東，水勢益盛，至潯陽之境，則章、貢諸川之水復北流來會焉，瀰漫洶湧，於是迴薄而爲彭蠡之澤。章、貢水，詳見江西大川贛水。彭蠡，詳見江西大川鄱陽湖。又東爲北江，以趨於海。朱子曰：「彭蠡之爲澤也，在大江之南。其源東自饒、徽、信州、建昌軍，信州，今廣信府。建昌軍，今建昌府。南自贛州、南安軍，西自袁、筠以至隆興、分寧諸邑，筠，今瑞州府。隆興即南昌府。分寧即寧州。方數千里之水皆會而歸焉。北過南康楊瀾、左里，楊瀾、左里，俱見南康府都昌縣。則西岸漸迫山麓，而湖面稍狹，遂東北流以趨湖口而入於江。然以地勢北高南下，故其入於江也，反爲江水所遏而不得遂，因却而自豬以爲彭蠡，初非有資於江、漢之匯而後成也。不惟無所仰於江、漢，而泉流之積日遏日高，其勢亦不容江、漢之來入矣。又况漢水自大别山下南流入江，則與江爲一已七百餘里，今謂其至此而一先一後以入於彭蠡，既匯之後又復循次而出以爲二江，則其入也，何以識其爲昔日之漢水而先行，何以識其爲昔日之江水而後會？其出也，何以識其爲昔日之漢水而今分之以北，何以識其爲昔日之江水而今分之以居中耶？且以方言之，則應曰南匯，而不應曰東匯。以實計之，則湖口之東但見其爲一江，而不見其分流也。湖口横渡之處，但見舟北爲大江之濁流，舟南爲彭蠡之清漲而已。蓋彭蠡之水雖限於江而不得洩，亦因其可行之隙，而未嘗不相持以東也，烏睹所爲北江、中江之別乎？」吴氏澄曰：「漢既入江，與江爲一，而又曰東爲北江，似別爲一水者，何也？蓋漢水源遠流大，與江相匹，與他小水入大水之例不同，故漢得分江之名，而爲北江也。紀其入海者，著其爲瀆也。」明邵氏寶曰：「江、漢水漲，彭蠡鬱不流，逆爲巨浸，無仰其入，而有賴其遏，彼不遏則此不積，所謂匯者如此。匯言其外，蠡言其内也。曰北江者，江水濬發，最在下流，其次則漢自北入，其次則彭蠡自南入，〔四〕三水並峙而東，則江爲中江，〔五〕漢爲北江，彭蠡所入爲南江可知矣。非判然異流也。且江、漢之合，茫然一水，惟見其爲江，不見其爲漢，故曰中江，曰北江，非經悮也。」

岷山導江，東別爲沱，又東至於澧，過九江，至於東陵，東迆北會於匯，東爲中江，入於海。

蔡氏曰：「此導南條南境之大江也。」岷山，在四川成都府茂州西北五百里，詳見四川名山岷山。江水出焉。益州記：「江源發羊膊嶺下，緣崖散漫，小大百數，殆未濫觴。」説者曰：羊膊嶺，岷山別阜也。自禹貢以來，書傳所載，皆言江出岷山，或者蔽於所見，以爲江源不在岷山也。易氏祓云：「岷山近在茂州，而江源遠在西徼松山之外。」范氏成大曰：「江源自西戎中來，由岷山澗壑出而會於都江，世云江出岷山，自中國所見言之也。」陸氏游曰：「嘗登嶓冢山，有泉涓涓出山間，是爲漢水之源，事與經合。及西游岷山，欲窮江源而不可得也。」蓋岷山盤回千里，重崖蔽虧，江源其間，旋遶隱見，莫測其端，不若漢源之顯易也。近代有創爲迂誕之説者，謂江源亦出于崑崙，好事者復爲之附會以實其説，陋矣。沱，江之別出者也。孔氏曰：「漢出爲潛，江出爲沱，猶之河出爲灉，濟出爲沮也。」漢志蜀郡郫縣、南郡枝江縣皆有江沱。今按沱水大抵在四川境内，或以灌縣湔江當之。漢志注：「玉壘山，湔水所出，東南至江陽入江。」玉壘山，見灌縣。江陽，今瀘州也。酈道元乃曰：「湔江乃蜀相開明所鑿，開明，七國時蜀相。華陽國志：「杜宇稱帝於蜀，其相開明决玉壘以除水害，爲湔江也。」或非禹貢時之江沱矣。」又或以成都内江、外江爲沱水。内、外江，俱見成都府附郭縣。夫二江爲秦時蜀守李冰所引，非當日之沱明矣。顔師古因今湖廣枝江縣境江、汜枝分，東入大江，此爲禹貢之沱無疑。〔六〕澧水，在今湖廣澧州境内，亦謂之澧江，源出慈利縣西三十里之歷山，流經石門縣及澧州城南，又東經安鄉縣、華容縣境而入於洞庭湖。今澧水與大江相距幾一二百里，曰「東至於澧」者，洪荒之時澧未必不與大江接也。九江，即今之洞庭湖，在岳州府城西南一里，詳見湖廣大川。以沅、漸、無、辰、敘、酉、澧、資、湘九水所會，故曰九江。今大江横過洞庭之口，又東引而北出，九江之水悉灌輸焉，即「過九江」之謂矣。洞庭入江之口曰三江口，詳見湖廣重險。東陵，朱子曰：「即今之巴陵。」羅泌曰：「東陵與夷陵相對，夷陵曰西陵，則巴陵爲東陵可知。」匯者，水流回合之名。漢水南來，江水北注，其會合之處若迎若却，必有折旋之勢，所謂匯也。許慎曰：「迆，邪行也。」江水自東陵而東，迆邐而北會於漢，故曰「東迆北會於匯」。舊本皆作「於匯」，俗本悞作「爲匯」，辭旨俱失，今爲訂正。或誤以爲匯彭蠡之澤，相去何啻千里哉。或曰江在漢南，彭蠡又在江南，今於導漾言「東匯澤爲彭蠡」，而導江則不及焉，毋乃參錯失倫乎？曰：此禹貢之文所以爲簡且盡也。江固大川，而又益之以漢，勢甚流溢，不能無迴薄之處，繫彭蠡於導漾之下，明乎彭蠡之匯，由於漢入江，而江不能盡容也。此曰東迆者，則對東至大别以立言；曰北會於匯者，則對南入於江以立言。導江、導漢，所重全在合流之處。江、漢合而下流遂無事可書矣。使略其正流之所會，而詳其餘波之所溢，豈聖人所以立言之旨哉？且於導漾明言入江而後匯於彭蠡，則彭蠡非無與於江可知，正不必繁其文辭矣。其曰中江，亦對北江而言，見水流順軌並趨而東，滔滔以達於海也。說者曰：天下之水，在北莫大於河，在南莫大於江。今自岷山而下，巫峽而上，盤回百折，蜀中大小羣川悉輸之於江，而後東下荆楚，則洞庭合西南之水而出岳陽，漢江統西北之水而趣鄂渚，又經黄、蘄而向潯陽，則彭蠡會贛江東西之水而來，湖口又東北納淮南之衆流，洩宣、潤之陂澤而後放於大海，天地間之川澮其附江以達海者，十且居其四五焉。江爲四瀆之長，不信然歟？

導沇水，東流爲濟，入於河，溢爲滎，東出於陶丘北，又東至於菏，又東北會於汶，又北東入於海。

蔡氏曰：「此導北條之濟水也。」濟水，出河南懷慶府濟源縣西八十里之王屋山，亦曰沇水。山海經作「聯水」，郭璞曰：「聯、沇聲相近，即沇水也。」俗或訛爲衍水。孔安國曰：「泉源爲沇，流去爲濟。」今自王屋山下伏流而東，至濟源縣城西北三里重源雙發而爲東西二泉，並流而東南，合爲一川，謂之濟水，經温縣西南虢公臺下，又南至於河。此濟水之在河北者，自源而流，終古未變者也。酈道元曰：「濟水當王莽之世，川瀆枯竭，其後水流逕通，津渠勢改，尋梁脉水，不與昔同矣。」滎，滎澤，今開封府鄭州有滎澤縣，原隰匀匀，無所謂澤也。蓋大河決塞，陵谷頓殊。濟水之湮遏，當由於漢季之河患，豈真以旱涸之故耶？又水經注云「濟瀆受河有石門，謂之滎口，石門之北即後漢永平中導汴分河之處」，今詳見河陰縣石門渠。蓋借汴水之分源，迹濟瀆之餘派，非竟以汴水爲濟水也。汴水，見河南大川。陶丘，在今山東定陶縣西南七里。曰出者，折旋之間，因丘爲隱見耳。夫濟水昔縈流於豫、兗之境，漢時以濟陽名縣，見河南蘭陽縣。濟陰名郡，今山東曹州。經流故迹，大槩可知。又水經云

「濟水經定陶故城南」，意是時故瀆猶有可見者與？水經所載南濟、北濟之名，大都牽合附會，今並不録。菏，菏澤。今曹州東南三十里有菏水，説者以爲即菏澤。汶水，在今山東汶上縣。詳見山東大川。濟水自西南來，汶水自東北至，故曰會也。由是並流而北，復折而南以達於海。今山東之境有大小二清河，經濟南、青州二郡之間者，或曰即濟水之委流矣。詳見山東大川。杜佑曰：「今自東平以東，有水流經濟南、淄川、北海界中入海者，謂之清河。」蓋汶水、菏澤之合流，非古時之濟水也。夫濟爲四瀆之一，自昔推爲九州大川，而湮没無徵，莫甚於濟，何與？至於三伏三見之説，出於近代俗儒，自孔、鄭諸家以迄於宋世諸儒，未有主此説者。蓋發源之處，或有伏見之分，入河而後，未嘗伏而復出也。且經文已明言之矣，曰「浮於汶，達於濟」，又曰「浮於濟、漯，達於河」，豈有伏見不常，而可爲轉輸之道者哉？

導淮自桐柏，東會於泗、沂，東入於海。

蔡氏曰：「此導北條南境之淮水也。」桐柏山，在南陽府桐柏縣東里許。山海經曰：「淮出餘山。」注云「餘山在湖陽東義鄉西，」蓋即今桐柏縣地。漢志：「南陽平氏縣桐柏、大復山在東南，淮水所出。」大復山在桐柏山之東三十餘里。志云：淮出桐柏，又潛流出於大復山。水經：「淮水出胎簪山，東北過桐柏山。」胎簪山，在桐柏山西北三十里。地志曰：胎簪、大復，皆桐柏之支隴，然則淮實出於桐栢也。自桐栢而東出豫州之境，而入徐州之域，泗、沂皆徐州川也。泗水出山東泗水縣陪尾山，西南歷南直徐州城東北，又東南流經邳州城南，而沂水流合焉。泗水，詳見南直大川清河。沂水出山東臨朐縣沂山，西南歷沂州城東，又南至邳州城北，分東西流入於泗。沂水，詳見沂州及邳州。沂、泗並流，東至淮安府清河縣治西南而入於淮。今黃河奪沂、泗之流，可見者沂、泗二水之上源耳。淮會泗、沂，由是而東以達於海也。

導渭自鳥鼠同穴，東會於灃，又東會於涇，又東過漆、沮，入於河

蔡氏曰：「此導雍州大川也。」鳥鼠同穴山，今在陝西臨洮府渭源縣西二十里。水經注：「渭水出南谷山，在鳥鼠西五里。其別源出鳥鼠同穴山，渭水流合焉。」夫南谷去鳥鼠止四五里，則導渭自鳥鼠同穴宜矣。程大昌記云「渭水出鳥鼠同穴山，泉源周七尺，四時流注，即渭水之源」云。灃水出終南山谷中，北至咸陽入渭。終南山，見陝西名山。灃水，見西安府大川。涇水出幵頭山，見陝西平涼縣。南至高陵入渭。詳見陝西大川涇水。漆水出同官川，見陝西同官縣。東南至三原縣合于沮水。沮水出子午嶺，見陝西中部縣橋山。南至三原縣合漆水。沮水亦曰洛水。今漆、沮俱詳見陝西大川洛水。並流而東南，至朝邑縣南入渭。渭水逾隴坂而東，則灃水先會焉，次則涇水會焉，又東則漆、沮水入焉，又東注於大河也。今詳見陝西大川渭水。

導洛自熊耳，東北會於澗、瀍，又東會於伊，又東北入於河。

蔡氏曰：「此導豫州大川也。」熊耳山，在陝西西安府商州西五十里。鄭玄曰：「河南盧氏縣熊耳山，縣西南五十里。則禹貢導洛處也。」山海經：「驩舉之山，洛水出焉。」漢志注：「雒水出上雒冢嶺山。」在今商州南六十里。陸澄曰：「冢嶺即驩舉山。」志云商州西北百二十里有驩舉山，則非一山矣。夫驩舉、熊耳，冢嶺三山同在上洛之地，溪澗相通，無容岐別。而盧氏之熊耳，洛水經流在焉，謂導洛始功於此，未爲謬也。澗水，出河南澠池縣白石山，東至洛陽南入洛。瀍水，出洛陽縣西北穀城山，至洛陽故城西南而入洛。澗、瀍二水，俱詳見河南大川洛水。伊水，出盧氏縣巒山，即悶頓嶺也。東北至偃師縣西入洛。伊水亦詳見河南大川洛水。洛水自熊耳而東北，則澗、瀍二水先流入焉，又東北而伊水流合焉，又東北入於大河，謂之洛汭，亦謂之洛口。今詳見河南大川洛水。禹貢曰「九川滌原」，此概言九州之川耳。或即以黑、弱九水當之，誤矣。九水之中，黑、弱則荒裔之川也。河流自塞外而經中國，迴環半於天下，在禹貢九州，則雍、豫、冀、兗皆其所經，今且折而入徐、青，侵揚州北境矣。江流縈紆廣衍，其在禹貢則梁、荊、揚三州之地，其所經也，究其源流，與河大抵相埒。南江北河，實所以統紀羣川，故於天象亦以兩河分界，而中原之形勝胥萃於此焉。漢水出梁州之北，經荊州之半而合於江；淮水出豫州之南，繞徐州之境以注於海；比之江、河，源流未逮其半。濟出於冀州之南，雖經豫、兖二州之境，然大都於淮、漢比肩，不能與江、河並駕也。今且滅没難明，在闕疑之列矣。渭、洛在雍、豫中足爲羣川之長，然皆以河爲宗，如大國之有附庸然，故更次於淮、濟之後也。或曰言渭水以雍州爲天下險，言洛水以豫州爲天下中也。然其爲川也僅及於境内，恐未足以該天下矣。是九川之中，其條貫猶存而經緯可見者，惟江、淮、河、漢四水而已矣。嗟乎，江、河日下，即安能以既倒之狂瀾，而復爲禹貢之山川乎？管子曰：「地之東西二萬八千里，南北二萬六千里，其出水者八千里，受水者八千里。」與山海經合。又曰：「水出山而流入海者曰經，水引他水入大水及海者曰枝水，出於地溝流於大水及海者曰川水也。」唐六典：「江、河自西極達於東溟，中國之大川也。其餘百三十有五是爲中川，其千二百五十有二水，斯爲小川。」王氏云：「桑欽水經所引天下之水百三十有七，江、河在焉。道元水經注引支水一千二百五十二，即古今有名之川，大概可見。」六典所稱，蓋本之也。夫山川沸騰，流移決塞，朝更暮改，今汴、泗、汝、潁之流尚且銷沉難問，而陂池溝洫之屬，其不可知者，正不知其幾矣。本禹貢之舊文，準以今時之川瀆，務其大者遠者，或庶幾乎。

右導川。

校勘記

〔一〕括地志至正所以駁合黎水也　此段共二百零二字，底本原無，今據敷本、鄒本補。職本原有，後又删去。

〔二〕又漢志注至至僰道入江　「漢志注」三字底本原無，今據敷本、鄒本補。又「黑水所出」，漢志卷二八上作「符黑水所出」，此脱「符」字。

〔三〕今京山縣有澨水出縣西七十里磨石山　底本原脱「有澨水出縣」五字，今據職本補。

〔四〕其次則彭蠡自南入　「次」，底本原作「南」，今據鄒本改。

〔五〕則江爲中江　底本原作「則中爲中江」，今據鄒本改。

〔六〕顔師古至此爲禹貢之沱無疑　此二十七字底本原無，今據敷本、鄒本補。職本原有，後删。

讀史方輿紀要卷一百二十五

川瀆二　大河上

傳有言：「微禹之功，吾其魚乎？」夫自禹治河之後，千百餘年，中國不被河患。河之患萌于周季而浸淫于漢，横潰於宋，自宋以來淮、濟南北數千里間，岌岌乎皆有其魚之懼也。神禹不生，河患未已，國計民生，靡所止定矣。次大河源流，而參互以古今之變爲此紀也，其有憂患乎？

河源發於崑崙，

禹貢曰：「導河自積石。」司馬遷云：「言九州山川，尚書近之矣。」今曰河源發於崑崙者，從其可信者言之也。爾雅：「河出崑崙墟。」淮南子：「崑崙之墟，河水出其東北陬。」水經注亦曰：「崑崙墟，河水所出。」自古言河源者，皆推本於崑崙。按史記大宛傳：「漢使窮河源，河源出于闐，天子按古圖書，名河所出山曰崑崙。」漢書地理志金城郡臨羌縣西有崑崙山祠，亦不云在西北也。〔一〕又西域傳：「河有兩源，一出葱嶺，一出于闐。」鄭樵遂謂河有三源，一出葱嶺，一出于闐南山，其正源自崑崙。又山海經，洛書緯及扶南傳皆曰源出崑崙。〔二〕唐書：「長慶中劉元鼎爲吐番盟會使，言河之上流由洪濟橋，亦曰洪濟城，見陜西西寧衛。西南行二千里水益狹，冬春可涉，夏秋乃勝舟。其南三百里有三山，中高四下曰紫山，在大羊同國，今見西番朵甘衛。古所云崑崙也，番名悶摩黎山，東距長安萬五千里。河源其間，流澄緩下，稍合衆流，水色赤，行益遠，衆水并注，則黄濁。河源東北直莫賀延磧尾，今西番火州境有莫賀城。隱測其地，蓋當劍南之西。〔三〕元志：至元十七年命招討使都實求河源。實還報，謂河源出吐番朵甘思西鄙，有泉百餘泓，沮洳散涣，弗可逼視，方可七八十里，登高望之，如列星然，是爲星宿海也。番名火敦腦兒。朱思本曰：「河源在中國西南，直四川馬湖蠻部之西三千餘里，雲南麗江宣撫司西北一千五百餘里。」羣流奔湊，連匯二澤，番名阿剌腦兒。東流曰赤賓河。益引而東，凡二三百里，羣川次第流合焉。其流浸大，遂名黄河，然水清可涉。又東一二百里岐爲九度河，番名也孫斡論。通廣六七里。又四五百里水益濁，土人抱革囊乘馬以渡。自是經兩山峽間，廣可一里、二里，或半里，其深叵測。至朵甘思東北有大雪山，番名亦耳麻不剌，譯言騰乞里塔。其山最高，多積雪，即崑崙也。自九度水至崑崙約二十日程。崑崙山麓綿亘五百里。河隨山足而東，河源考：「河水北行至崑崙轉西北流，又折而東過崑崙北，乃折而東北流。」又東北流千餘里，有細黄河自西南來注之。番名納鄰哈利。又東北四五百里至貴德州，在西寧衛西南。又四百餘里至積石州，即禹貢導河之處矣。自發源入中國，計六千餘里，南北溪澗，絡繹灌注，莫知紀極。崑崙之西人鮮少，山平水漫。其東山益高，地漸下，至積石方林木暢茂。世言河九折，彼地有二折，蓋謂乞兒馬出及貴德州也。○按王氏鏊嘗言：「天下之山起於崑崙，天下之水亦宜出於崑崙。漢張騫歷西域諸國甚久，東漢之世大秦、條支、安息至於海濱，四萬里外，重譯貢獻，甘英嘗窮臨西海而還，皆未睹所謂崑崙者。元使所言，何崑崙之近乎？恐未可以一人之言，而廢千古之論也。」夫張騫固已鑿空，甘英亦非專使，攷劉元鼎之說，參以都實所見，河源庶幾可攷。今特著其切實而雅馴者，其荒僻無徵之辭，未遑博采也。且河源本在西南，而張騫乃求之西北，所謂差之毫釐，謬以千里者與？

至積石而入中國

積石山，在西寧衛西南百七十里。大河經其下，即禹迹所陟，古今華戎之大限也。詳見陜西名山。自崑崙而至積石，皆經川流通，史記大宛傳、漢書西域傳皆言出于闐，于闐以東之水東注鹽澤，潛行地下，而南出於積石。水經又言河水自蒲昌海，又東入塞，經敦煌、酒泉、張掖郡南，又東至河關。杜氏通典力訾之，今不待辨而知其謬矣。有邈水流合焉。朱思本曰：「黃河經貴德州馬嶺凡八百餘里而與邈水合。」圖經：「馬嶺在貴德州之北。」今邈水見西寧衛。

又東經河州城北，

元志：「大河自積石州東流，循河而行五日至河州安鄉關。」關在州西北百里。是也。今大河經州北六十里，有大夏河經州東三十里，又北入於河。大夏河，在今河州南三里。或云即灕水，至蘭州境入河。今詳見河州衛。

又東北流經蘭州城北，又東經金縣北，

大河自河州東北流至蘭州境，其西則湟水合浩亹河流入焉，詳見西寧衛。其南則洮河流入焉。洮河，詳見陝西大川。又東北經州城北二里，金城關在焉，爲河津之要隘。又東北經金縣北六十里，流入亂山中，危湍仄澗，凡二百餘里而入靖遠衛界。

又東北經靖遠衛北，又東北經寧夏中衛南，

大河自金城亂山中而來，瀉落平川，奔流洶湧，烏蘭橋之險在焉。在靖遠衛西南百二十里。詳見衛境。又東北出衛城北一里，山峽險隘，河經其中，懸流數仞。又東北二百餘里經寧夏中衛南十五里，地勢稍平，而河流益盛矣。

又東經靈州所北，又東北經寧夏衛東南，

大河自中衛而東，凡三百里，經靈州所城北一里，其地亦謂之河曲。蓋河自積石至中衛大抵東北流，中衛至靈州則正東流，由靈州至寧夏則益折而北，故曰河曲也。經寧夏衛東南四十里，益引而北，入廢豐州界。自寧夏以上，民多引渠溉田，而寧夏尤被其利，民無旱澇之災，蓋上源勢稍緩，無漲溢之患，且泥沙未甚，故引河爲宜也。

又東北入榆林西境，經古三受降城南，又東折而南，經榆林之東，

大河在榆林衛北千餘里。自寧夏衛東北流六百餘里，經古豐州之西，又北折而東經三受降城南，三城相去凡八百里，至廢東勝州西廢東勝州在山西大同府西境大河之濱，與榆林東北故勝州隔河相望，正當大河折旋之處。乃折而南，其西則榆林之東境，其東則山西大同府朔州之西境也。又南至黄甫川，黄甫川堡在榆林東境。而西爲延安府府谷縣境，東爲太原府河曲縣境，其間回環曲折幾三千里，古爲朔方地，今謂之河套，山川之衿要，中外之巨防也。詳見陝西榆林衛。

又南經府谷縣東，又經神木縣南而入葭州境，經州城東，河之東岸爲山西河曲縣及保德州暨興縣之境。

大河在府谷縣城東百步，西南流入神木縣界，經縣南三十里，又南經葭州城東一里，而山西之河曲縣，北去黄甫川二十餘里，隔河相望也。西南去府谷百餘里，縣濱河爲險，山西之防，以河曲一帶爲最衝。詳見山西太原府。而保德州西臨大河，與府谷縣隔河相對，府谷在黄河西北岸，保德州在黄河東南岸，河自黄甫川而下，皆迤邐西南流也。又南百五十里則岢嵐之興縣也。縣西去大河五十里，與葭州濱河爲界。

又南經吴堡縣東，又南經綏德州東，河之東岸爲山西臨縣及永寧州寧鄉縣之境。

大河自葭州而南八十里，經吴堡縣城東一里，又南百六十里經綏德州東境，西去州城百二十里。而山西之臨縣西北去大河二十里，與吴堡縣接界。永寧州則西去大河百十里，志云：自州城渡河至綏德州二百五十里。寧鄉縣西去黄河七十里，皆與綏德州濱河爲境也。

又南經青澗縣東，又南經延川縣及延長縣之東，河之東岸爲山西石樓縣及永和縣、大寧縣之西境也。

大河在青澗縣東百里，無定河自西北流入焉。詳見綏德州。又南經延川縣東四十五里，又南經延長縣東三十餘里，而山西之石樓縣西距大河百里，西南接青澗縣境。永和縣西距大河五十里，西北接延川縣界。大寧縣西距大河七十餘里，西北接延長縣境。津流相通，一葦可航也。

又南經宜川縣東，河之東岸爲山西吉州及寧鄉縣之西境。

大河在宜川縣東八十里，而山西之吉州西距大河七十里，與宜川接界。孟門山、壺口山皆在其地，爲河津險要。又南爲寧鄉縣，西距大河八十里。又西南接韓城縣界，緣河兩岸，羣山列峙，稱險固焉。

又南經韓城縣東，又南經郃陽縣東，河之東岸爲山西河津縣及榮河縣、臨晉縣之西境。

大河在韓城縣東北八十里，龍門山在焉。詳見陝西韓城縣。大事記：即吕祖謙所著。「周威烈王十三年，晉河岸傾，壅龍門，至於底柱。」呂氏云：「自春秋以後河患之見於史傳，蓋始於此。」又南流經梁山東。山在韓城縣南十九里，亦詳見韓城縣。春秋成五年「梁山崩，壅河三日不流」，即此矣。又南經郃陽縣東南四十里，津渡相通，戰守所資也。而山西之河津縣，即古耿邑也。商祖乙都耿，圮於河水，書有盤庚之誥是也。今縣西去大河三十里，亦有龍門山，與韓城之龍門對峙。所謂禹鑿龍門，河經其中者，非與？又南經榮河縣城西，城去大河不及一里，汾水自東北流入焉。詳見大川汾水。又南經臨晉縣西三十里，渡河而西又三十里即郃陽縣矣。臨晉有吳王渡，郃陽有茶峪渡，俱黄河津渡處。又南經朝邑縣東，〔四〕又南經華陰縣東北，而渭水入焉。河之東岸爲蒲州城西，又南過雷首山西，乃折而東也。

大河自郃陽縣南百二十里，而經朝邑縣東三十五里，濱河有臨晉關，亦曰蒲津關。又南五十餘里至華陰縣境，則華山當其衝，潼關在焉。關西去華陰縣四十里。詳見陝西重險。又渭水流經華陰縣北，至縣東北五十里而入於河，即禹貢導渭入河處也。渭水詳見陝西大川。而山西之蒲州，大河自臨晉境南流五十餘里經其西門外，與朝邑縣臨晉關夾河相對，關去縣城三十五里。爲自古設險之處。詳見山西重險蒲津關。又南則涑水流入焉。即絳水也。詳見蒲州。經雷首山西，山在蒲州東南十五里。詳見山西名山雷首。折而東，其地亦謂之河曲，春秋時秦、晉次於河曲是也。河流自東勝州折而南幾千八百里，自壺口、龍門以至於潼關，兩岸重山翼帶深險，而華山復横亘其南，岡巒盤固，河於是復折而東。河、山之勝，甲於天下矣。

又東經閿鄉縣北，又東經靈寶縣北，河之北岸爲芮城縣南境。

大河在閿鄉縣北七里，又東經靈寶縣北十里，而山西之芮城縣負山面河，南距大河二十里，與閿鄉縣夾河相望，三十里而近耳。蓋河自雷首西麓而南，經芮城西二十里，稍南即折而東，芮城當其曲折之間，而閿鄉縣亦爲大河東折之衝，東至靈寶縣七十餘里，西距潼關六十里，踞高臨深，並爲險塞。

又東經陝州城北，又東經澠池縣及新安縣北，河之北岸爲平陸縣及垣曲縣境。

大河在陝州城北，自靈寶縣東流六十里，至州城西北三里，大陽津在焉，亦曰茅津。詳見陝州。河津要地也。又東四十餘里爲底柱山，控扼中流，驚濤怒湍，舟船經此，稱爲險阻。詳見河南名山底柱。又東百餘里經澠池縣北境，大河南去縣城六十餘里。又東百里爲新安縣界，大河南去縣城四十餘里。陵阪陂陀，津途遥隔，故二邑無濱河之稱也。而山西之平陸縣城臨大河，東南距陝州不過五六里，南北往來嘗爲津徑。又東二百餘里至垣曲縣南二十里，岡阜逶迤，與河南岸兩相倚阻，皆非利涉之所也。

又東經河南府北，河之北岸爲濟源縣南境。

大河在河南府城北二十里，繞北邙山之麓，北邙山在府城北十里，詳見河南府。層巒疊阜，屹然保障。志云：大河自芮城、閿鄉而東，河之北岸則中條以接王屋，南岸則崤函以接北邙，夾河翼帶，並趨而東，雖底柱扼塞中流，而旁無潰決之患，則以岡陵包絡，有自然之險固耳。而濟源縣南距大河七十餘里，西鄰垣曲，南衛洛陽，亦控守之處云，唐史：「聖曆二年河溢，溼濟源民舍千餘家。」或以爲山水暴發，非河患也。

又東經孟津縣北，河之北岸爲孟縣南境。

大河在孟津縣北五里，北岸至孟縣三十里，今孟縣西南至孟津縣五十餘里，蓋嘉靖中孟津益徙而西也。即古之孟津也，河橋在焉。自昔爲設險之處，河陽三城置於此。詳見河南重險。今廢。宋史：「乾德二年孟州水漲，壞中潬橋。」金史：「大定十一年河決王村，南京、孟、衛州界多被其害。」〔五〕王村，今山東濮州治也。孟州，即今孟縣。南京，即今開封府。蓋下流壅，故倒灌上流也。明嘉靖十七年河漲，孟津縣圮於水，蓋河自孟津而上，多循山麓，行至孟津，兩岸平闊，河勢漸張，潰溢之患，於是乎見端矣。夫決在下流，河之患猶淺，決在上流，河之患乃深。孟津，河行平陸之上流也，河患及此，下流之壅閼必日甚，橫決必且益多，徵之往事，不信然與？○丘氏濬曰：「河爲中原大害，自古治之者，未有能得上策者也。」蓋以河自星宿發源，東入中國，踰萬里，凡九折焉，合華夷諸水千流萬派以趣於海。其源之來也遠矣，其水之積也衆矣，夫以萬川而歸於一壑，所來之路孔多，所收之門束隘，而欲其不泛濫也難矣。況孟津已下，地平土疏，易爲衝決，而移徙不常也哉。

又東經鞏縣北，洛水入焉。河之北岸爲温縣之境，濟水入焉。

大河在鞏縣北十里，西去孟津縣八十里。洛水自西南流入焉。詳見河南大川洛水。又東經温縣南二十里，濟水入焉。濟水，詳見禹貢導川。里道記：「自鞏縣東北至温凡四十里。」宋太平興國二年，河決孟州之温縣，蓋河既出險就平，復南納洛川之注，北并濟水之流，縱横震盪，勢不能已，疏導無方，鞏、洛而下，禹貢舊迹安得不月異而歲不同哉？

又東經汜水縣北，又東經滎陽縣北，河之北岸爲武陟縣之南境。

大河在汜水縣北一里，里道記：「渡河西北至温縣二十五里。」又東經滎陽縣北二十五里。明洪武二十五年河決滎陽，命修塞之。正統十三年河復決滎陽，經曹、濮，衝張秋，在山東東阿縣。今詳見漕河。潰沙灣東隄，沙灣在山東壽張縣。今詳見漕河。奪濟、汶入海。尋自開封西南經陳留，自亳入渦河，又經蒙城至懷遠縣入淮，陳留縣，屬河南開封府。亳州、蒙城縣、懷遠縣俱屬南直鳳陽府。而開封城遂在河北，久之始復故道。而武陟縣南去大河五十里，西南與滎陽縣接境，沁水自北來，至縣南入於大河。沁水，詳見山西大川。其入河之處舊名沁黄口，今曰南賈口。宋熙寧十年河溢懷州黄沁口，即其地云。

又東經河陰縣北，又東經滎澤縣北，河之北岸爲獲嘉縣之南境。

大河在河陰縣北十三里，里道記：「自河陰縣渡河至武陟縣五十六里。」縣西二十里有石門渠，即古之滎口。秦始皇二十三年攻魏，引河溝灌大梁。漢王橫言「秦攻魏決河灌其都，決處遂大，不可復補」，即此矣。後漢初河自滎陽決入汴，河陰故滎陽縣地。永平十三年詔修汴渠堤，自滎陽東至千乘海口千餘里，蓋始功於此。今詳見河陰縣。自河陰縣東三十里，經滎澤縣北五里。滎澤地稍下，古滎水所鍾也。唐開成三年河決，浸鄭州外城。五代漢乾祐三年河決鄭州，周廣順二年河復決於鄭州，說者曰：自滎澤縣決而南也。五代史：「河決原武縣。」或曰當在滎澤。顯德初遣使修塞決河。又五代史：「周廣順中河決河陰。」宋太平興國二年，河決於滎澤，熙寧十年河復決滎澤。元延祐十年河決滎澤之塔海莊東堤，塔海莊，在縣東南七里。久之始塞。明正統十三年河決滎陽，既而自孫家渡決而南，孫家渡，在縣東南五十里。全河南徙，久之始塞。弘治五年河又大決於封丘，撫臣徐恪請開孫家渡，從之。既而復塞。河渠攷：「先是弘治二年河決原武，命户部侍郎白昂治之。昂於滎澤縣楊橋開支渠，引中牟、尉氏決河，由陳、潁至壽州達淮。楊橋在縣東南，與孫家渡相近，蓋引決河使入正統時南決舊道也。至是河流橫潰張秋，決口塞而復決。恪上言：『決河湍悍之勢，未可遽回。今自滎澤孫家渡口，舊河東經朱仙鎮，下至項城、南頓，猶有涓涓之流，若疏之由泗入淮，可殺上流之勢。又黄陵岡有賈魯舊河，南經曹縣梁靖口，下通歸德丁家道口，今梁靖以北淤塞將平，計功力之施，八十餘里，若疏而浚之，使由徐入淮，以塞下流之勢，則決口可塞，運道可完也。』時多從其策。」而衛輝府之獲嘉縣，南去大河六十里，與滎澤、河陰接壤。宋太平興國三年河決懷州之獲嘉，蓋亦堤防之處矣。

又東經原武縣北，陽武縣南，

大河在原武縣北二十二里。五代周廣順中河決原武，尋遣使修塞。又顯德六年鄭州奏河決原武。宋元豐元年河復決於此，五年又決，下流納梁山濼。梁山濼，在山東壽張縣北。宋志：「河決原武埽，溢入利津河、陽武溝、刁馬河，歸納梁山濼。」利津等河，皆在陽武以東。明洪武十四年，河決原武及祥符、中牟。二十四年河決原武黑陽山，在縣北二十里。東經開封城北五里，又南行至項城，經潁州潁上縣東至壽州正陽鎮正陽鎮，在壽州西六十里。全入於淮。而河之故道淤塞，疏久之乃復舊。弘治三年河復決原武，支流爲三：一決封丘金龍口，一作「荆隆口」。漫祥符及長垣，北直長垣縣。下曹、濮，衝張秋長隄；一出中牟下尉氏；一汎濫於蘭陽、儀封、歸德、考城入宿州。詔白昂修塞之。河渠考：「昂爲户部侍郎，奉命治河。築陽武長堤以防張秋之決，引中牟決河出滎澤楊橋下達於淮，濬宿州古汴河達泗州；又濬睢河自歸德飲馬池中經符離橋，至宿遷縣入漕河，上築長堤，下修減水閘；又疏月河十餘以殺其勢，塞決口三十六，由河入汴，汴入睢，睢入泗，泗入淮以達海，水患稍息。昂又以河南入淮，非正道，恐不能容，乃復自魚臺歷德州至吳橋修古河堤，又自東平北至興濟鑿小河十二道，引水入大清河及古黄河入海，河口各作石堰，以時啓閉。昂意蓋欲於東北分其流，於東南疏其淤也。未幾河復決徙，昂所規畫，一時皆廢。」吴橋、興濟，今北直屬縣也。而陽武南距大河十餘里，舊時大河經城北，與衛輝府之新鄉、汲縣接境，自河決塞不時，河遂徙而南。周廣順二年河決陽武，尋修塞之。時又決常樂驛。或曰驛在陽武西。宋乾德三年河決陽武，開寶五年復決陽武。金大定十七年河決陽武之白溝。白溝，在縣東南三里。明昌五年河決陽武故隄，決口地名光禄村。灌封丘而東。元至元二十五年陽武諸處河決。泰定三年河決陽武縣，漂居民萬六千五百餘家，尋復塞治。明洪武十五年河決陽武。天啓元年河決陽武縣脾沙堈，在縣東南三十里。由封丘、曹、單至考城，復入舊河。自河出陽武之南，而新鄉、汲縣、胙城之境皆去河漸遠。禹迹之益不可問也，自陽武之決塞始也。

大河舊道在陽武縣北，又東經延津縣北，又東經胙城縣北，河之北岸爲新鄉縣及汲縣之境。此大河舊道也。舊志云：河在陽武縣北二十三里。河之北岸即新鄉縣境，南去大河三十里。金明昌中河決陽武入封丘，於是河益東南下。金史：「貞祐四年延州刺史温撒可喜言：『近世河離故道，自衛東南流由徐、邳入海，以此河南之地爲狹。臣竊見新鄉縣西河水可決使東北流，其南有舊堤，水不能溢，行五十餘里與清河合，則由濬州、大名、觀州、清州、柳口入海。此河之舊道也，皆有古堤，補其罅漏足矣。如此則山東、大名等路皆在河南，而河北諸郡亦得其半，退足以爲備禦之計，進足以壯恢復之圖。』」議者以河流東南已久，決之非計，遂寢。」清河謂淇水口。柳口即今直沽口也。元至元九年河決新鄉，元史云：「河決新鄉廣盈倉南河北岸。」蓋是時河猶出陽武、新鄉間也。由陽武而東五十里，逕延津城北十七里。延津，古酸棗也。漢文帝後元年河決酸棗，東潰金堤，東郡大興卒塞之。五代周廣順二年河決酸棗，顯德初遣使修塞。明成化十四年河溢延津，明年復自縣南流入封丘。其舊流故道則自延津折而東北，經汲縣東南十七里，又東北經胙城縣北一里。里道記：「延津縣東北至胙城四十五里。」宋熙寧四年河溢衛州王供埽。舊志云：在州東三十里。十年復溢王供埽及汲縣上、下埽。金大定二年河決衛州及延津縣，瀰漫至歸德府。二十六年河決衛州堤，壞其城，泛濫及於大名。先是胙城隸開封府，泰和八年以限大河，改屬衛州，貞祐三年徙州治於宜村新城，詳見胙城縣。以胙城爲倚郭。胙城爲河北縣，自金始也。

又東北經濬縣之南，滑縣之北，

大河舊在濬縣城南一里，河之南岸即滑縣界。里道記：「滑縣西北至濬縣四十里，濬縣南至胙城縣五十里。」大河經其間，北曰黎陽津，南曰白馬津，自昔津濟之要，今變爲平陸矣。漢建始四年河決東郡金堤。顏氏曰：「在今滑州界。」唐元和八年河溢瓠子，東泛滑，距城十二里。鄭滑帥薛平、魏博帥田弘正共發卒鑿黎陽山東，復入故瀆。故瀆在黎陽西南。時河流南徙，薛平請於田弘正，共發卒鑿古河十四里，逕黎陽山東，會於故瀆，自是滑無水患。開成三年河決，浸滑州外城。乾寧三年河漲，將毀滑州，朱全忠決爲二河，夾城而東，爲害滋甚。石晉天福六年，滑州河決。九年滑州河決，侵汴、曹、單、濮、鄆五州之境，環梁山合於汶，大發數道丁夫塞之。五代漢乾祐元年，河決滑州之魚池店。在州西。周廣順二年河決滑州靈河諸處，靈河廢邑，在今滑縣西南六十里。五代史「廣順中河決靈河魚池、六明鎮諸處」，蓋皆在今滑縣界内。命王浚修塞之。三年義成帥白重贊奏塞決河。宋乾德四年滑州河決，壞靈河大堤。太平興國三年河又決滑州之靈河。八年河大決滑州之韓村，在州東北。泛澶、濮、曹、濟，東南流至彭城入於淮。時大發丁夫築堤塞之。議者欲於澶、滑間立分水之制，於北岸開入王莽河以通於海，南岸開入靈河以通於淮，多作斗門，隨時啓閉，可以通舟航，溉農田。不果。王莽河即屯氏河，靈河即靈河決口，欲因決河通泗入淮也。九年河復決滑州之房村。亦在州東北。既而巡河官梁睿言：「滑州土脉疏，岸善潰，每歲河決南岸，害民田。請於迎陽埽鑿渠引水，凡四十里，至黎陽合河，以防暴漲。」從之。既而渠成，又命鑿河開渠，自韓村埽至州西鐵狗廟五十餘里，復合於河，以分水勢。迎陽，在州東北大河北岸。大中祥符四年河決通利軍，今濬縣。合御河，壞州城田廬。州城即濬州城。天禧三年滑州河溢城西北天臺山旁，俄復潰於城西南岸，漫溢州城，歷澶、濮、曹、鄆注梁山泊，又合清水、古汴渠此清水謂泗水也。東入於淮，州邑罹患者三十二，詔發丁夫塞治。先是李垂上導河形勢書，大略欲自汲郡東推禹故道，挾御河出大伾、上陽、太行三山間，復西河故瀆。又欲自滑州而北以漸派爲六渠，導入漳河、滹沱、易水以入於海。議者以爲未便。至是垂復請自衛州東界曹公所開運渠東五里河北岸凸處，就岸實土堅處引之，正北稍東十三里，破伯禹古堤，注裴家潭，經牧馬陂，又正東稍北四十里，鑿大伾西山，灑爲二渠：一逼大伾南足，決古堤正東八里，復澶淵舊道；一逼通利軍城北曲河口，至大禹所導西河故瀆，正北稍東五里開南北大堤，又東七里入澶淵舊道，與南渠合。如是則北載之高地，滑州之水不治自涸矣。議復格。上陽山，或曰即北直清豐縣之廣陽山。四年河復決於天臺山。先是西南堤成，又築月堤於天臺山旁，及是河復決於天臺山，下達衛南，浮徐、濟，爲害益甚，大發丁夫築塞之。天聖五年塞河成，以其近天臺山麓，名之曰天臺埽。自是以後，滑州之患大抵移於澶州。元符三年河復決於蘇村，在濬縣東北，然其爲害甚鮮。重和初詔於滑州、濬州界萬年堤廣植林木，以護堤岸壯地勢云。○考河自大伾以上，猶禹貢時大河經流也。大伾山在濬縣東二里。漢賈讓欲決黎陽遮害亭，亭在濬縣之西南五十里。放河使北入海。河西薄大山，東薄金堤，勢不能遠泛濫，此即司馬遷河渠書所稱「禹以爲河所從來者高，水湍悍，難以行平地，數爲敗，乃釃二渠以引其河，北載之高地」之説也。其後王橫亦言：「禹行河水本隨西山下東北去，宜更開濬，使緣西山足乘高地而東北入海，乃無水災。」宋李垂祖其説，欲引河自大伾而北載之高地。其後孫民先亦主是説，元豐中陳祐甫亦請修復禹故道。夫滑州河患莫甚於宋之天禧以前，於此時引河北去未爲不可也。其後河亦益徙而北，出於信都、勃海間，故道庶幾可復矣。何意謀國者方且人持一説，非迂疏拂逆之計，則因循苟且之見而已矣。以千載一時之機，而空言坐失之，宋事之不可爲也，豈惟用兵爲然哉？至於李垂導河形勢書，紆迴繁複，類皆不切於用，蓋所見近是而未達於因勢利導之方也。其言果行，安在不與六塔、五股並遺誚於後世哉？

又東北經開州南，長垣縣及東明縣之北。

大河舊在開州城南，漢之濮陽，宋之澶州，皆其地也。漢元光三年，河水徙從頓丘東南流，既而決瓠子，在今州西南二十五里。東南注鉅野，鉅野澤，見山東鉅野縣。通於淮、泗，此爲黄河入淮之始。丘氏以宋熙寧十年爲黄河入淮之始，悮矣。汎郡十六，使汲黯、鄭當時興人徒塞之，輒復壞。元封二年自臨決河塞之，作瓠子之歌是也。五代周廣順三年，澶州河溢。宋乾德三年河決澶州。開寶四年河復決澶州，東匯於鄆、濮，壞民田舍。五年河復決濮陽，命潁州團練使曹翰往塞之。淳化四年河復決澶州，陷北城，壞廬舍七千餘區。景德元年河決澶州橫隴埽。在州東。自是遂爲故道，所謂橫隴河也。四年又決澶州王八埽。在州西南。大中祥符七年河決澶州大吴埽。在州東。天聖六年又決州之王楚埽。在州西南。景祐元年復決於橫隴埽。慶曆八年又決州之商胡埽。在州東北三十里。自是遂爲故道，所謂商胡河也。宋人謂橫隴決而東，爲濱、棣諸州患；商胡決而北，爲河北患是也。宋志：「商胡決河自魏北至恩、冀、乾寧入海，爲北流；其二股河，自魏、恩東至德、滄入海，爲東流。嘉祐元年，河復決於六塔河，六塔河，在州東北十七里，自商胡東南通橫隴河之支渠也。先是皇祐二年河決館陶縣之郭固，四年塞郭固，而河勢猶盛。議者請於澶州開六塔河以殺其勢，於是遣使相度，詣銅城鎮海口以約古道高下之勢。歐陽修以塞商胡開橫隴回大河於故道，計一千餘里，役鉅費煩，速宜停罷。李仲昌等固請開六塔河，使歸橫隴。時橫隴湮塞已二十年，商胡復決數歲矣。賈昌朝等又欲移決河於京東故道。歐陽修曰：「六塔止是別河下流，已爲濱、棣、德、博諸州患，若全回大河，其害必甚，故道理不可復，不待智者而知也。」至是遂塞商胡北流入六塔河，不能容，是夕遂決，河北被患者數千里。銅城鎮，在濱州海口是也。熙寧四年河溢澶州之曹村。在州西南。十年大決於曹村，澶淵北流斷絕，河道南徙，東匯於梁山、張澤濼，梁山濼見前。張澤濼，或曰即今山東汶上縣之南旺湖。分爲二派，一合南清河入淮，一合北清河入海，南清河，今泗水也。北清河，大清河也。金志：「明昌四年都水監丞田櫟言黄河利害云：『前代每遇古堤南決，多經南、北清河分流，南清河北下有枯河數道，河水流其中者長至七八分，北清河乃濟水故道，可容二三分。』因欲於滑州墻村決河入梁山濼故道，依舊作南北兩清河分流，不果。」蓋悮引此説也。灌郡縣四十五，濮、濟、鄆、徐更甚。元豐元年決口塞，改曹村埽曰靈平，築堤斷流，河復歸北。三年澶州孫村、陳埽及大吴、小吴埽復決。孫村等埽俱在州東。四年小吴埽復大決，自澶注入御河，恩州危甚。五年河溢内黄，決大吴埽以紓靈平水患。放之使北也。宋史：「元豐八年，時河流雖北，而孫村低下，夏秋霖雨漲水，往往東出小吴決口。既而決大名小張口，王令圖議濬滑州迎陽埽舊河，於孫村修金堤，使河復故道東流。既又言故道難復，請於南樂大名埽開直河并簽河，分引水勢入孫村口以解北京向下水患。時吴安持等亦主回河東流，趙偁等以爲不可，請開闞村下至栲栳堤七節河門，修平鄉鉅鹿埽、焦家等堤，浚澶淵故道以備漲水。不從。」鬫村等堤俱在内黄、魏縣以北，時大河流合御河也。○又是時陳祐甫上言：「商胡河道填淤漸高，今當修者有三：商胡一也，横隴二也，禹舊迹三也。然商胡、横隴故道地勢高平，水土疏惡，皆不可復，復亦不久。惟禹故瀆在大伾、太行間，地卑勢固，故昔李垂，今臣孫民先皆議修復，乞命民先自衛州王供埽按視，迄於海口。」從之。既復中止。蓋自河入御河之後，而宋澶州之患稍緩，至金大定以後河益徙而南，澶州之流遂絶。明正統十三年，河決滎陽，自陽武衝入故道，直至州治南，又東抵濮州，壞張秋隄入海，後復塞治，蓋瓠子、靈平之舊迹，皆不可復識矣。○考自滑縣、開州以下，此秦、漢以來之故道，非禹治河之故道也。蓋自周定王以來，禹迹不可復矣。史稱漢武塞瓠子，而導河北行二渠，復禹舊迹，豈其然耶？

開州之東北爲清豐縣之西，内黄縣之東，大河舊道在内黄縣東南及清豐縣西南，水經注：「大河故瀆東北逕戚城西，又經繁陽故城東，陰安故城西。」是也。戚城，見開州。繁陽，見内黄。陰安，見清豐縣。漢時河皆經此，元光三年河徙從頓丘東南流，頓丘，今清豐縣境也。後決塞不時，故道廢。宋時澶州河屢決，河復行北道。開寶八年河决澶州之頓丘，太平興國二年河復決頓丘，元祐八年河溢内黄埽，時有司進梁村上、下約，束狹河門，河遂漲潰，南犯德清，西決内黄，東淤梁村，北出鬫村，宗城決口復行魏店，北流淤斷，河水四出，壞東郡浮梁，遣官修塞。許將言：「大河勢盛，宜因梁村口以行東，因内黄口以行北，而盡閉諸口，以絶大名諸州之患。俟春夏水至，乃觀水勢所宜，或閉内黄，或塞梁村爲便。」梁村，在清豐縣東南。元符二年河決内黄口，灌邢、洺諸州，而東道之流遂絶。宋志：「元符二年河決内黄口，遂由魏縣而北，挾衛、漳之水並流而東北。大觀二年邢州決，陷鉅鹿縣。既而冀州河溢，壞信都、南宫兩縣。三年河復溢冀州信都縣，未幾復南決於清河埽，自是大河不復北矣。」

又東北經南樂縣及大名縣、元城縣之東，

水經注：「大河故瀆逕昌樂故城東，即南樂也。」宋時大河亦逕此。嘉祐五年韓贄請分浚二股、五股諸河於縣境，以減下流恩、冀之患。治平元年始命都水監浚治。熙寧初河自恩、冀北注，議者請開二股河，漸閉北流。二年張鞏等奏大河東徙，北流淺小，請閉北流，從之。未幾，河自其南四十里許家港東北汎濫大名、恩、德、滄、永静五州軍境，永静軍本定遠軍，今景州。詔遣官相度。六年王安石奏自大名之東南開修直河，使大河還二股故道，於是河勢增漲，十年河遂大決於澶州。即宋人回河之悮。宋史：「嘉祐五年河流派别於魏州之第六埽，曰二股河，行一百三十里，經魏、恩、德、博之境，亦曰四界首河。於是河北漕臣韓贄言：『四界首古大河所經，即溝洫志所謂「平原金堤，開通大河，入篤馬河，至海五百餘里」者，浚之一月可畢，支分流入金、赤河，使深六尺，爲利可必。商胡決河自魏至恩、冀、乾寧入於海，今二股河自魏、恩東至德、滄入海，分而爲二，則上流不壅，可無泛溢之患。』從之。既而商胡湮塞，冀州界河淺，房家、武邑二埽潰，復塞之。熙寧四年河溢恩、冀、瀛諸州，下屬恩、冀，貫御河，〔六〕奔衝爲一。張茂則等謂：『二股河地最下，宜浚其湮塞，又開清水鎮河以折其勢，則捍者可回，决者可塞。』從之。五年河溢夏津縣，王安石又請開修直河，使大河還二股故道，由德、滄以達海。十年河大決於曹村，而二股、直河俱廢。元豐以後，王令圖、范子奇等復執回河之説，欲自孫村口而東，仍出二股河，功竟不就。」金、赤二河在東平、平原間。清水鎮河，蓋衛河之支流，舊在南樂縣境，今湮。而大名、元城縣，亦皆大河所經也。唐開元十四年魏州河溢。唐書：「開元十四年魏州河溢，十五年冀州河溢。先是河決博州，故水溢而北也。」宋嘉祐七年河決大名第五埽。元豐七年河溢元城埽，決横堤，冀、洛、北京皆被其害。八年河決大名之小張口。在元城縣東。宋志：「是時河道雖北，而孫村低下，夏秋霖雨，往往東出，小吴之決未塞，於是又決於此，河北諸郡皆被其害。」宋時以大名爲北京，隄防障遏，無歲不講也。

又東北經館陶縣東，又東北經臨清州及高唐州之境，又東北經恩縣南，

大河故道自元城、冠縣間入館陶界。冠縣、館陶俱山東屬縣。漢溝洫志：「自塞宣房即瓠子河，見開州。後，河復北決於館陶，分爲屯氏河，東北經魏郡、清河、信都、勃海入海，廣深與大河等，因其自然，不隄塞也。屯氏河見館陶縣。元帝永光五年河決清河靈鳴犢口，而屯氏河絶。廢靈縣，見山東博平縣。鳴犢口，見北直清河縣。成帝建始二年河復決於館陶所決之河，亦名屯氏別河。及東郡金堤，泛濫兗、豫，入平原、千乘、濟南，凡灌四郡三十二縣。又鴻嘉四年清河、勃海、信都河水溢溢，灌縣邑三十一。新莽始建國三年，河決魏郡，泛清河以東數郡。漢所稱魏郡，大約主館陶以北言之。漢書：「先是莽恐河決爲元城冢墓害，及決東去，元城不憂水災，故遂不隄塞。」水經

注：「大河故瀆經甘陵故城南，甘陵在臨清、夏津之間。亦見清河縣。又東北經靈縣故城南，今廢靈縣見博平縣境。又今高唐州亦故靈縣之境。河瀆於縣别出爲鳴犢河，又東經鄃縣故城東。」鄃縣故城，在今平原縣西南五十里。漢志「鄃居河北」，即此。此即漢時河所出之道。宋皇祐二年河決館陶縣之郭固，在縣東北。四年塞之。即宋史所稱郭固塞而河勢猶盛，議者請開澶州六塔河者。熙寧四年北京新隄第四、第五埽決，湮溺館陶、永濟、清陽以北，永濟廢縣，今在臨清州西。仁宗皇祐元年河合永濟渠注乾寧軍，縣以永濟渠而名也。清陽廢縣，亦見清河縣。下屬恩、冀，合於御河。五年河溢於夏津。而清河即宋之恩州也。熙寧元年河溢恩州烏欄堤。在州東。是年又決冀州棗强埽，北注瀛州。既又溢瀛州樂壽埽。元祐四年又溢冀州南宮等五埽。時都水監言「前二年河決南宮下埽，去三年決上埽，今四年決宗城中埽」，蓋皆自恩州決而北也。政和三年河決冀州之棗强埽，都水孟揆言：「棗强東堤決溢，其漫水行流，多鹹鹵及積水之地，不犯州軍，止經數縣地分，迤邐接御河歸納黄河。今欲自決口上恩州之地水堤爲始，增補舊堤，接續御河東岸，簽合大河。」從之。宣和三年河決恩州清和埽，蓋自内黄決後，河出清河之北，至此下流漸壅，故上流復決，河又從瀛、冀而西南矣。

又東北逕德州西，又東北經景州及滄州之境入於海。

德州，漢平原郡界也。河之故道本在平原以北，漢以前大概從魏郡、清河、信都、勃海界入海，皆與平原接境，不徑至平原也。武帝建元三年河水溢於平原，成帝建始三年河決館陶，遂溢入平原、千乘、濟南界中。河平三年河復決平原，流入濟南、千乘，復隄塞之。東漢永平中河流合汴，泛濫兗、豫，明帝使王景治之。絶水立門，河、汴分流，自滎陽東至千乘海口千餘里，十里立一水門，令更相回注，無復潰溢之患。然則河經平原以南，自漢建始中始，而永平以後常爲河之經流矣。後漢以及南北朝時，大河決塞，史多失於記注。水經注：「大河故瀆逕平原故城西，又北逕修縣故城東，修縣，今北直景州。又東北至東光縣故城西，東光，今北直屬縣。而合於漳水。」此亦約言西漢時大河所經之處，道元時河仍自千乘入海，不至東光合漳也。宋自熙寧以後，主回河之説，滄、景常多水患。元豐四年河溢滄州南皮上、下埽，又溢清池埽，又溢永静軍阜城下埽。既而河流益北，大抵合御河、西山諸水，自深州武强、瀛州樂壽埽，至清州獨流砦、三叉口而入於海。今見河間府青縣。

開州之東爲觀城縣及朝城縣南，河之南岸則濮州之北。

水經注：「大河逕衞國縣南，衞國縣，即今觀城縣。鄄城縣北。」鄄城舊縣，濮州治也。疑東漢以後大河故道即出於此矣。五代晉開運三年，河決澶州臨黄。漢天福十二年河決觀城界楚里村堤，在縣西南。東北經臨黄、觀城二縣。臨黄廢縣，今見觀城縣。宋開寶五年河決濮陽。濮陽郡即今濮州。明道二年移朝城縣於社婆村，移而北也。避河患也。明正統十三年河決滎陽，衡曹、濮。弘治三年河復決原武，衡曹、濮。濮州蓋舊道所經，常爲東下之衝矣。

又東逕范縣北，莘縣及聊城縣之南，

大河故道在范縣之北，倉亭津在焉。津在今縣東北。舊經云：「自范縣渡河而西北六十里即莘縣是也。」而聊城故博州治，今東昌府治焉。唐開元十年博州河決，五代晉天福四年河決博州，即此矣。

又東逕東阿縣北，博平縣及茌平縣南，

東阿自昔大河之衝也，南漲則浸東平，東溢則浸濟南。五代梁末，唐遣李嗣源取鄆州，守楊劉，今見東阿縣。梁人攻楊劉，決河口以限晉兵，決口益大，連年爲曹、濮患。同光二年命婁繼英督汴滑兵塞之，未幾復壞。晉天福二年河決鄆州。自東阿決而南也。開運三年河決楊劉，西入莘縣，廣四十里，自朝城北流。自東阿決而西也。周顯德初命宰相李穀治隄，自陽穀抵張秋口，遏塞之。五代史：「先是河自楊劉至博州百二十里，連年東潰，分爲二派，匯爲大澤，瀰數百里。又東北壞古隄而出灌齊、棣、淄諸州，至於海涯，淹没田廬，不可勝計。朝廷屢遣使不能塞。至是穀詣澶、鄆、齊按視堤塞，役徒六萬，三十日而畢。」宋乾德二年河決鄆州之竹村。在州西北。三年，鄆州河決。太平興國七年河漲，挾清河，謂濟水也。淩鄆州城，將陷，州將塞其門以遏水，馳奏遣使往固其城。咸平三年河決鄆州王陵埽，在州北。浮鉅野，入淮、泗，水勢悍激，侵迫州城。明道二年廢鄆州王橋渡以避水。渡在州東，是時河流漲入小清河，濟南、淄川皆被其患。後河勢益趨而北，鄆州之患始少。此五代及宋鄆州水患也，而博平、茌平亦大河東出之道矣。

又東經長清縣北，禹城縣南，

長清以西，古大河所經也，碻磝津在焉。詳見長清縣。宋元嘉二十七年，王玄謨爲寧朔將軍，前鋒入河平碻磝守之。是南北朝時大河皆經此矣。大抵東阿以東，往往挾濟而流，

又東北以達於海也。

又東經歷城縣北，臨邑縣南，

臨邑東有四瀆津，大河故道所經也。詳見長清縣。唐五行志「永徽六年齊州河溢」，即此地矣。

又東北經商河縣北，武定州南，

此昔時大河所經也。唐長壽二年河溢棣州。時壞居民二千餘家。又開元十年棣州河決。大和二年河決，壞棣州城。宋祥符四年河決棣州聶家口。在今武定州西南三十里，舊州城之西南。五年又決於州東南李氏灣，環城數十里，民舍多壞。時大河挾商河爲患，議者請徙商河以殺其勢，役興踰年，扞護築塞，財力俱困，僅免決溢，而湍流益暴，壖地日削。河勢高民屋逾一二丈，民以爲憂，乃議徙州治於陽信之八方寺。六年徙州治而北，以避河患。自是澶、滑之間大河屢溢，而棣州之流漸絶矣。

又東經濱州境，合清河以入海。

水經注：「河水東逕濕沃津，今見蒲臺縣。又東逕千乘城北，又東過利城北，利城，今見博興縣。或訛爲黎城。又東北濟水從西來注之，又東北入於海。」夫水流變遷，其詳不可得而知，今大清河自蒲臺、利津縣東北入海，惟小清河則經青州府博興縣、樂安縣境而後入於海。或謂宋初大河東行，大抵從濱州境合於大清河。或謂大清河即東漢以來大河經流處。水經注有南北二濟，無大、小清河之名。其所言北濟者，大概與大清河相參錯。或大清河即大河故瀆，河遷而濟水注其中與？夫自東漢至隋、唐，水之侵齧漲溢，豈能盡免，而由平原、千乘間以入海，則未經變異也。然則治河如王景，其成法詎不足遵與？自梁、晉夾河之戰，苟且目前，横挑大釁，梁段凝於衛、滑間決河引水以限晉兵，謂之護駕水，此五代以後潰決之患所由致也。延及宋季，横決無已，而一時蜩螗沸羹之説，迄無成見。金、元河患，皆與國爲終始。至於晚近，且謂禦河如禦敵，廟堂無百年之算，閭閻有旦夕之憂，亦獨何歟？水經諸書既未能條貫源流，兼綜終始，史家紀載，又往往參差同異，兹略舉往迹，爲之差次古今之變，覽者亦可知其梗槩矣。

右古大河。

校勘記

〔一〕地理志至亦不云在西北也　此二十二字敷本、鄒本脱。

〔二〕又山海經洛書緯及扶南傳皆曰源出崑崙　此十七字底本原無，今據敷本、鄒本補。職本原有，後删。

〔三〕唐書至蓋當劍南之西　「西南行二千里」，職本、新唐書卷二一六下吐蕃傳與底本同，敷本、鄒本「二千」作「三十」。又「在大羊同國」，新唐書「在」作「直」；「東距長安萬五千里」，新唐書無「萬」字。又「蓋當劍南之西」下職本後又增寫一段文字，各本均無，兹亦録以備考：「班固地理志：『金城郡河關縣有積石山，在西南羌中，河水行塞外，東北入塞内，至章武入海，過郡十六，行九千四百里。』後漢西羌傳：『自河關之西，濱於賜支，至於河首，綿地千里。』又段熲傳：『延熹二年出湟谷南，渡河破羌於羅亭，追至河首積石山，出塞二千餘里。』據此，河源在西南羌中，漢時已明知之，不待唐時矣。又據段熲傳，則積石山亦非今之在西寧衛南者也。」

〔四〕又南經朝邑縣東　「南」，底本原作「西」，今據職本改。

〔五〕南京孟衛州界多被其害　「孟衛州」，底本原作「孟州衛」。金史卷二七河渠志云：「大定十一年河決王村，南京、孟、衛州界多被其害。」則本書「孟州衛」乃「孟、衛州」之倒誤，今據乙正。

〔六〕貫御河　「貫」，底本原作「决」，今據鄒本及宋史卷九二河渠志改。

讀史方輿紀要卷一百二十六

川瀆三　大河下

大河今自陽武縣南又東逕開封府城北，封丘縣南，

大河今在開封府城北十里。宋元符三年河決開封之蘇村。舊志云：府西三十餘里有蘇村。元至元二十三年河決開封、祥符等郡縣一十五處。開封、祥符、陳留、杞、太康、通許、鄢陵、扶溝、洧川、尉氏、陽武、延津、中牟、原武、睢州，此十五處也。又二十五年河復決汴梁之太康、通許、杞三縣，灌陳、潁二州。皇慶三年河決開封、陳留等縣，沒民田舍。時又決陳、亳、睢三州。延祐七年河決開封府蘇村及七里寺諸處。泰定二年河溢汴梁。三年復壞汴梁樂利隄，發民夫築塞。明洪武七年河決開封隄，十六年又決開封東隄，自陳橋至陳留，陳橋在府東北二十里。潰流數十里。二十年河復決開封城。三十年河溢開封。正統十三年河決滎陽，尋自滎澤縣孫家渡決而東南，開封遂在河北，景泰中始復故。河渠考：「明初開封城北去大河四十里。洪武二十四年河決原武而東，經城北五里，至此，遂出府南。築塞以後，大河經城北不過十數里。」天順五年河溢決開封府北門。又成化十四年河決開封府西杏花營。在府西二十里。弘治三年河決開封，南入淮。萬曆十七

年河決府西北劉獸醫等隄十餘處。劉獸醫隄，在府西北三十五里。四十四年河決開封陶家店、張家灣，陶家店在府西北二十里，張家灣在府西北十五里。由護城堤下經陳留等處入亳州渦河。是冬決口淤，河復舊道。崇禎十五年賊決開封府西北朱家寨，在城西北十七里。城陷，大河自陳、潁諸州漫入淮、泗，蓋大河出陽武南，開封城外皆爲浸淫沮洳之場矣。而河北之封丘縣，南去大河五十一里。舊時大河在縣西北四十餘里，金明昌五年河決陽武，灌封丘而東，此封丘隔在河北之始也。元至大二年河決封丘，順帝至元初河復決於封丘。明弘治二年河決原武，其支流決封丘荆隆口，在縣西南三十餘里。漫祥符，下曹、濮，衝張秋。五年河復決於荆隆口，潰儀封之黄陵岡，更犯張秋，壞會通河，尋命劉大夏治之。河渠攷：「弘治六年都御史劉大夏受命治河，上言：『河流湍悍，張秋乃下流襟喉，未可輒治。宜於上流分道南行，復築長堤以禦橫波，且防大名、山東之患，俟其循軌，而後決河可塞也。』報可。大夏乃浚孫家渡口，開新河七十餘里，導水南行，由中牟至潁州東入淮。又浚祥符東南四府營淤河，由陳留至歸德釃爲二道，一由符離出宿遷小河口，一由亳州渦河會於淮。又於黄陵岡南浚賈魯舊河四十里，由曹縣出徐州合泗入淮。支流既分，水勢漸殺，張秋遂塞。又築西長堤，起河南胙城，經滑、長垣、東明、曹、單諸縣下盡徐州，亘三百六十里，謂之太行堤，凡五旬而工畢。」志云：縣東南有陳橋集，在縣東南四十餘里，與祥符縣接界。東連馬家口，西抵荆隆口，爲大河衝要。弘治七年河決陳橋集，嘉靖二十四年河復決於此。又有于家店、中欒城，與荆隆口相連，中欒西爲荆隆口，又西即于家店。志云：開封西北三十里爲于家店渡，即此。皆濱河要地也。萬曆十五年河復決於荆隆口，長垣、東明幾於陷溺，堤防切焉。○考自陽武而入封丘，河益東南流，荆隆口直東則經長垣，東明出曹、濮直趨大清河矣，較之出徐、沛合淮、泗以入海者道爲徑易。夫河行之道宜直而不宜紆，入海之口宜近而不宜遠，河之兩岸宜闊而歸流宜深，歸流，即俗語所謂落漕也。平水則宜置斗門，且多置之，用王景更相迴注之意，使不至旁溢，河未必不可東也。後世遥隄之法即兩岸宜闊之意矣，縷堤之法即歸流宜深之意矣，滚水石壩及格堤之法亦即斗門回注之意矣，蓋未有舍古法而可以集事者。夫得其大意，尚能隨試輒效，使究其精微，而權其通變，悠悠黄河，豈終付之不可問乎？雖然大河東則會通河廢，會通河不廢則大河不可得而東矣。兩者不並立，此終明之世大河所以屢決而東，終抑之使南也與？

又東經陳留縣及蘭陽縣之北，河之北岸爲長垣縣之境。

大河在陳留縣北三十里。河防考：「大河北岸有陳留寨、銅瓦厢，爲黄河衝激之處，屬陳留界内。」又東三十五里至蘭陽縣，縣北去大河十五里。大河舊在縣北三十餘里。志云：大河經陳留、蘭陽而東，水流溢溢，衝激曹、單。嘉靖七年于蘭陽縣北開趙皮寨白河一帶以分殺水勢，趙皮寨，在縣北十餘里，南達巴河。或謂巴河爲白河。是時刑部尚書胡世寧言：「運道之塞，河流致之。舊時河自汴以來，南分二道：一出滎澤經中牟、陳、潁至壽州入淮，一出祥符經陳留、睢、亳至懷遠入淮。其東南一道自歸德宿、虹，出宿遷。其北分新舊五道：一自長垣、曹、鄆出陽穀，一自曹州雙河口出魚臺塌場，一自儀封、歸德出徐州小浮橋，一出沛縣飛雲橋，一出徐、沛間境山之北溜溝。此六者皆入漕渠而南會於淮。今俱湮塞，止存沛縣一河，勢合岸狹，不得不溢，所以豐、沛、徐州漫爲巨浸。近溢入沛北之昭陽，以致運道壅淤。今宜因故道而分其勢，其陽穀、魚臺二道勢近東北，恐河壅而決，不可復開。汴西滎澤孫家渡至壽州一道，宜常浚以分上流之勢，自汴東南出懷遠、宿遷、小浮橋、溜溝四道，宜擇其便利者開浚一道，以分其下流之勢。至於修城武以南廢堤，塞沛縣北廟道口之新決，而防其北流，亦一計也。」河臣盛應期復奏開趙皮寨白河一帶以分水勢，從之。十三年河遂決趙皮寨口南入淮。既而河流遷徙，趙皮寨口復塞。十九年兵部侍郎王以旂于縣東開李景高支河，在縣東北十里。引河由蕭縣出徐州小浮橋凡六百餘里，以濟二洪之涸，時河決睢州而南也。未幾復淤。萬曆十七年河決李景高口入睢、陳故道，決河故道也。尋塞之。而長垣縣南數里有河隄，舊爲大河所經，即弘治中劉大夏所築太行堤也。河防攷：「長垣縣南隄長九十七里，西與封丘縣新豐村接界，隄外有淘北河，相傳即黄河故道。萬曆十七年河自荆隆口決入，挾淘北河衝決長堤之大社口，長、東兩邑俱被昏墊，尋復修塞。又有大岡集，與東明縣之社勝集，舊俱爲長堤要害。」今縣去大河六十里而遥矣。

又東逕儀封縣北，河之北岸爲東明縣界。

大河今在儀封縣北二十里。元至元二十三年以後河屢決汴梁路，河出蘭陽、儀封之南。

大德元年河決杞縣蒲口，儀封西南至杞縣九十五里。蒲口在杞縣東北。元史：「蒲口決，詔尚文相度。文言：『陳留抵睢東西百有餘里。南岸舊河口十一，已塞者二，自涸者六，通川者三，岸高於水，計六七尺，或四五尺。北岸故堤其水比田高三四尺，或高下等。大抵南高於北約八九尺，則堤安得不壞，水安得不北也。蒲口今決千有餘步，迅疾東行，得河舊瀆二百里，至歸德横堤之下復合正流，或强湮遏，上決下潰，功不可成。揆今之計，河西郡縣宜順水性，遠築長堤，以禦汎溢。歸德、徐、邳民避衝潰，聽從安便。被害之家，量於河南退灘内給付頃畝，以爲永業。異時河決他所者亦如之，亦一時救患良策也。蒲口不塞便。』河朔、山東争言不可，乃塞之。未幾蒲口復決，水竟北達，河復故道。」二年蒲口復決，漂溺歸德屬縣田廬。三年復決蒲口，歸德屬縣皆罹水灾。〔二〕明洪武十六年河決開封東堤，尋決杞縣入於巴河。弘治二年河決原武，分流汎濫於儀封、考城、歸德，趨宿州。五年河決封丘荆隆口，潰儀封黄陵岡，縣東北五十里。衝張秋。今縣東北有三家莊、石家樓諸處，皆爲隄防要害。而河北之東明縣，西接長垣，東南接曹縣，縣南舊有長堤，爲河流所經，今河益引而東南，東明去河遠矣。

又東南逕睢州及考城縣之北，又東南逕歸德府北，河之北岸爲曹縣界。

大河南去睢州七十里。明嘉靖十九年河決睢州野鷄岡，在州北六十餘里，其旁決處曰孫繼口。由渦河經亳州入淮，徐州吕梁、百步二洪皆涸，尋修塞之。又東經考城縣北，南去縣三里，縣境尤爲河流之衝也。河防攷：「大河南岸有芝麻莊、陳隆口，爲縣境隄防要地。」又東南逕歸德府北，南去府城三十里。自元以前歸德去河遠，患頗少。元至元二十三年河衝決河南郡縣，歸德始被其患。大德二年河決蒲口，漂溺境内田廬。三年復決蒲口，浸歸德郡縣。至大二年河決歸德。是時河南徙，歸德嘗在河北，至順以後河漸決而北，歸德仍在河南。明洪武二十三年河決歸德，命修塞之。志云：是年決歸德東南之鳳池口，漂没夏邑、永城二縣。自正統以後河決而南，歸德又在河北，正德以後則仍在河南。其新集口及丁家道口，皆河濱要衝也。新集口在府北三十里，稍東即丁家道口。嘉靖三十七年新集河淤，河流於是一變，河防攷：「大河舊道由新集歷丁家道口、馬牧集、韓家道口、司家道口、牛黄堌、趙家圈至蕭縣薊門集，出徐州小浮橋，此賈魯所復故道，河流勢若建瓴，上下順利。後因河南水患頗急，另開一道出小河口，意欲分殺水勢，而河不兩行，本河日就淺澀，至是自新集至小浮橋淤凡二百五十餘里。河流北徙，出碭山縣治之背，趨單縣東南之段家口，又析爲六股，曰大溜溝、小溜溝、秦溝、濁河、胭脂溝、飛雲橋，俱由運河至徐州洪。又分一股由碭山堅城集下郭貫樓，又析五小股，爲龍溝、河母河、梁樓溝、楊氏溝、胡澱溝，亦由小浮橋合徐州洪。大河分十一流而勢弱，勢弱則淤益多，淤多則決溢更甚矣。」今詳見下。四十四年河淤益甚，而運河大受其病。未幾河復決新集寨、龐家屯，在府東北。東出飛雲橋。萬曆二十九年河決蒙城集東南蕭家口，蒙城集，在府東北三十里，以故蒙城而名。河復南徙。而曹縣在歸德府西北百里，南去大河五十餘里，縣爲河流南下之衝，一有潰決，縣輒當其患。金大定八年河決李固渡，在縣西。水潰曹州城，分流於單州之境。今曹縣，故曹州也。單縣，故單州也。自宋時大河北決以後，尋復徙而南，金史所載河患始見於此。二十九年河復溢於曹州小堤之北。元至順元年河決曹州北魏家道口。至正四年河北決白茅堤，在曹縣西北七十餘里，與東明縣接界。又北決金隄，在濮州西南，亦曰老堤。並河郡縣濟寧、單州、虞城、碭山、金鄉、魚臺、豐、沛、定陶、楚丘、武城以至曹州、東明、鉅野、鄆城、嘉祥、汶上、任城等處皆罹水患，水勢北浸安山，安山見山東東平州安山湖。沿入會通河，延袤濟南、河間，將壞兩漕司鹽場，妨國計，發丁夫修築，不克。五年河復決濟陰，即曹州。壞官民廬舍殆盡。九年白茅河東注沛縣，遂成巨浸，乃命賈魯治之。疏塞並舉，河復故道，南匯於淮，又東入於海。元史志：「魯之功始自白茅，繼自黃陵岡，又南至劉莊村、塼堌、黃堌諸處至歸德府之哈只口，又東至凹裏村、張贊店抵碭山縣，又東至徐州，凡六月而功畢。」二十六年河復自州境北徙，東明、曹、濮下迄濟寧，民皆被害。元史：「先是河決徐州小流口達於清河，壞民居，傷禾稼，至是復北徙。」明洪武元年河決曹州，從雙河口入魚臺。正德四年河決曹縣楊家口，在縣西。奔流曹、單二縣境，東達王子河，故河在單縣東接豐縣之境。抵豐、沛，舟楫通行，遂爲大河。五年起工修塞，弗就。七年始塞之。河臣劉愷築大堤，自縣西北魏家灣東至雙堌集亘八十里。趙璜繼其職，復增築三十里，曹、單始平。八年河復決曹縣。河渠考：「是時決曹縣西之娘娘廟口及孫家口二處，河從城北東行，而曹、單居民被害益甚。既復驟雨漲，娘娘廟口以北五里之焦家口衝決，曹、單以北、城武以南，居民田廬悉皆漂没。」嘉靖七年，河復決曹縣楊家口。時又決單縣、城武縣、梁靖口、吴士舉莊，衝雞鳴臺，沛縣以北皆爲巨浸。梁靖口，在曹縣東南，近歸德府大河北岸。

吳士舉莊，在單縣西南。雞鳴臺，見沛縣。二十六年，河決曹縣，衝魚臺之谷亭。三十七年，河復自曹縣境東北出，衝單縣之東南。蓋歸德府北之新集淤，而河流四溢也。自嘉靖以前曹縣河患稱爲首衝，幾與宋之澶、鄆同一轍矣。○考曹縣河患，論者謂始於金之大定中，非也。後漢永平中詔書稱「河、汴分流，復其舊迹，陶丘之北，漸就壤墳」，然則曹州於漢世已曾爲沮洳之場矣。大約濬、滑、澶、濮、曹、單數州縣間，大河東出，實爲腰膂之地，疏浚無方，病必先見，自古及今，其得免於墊溺者幾希矣。

又東爲虞城縣及夏邑縣之北，河之北岸爲單縣之境。

大河在虞城縣北十三里，又東逕夏邑縣北二十二里。嘉靖十三年河自蘭陽趙皮寨南決入淮。運河淤，二洪涸。繼而自夏邑縣太丘、回村等集太丘集在縣東北三十里，接永城縣界，又西即回村集。衝激數口，轉向東北，流經蕭縣城南，出徐州小浮橋，濟二洪之涸，運道得以不阻，趙皮寨尋塞。而單縣南去大河二十餘里，去夏邑縣八十餘里，亦河流之衝也。嘉靖六年河決單縣，衝入沛縣。九年河由單縣侯家村在縣東南。決魚臺塌場口，衝谷亭。決而東北也。塌場口在魚臺縣南四十里。萬曆二十一年河決單縣西南黃堌口，近虞城縣界。一出徐州小浮橋，一出舊河達鎮口閘。舊河，沛縣南舊運河也。鎮口閘，在徐州之茶城。詳見漕河。二十五年河復大決於黃堌口。河渠考：「時運河淺澀。河復大決於黃堌，溢於河南之夏邑、永城界，逕宿州符離橋出宿遷小河口入大河，半由徐州入舊河，而二洪涸。先是河臣楊一魁謂『黄堌口深淵難塞』，議浚小浮橋，引汴、泗之水及浚沂河口、築小河口以濟運。既而久旱，河復決單縣之義安、東壩。一魁又議浚黄堌口及上埽灣、活嘴以受黄水，〔二〕救小浮橋泗上之涸。又導義安決水入小浮橋，濟二洪之涸，運僅無阻。至是二洪涸，一魁議浚李吉口以挽黄流，不克。」李吉口，志云：在單縣東南四十里，西去黄堌口二十里，南去碭山縣五十里。二十九年河決單縣之蒙墻寺。在縣西南七十里。河渠考：「時河臣劉東星代一魁治河，復開李吉口。時黄堌未塞，大河日益南，李吉口在黄堌之下，澱淤益高，北流遂絕，彭城、吕梁之間褰裳可涉矣。東星即李吉口旁開一小河，引水下徐州濟運，又增建六閘以節宣山東汶、濟之水，藉其南流，漕舟遲阻，至京往往後期。二十九年黄堌口垂塞，復決上流蒙墻寺入歸德、商、永，南流與淮會注於洪澤，爲泗州患。」三十年河復決單縣之蘇莊，在縣東南。衝魚臺、豐、沛。明年復決蘇莊，衝入沛縣太行隄，在縣西北。灌昭陽湖入夏鎮，俱詳漕河。横衝運道，於是泇河之議起。河渠考：「二十九年河決歸德蕭家口，河臣魯如春議開虞城西北王家口新河以回河濟運。決河廣，新河不任受。三十年河溢決蘇莊，衝魚臺、豐、沛，功遂寢。明年復決蘇莊入沛縣，而運道益阻，因議開泇以濟運。」蓋河患之劇，曹、單其最矣。

又東爲碭山縣之北，又東經豐縣之南，

大河在碭山縣北二十里，爲豐、沛上游。縣西北有堅城集，爲單縣接境之處，舊築斜壩於其東以防墊溢。又西有劉霄等口，亦爲河流衝要。志云：大河舊經縣南三十里，嘉靖三十八年河流北徙，始出縣北。又東經豐縣南三十里，縣西南有秦溝口，亦曰邵家口。嘉靖四十五年河決邵家口，出秦溝入運。又縣東南有濁河口。隆慶元年秦溝迤南衝濁河一道，爲黃河支流。後河分流，遂徙於此。萬曆中築壩隄防，使河不得北決以妨運。又東入蕭縣界。

又東逕沛縣之南，蕭縣之北，

大河在沛縣南五十餘里，此隆慶間河流也。初大河自豐、碭間經蕭縣，沛去河遠，雖有衝決之虞，而非經流之所也。正德四年河決曹縣，直達豐、沛，既又決城南飛雲橋入運河。嘉靖二年河決沛縣。志云：亦自曹、單決而南也。又五年決縣西老和尚寺，又決入豐縣境内云。六年河自曹、單境衝縣東北之雞鳴臺。七年河決而南，縣北廟道口在縣西北三十里。淤三十餘里。八年飛雲橋之水北徙魚臺縣之谷亭，舟行閘面。九年沛縣北境之水決魚臺縣塌場口，衝谷亭，水經三年不去。十三年廟道口復淤，河渠考：「自正德四年大河從曹、單決入沛縣，飛雲橋以北皆爲巨浸。嘉靖七年大河東溢，逾漕河入昭陽湖，泥沙聚壅，運道大阻，於是河臣盛應期請開趙皮寨以殺水勢。八年飛雲橋之水北徙谷亭。十三年河決趙皮寨，於是谷亭流絶，而廟道口復淤。久之，稍復故道。」詳見漕河。三十七年歸德新集口淤，大河散溢支流，衝入飛雲橋。四十四年大河淤塞，自蕭縣趙家圈泛濫而北，至曹縣南崇朴集復分二股：南股遶沛縣戚山、在縣西南三十里。楊家集亦在縣西南。入秦溝在徐州東北三十里。至徐；北股遶豐縣華山，在縣東南三十里。由山東馬村集漫入秦溝，接大、小溜溝大溜溝在徐州北五十里，亦曰南溜溝。小溜溝在州北六十里，亦曰北溜溝。溢入運河至徐。其北股又自華山而東北分爲一大股，出飛雲橋散爲十三股，縱横以入於漕河，至湖陵城口，在沛縣北五十里。又逾漕河漫入昭陽湖，促沙河灌二洪，浩淼無際，而河變極矣。河防考「時碭山縣東郭貫樓支河淤，全河遂逆行，俱入於北股」云。明年河復決沛縣南二、三等鋪，衝入運河，亦由湖陵城口入湖陂。是時河臣朱衡、潘季馴方改浚新河，既而縣東馬家橋堤成，馬家橋在沛縣東南四十里。障水南趨，横流復定。詳見漕河。而蕭縣在大河南五十里，亦隆、萬間河流也。舊時大河自縣西六十里之趙家圈經冀門集，在今縣西北十三里。出徐州之小浮橋，皆安流無恙。嘉靖三十七年大河北徙，其後東西靡定，一變爲溜溝，再變爲濁河，濁河在徐州西北二十餘里。又變爲秦溝。嘉靖末大抵自縣西北崔家口、石城集、雁門集、北陳溝、梁樓溝、胡澱溝東下小浮橋，崔家口東至石城集十五里，又東至雁門集十里，又東十餘里至北陳溝，北陳至梁樓溝三十里，又十五里至胡澱溝，又東三十里即小浮橋。經行陸地，水深或僅一二尺，比之故道高三丈有餘，停阻泛濫，蕭縣境内一望瀰漫，城内城外皆爲澤國。隆慶四年決溢崔家口，五年河臣潘季馴上言：「大河原自新集口經虞城、夏邑之北，碭山之南，至蕭縣冀門出小浮橋。其後河流遷徙，行水之處，俱係民間住址，陸地水不能刷，衝不成漕，雖一望茫然，而深不及尺。且大勢盡趨濁河，出小浮橋者不過十之一二，決裂之患，正恐不免。日者臣由夏鎮歷豐、沛，至崔家口，復自崔家口歷河南至新集口，則見黄河大勢已直趨潘家口。鄉老言去此十二三里自丁家道口以下二百二十餘里，舊河形迹見在，可開。臣即自潘家口歷丁家道口、馬牧集、韓家道口、司家道口、牛黄堌、馬牧集屬虞城縣，以下皆屬碭山縣。輿程記：「馬牧集去丁家道口四十里。其韓家道口則在趙家圈西五十里，又西三十五里則司家道口也。」牛黄堌，即單縣之黄堌集。趙家圈至蕭縣一帶，皆有河形，中間淤平者四分之一，河底俱係湧沙，〔三〕見水即可衝刷，莫若修而復之。河之復，其利有五：從潘家口出小浮橋，則新集迤東河道，俱爲平陸，曹、單、豐、沛永無昏墊，一利也。河身深廣，受水必多，每歲可免汎溢之患，虞、夏、豐、沛之民皆得安居，二利也。河從南行，去會通河甚遠，閘渠無虞，三利也。來流既深，建瓴之勢，導滌自易，則徐州以下河身亦必因而深刷，四利也。小浮橋來流既遠，則秦溝可免復衝，茶城永無淤塞，五利也。」報可。既而季馴以言去，遂中止。萬曆五年河衝蕭縣。三十二年河臣李化龍言：「河自開封、歸德而下合運入海，其路有三：由蘭陽出茶城向徐、邳，名濁河，爲中路；由曹、單、豐、沛出飛雲橋向秦溝，名銀河，爲北路；由潘家口入宿遷出小河口，名符離河，爲南路。南路近陵，北路近運，惟中路既遠於陵，亦濟於運。前興役未竣，今自堅城以至鎮口，河形宛然，仍宜開浚。」從之。三十四年河工成，自碭山朱旺口至小浮橋，袤一百七十里，河歸故道。自是蕭縣去大河十五里而近，沛縣去河益遠。河渠考：「萬曆三十三年河由沛縣昭陽湖穿李家口出鎮口閘，全河上灌南陽，北薄新店。明年河臣曹時聘挑朱旺口，由堅城集出小浮橋凡二百里，於是河回故道，魚、沛、單、濟、金鄉之水悉歸大河。」

又東經徐州之北，又東南經靈壁縣之北，

大河在徐州城東北，今爲漕、黄交會之衝，咽喉重地也。嘉靖八年河決州北大溜溝。三十二年河決州東南之房村，在州東南五十里。旋塞之。河防考：「河決房村，由鯉魚山出直河，睢寧、新安以下四十里皆淺淤，鳩工浚塞之。」四十四年河由秦溝衝茶城，運道大阻。萬曆元年河決房村。三十三年河決州北境之蘇家莊，淹豐、沛，黄水逆流灌濟寧、魚臺、單縣，而魚臺尤甚，於是吕梁河澀，明年復故。三十九年河決狼矢溝，在州東二十里。塞之。明年又決三山，在州東南二十里。灌睢寧諸處，出白洋小河復合正河，尋塞之。四十四年復決狼矢溝，由蛤、蝘、周、柳等湖蛤湖、蝘湖與周湖、柳湖俱在邳州西北。入泇河出直口，直河口也。詳見邳州。復與黄會，既而復故。河防考：「萬曆十七年河臣潘季馴築長、塔二山長堤，中建石壩，以防狼矢溝之決。其地卑窪，河往往仍從此潰溢。是年漕臣陳薦檄開武河等口，洩水平溜。既而決口淤，河復故道。」天啓三年河決徐州青田大龍口，尋塞之。河防考：「青田等口俱在州東南三十餘里。先是河決靈壁雙溝，至是復決於此，徐、沛、靈、睢黄河并淤，吕梁城南隅陷，沙高平地尺許，雙溝決口亦滿，上下一百五十里盡成平陸，浚塞兼舉乃復舊。」四年黄水大漲，灌州城，乃遷州治於雲龍山。而靈壁縣亦大河所經也，大河在縣東北五十餘里。隆慶四年河決縣西北之雙溝，河渠考：「嘉靖末河漲徐州上下，茶城至吕梁兩厓束山，河不得下，又不得決，至是乃自雙溝而下，北決油房、曹家、青羊諸口，南決關家、曲頭集、馬家淺、閻家、張擺渡、王家、房家、白浪淺諸口，凡十一處，支流既散，幹流遂微，乃淤邳州匙頭灣以東八十里，而河又一變。河臣潘季馴浚治，故道旋復。」萬曆十七年河又決雙溝單家口。四十二年河決靈壁縣之陳鋪，決口旋淤，河流復故。天啓元年河決雙溝黄鋪，水由永姬湖在睢寧縣境。出白洋、小河口仍與黄會，白洋河見宿遷縣。故道湮涸，復築塞之。

又東南經睢寧縣北，邳州城南，

大河在睢寧縣西北五十里。隆慶四年河決睢寧之曲頭集，曲頭集、王家口、馬家淺、新安集一帶，皆縣西北境之要口也。尋築塞之。而邳州尤大河之衿要也。大河在州城南二里。城北有沂河，從山東沂州界南流逕城下，分東西流，南入大河。又州西北有泇河，亦自山東嶧縣界流入境，會沂水入於河。隆慶六年邳州河決。是年河決靈壁縣境内大河北岸梼栳灣，連邳州界。先是河決雙溝、曲頭集諸處，自睢寧白狼淺至宿遷小河口，淤百八十里。河臣翁大立請開泇河以避淤，又請開蕭縣河以殺河流。至是復申前議，潘季馴以爲不可，萬恭亦言泇口限嶺阻石，不可開。乃專治徐、邳河，分築南北兩隄。北隄起徐州磨臍口，迄邳州直河；南隄起徐州東南梨林鋪，迄宿遷小河口。各延袤三百七十里，於是河復故道。萬曆二年河決邳州。是年決州東棗兒莊等數口，尋築塞之。三年邳州河溢。是時河決崔鎮，逆灌邳、徐。既而潘季馴浚塞之，河復舊道。十七年季馴於河南岸睢寧界上築羊山至土山横堤以防横溢，河益安流。三十二年迦河成而黄、運分爲兩途矣。

又東逕宿遷縣南，又東經桃源縣北，

大河在宿遷縣南十里，東流爲小河口，睢水入大河之道也。睢水在縣東，流十餘里，又縣東南三十餘里有白洋河，舊皆爲大河旁溢之道。萬曆六年河臣潘季馴築歸仁集堤於此。今詳見運河。又東經桃源縣城北，縣西北三十里曰崔鎮口，隆慶五年河決於此，運河淺阻，時淮決高堰而南，河亦決崔鎮而北，桃源、清河之間河道遂塞。萬曆六年河臣潘季馴始修塞之。季馴築遥隄於北岸，又於崔口鎮以東徐昇、季泰、三汊諸處俱築減水石壩，以防横溢之水，而於河之南岸築馬廠坡堤，以防大河南溢入淮，由是縣無水災。萬曆二十六年于縣境開新河，分導黄河入海，既而復塞。河防考：「萬曆十六年科臣王士性建議于縣東三汊鎮分導大河入清河縣治北老黄河故道，又引而東，從顔家河至赤晏廟下大河入海。常居敬以爲自三汊入清河縣界大槩淤平，故河不可復問，清河縣東北數里有甾家營，西北正迎淮口，議開支河，分引河流東入於草灣河，出赤晏廟復歸大河，庶爲近便。潘季馴以爲非是，遂中止。二十四年黄、淮漲溢，河臣楊一魁主分黄導淮之説，因於桃源開黄壩新河，自縣東十里黄家嘴起至安東縣北五港灌口，分洩黄河入海，令毋得盡入於淮。從之。既而復塞。」

又東南經清河縣南，而淮河來合焉。

大河在清河縣治南一里，淮河自西南來合焉。縣當淮、黄交會之衝，形勢至重。志云：

黄河經流即泗水舊道也。泗水亦名南清河，縣因以名。縣西三十里有三汊河口，泗水至此分爲大小二清河。大清河逕縣治東北入淮，俗訛爲老黄河，今堙。其小清河在縣治西，南入淮，即今之清口也。天下之喉吭，清口實司之矣。

又東經淮安府城北，又東經安東縣南而入於海。

河、淮合流，經淮安府城北五里。明永樂十四年平江伯陳瑄經理漕渠，於北河南岸淮人謂黄河爲北河，淮河爲南河，亦曰外河，而漕河爲裏河。築堤四十餘里，自是常修築之。隆慶三年河溢，自清河抵淮安城西，淤三十餘里，決方、新二壩二壩在府城西北三十里，清江浦堤之東。出海，平地水深尺餘。是時寶應河堤崩，山東莒、郯諸處皆水溢，從沂河、直河灌入邳州，人民墊溺。四年淮決高堰，在府西南四十里。詳見淮河。河決崔鎮，見桃源縣。横流四溢，連年不治。萬曆六年河臣潘季馴培高堰以障淮水之東，塞崔鎮以防大河之北，而黄、淮復合。先是隆慶五年，漕臣王宗沐亦築高堰諸處，萬曆三年仍復潰溢，至是始稱安流矣。是時亦增築清江浦、新城及鉢池山、柳浦灣迤東隄岸，柳浦迤東四十里爲高嶺，又二十里戴百户營，是時皆接築長堤，自清江浦而東，凡一百三十餘里。稱爲完固。十四年河決范家口，在府城東北。水灌淮城，全河幾奪。又決天妃壩，即清江浦口舊壩也。詳見漕河。淤福興等閘，尋塞治之。二十三年河、淮決溢，邳、泗、高、寶諸處，皆患水災。按臣牛應元言：「治河在闢清口浮沙，次疏草灣下流，草灣河，詳淮安府。達伍港灌口，見安東縣。

廣其途入海。治淮在開周家橋達芒稻河入於江。」詳見淮河。河臣楊一魁亦議先分黃，次導淮。分黃則開黃家嘴新河，見桃源縣。分洩黃水；導淮則闢清口積沙數十里，又於高堰旁若周家橋、武家墩稍引淮支流分入江海，水患稍息。天啓元年河決王公堤，堤在清江浦北岸，逼鄰大河。志云：自淮安西門外抵清江浦約三十里，內、外二河僅隔一堤，相距不過尋丈，王公堤勢最危急，二瀆南徙，衝刷日甚，捲埽堤壩，不可不密也。河渠考：「天啓元年淮安淫雨連旬，黃、淮暴漲數尺，淮安山陽之裏河則決王公祠、楊家廟、清江浦、磨盤莊、謝家墩、鳳、直二廠等處，外河則決安樂鄉、顏家莊、張家窪、高堰、武家墩諸處，清河則決龍王廟、徐家路諸處。維時水灌淮安、新聯二城，小民蟻城而居，裏、外河、清河一帶匯成巨浸。郡守宋統殷等力塞王公堤，患始殺焉。」三年復決磨盤莊，在城西二十餘里。蓋淮郡爲漕、淮、黃綰轂之口也。而安東城在黃、淮北岸，海口漸近，上流無壅，水自奔趨以赴海矣。○考大河之流，自漢至今，流移變異，不可勝紀，然孟津以上則禹跡宛然，以海爲壑則千古不易也。由孟津而東，由北道以趨於海，則澶、滑其必出之途；由南道以趨於海，則曹、單其必經之地。衝澶、滑必由陽武之北，而出汲縣、胙城之間；衝曹、單必由陽武之南，而出封丘、蘭陽之下。此河變之託始也。由澶、鄆而極之，或出大名，歷邢、冀，道滄、瀛以入海；或歷濮、范趨博、濟而由濱、棣以入海。由曹、單而極之，或溢鉅野，浮濟、鄆，謂濟寧、東平。挾汶、濟以入海；或經豐、沛，出徐、邳，奪淮、泗以入海。此其究竟也。要以北不出漳、衛，南不出長淮，中間數百千里，皆其縱横糜爛之區矣。又曰：自古大河深通，獨爲一瀆，今九河故道既湮滅難知，即歷代經流亦填淤莫據，大抵決而北則淹漳、衛，決而東則浸青、濟，決而南則陵淮、泗。昔人謂河不兩行，余謂自漢以來河殆未嘗獨行矣。丘氏以宋熙寧十年黄河南徙，一合南清河入淮，一合北清河入海，爲黄河入淮之始，此殆未詳考耳。先是真宗咸平三年河浮鉅野入淮，天禧十年河合清水、古汴東入於淮，又太宗太平興國八年河決滑州，東南流至彭城入淮，更遠而漢武帝元光中河決瓠子通於淮、泗，然則河之趨於淮也舊矣。獨是合淮三百年而不變者惟有近時耳。

漢賈讓言：「隄防之作，近起戰國，壅防百川，各以自利。齊與趙、魏，以河爲竟。趙、魏瀕山，齊地卑下，作堤去河二十五里。河水東抵齊堤則西注趙、魏，趙、魏亦爲隄，去河二十五里。雖非其正，水尚有所游盪。時至而去，則填淤肥美，民耕田之。或久無害，稍築室宅，遂成聚落。大水時至湮没，則更起堤防以自救，稍去其城郭，排水澤而居之，沉溺自其宜也。今隄防陿者去水數百步，遠者數里，此皆前世所排也。今徙冀州之民當水衝者，放河使北入海，此功一立，河定民安，千載無患，謂之上策。胡氏謂昔人上策，大抵迂遠不經是矣。若乃多穿漕渠於冀州地，使民得以溉田，分殺水怒，據堅地作石堤，北行三百餘里入漳水中，旱則開東方下水門溉冀州，水則開西方高門分河流，民田適治，河堤亦成，謂之中策。若乃繕完故堤，增卑培薄，勞費不已，數逢其害，此最下策。」

北魏鄭偕言：「水之湊下，浸潤無間。九河通塞，屢有變更，不可一準古法，皆循舊堤。何者？河決瓠子，梁、楚幾危。宣防既建，水還舊迹，十數年間，户口豐衍。又決屯氏，兩川分流，東北數郡之地，僅得支存。及不通靈鳴，水由一路，往昔豐腴，十分病九，邑居凋雜，墳井毁滅，良由水去，渠狹又不開瀉，衆流壅塞，曲直乘之所致也。至若量其逶迤，穿鑿溝澮，分立堤堨，所在疏通，預決渠路，令無停蹙，隨其高下，必得地形，土木參功，務從省便，使地有金堤之堅，水有非常之備，鉤連相注，多置水口，從河入海，遠邇經通，潤其境鹵，洩此陂澤。九月農罷，量月計工。十月昏正，立匠表度。縣遣能工，麾畫形勢；郡發明使，籌察可否。審地推岸，辨其脉流，樹板分崖，練厥從往。別使按驗，分布是非，遐睇川原，明審通塞。當境修治，不勞役遠，終春自罷，未須人功。即以高下營田，因於水陸，水種秔稻，陸蓺桑麻，必使室有久儲，門豐餘積。斯實上策禦災之方，亦爲終古井田之制。」已上大槩論水門之利。

宋歐陽修言：「河本泥沙，無不淤之理。淤澱之勢，常先下流，下流淤高，水行不快，上流乃決，此其常勢。然避高趨下，水之本性，故河流已棄之道，自古難得。決河非不能力塞，故道非不能力復，不久終決於上流者，由故道淤高，水不能行也。」已上論舊河不可復。

蘇轍曰：「黄河之性，急則通流，緩則淤澱，既無東西皆急之勢，安有兩河並行之理？」

任伯雨曰：「禹之治水，不獨行所無事，亦未嘗不因其變而導之。蓋河流混濁，泥沙相半，流行既久，迤邐淤澱，則久而必決者，勢也。惟因其所向，寬立隄防，約攔水勢，使不至大段漫流而已。」已上論防河。

元歐陽玄曰：「治河一也，有疏、有浚、有塞，三者異焉。釃河之流，因而導之謂之疏；去河之淤，因而深之謂之浚；抑河之暴，因而扼之謂之塞。疏浚之别有四：曰生地，曰故道，曰河身，曰減水河。生地有直有紆，因直而鑿之，可就故道。故道有高有卑，高者平之以趨卑，高卑相就，則高不壅，卑不瀦，慮夫壅生潰，瀦生堙也。河身者，水雖通行，身有廣狹。狹難受水，水益悍，故狹者以計闢之；廣難爲岸，岸善崩，故廣者以計禦之。減水河者，水放曠則以制其狂，水隳突則以殺其怒。治堤一也，有創築、修築、補築之名，有刺水堤，有截河堤，有護岸堤，有縷水隄，有石舡堤。治埽一也。有岸埽，有水埽，有龍尾、攔頭、馬頭等埽。其爲埽臺及推卷、牽制、薶掛之法，有用土、用石、用鐵、用草、用木、用杙、用絙之方。塞河一也，有缺口，有豁口，有龍口。缺口者，已成川。豁口者，舊常爲水所豁，水退則口下於堤，水漲則溢出於口。龍口者，水之所會，自新河入故道之㴭也。凡水工之功，視土工爲難；中流之功，視河濱爲難；塞十丈之口，視百丈爲尤難；北岸之功，視南岸爲難也。」已上論治水法。

明徐有貞曰：「平水土在知天時、地利、人事。天時既經，地利既緯，人事乃究。夫水之性，可順以導，不可逆以湮。河自雍而豫，出險固，之平衍，勢已濫肆，又由豫而兗，土益疏，水益肆，決潰之患勢不能已。新渠既移，故渠隨淤，措畫之法，惟宜首疏水勢，勢平乃治其決，決止乃浚其淤。」

潘季馴曰：「水以海爲壑，海口外壅，則河身内潰。季馴嘗言：「上決而後下壅，非下壅而後上決，是故草灣開而西橋故道淤，崔鎮決而桃、清以下塞，崔家口決而秦溝遂爲平陸。然壅與決相因，其初必由壅而決，其繼則由決而益壅也。」議者欲以浚海爲上策，不知大河入海之處，潮汐往來，人力難以施工。然舊口皆係積沙，水力自能衝刷，故海無可浚之理。惟導河以歸之海，則以水治水，導河即浚海之策也。然河非專以人力導也，欲順其性。先懼其溢，惟繕治堤防，俾無旁決，則水由地中，沙隨水去，治隄即導河之策也。若治隄之法，有縷隄以束其流，有遥隄以寬其勢，又有滚壩以洩其怒，水雖横暴，以三者預爲之防，自足以無患。」又曰：「河之性宜合不宜分，宜急不宜緩。合則流急，急則蕩滌而河深；分則流緩，緩則停滯而沙淤。此以堤束水，借水攻沙，爲以水治水之良法，切要而不可易也。」季馴嘗言：「水分則勢緩，勢緩則沙停，沙停則河淤，尺寸之水皆由沙面，止見其高。水合則勢猛，勢猛則沙刷，沙刷則河深，尋丈之水皆由河底，止見其卑。築堤束水，以水攻沙，不旁溢於兩旁，則必深刷於河底。」又曰：「欲疏下流，先固上源。欲遏旁支，先防正道。築塞似爲阻水，不知力不專則沙不刷，阻之乃所以疏之也。合流似爲益水，不知力不盛則沙不滌，益之乃所以殺之也。季馴嘗言：「治河者無一勞永逸之功，惟有補偏救弊之策；不可有喜新炫奇之智，惟當收安常處順之休。毋持求全之心，苛責於責難之事；毋以束濕之見，强制於叵測之流；毋厭已試之規，遂惑於道聽之説。循兩河之故轍，守先哲之成謨，所謂行所無事者與？」考自古及今，治河之説，亦紛如矣，然終未有奇策秘計也。其稍異者，亦曰移河而北，載之高地耳。夫宋人回河而東，爲千古之誚，今遽欲回河而北，不復蹈其前轍乎？或曰別穿漕渠，無藉於河，河必無如我何。夫漕渠縱無藉於河，河可任其横決乎？淮、濟諸州之民，何罪而盡委之谿壑乎？且自禹貢以至於今，大河常爲轉輸之道，置河而言漕，不猶因噎而廢食乎？或曰棄地以畀河，使遂其游蕩。夫九州之内，莫大於海，乃舍其歸宿之地，而於都邑閭井間，別求一貯水之壑，此更不通之論也。然則治河者將如何？曰：人事修舉而已矣。所謂人事者，疏也，浚也，堤也，塞也，無不可用也。上流利用疏，暴漲利用疏。漢桓譚新論曰：『河水濁，一石水六斗泥，而民競引河溉田。』今河不通利，至三月桃花水至則決，以其噎不利也。可禁民勿復引河。此即後人謂河不兩行之左證也。賈讓以多開水門爲中策，而説者非之，謂河流不常，與水門每不相值，或并淤漫之。且旱則河水已淺，難於分溉，潦固可洩，而西方地高，水安可往？似矣然。今榆林、寧夏以西皆引河灌溉，有沃饒之利，誠上流多爲支分，稍殺其悍激之勢，未必非利也。至漫漶四出之日，浚塞之功茫然莫措，於是多爲派别，平其泛濫，而後隨宜致功，軌之於正，疏可偏廢乎？歸流宜用浚，農隙水涸時宜用浚。河出險就平，中土曠衍，孟、鞏而東，曾無崇山巨陵爲之防，重陂大澤爲之節，惟恃河身深闊，庶幾順流無阻，安可不察其湮障，急爲蕩滌？又北方土厚，水流迅直，霜降水涸，往往曾不容舠，及伏秋淫潦，百川灌輸，澒洞之勢，一瀉千里，使不於淺涸無事時預爲經理，使深廣如一，忽然奔潰，而後圖之，其有濟乎？河流散漫宜用堤，地勢卑薄宜用隄。隄有遥、直、逼、曲四種之分。蓋河性易遷，任其浸淫，無以約之，則變且不測。堤以束之，使順堤而趨，無從旁溢，所謂因其勢而爲之防，非逆其流而爲之障也。若其沙土疏薄，形勢卑窪，則必當規其遠近，隨其夷險，多方以制其浸嚙，禦其奔衝，若以勞費爲虞，是厝火於積薪之下也。故道當因，則新口宜塞；正流欲利，則旁支宜塞。歐陽子謂故道不可復，亦謂故道之湮滅難返者耳。若源流未改，而忽以一時之衝溢遂棄舊道於不問，將隨其決裂，何所抵止。又水之横潰多在上流，惟下流淤，然後上流潰，亦必上流緩，然後下流淤，此上流，謂近海口之上流。近海之處，正當厚其力而速其勢，不當多爲之途以弱其力也。如草灣河、新黄河之類，非治河勝策也。所謂塞亦可用者，非乎？要以與時變通，因端順應，本之以已溺已饑之心，揆之於行所無事之智，河未必終於不可治也夫？宋志：「黄河隨時漲落，故舉物候爲水勢之名：自立春之後，東風解凍，河邊人候水，初至凡一寸，則夏秋當至一尺，頗爲信驗，謂之『信水』。二月桃花始開，冰泮雨積，川流猥集，波瀾盛長，謂之『桃花水』。春末蕪菁花開，謂之『菜花水』。四月末壟麥結秀，擢芒變色，謂之『麥黄水』。五月瓜實延蔓，謂之『瓜蔓水』。朔野之地，深山窮谷，固陰沍寒，冰堅晚泮，逮乎盛夏，消釋方盡，而沃蕩山石，水帶礬腥，并流於河，故六月中旬後謂之『礬山水』。七月菽豆方秀，謂之『豆花水』。八月菼薍花開，謂之『荻苗水』。九月以重陽紀節，謂之『登高水』。十月水落，安流復其故道，謂之『落槽水』。十一月、十二月，斷冰雜流，乘寒復結，謂之『蹙凌水』。水性有常，率以爲準。非時暴漲，謂之『客水』。其水勢：凡移徙横注，岸如刺毀，謂之『剳岸』。漲溢逾防，謂之『抹岸』。埽岸故朽，潛流漱其下，謂之『塌岸』。浪勢旋激，岸土上隤，謂之『淪卷』。水侵岸逆漲，謂之『上展』，順漲，謂之『下展』。或水乍落，直流中忽屈曲横射，謂之『徑窗』。水猛驟移，其將澄處，望之明白，謂之『拽白』，亦謂之『明灘』。湍怒略停，勢稍汨起，行舟值之多溺，謂之『薦浪』。水退淤澱，夏則膠土肥腴，初秋則黄滅土，頗爲疏壤，深秋則白滅土，霜降後皆沙也。」

右今大河。

校勘記

〔一〕歸德屬縣皆罹水災　「屬縣」，底本原作「郡縣」，今據鄒本改。

〔二〕一魁又議浚黄堌口及上埽灣活嘴以受黄水　明史卷八四河渠志作「一魁因議挑黄堌口迤上埽

灣、淤嘴二處」，與此有異。

〔三〕河底俱係湧沙　「湧」，底本原作「滂」，今據鄒本改。

讀史方輿紀要卷一百二十七

川瀆四　淮水　漢水

禹貢言導九川。孟夫子推禹抑洪水之功，則第曰江、淮、河、漢。此四大川者，其亘千古而不易乎？雖然漢合於江者也，今日之淮又合於河者也。陵谷漸移，平成難冀，吾又安知河之不獨爲一川，而淮且南注於江乎？爲紀淮水。

淮水出河南桐栢縣桐栢山，

禹貢曰：「導淮自桐栢。」淮之源與古不異也。或以爲出自大復，或以爲出自胎簪。夫大復、胎簪之去桐栢也僅矣，何必求勝於古人耶？詳見禹貢山川。

東流經信陽州北，確山縣南，又東歷羅山縣北，真陽縣南，

淮水在信陽州城北四十五里，魏人所云「義陽差近淮源」者也。詳見信陽形勢。淮之北岸即確山縣境，北去縣四十里。東流七十里至羅山縣境，南去縣二十里。淮之北岸爲真陽縣境，北去縣八十里。南北相爭，淮流常爲衿要。

又東經息縣南，又東經光山縣北，

淮水在息縣南五里，東流三十里逕光山縣北，南去縣八十里。自汝、潁而問途於江、漢者，光山其利涉之所矣。

又東逕光州之北，又東北流經固始縣北，

淮水在光州城北六十七里，又東北流百四十餘里而經固始縣北，南去縣七十里。唐貞元十三年淮水溢於濠州，蓋自縣境北溢入州界。淮西有事，此爲衿要之地，蓋自固始而東，可以疾走壽春。淮之北岸爲南直潁州之界。

又東北經潁州之南，又東經霍丘縣北，

淮水在潁州城南百三十里，又東流十餘里汝水自河南境流入焉，汝水，詳見河南大川。亦謂之淮口。淮口，南北相争時要口也。淮之南岸即霍丘縣界，南去縣三十里。

又東經潁上縣南，又東經壽州之北，

淮水在潁上縣南三十里，又東三十五里即東、西正陽鎮也，東正陽屬壽州，西正陽屬潁上縣。夾淮據險，爲古來之津要，今商旅往來者皆輳集焉。潁水亦自河南境流經此入於淮，潁水，詳見河南大川。謂之潁口，蓋自北而南者，潁口其必争之地矣。又東六十里至壽州之北，南去州城二十五里。肥水自南流入焉，肥水，詳見南直大川。謂之肥口。亦曰淮口。肥口者，淮南之喉吭，戰守之樞機也。立國於東南，壽州常爲重鎮，豈非以肥、潁二口濱淮環帶也哉？

又東經懷遠縣南，又東經鳳陽府北，

淮水在懷遠縣南一里，流經荆、塗兩山之間。荆、塗兩山，見懷遠縣。至縣城東稍折而北，渦水亦自河南境流入焉，渦水，詳見懷遠縣。謂之渦口，亦淮南津要也。又東至鳳陽府北，輿程記：「自懷遠縣緣淮而東，三十里曰半步溜，又二十里曰長淮溜，二十里曰十里溜，又三十里而至鳳陽府，陸行則七十里而至矣。」南至府城十里，濠州向爲淮南重鎮，蓋以長淮爲屏障也。

又東北經臨淮縣北，又東北經五河縣南，

淮水自鳳陽府而東，又折而北，又二十餘里而經臨淮縣城北。稍東曰新河口，濠水自南流入焉，濠水，詳見鳳陽府。謂之濠口。又東北八十里而經五河縣城東南一里，有澮河、沱河、漴河、潼河自縣西北次第流入焉，俱見五河縣。與淮爲五河，因謂之五河口也。五河交會之處，在縣城東二里。

又東逕泗州城南，盱眙縣北，

淮水在泗州城南一里，淮之南岸去盱眙縣城北二里，兩城相距凡七里，自昔爲淮流衿束之處，戰守所必資也。汴水自河南境流經泗城東，而合於淮，汴水，詳河南大川。亦謂之汴口。宋時以此爲漕運要衝，今惟涓流可辨耳。由泗城而東三十里，龜山峙焉。山見盱眙縣。淮流至此，乃盤折而北。又二十餘里而洪澤、阜陵、泥墩、萬家諸湖環匯於淮之東岸，淮水漲溢，恒在於此。泗州逼淮而地下，故侵陵之患每不能免也。唐志：「貞元八年淮水溢没泗州城。」又宋志：「開寶七年淮水溢入泗州城，咸平四年復溢，天聖四年又溢。景祐三年作外堤以衛淮水，高三十有三丈，自是患稍弭。」歐陽修云：「泗州之患莫暴於淮。」是也。元大德十一年淮水溢入南門，深七尺餘，明正統十二年泗州水患尤劇，蓋淮之患，未有不首被於泗者。

又東北經清河縣南而合於大河，

淮水經清河縣南五里，泗水自北流入焉，泗水亦名清河，詳南直大川。謂之泗口，亦曰清口，自古爲南北必争之地。今黄河奪泗之流，乃爲黄、淮交會之衝。淮之南岸則運河流入焉，所謂清江浦口也。詳見運河。淮河既受黄流之委輸，又爲運渠之灌注，勢不能安流以達海矣。說者曰：淮河受汝、潁、肥、濠、渦、沛諸大川及淮南七十二溪之水以注於海，水清流疾，恒無壅决之患。淮之患自河合淮始也。河自北而來，河之身比淮爲高，故易以遏淮。淮自西而來，淮之勢比清江浦又高，河渠考：「泗州淮身視清江浦高一丈有餘，自高趨下，勢常陡激是也。」故易以嚙運。然而河不外飽，則淮不中潰，惟并流而北，其勢盛，力且足以刷河。淮却流而南，其勢殺，河且乘之以潰運矣。病淮必至於病運者莫如河，利河即所以利運者莫如淮，黄、運兩河之樞機，實自淮握之。則今日之治淮，乃治河治運之先務也。然則何以治之？曰：吾亦以淮治淮而已。夫淮之源流於禹貢時未有改也，若欲駕其功於神禹之上，則淮不治。昔之淮東會於泗、沂，今之淮東會於大河，會泗、沂而治，會河則不治者，泗、沂小於淮，河大於淮也。我不能使今日之大河如昔之泗、沂，乃欲使今日之淮更不如昔之淮，則淮不治。然則高厚其隄防使淮無所旁出，修明平水之制使淮不至於漲溢，此陳平江之治淮，所以二百年無事者與？河渠攷：即治河通考，明劉隅、潘季馴等輯。「明隆慶四年淮決於高堰，即高家堰，在淮安府西南四十里。河亦決於崔鎮，見前大河。漕臣王宗沐修塞之。宗沐決河記云：「是年淮決高堰，河躡淮後，逕趨大澗口，破寶應黃浦口入射陽湖，清口遂淤，海口幾爲平陸。」萬曆三年高堰復決，於是山陽、高、寶、興、鹽諸處悉爲巨浸。黃水躡淮之後，濁流西泝，浸及鳳、泗，清口填淤，海口亦復阻塞，而漕、黃交病矣。」河臣潘季馴以爲高堰淮揚之門户，而黃、淮之關鍵也。欲導河以入海，勢必藉淮以刷沙。淮水南決，則濁流停滯，清口亦湮，河必決溢上流，水行平地，而邳、徐、鳳、泗不免皆爲巨浸。是淮病而黃病，黃病而漕亦病，相因之勢也。於是築高堰堤，長八十里，起自武家墩，在高堰北十餘里。經大、小澗，大澗在高堰南十二里，又南五里即小澗。大澗口爲衝決要處，築石堤以護其口，長數百丈。歷阜陵湖、湖在堰西南二十餘里。周家橋，北去高堰四十餘里。翟壩在周家橋南二十餘里，爲山陽、盱眙接界處。或曰周家、翟壩，長二十五里，與高郵南、北金門兩閘及西堤四十里石工相對，周橋、翟壩決，而高郵南北衝決無時矣。以捍淮之東侵。又以淮水北岸有王簡、張福二口，淮水每從此洩入黃河，致淮水力分，而清口淤淺，且黃水泛漲亦往往由此倒灌入淮，於是并築堤捍之，堤在清口西三里。後議者又以東淮太迫，於張福堤窪處黃韶、王簡二口置減水二閘，淮溢則縱之外出，黃溢則遏其内侵。王簡口亦曰王家口。使淮無所出，黃無所入，於是全淮畢趨清口，會於大河以入海，而河與漕俱治。蓋高堰之築，始於漢末之陳登，修治於明初之陳瑄，而復於季馴云。隆慶四年王宗沐修築高堰，卑薄無所增加，隨即圮壞，至是經理，始盡制焉。萬曆二十一年淮復決於高良澗，在淮安府西南七十里，志作九十里。凡二十二口，旋築塞之。明年黃水大漲，清口沙墊，阻遏淮水不能東下，於是挾上源阜陵諸湖與山谿之水暴浸泗州陵，州城湮没。是時科臣張企程言：「周家橋北去高堰五十里，其支河接草子湖，在寶應縣西南五十里。若浚三十餘里，一自金家灣在揚州府北四十里。入芒稻河在揚州府東三十里。注之江，一自子嬰溝在寶應縣南六十里。入廣洋湖在寶應縣東南五十里。注之海，則淮水洩矣。武家墩南距高堰十五里，逼永濟河，在淮安府西南，一名新河。引水自窑灣閘出口即新河接運河之間。直達涇河，在寶應北四十里。自射陽湖入海，則淮之下流有歸。」此急救祖陵之議也。二十三年淮復決高家堰、高良澗諸處，尋築塞之。明年河臣楊一魁以黃、淮衝溢，乃議分黃導淮：闢清口沙七里達淮之經流，建武家墩涇河閘以洩淮之旁溢；又建高良澗減水石閘，子嬰溝、周家橋減水石閘，一自岔河在新河南。下涇河，一自草子湖、寶應湖下子嬰溝，俱通廣洋湖及射陽湖入海；猶慮淮水宣洩不及，南注各湖爲患，又開高郵西南之茆塘港在州西南六十里。通邵伯湖，開金家灣下芒稻河入江以疏淮漲，一魁所舉行，大抵本於企程之說。於是淮患漸平。自是雖時有決溢，而培固高堰，增置壩閘之外，無所爲治淮長策也。兩河議兩河，謂黃、淮也。見明季河工奏議。曰：「高堰去寶應高丈八尺有奇，去高郵高二丈二尺有奇。寶應堤去興化、泰州田高丈許，或八九尺有奇，去高堰不啻卑三丈有奇矣。昔人築堰使淮不南下而北趨者，亦因勢而導之。不然淮一南下，因三丈餘之地勢，灌千里之平原，安得有淮南數郡縣儼然一都會耶？萬曆二十一年淮漫高堰堤上且數尺，周家橋口原自通行，又加決焉。決高良澗至七十餘丈，南奔之勢若倒海，高、寶、邵伯諸湖堤一日崩者百十餘處，於時泗城亦復灌溢，而所減之水不過尺許。則以淮南之地，自高、寶而東則下，由邵伯而南則有昂，自興、鹽以東濱海諸鹽場，比內地亦復昂也。泗州之地比高堰爲下，與高、寶諸州縣皆若釜底然，安能免淮之浸哉？雖然淮之浸河阻之也，河之阻未必不仍自淮致之也。高堰一帶，修守不嚴，奸商鹽販之徒，無日不爲盜決計。泗州之人，未究利害之源，但見高堰增築，勢必且遏淮以入泗，惟恐堰之不速潰也。淮之旁流日多，則淮之正流日弱，於是刷沙無力，而黃流益橫，清口就淤，勢不得不倒灌淮南，決堤堰而敗城郭，委運道於茫無畔岸中矣。於此時而議導淮，導淮亦治標之一策耳。善乎先哲之言曰：『禦黃如禦敵，淮日退則黃日進。』論者若以導淮爲秘計，而不察其爲弱淮之先徵也，淮之患安有窮已耶？」

又東經淮安府城北，又東經安東縣南而入於海。

淮水自清口而東五十餘里而經淮安府北，去城五里而近。又東九十里經安東縣城南，又東北五十餘里即海口也。黄、淮並流，勢盛流疾，海潮若迎若遏，互相回旋。其地有四套、五套、六套之名，蓋皆湍激所成也。謂之海套。勢益東北出，西岸近海州雲梯關，亦謂之雲梯海口。海口闊處幾十四五里，或七八里，安東而上大約二三里，此即禹貢以來淮水入海之道也。自桐柏發源以達於海，經流曲折，幾二千餘里。漢志：「淮水出桐柏大復山，東至淮陵入海，過郡四，行三千二百四十里。」郡四，謂南陽、汝南、九江、臨淮也。潘季馴曰：「淮、黄相合，淮得黄而力專，黄得淮而流迅，兩河相合，同趨中流，此治淮即以治河，并即以利漕之大機也。」

右淮河。

漢水自梁而荆，匯江入海。或曰漢合於江，自源而流，亦甚近矣，似難與江、河並列者也。余曰：以瀆言則曰濟，以水之大者言則曰漢，孟子之爲義也大矣，因紀漢水。

漢水出陝西寧羌州嶓冢山，

禹貢「嶓冢導漾」，即此山也。水經以爲沔水出武都沮縣東狼谷中，沮縣，今陝西略陽縣。東南流注漢。然則沔水特入漢之小水耳，乃言沔水之源而不詳漢所自出，舛矣。酈道元以爲沔水一名沮水，東南流會於沔，同爲漢水之源。說者謂漢有二源，理或然矣。隴東之山皆嶓冢，狼谷亦嶓冢之支裔耳。今略陽縣東南有分水嶺，或以爲即狼谷。陸游曰：「嘗登嶓冢山，有泉涓涓出山間，是爲漢水之源。」孔氏曰：「泉始出山爲漾。」非即此水歟？

東流經沔縣南，又東經褒城縣南，

漢水在沔縣南十里。孔氏曰：「漢上曰沔，縣以水名也。」又東南流經褒城縣南四里，而東入南鄭縣界。

又東南經漢中府城南，又東經城固縣南，

漢水在漢中府城南三里，又東經城固縣南五里。志云：漢水自褒城而東，曲折環流，爲郡邑之衿帶。

又東經洋縣南，又東北經西鄉縣北，

漢水在洋縣南一里。志云：漢在縣境中者多灘瀨之險，自是而東，水勢漸盛，流漸闊。又東經西鄉縣北，而洋水會諸小水流合焉，漫衍幾里許。南北朝時沿流置戍，因以爲險。

又東北流經石泉縣南，折而南流，經漢陰縣西，又南經紫陽縣城西，復折而東北流，經漢陰縣之南，漢水在石泉縣城南，縣屹峙漢濱，稱爲津要。經縣東五六里，復折而南流，經漢陰縣西境，又南至紫陽城西五里，復折而東，經城南，又東北流出漢陰南境，志云：漢水北去縣八十里。而入興安州界。蓋石泉以東南皆大山盤阻，漢江回繞而出也。輿程記：「自洋縣九十里地名廟上，陸行三十里，水行九十里，皆云極險，所至處名渭門。又一百八十里而至石泉縣，又一百八十里至馬家營，又百里至紫陽縣，又二十里至中沙壩，又十里地名耳河，又六十里至小河道，又百九十里至興安州。」自洋縣至興安州回曲幾及千里，恐迂遠不至此，今存以俟考。

又東北經興安州北，又東北經洵陽縣南，又東南經白河縣北，湖廣上津縣之南，

漢水在興安州城北四里，爲州境之衿帶，漢川有事，州其中流之會也。又東百二十里而經洵陽縣城南，輿程記：「州東九十里至黎家口，又東三十里至洵陽縣。」洵水自北流入焉，謂之洵口。又東南流經白河縣北，南去縣二里，輿程記：「洵陽縣百四十里至樹河關，又百里至夾河關，又四十里而至白河縣。」北去湖廣上津縣百二十里，江口鎮在焉，即漢濱渡口也。上津在白河縣西北百六十里，而次於白河之後者，上津去漢遠也。

又東經竹山縣北，鄖西縣南，

漢水自上津縣而東，經竹山縣北境，南去縣百餘里，縣境諸水皆流入焉。又東流經鄖西縣南五十里而入鄖縣境。漢江經此爲荆、梁、雍、豫四州之間，道里綿邈，山川阻深，多伏

戎之患。

又東南經鄖陽府城南，又東經均州北，

漢水自鄖西縣東南流二百四十里，而經鄖陽府城南，府北通宛、洛，西走金、商，沔北之要地也。東北流百八十里而經均州北，志云：漢江南去州城四十里。州翼蔽襄、樊，恃漢水爲形勝云。唐長慶四年，襄、均、復、郢四州漢水溢決。開成三年江、漢漲溢，壞房、均、荆、襄等州民居及田產殆盡。會昌元年漢水壞襄、均等州民居甚衆。宋時均、襄亦多水患，蓋漢水至均州而流益盛也。

又東南經光化縣北，又東南經穀城縣東，

漢水自均州東南流一百五十里而至光化縣城北，輿程記：「自均州九十里至小江口，又六十里至光化縣。」又東南流五十里而至穀城縣境，志云：漢江西去穀城二十五里。輿程記：「光化東南九十里曰紫店岡，又九十里即襄陽府。」穀城在府西，爲漢水必經之地。均水自北流入焉，謂之均口，亦襄、鄖間之要地也。

又東經襄陽府城北，又東南經宜城縣東，

漢水在襄陽府城北，漢江北岸即古樊城也，夾江對峙，爲古今之形勝，南北之腰膂，有事戰守者，必資於此。漢建安中關羽圍于禁於樊城，會沔水泛溢三丈有餘，羽乘水急擊，遂克之。自古襄陽倚樊城爲固，而樊城恃漢水爲險也。志云：漢水重濁，與大河相似，襄陽實當其衝，爲患最劇，自唐以來皆築堤遶城以防潰決，故有襄陽大堤之稱。明正統、嘉靖間，兩被漂溺，皆以大堤廢損故也。惟修築舊址，倍高且厚，襄城庶恃以無恐。自襄陽以下，漢水益折而南，凡百二十里而經宜城縣東，漢水西去縣四里。又南入承天府界。

又南經承天府城西，又南逕荆門州東，

漢水自宜城縣南流，凡百七十里而至承天府城西。府控臨津流，爲南北衝要，江、沔有事，此亦必争之地也。而濁流嚙決，最爲可虞，嘉靖末曾被其患，不可不預爲備。嘉靖四十四年府境支河盡塞，而下流竹筒河復淤，下滯上圮，漂溺不可勝紀。竹筒河在沔陽州之北。又南流四十里而經荆門州東境，州東去漢水八十餘里。漢江至此復漸折而東矣。

又東南經潛江縣北，又東經景陵縣南、沔陽州北，

漢水在潛江縣西北四十里，又東南經縣北而入景陵縣境，北去縣百里，南接沔陽州亦百餘里。志曰：漢水由荆門州界折而東，大小羣川咸匯焉，勢盛流濁，浸淫蕩決，爲患無已。而潛江地居汙下，遂爲衆水之壑，一望瀰漫，無復涯際，漢水經其間，重湖浩淼，經流支川不可辨也。蓋漢水爲湖北之害，而襄、郢二州爲甚。潛江又承襄、郢之委流，當漢江曲折回合之處，潴爲大澤，勢不能免矣，而景陵、沔陽又潛江之委流也。今沔陽四境惟湖陂，連亘幾數百里，皆爲漢水所匯。蓋漢水性曲，往往十里九灣，語曰「勁莫如濟，曲莫如

漢」，郢、沔之間，波流回盪，自必豬爲藪澤。小民見填淤之利，復從而隄防之。爲民牧者又不講於節宣疏瀹之理，歲月之間，苟幸無事，大水時至，則委之洪濤中耳。童承叙明人，撰沔陽州志。曰：「漢水至濁，與江湖水合，其流必澄，故常填淤，而阻澤之區因成沃壤。民漸芟剔，墾爲阡陌。又因其地之高下，修隄防以障之，大者輪廣數十里，小者十餘里，謂之曰垸。其不可隄者，悉棄爲萊蕪。昔時垸必有長，統丁夫主修葺。其後法久弊滋，修不以時，垸愈多，水愈迫，客堤益高，主堤益卑，故水至不得寬緩，湍怒迅急，勢必衝齧，主堤先受其害，客堤隨之泛濫洶湧，悉爲巨浸矣。」○考均州以上，漢水發源未遠，故潰決常少。漢川以下，漢水入江已近，故横溢鮮聞。惟襄陽以迄於沔陽，上流既遠而衆流日益，入江尚遥，而地勢愈卑，漢水泛濫其中，如潰癰然，不可不察其病而圖其方矣。又天下之水，大河而外，重濁而善決者，在北則漳與沁，又桑乾、滹沱兩河經太行而東出，自高趨下，流濁勢急，故潰決亦常見。在南則漢。漳附衛入海，而後漳水之決少；漢附江入海，而後漢水之決少。沁本濁，而又并入於河，故河之決最多。或謂河合於淮，藉淮以刷河，而河庶幾可治。然淮終非河敵也，又安能使河之不至於決哉？

又東經漢川縣南，又東經漢陽府城東北合於大江。

漢水在漢川縣西南十里，又東南流百六十里至漢陽府城北五里，又東南經大別山北而南入於江，謂之漢口，亦曰沔口，亦曰夏口，爲自古噤喉之地。談東南形勝者，必以夏口爲首也。詳見湖廣重險夏口。夏口東岸即是武昌府，自昔置重鎮於此，豈非以險要所在，控扼不可或疏也哉？蔡氏曰：「禹貢言江、漢朝宗於海，明乎江、漢二川勢均力敵，非有主客先後之分矣。」自嶓冢發源以達於江，經流曲折凡三千餘里，漢志云：「沮水出沮縣東狼谷，南至沙羡南入江，過郡五，行四千里。」郡五，謂武都、漢中、南陽、南郡、江夏也。漢水實南紀之雄矣。

右漢水。

讀史方輿紀要卷一百二十八

川瀆五　大江　盤江

川之大者，大河而外，莫如大江。然河流朝夕不常，江流亘古不改，周匝西垂，呑吐百川，江誠浩博矣哉。是爲江紀。

江源出於岷山，

禹貢曰：「岷山導江。」荀卿曰：「江出汶山。」汶、岷通。山海經亦曰：「岷山，江水出焉。」水經：「岷山，江水所出。」或作「嶓山」，或作「崏山」，其實一也。大江發源於岷山，審矣。山谷紆回，泉流隱伏，盤溪曲澗，匯流成川。酈道元云「岷江泉流深遠，爲四瀆首」是也。江譜：岷江渠堰譜，宋張䟡撰。「岷江發源臨洮木塔山。」臨洮，今陝西洮川衛，山當在其南境。或曰木塔山即岷山之支隴。益州記：「江源出岷山羊膊嶺，宋任豫益州記：「江出羊膊嶺，經甘松至灌千餘里。」洮岷記：「大江出陝西岷州岷山，南流入川。」輿程記「江源出松潘衛二百三十里之大分水嶺」，或以爲即羊膊嶺，似悞。分二流：一西南流爲大渡河，詳見四川大江。一南流爲大江。水利志：「岷江出羊膊嶺，分二流：一西南流爲尖囊大渡河，一正南入溢村，至石紐過汶川，歷今灌縣境，即禹所導之大江也。」今松、茂以北，接陝西洮、岷之境，羣山錯雜，其澗谷之水皆奔輳而南，合爲大江。然則江源本無正流，禹貢以岷山表識之，而江源可以依據，此聖經之文所以爲不可易與？

西南流經松潘衛西，又南經疊溪所西，

大江在松潘衛西六十里，其上流自大分水嶺而來也。又南流經疊溪所西三里，盤旋崖石間，曾不容舠矣。

又南經茂州城西，又西南經威州之西，又南經保縣東，又東南流至汶川縣西，

大江經茂州城西北折而西南，經威州北三十里高碉山下，唐維州城故址在焉，三面臨江，號爲險塞。又西經保縣城東十里，復折而東南經汶川縣治西，曲折環流，蜀境西北之保障也。

又東南經灌縣西，又東南流經崇慶州北，又東南經新津縣南，

大江自汶川縣東南流幾二百里而至灌縣西，去城三十三里，離堆在焉，秦李冰鑿渠分流入成都處也。有內江、外江及都江之分。今詳見成都府。其正流經崇慶州西北五十里，又南爲味江，唐貞元十一年蜀州江溢，即此。又東南流經新津縣城南，亦謂之皂江。又東南流入眉州境。蜀記：本唐鄭暐撰，此蓋襲前人舊名也。「大江在威、茂之間謂之汶江，自汶川縣而南往往隨地易名，不可更僕數也。」

又東南經彭山縣東，又南經眉州之東，又南經青神縣之東，
大江在彭山縣東北二里。其支川自灌縣分流，經成都南境者於新津、彭山之間復次第流合焉。經縣城東江流益盛，亦謂之武陽江。又南經眉州城東四里蟇頤山下，亦謂之玻黎江。〔一〕又南經青神縣東二十里，南流入嘉定州境。
又南經嘉定州東，又南經犍爲縣東，
大江經嘉定州城東，亦謂之通江。至城東南而大渡河合青衣江之水自州西南流合焉，亦兼合水之稱。又南經犍爲縣城東，復折而東南流入叙州府境。
又東南經叙州府城北，又東南經南溪縣東，
大江自犍爲縣東南流凡三百六十餘里而至叙州府城北，經城東南而馬湖江自西南流合焉。馬湖江，詳四川大川瀘水。又東南流百二十里經南溪縣城東三里，又東南入瀘州境。江之北岸爲富順、隆昌之境。志云：大江在府境，亦兼外水之稱，控禦蠻僰，衿帶兩川，爲腰膂之寄。
又東經江安縣北，又東經納溪縣北，又東北經瀘州城東，又東經合江縣北，
大江自納溪縣東南百二十里而至江安縣北，南去城二十里。又東南六十里至納溪縣城

北，又折而東北流七十里經瀘州城東南，資江自北流合焉，所謂中水是也。詳見四川大川雒江。又東北幾二百里而至合江縣北，南去城五里。又東北入重慶府境。志云：大江自瀘州而上，灘磧交錯，江流闊狹不常。由嘉定州而上，則重山曲折，崖高流迅，牽挽益艱。自瀘州而下，雖灘磧間列，而江深岸闊，江、淮艨艟可以泝流而達矣。

又東北經壁山縣南，又東北經江津縣北，又東北經重慶府南，

大江自合江縣東北流百八十里至壁山縣南，去縣三十里。又東北百三十里而經江津縣城北二里，又東北二百餘里而經重慶府城東南，涪江合嘉陵江自北流合焉。所謂内水也。詳見四川大川涪江。府居内、外二水之間，憑高據深，爲全蜀之衿要。

又東經長壽縣南，又東經涪州北，

大江自重慶府城東流二百餘里至長壽縣城南，又東百三十里而經涪州城北，至城東，黔江自南流合焉。亦曰涪陵江。今詳見涪州。東通湖廣，南入貴州，黔江其徑道矣。

又東北流經酆都縣南，又東北經忠州城南，

大江自涪州東北流百四十里而經酆都縣城南，輿程記：「涪州六十里至東青水驛，一名焦崖驛，又八十里即酆都縣。」又東北百九十里而至忠州城南，又東入夔州府境，

又東北經萬縣南，又東經雲陽縣南，

大江自忠州東北流二百餘里而至萬縣城南，又東二百七十里至雲陽縣城南，又東百七十里即夔州府城矣。

又東經夔州府城南，又東經巫山縣南，

大江經夔州府城南，又東八里而爲瞿塘峽，所謂「瞿塘、灧澦天下之險」也。詳見四川重險瞿塘關。又東百二十里至巫山縣城南，又東三十里經巫峽中。峽長百二十里，兩岸連山，舟行其間。江流至此，爲出蜀而入楚之處，詳見四川名山巫山。波濤淜湃，崖石嶙峋。誠古今之至險，亦山川之奇勝。江行記：「巫山東至巴東縣凡一百六十里，皆在峽中行也。」宋張玠禹廟記曰：「夔門當西蜀川流之聚，合數百源而委之，沆漭氾濫，又甚他所。而巴岡、巫橋，崔嵬盤錯，壁立骨峙，綿亘峻極，固塞其衝，奔潰洶涌之勢，艱乎爲力哉。已而瞿塘瓜分，灧澦孤蹲，千崖萬磴，兩兩却立，黃流巨浸，帖帖東下，環數千里之地，既宅既旅，既蠶既粒，孰知疏鑿功用之至於斯耶？」

又東經巴東縣北，又東經歸州城北，

大江經巴東縣城北，又東九十里經歸州城北。山峽連綿，與蜀相接，所謂步步皆險也。

又東經夷陵州東，又東經宜陵縣北，

大江自歸州東屈曲流凡百八十里至夷陵州城南，城西北二十五里，西陵峽在焉，與夔州之瞿唐、巫山之巫峽共爲三峽。州當三峽之衝，故言形勝，恒以西陵爲吴、楚之西門。又夷，平也。江流至州西始出險就平，故曰夷陵。詳見湖廣重險西陵。自州而東，又曲折流六十餘里而至宜都縣西北五十里之荆門山，與南岸虎牙山對峙，自昔爲險阨之處。詳見湖廣重險荆門。江行記宋范成大撰，一名吳船録。曰：「蜀中之江會流於三峽者，凡二百八十有奇，蜀中之灘次及於荆門者，凡四百五十有奇。自荆門以東，其以灘磧名者無復嵯岈之勢，亦無櫛比之多矣。」又東南流經宜都城北三里，而東達於枝江縣境。

又東北經枝江縣北，又東南經松滋縣北，

大江自宜都縣北，東流七十餘里而經枝江縣城北。江流至此分而爲二，間以大洲，謂之百里洲。洲之北曰北江，南曰南江，禹貢「東別爲沱」，即此地也。又東南流七十里而經松滋縣城北，江流至此復支分爲三派，名曰川江。又東北流入江陵縣界。

又東北經荆州府城南，又東南經公安縣北，

大江自松滋縣東北流百二十里而至荆州府城南，府翼帶江沱，稱爲都會。府東二十里曰江津口，江水支分於枝江以東者，至此洲盡而流合，勢益盛。昔時濱江置戍，爲江陵重地。又東南四十里即公安縣也。江流經城東北三里，又東南入石首縣界。荆州記：舊記，晉郭仲產撰。「江水方出峽勢如建瓴，夏秋汛漲，頃刻千里。然夷陵而上，山阜夾岸，勢不能溢。嘉魚而下，江面浩闊，順流直注，又兩岸俱平衍下濕，水易漫流。惟江陵、公安、石首、監利、華容之間，江流自西而北，而東而南，勢多迂回，至岳陽復自西南轉東北，湖水並流，易於漲遏，故決害多在荆州。夾江南北，往往沿岸爲隄，咫尺不堅，千里爲壑矣。」呂后三年江水、漢水溢，流四千餘家。八年江、漢水溢，流萬餘家。

又東南經石首縣北，又東經監利縣南，又東經華容縣北，

大江自公安縣東南流百十里至石首縣城北，又東南流百二十里至監利縣城南，又東南流六十里經華容縣東北境之黄家驛，驛西南去華容縣九十里，東北至城陵磯亦九十里。江流深闊，商旅往來，所在輻輳。

又東經岳州府北，又東經臨湘縣北，

大江經岳州府城西北十五里之城陵磯。洞庭之水自南而北由此注於大江，謂之荆江口，亦謂之西江口，又謂之三江口，以洞庭及澧水與大江並會於此也。詳見湖廣重險荆江口。控據要津，爲湖南、北之喉吭。又東北七十餘里經臨湘縣城北，輿程記：「城陵磯驛南二十里爲洞庭湖口，東六十里至臨湘縣之鴨欄水驛，皆濱江要地也。」又東北入武昌府境。

又東北經嘉魚縣西，益折而北，經漢陽府城東，武昌府城西，而會於漢水。

大江自臨湘縣而東百十里至石頭口驛，驛乃嘉魚、臨湘縣分界處。又東北七十里至嘉魚縣城西北七里，又東北九十里至簰頭鎮，屬嘉魚縣，有簰洲驛。又九十里至金口驛，屬江夏縣。又六

十里經漢陽府城東北之大別山南，東折而北出，會於漢水，所謂漢口也，亦謂之夏口。詳見湖廣名山大別及重險夏口。夏口之南即漢陽府，夏口東岸正對武昌府，二城隔江相對不過七里，爲衿東之處。天下有事，無不注意於此者。又北折而東出，即黄州府境矣。

江水會於漢水，並流而北，復折而東，江之北岸爲黄陂縣及黄州府境，南岸爲武昌府及武昌縣境。

江、漢竝流，北出而東折，去漢口三十里曰青山磯，濱江南岸，爲津渡之要。又東十五里爲黄陂縣之沙口鎮，在江北岸，亦曰沙武口，西北去縣五十里。又十五里爲陽邏鎮，在江北岸，有陽邏驛，屬黄岡縣。輿程記：「陽邏而東十里爲抽分廠，竹木抽分處也。又東二十里曰白湖鎮，在江南岸，屬江夏縣，有巡司。對岸即雙流夾。」又八十里曰團風鎮，又二十里曰三江口，江行記：「漢水入江，江水益盛，黄州西百里有雙流夾，以江水分流而名。此曰三江口，又以江分爲三，至此合流而名也。」又三十里經黄州府城南，隔江相望者爲武昌縣，縣在江南岸，距黄州府十里。又東南三十里曰巴河口，在江北岸，巴河入江之口也。南北紛紜，江濱多故，此皆烽火之區矣。

大江又東經蘄水縣南，又東經蘄州城南，江之南岸爲興國州之界。

大江自巴河口東三十里至蘄水縣之蘭溪驛，東北去縣四十里。又東南九十里至蘄州西之蘄陽口，亦曰蘄口，蘄水入江處也。又三十里至州城南，大江至此益折而東南。又三十里爲馬口渡，渡在江北岸，亦接廣濟縣界。又東二十里爲富池驛，在江南岸，屬興國州，西南去州城六十里。江之南岸接江西九江府瑞昌縣之境。興國州東即瑞昌縣之境。

又東南經廣濟縣及黄梅縣南境，江之南岸爲九江府城之北。

大江自富池驛而東，又東南六十里經廣濟縣之龍平鎮，鎮西北去廣濟縣百餘里，蓋大江自蘄州益引而南也。又東南十里，經黄梅縣之新開口鎮，東去縣七十里。又東南五十五里即九江府城也。大江北岸即黄梅縣界，北去縣城五十里。江流至此，闊二十餘里，波濤浩瀚，謂之潯陽江。唐五行志：「大曆九年江州江溢。」舟行其間，有内路、外路之分，並江南岸爲内路，江北岸爲外路。輿程記：「九江府城稍西北五里地名官牌夾，從江中至龍坪六十餘里，遇大水時，自夾中直上龍坪五十里而近。」亦謂之九江也。詳見江西大川九江。古稱湓口重鎮，中流衿帶，蓋府城當吴、楚之要會，不特江右安危視九江之緩急，而上游之勢，淮南、江左禍福與共，所謂地有常險者非歟？

又東經湖口縣北，又東北經彭澤縣北，江之北岸爲宿松縣及望江縣之境。

大江自九江府城而東六十里經湖口縣城北。湖口，江西之噤吭也。彭蠡之水自縣西南二十里注於大江，環城而北出，故縣以湖口爲名。詳見江西重險。又東北六十里經彭澤縣西北二里，江流至此益折而北。江心有小孤山，與宿松縣分界。志云：小孤山北去宿松縣百二十里，宿松西南則與黄梅縣接界。江濱又有馬當山，與東流縣分界。馬當在江東南岸，去東流縣七十餘里。小孤、馬當，皆江津之險也。自彭澤而東北凡百二十里至望江縣之雷港口，雷池入江之口，古所謂大雷也。西北去縣城三十五里。又唐志：「太和四年江水溢没舒州太湖、宿松、望江三縣民田。」蓋南直、江西、湖廣三省之地，犬牙相錯，濱江環峙，爲設險處。

又東北經東流縣北，又東北經安慶府城南，

大江自雷港而東北，又二十里江之南岸爲東流縣，北去縣城二里。又東北流九十里，江之北岸經安慶府城南，所謂皖口之險也。特立江濱，江環三面，屹爲形勝，蓋南畿上游之屏障矣。

又東北經桐城縣南境，江之南岸爲池州府北。又東經銅陵縣之北，

大江自安慶府城東北流九十里經桐城縣之樅陽口，西北至縣百二十餘里。又四十里經池州府之池口驛，南去府城五里。又東北四十五里至梅根港，古所謂錢溪也。梅根港而上，江岸頗狹，今南北往來者往往截流而渡，南至池州出江右走閩、廣，北自廬州走濠、壽趨徐、汴，爲捷徑云。又東北二十里爲大通驛，又三十里經銅陵縣城北，又二十里曰丁家洲，又四十里爲荻港驛，俱在江南岸。入繁昌縣界。江防攷：「大通驛而下江面闊三十餘里，上游之險莫過於此，又兼汊港叢雜，戍守切矣。」

又東北經無爲州南境，江之南岸爲繁昌縣之北。又東北經蕪湖縣之北，

大江北岸自桐城縣南之樅陽口至無爲州南境之泥汊河口幾二百里，南岸即繁昌縣界，江面闊二十餘里。又東接和州之境。南岸則自荻港而東三十里，經繁昌縣城北十五里，又東北四十里經三山磯，又二十里經魯明江口，亦曰魯港口。又東北十里經蕪湖縣城西五里，又東北流入當塗縣界。

又東北經和州之東，太平府之西，

大江北岸自泥汊河而東北百二十里曰裕溪口，北去和州九十里，河口爲無爲州巢縣之通道。又北二十里爲西梁山。江之南岸則自蕪湖北五十里至東梁山，與西梁山隔江相對，所謂天門、博望之險也。詳見南直名山梁山。又北四十里經采石圻，亦曰牛渚圻，江之西岸爲和州之橫江浦，西北至州城二十五里。自古有事於東南者，多自橫江濟采石，形勝莫重焉。詳見南直名山采石。今沙洲橫亘，或非利涉之道矣。采石江濱舊有洲，曰成洲，橫列磯下。又西南有陳家洲及新洲諸沙渚。今延袤相接，益復回遠，灘淺錯雜，舟行甚艱，故道出采石者益少。天地之氣，日就遷移，山川形勝，豈有常哉？又東北二十里經太平府城西北五里，又東北五十里經烈山入應天府界。

又東北經應天府城西北，江之北岸爲江浦縣及六合縣之境。

大江自烈山而東北十餘里經三山，又六十里至應天府城西北觀音門外，自觀音門渡江而西北二十里曰浦子口，又西五里即江浦縣也。自觀音門渡江而東北四十里曰瓜埠口，又西三十里即六合縣也。昔人稱建康江流險闊，氣象雄偉，信矣。

又東北經句容縣北，又東北經儀真縣南，

大江自金陵而東北八十里曰黄天蕩，南北兩岸闊四十里，洲港錯雜，防閑未易。又東十餘里經江南岸之龍潭驛，南去句容縣城七十里。又東北四十五里經江北岸之儀真縣城南。縣控臨江津，南北往來亦利涉之所也。

又東北逕鎮江府北，揚州府南，

大江南岸自龍潭而東百里至鎮江府城西北，渡瓜洲，江面不過七里有奇，又北四十里即揚州府城矣。大江北岸自儀真東至瓜洲五十餘里，而金山屹峙大江之中，又東十五里爲焦山，皆控扼江津，並稱形勝。然金山近在津途，尤爲要會，揚帆擊楫，必以金山爲表識矣。昔人言京口、采石，並爲東南重鎮，而采石江岸比京口爲狹，故備采石者恒切於京口。乃今昔變遷，京口江面殆更不及昔時之采石矣，安得不以備采石者轉而備京口乎？況歲漕數百萬粟，皆自儀真、瓜州而達，天下之吭，自金山上下數十里間操之耳。由京口而東，漸近大海，島夷出没，京口尤爲扃鑰之地，談形勝於東南，安有先於京口、維揚間者與？

又東南經丹陽縣北，又東經泰興縣西南，

大江自鎮江府城東折而東南流，六十里經圌山下，又南東二十里經丹陽縣北，大江在縣北五十里。又東即常州府界也。大江北岸自瓜洲而東百二十里曰三江口，又四十里曰周家橋，始與南岸圌山相對，爲江津戍守處，蓋南岸江流直而北岸曲也。又東北四十餘里經泰興縣西南，又東即靖江縣境矣。

又東經常州府北及江陰縣之北，江之北岸爲靖江縣及如皋縣南。

大江自丹陽縣而東三十里經常州府西北之孟瀆口，東南至府八十里。爲戍守要地。又東九十里至江陰縣之夏港口，又十里即縣城北也。南去城一里。又東三十里爲楊舍鎮，與常熟縣接界。江之北岸舊自泰興而東爲如皋縣南境，大江北去縣城六十里。而靖江縣在江陰之西北，隔江相望四十餘里，孤懸江中，稱爲京口外衛。今北面湮爲平陸，東北與如皋接，西北與泰興接，而東西南三面屹峙江濱，與江陰、武進爲唇齒之勢云。

又東經常熟縣北，江之北岸爲通州之南。

大江自江陰縣而東，至常熟縣北四十里之福山鎮，江之北岸爲通州南十五里之狼山鎮，二山隔江相對，江岸闊幾八十里，濱江置戍，恃爲門户之險。然江流浩淼，風帆倏忽，欲却敵於江中，未易言也。

又東經海門縣南，江之南岸爲太倉州之北，由此入於海。

大江自狼、福兩山而東，波濤汹湧，與海相接，而海門舊在通州東百餘里，稱爲江、海出入之門。太倉西北去常熟百里，東北至海七十餘里，亦江面回合處也。今海門益淪於海，形勢又一變矣。至於崇明，環海爲邑，沙渚迂回，江口倚爲外衛，然而自守則有餘，制敵或未足，江防險易，安可一律論歟？○按大江自源徂流七千餘里，漢志：「江水出湔氐道西徼外岷山，東南至江都入海，過郡九，行七千六百六十里。」九郡，謂蜀郡、犍爲、巴郡、南郡、江夏、廬江、九江、丹陽、會稽也。廣陵固其入海處，故不在九郡之列。或稱爲南北之限，或恃爲天塹之防，然用之得其當，則節節皆險，失其宜，亦處處可渡，險易固無定形矣。善哉陸抗之言曰：「議者以長江峻山限帶封域，此守國之末務，非智者所先也。」

右大江。

五嶺以南非禹迹所及乎？曰：理或有之，然則秦、漢以前嶺南不得爲中國地矣。曰：否。夫堯命羲叔遠宅南交，南交載在堯典，則禹貢時可知也。又周公化行，越裳重譯。越裳來自成周，則唐、虞時更可知也。且南交、越裳，其去嶺南也更遠矣，安得謂嶺南遂無與於中國乎？然則嶺南山川，何以不列於禹貢？曰：嶺南隔越重山，當時洚洞之害，固無與焉。禹貢所書，皆神禹疏導之實，安得濫及於嶺外也。且夫重内可以略外，舉近可以該遠，禹貢所言之黑水、衡陽，實包乎嶺以南之地矣；言島夷、和夷，實兼乎嶺以南之人矣。安得謂嶺南必無與於中國也？然則紀盤江而不及五嶺也，何居？曰：山主分而水主合，山之條列易知，水之脉絡難辨也。然則何以不言左、右江？曰：盤江之源出於四川、雲南之境，而經貴州、廣西、廣東之地。其在貴州者曰盤江，在廣西則曰左江、右江，在廣東則曰西江，而統之以盤江者，從其源之遠者言之也，故但曰盤江也。

盤江有二源，其出四川境内者曰北盤江，

北盤江出四川烏撒府西百五十里亂山中，一名可渡河。東南流經貴州畢節衛西，東去衛九十里，亦曰七星關河。又南至雲南霑益州東北，南去州百二十里。又東南流經貴州安南衛東，西去衛城三十七里。又南經永寧州西境及普安州東境，東去永寧州三十里，西去普安州百里。又東經慕役長官司東，西去慕役長官司四十里，司屬永寧州。又東則南盤江流合焉。

其出雲南境者曰南盤江，

南盤江出雲南曲靖府東南二十餘里石堡山下，一名東山河，首受白石、瀟湘二江之水，匯流出於山南。南流經陸凉州東，西去州七十里，亦名中延澤。又西南流經雲南府宜良縣東，西去縣八十里，曰大池江。又南經澂江府路南州西，東去州二十里，亦曰巴盤江。又東南流經廣西府西北境，東南去府百餘里。又東經師宗州西北境，去州五十里。而盤江之支川流合焉。澂江府南境之水，匯流於臨安府境，至阿迷州北二十里，亦謂之盤江，復東北流經廣西府彌勒州東南百里，又北經廣西府西五十里，至師宗州西二十里又北入於巴盤江，蓋南盤江川流浩衍，分合回旋，互相灌注也。紀載荒略，源流多悮，略爲攷正。又東入曲靖府羅平州東南境，西北去州九十五里。又東經貴州慕役長官司東南而與北盤江合焉。二源合流而入廣西境内，謂之左江。

南、北盤江同爲一川，自慕役長官司境東南流百餘里而入廣西泗城州界，謂之左江。經州東，西去州城八十里。又東南流經田州東南境，西北去州三十里。又東經奉議州城北，又東經歸德州西南，志云：江在州西南數百步。又東經隆安縣南，北去縣二里。又東經南寧府城南，亦謂之大江。府境又有左、右二小江，自交阯境内流入府境，合流至府城西南入於左江，故言大江以別之。又東經永淳縣南，北去縣十餘里。又東經横州城南，又東經貴縣城南，又東經潯州府城南，至城東合於右江。志云：左江一名南江，以在廣西南境也；一名鬱江，以潯州府舊爲鬱林郡也；一名牂牁江，以昔時道通牂牁郡也；而其上流則爲南、北二盤江也。

江之别出於貴州境内者又有三源，其一曰福禄江，一曰都勻江，一曰都泥江。

福禄江，出貴州黎平府古州蠻夷長官司東北蠻峒中，一名古州江。南流經黎平府西境，去府七十里。又南經永從縣西南，東北去縣三十里。又經西山陽洞長官司東南，去司三十餘里，有大巖江流合焉。而入廣西柳州府懷遠縣界。○都勻江，出貴州黄平州界，初名兩岔江，在州西南十五里。南經平越府東南，名麻哈江，在府東南三里。又東南歷麻哈州治西南，又南歷邦水長官司東，西去司十五里，亦曰邦水河。又東南經都勻府城西，亦曰都勻河。又東南經獨山州南，北去州二十里，亦曰獨山江。又東流入廣西慶遠府天河縣界。○都泥江，出貴州貴陽府定番州西北亂山中，一名牂牁江。一云出安莊衛南百里，經金筑安撫司流入定番州界。東南流入廣西慶遠府南丹州界，此廣西右江之上源也。

流經廣西境内，謂之右江。

福禄江自貴州永從縣東南流經懷遠縣西，東去縣三十里。又南歷融縣東，而謂之融江。西去縣十五里，亦名潭江。又東南經柳城縣東，西去縣三十里。而都匀江流合焉。都匀江自貴州獨山州界東流經天河縣西南，亦謂之龍江。東北去縣二十里。又南經慶遠府城北，又東經柳城縣北，西南去縣十里。又東南合於融江。二江合流，經柳州府城西南謂之柳江，又東南經象州城西，亦謂之象江。又南經武宣縣西，而都泥江流合焉。都泥江自貴州定番州界東南流，經南丹州南境，又東歷那地州北界，又東經忻城縣北，南去縣一里。又東經遷江縣北，南去縣二里。又東南經賓州南，北去州三十里，亦謂之賓水。又東北歷來賓縣南，北去縣四十里。又東至武宣縣西而合於柳江。三江同流勢益盛，歷武宣縣東南三十里而爲大藤峽口，由此而南，山峽深險，盤紆回伏三百餘里，爲傜、僮嘯集之處，粤西肘腋之患也。詳見廣西重險大藤峽。又東南經故武靖州南，又東南至潯州府北，遶城而東合於左江。志云：右江一名北江，以在廣西北境也；一名黔江，以源出貴州界内也；亦曰潯江，以自潯州合於左江也。

左、右二江並流而東，經平南縣東南，西北去縣十餘里，一名龔江。又東經藤縣之北，南去縣三十里，亦曰藤江。又東至梧州府城西而灕江流合焉，見廣西大川灕江。亦曰三江口。又經府南而入廣東肇慶府境。

左、右江合流於廣東境内，謂之西江，至廣州府南而入於海。鬱江、黔江、灕江三江合流，東經廣東封川縣南，北去縣一里。所謂封川扼三江之口也。又東經德慶州城南，自此以下皆謂之西江，州人亦謂之南江。又東經肇慶府城南，又東經順德縣北，南去縣七十里，一名龍江。又東經廣州府西北，東去縣城二十里。而北江來合焉。北江，詳廣東大川。自西而南，則東江之水來會焉，東江，附詳廣東大川北江。亦謂之三江口。又南流注於大海。此盤江源流大略也。蓋經行滇、黔、兩粵之間，回環四千里之外，自嶺以南，川之大者無有逾於盤江者也。豈可以禹貢所未詳，職方所未載而忽之與？

右盤江。

校勘記

〔一〕亦謂之玻黎江　「玻」，底本原作「坡」，本書卷七一四川眉州大江下云：「江流至此，瑩若玻璃，因名玻璃江。」則此處「坡」爲「玻」之訛也。今據改。

讀史方輿紀要卷一百二十九

川瀆六　漕河　海運

禹貢九州貢道皆會於河，河即漕也。下逮秦、漢、唐、宋，河、渭、淮、汴皆漕也。隋開通濟、永濟諸渠以縱其侈心，不專以漕。元又濬通惠、會通之河以便公私漕販，時東南之粟，皆由海道，漕河之利未備也。至明因其舊制，而益爲疏濬，歲漕數百萬皆取道於此，蓋浮江涉淮，泝河逾濟，而北達於漳、衛，輸之太倉，天下大命實係於此矣。是爲漕河也。

漕河始於揚州，

明初定鼎金陵，西下江、湖之粟，東輸兩浙之漕，最爲便利。然東北一隅，恒仰内地之供億。洪武二年儲糧於蘇州太倉，以備海運餉遼東。五年遂由海道運七十餘萬石至遼，自是屢由海道運糧以餉遼。洪武十三年運七十萬石，二十二年運六十萬石，三十年復運七十萬石。又洪武六年浚開封漕河，明年運漕粟於陝西。永樂元年命於淮安運糧入淮河、沙河，至陳州轉入黄河，復陸運入衛河以達北京。沙河，河南之蔡河也。河漕考：「是年命於淮安用船可載三百石以上者運入淮河、沙河，至陳州潁岐口跌坡下改用沙船可載百石以上者，運至跌坡上，別以大船載入黄河，至陽武入柳樹等處，令河南車夫運赴衛河，此爲變海運之始。六年命海陸兼運以達北平。時駕駐北平，百費咸集，命海運糧八十萬石於北平，其會通河、衛河以淺河船相兼轉運。十三年復自海運四十八萬餘石於通州，又自淮入黄至陽武陸運至衛輝，由衛河入白河儹運糧四十五萬餘石於通州，所謂海陸兼運也。十三年會通河成，海運始廢。自是除河南、山東、兩淮諸處運米各由近道達北京外，其浙西漕粟凡一百六十五萬餘石，皆自瓜洲壩以達於揚州，瓜洲壩，在揚州府南四十里。今詳見揚州府瓜洲城。上江及江西、湖廣漕粟，上江即江寧以西濱江諸郡。凡八十八萬餘石，皆自儀真壩以達於揚州，儀真壩，在儀真縣東南二里。今詳見儀真縣江口堰。按成化七年定兑運改兑之額，河、淮以南以四百萬供京師，河、淮以北以八百萬供邊境，蓋總天下之全數言之。揚州蓋東南漕粟之咽喉矣。河漕考：「萬曆二十七年揚州南門二里橋河勢直洩，爲鹽漕梗，鹽使者楊光訓檄開二里橋河口，西折而東，從姚家溝以入舊河，名曰寶帶新河。」

北經高郵州城西，又北經寶應縣西，

漕河自揚州府以達於淮安，所謂南河也。洪武九年命揚州修高郵、寶應湖堤六十餘里，以捍風濤。時老人栢叢桂奏置湖堤，因命知州趙原督民夫修築。既而叢桂又言：「寶應自槐角樓抵界首沿湖堤岸，屢修屢圮，民苦役無已，請開寶應直渠。」從之。就湖外穿渠，南北四十里，築長堤與渠等，引水於內，以便舟楫，休民力，免沉溺，時以爲利。宣德七年平江伯陳瑄築高郵、寶應、氾光、白馬諸湖長堤，以便牽輓。堤下皆置涵洞，互相灌注。成化八年河臣王恕請治揚州至淮安湖塘，造閘磋，引塘水接濟運河。是時恕以揚州一帶河道止藉高郵、邵伯等湖兩水接濟，河身高於湖面，湖水消耗，則河不能行舟，因議浚深河身，并嚴防近湖居民決水溉田，使湖得儲水以濟運，蓋時勢不同矣。弘治三年户部侍郎白昂以高郵西甓社湖漕舟經此往往覆溺，觸岸輒壞，乃奏開複河於故堤東以避其患，亘四十餘里，賜名康濟河。正德十六年管河郎中楊勗請修築寶應越河，不果。嘉靖三年郎中陳毓賢奏稱：「寶應西氾光湖運船入湖三十餘里，湖堤舊基俱是土石築成，僅高河面三尺許。堤西湖身高，堤東田勢下，唯賴一堤以障水。且西有天長、六合、泗州諸水乘高而下，一遇淫潦，即時瀰漫。加以黄河水漲，又由淮口横奔，數年水患不時，非惟運糧有妨，而寶應、鹽城、興化、通、泰諸境民田渰没，饑荒隨至。此江北第一患也。請照康濟河事例，於湖堤迤東修築運河一道，庶可免風波之患。」復不果。五年御史戴金請濬高、寶一帶隄下久壅河道。十七年漕臣周金奏修寶應一帶隄岸。隆慶四年淮決高堰，見前淮水。高、寶湖堤崩壞。五年河臣萬恭奏修治平水諸閘，其略曰：「高、寶諸湖周遭數百里，西受天長七十餘河，秋水灌湖，徒恃百里長堤，若障之使無疏洩，是潰堤也。以故祖宗之法，偏置數十小閘於長堤之間，又爲令曰『但許深湖，不許高堤』，故以淺船淺夫取河之淤，厚湖之堤。夫閘多則水易落而隄堅，浚勤則湖愈深而堤厚，意至遠也。比年畏修閘之勞，每壞一堤，即堙一閘，歲月既久，諸閘盡堙，而長堤爲死障矣。畏浚淺之苦，每湖淺一尺則加堤一尺，歲月既久，湖水捧起，而高、寶爲盂城矣。」恭又曰：「湖漕弗堤與無漕同，湖堤弗閘與無堤同。陳平江置減水閘數十於長堤間，令丁夫以時啓閉，湖溢則瀉之以利隄，湖落則閉之以利漕，完計也。積久而減水故迹不可復得，湖駸駸且沉堤矣。今大治平水閘，閘欲密欲狹，密則水疏無脹悶之患，狹則勢緩無齧決之虞。于高郵設六，江都設四，寶應設八，山陽設二。復有民自設者曰民閘，因禮泰山祠而願設者曰靈應閘，皆從平水之制。上之灌輸無恙，下之膏腴旱澇有備，因而勿壞，公私百世之利也。」萬曆三年淮復決高堰，高、寶堤壞，山陽、興、鹽一帶悉爲巨浸。河漕考「是年高郵西堤決清水潭及丁志口諸處。」四年漕臣吳桂芳修復高郵西湖老堤，改挑康濟越河，并築中堤。老堤即洪武九年所築，弘治中白昂於堤東越民田三里鑿康濟河通餉避湖，謂之東堤，其捍隔民田者爲中堤。中堤之中有田數十萬頃，謂之『圈田』。後圈田淤沒，老堤傾圮。至是修復老堤，傍老堤爲越河，廢東堤改築中堤以便牽挽」云。八年決高郵城南敵樓之北，堤南上河田廬皆沒。又決寶應之黃浦，尋築塞之。十二年科臣陳大科等請挑寶應氾光等越河三十六里，置南北閘二座以避湖險，從之。河成賜名弘濟。後以南北閘水湍溜損船，改爲平水閘。十三年修築高郵護城堤。漕臣王宗沐檄郎中許應逵脩砌高郵護城堤西北杭家嘴、小湖口堤各數百丈。又寶應界首三里湖堤，亦稱險地，并築治之。十九年淮、湖大漲，決揚州邵伯湖堤及高郵中堤。河漕考：「是年淮、湖衝決邵伯湖淳家灣石堤，又決邵伯鎮南小壩、椿板工二處，又決高郵中堤朱家墩、清水潭二處，郎中黄曰謹等築塞之。」二十一年淮、湖復漲，壞高、寶諸堤。河漕考：「是年淮、湖溢決高郵南、北中堤及魏家舍等處大小二十八口，長百餘丈，湖水漫過西老堤，衝決東堤，又決寶應六淺潭堤二十九丈，郎中沈季文等築塞之。六淺，在縣南十里，曰白田淺。二十三年高郵中堤復決，河臣楊一魁等分導淮流，患稍弭。詳見淮瀆。二十八年河臣劉東星檄開邵伯及界首鎮越河避湖險。東星檄郎中顧雲鳳等開邵伯越河，長十八里。又挑界首鎮越河十餘里，各建南、北金門石閘二座。其邵伯越河又建減水石閘一座。舟行者便之。三十年高郵北關小閘口潰，旋塞之。四十一年漕臣陳薦檄開寶應南北月河。河漕考：「是年薦檄郎中何慶元等開寶應弘濟河北月河一道，長百三十丈，南月河一道，長百五十丈，又建近湖西堤八淺、九淺滚水石壩二座。先是弘濟河南北二閘，每遇夏秋淮水漲發，二閘不及吞吐，舟行覆溺，至是水溜遂平。」八淺曰白馬淺，在縣北十里。九淺即黄浦淺也。四十七年復修高郵城西石堤。河臣王佐檄行郎中徐待聘修高郵西門窑港口迤南石工，凡數里。是年濬界首鎮南北淤河。天啓二年寶應西堤一淺等處爲風浪衝卸，一淺亦曰子嬰溝淺。復築治之。三年修高郵中堤及濬界首運河，又修築邵伯湖石堤，人以爲便。漕河考：「高郵中堤長亘四十餘里，歲久不修，夏秋水漲，農田被潦，因築南、北金門二閘以爲障。艚由外湖，每遭覆溺，至是修築。而界首運河迤北一帶，當高、寶接界處，每歲淺淤，市猾擅淺剥之利，私阻官浚，至是察其弊，大加撈濬，重運無阻。又邵伯湖一帶風浪拍堤，行舟往往觸石覆溺，亦更加修治，而露筋廟湖口石堤，從水中疊土築砌，長百六丈，爲牽挽之利。」輿程記：自「揚州而北十五里曰揚子灣，一名灣頭。灣頭北五里曰高廟，又十五里曰東西灣，又十里即邵伯驛。又北三十里曰邵伯驛，亦曰邵伯鎮。其西爲邵伯湖，湖堤有一淺、二淺諸處，爲湖心衝要。萬曆十七年河臣潘季馴修築石堤幾二千丈以備之，自是而西北湖泊相連，風波殊險。又三十五里曰烈女廟，俗稱露筋廟。自邵伯北十里地名三溝，又十里曰腰鋪，又十五里至露筋廟，爲湖波衝激之處。有露筋廟闕口，漕舟憚之。又三十里至高郵州，遶城西而北，一望瀰漫，皆大湖也。康濟河在焉。舊有東、中、西三堤。今有西堤、中堤，漕舟出其間。又北二十里曰清水潭，地形卑窪，每爲湖波衝囓。又西北數里有朱家墩、丁志港諸處，皆萬曆中決潰處也。又北十五里曰張家溝，有巡司。又北二十五里曰界首驛，亦曰界首鎮。又北十里曰子嬰溝，溝西接運河，東連潼河，入於廣洋湖，淮、湖灌溢，藉此旁洩。有子嬰鋪。又十里有氾水閘，又五里爲瓦店閘，又十里即槐角樓矣。又三十里爲槐角樓，亦曰槐樓鎮，湖波澒洞，濱堤爲險。又二十里至寶應縣，環城三面，重湖浩淼，城南爲清水湖，西北接氾光、白馬諸湖。萬曆十二年越河成，自城西北至槐角樓以南長三十六里，即舊堤爲西堤，而別堤其東，引水注之，舟行其中。又築滚水三壩於兩堤間，水漲則注於支河，由射陽、廣洋湖以入於海。又北二十里曰黃浦，亦湖流決囓處也。萬曆十七年河臣潘季馴以黃浦水多傍潰入湖，至淮安新閘一帶流緩沙停，乃築西土堤數里以東漕水。又北十里曰涇河，首受漕河，東達射陽湖。萬曆二十三年河臣楊一魁開涇河以洩淮水之横溢，即此。而入淮安府界。」志云：寶應、山陽以黃浦爲界。自涇河而北十里曰平河橋，又三十里至楊家廟，又十里即淮安府城，此皆運艘必經之地，不可少有間阻者也。淮、揚南北統計三百有十里，爲輸輓噤喉之地。然漕之治否，由於諸湖之節宣得宜，而諸湖之治否，又由於淮、黃之分合無阻。嘉、隆以來，高、寶之間載胥及溺矣。說者曰：欲開閘洞，先濬支河；欲濬支河，先通海口。此亦救弊之善策歟？

又北經淮安府城南，西折而入於淮，又北出以入於河。

漕河在淮安府城南。永樂十四年平江伯陳瑄疏濬故沙河，置閘通舟，謂之清江浦。河渠考：「初，漕至淮安悉從府東北車盤過壩入淮，逆水行六十里。至是瑄因宋喬維岳所開沙河舊渠益加疏治，置閘通舟。又於新城東西置五壩，引湖水遶城抵壩口。遇清口淤塞，運船從城東經城東北仁、義二壩入淮，官民商船，從城西經城西北禮、智、信三壩入淮，人以爲便。」今詳見淮安西三十里之新城。今自城而西十五里曰板閘，本名移風閘，後改。萬曆五年漕臣吴桂芳等增築山陽運堤，自板閘至黄浦長七十餘里，又增建興文閘於府城南十里。又十五里曰清江閘，分司主事駐此，俗謂此爲清江浦。又十五里曰福興閘，舊閘在清江閘西五里，去通濟閘二十里。萬曆六年河臣潘季馴改建於壽州廠適中之地，即今閘也。又十里曰通濟閘。舊名新莊閘，亦曰天妃閘，與清河口對岸。嘉靖末濁流填淤，因改置通濟閘於浦南三里溝。隆慶中河臣萬恭復開天妃閘以通運。萬曆六年河臣潘季馴奏移置通濟閘於甘羅城東，去新莊舊閘不及一里，河口斜向西南，以避黄趨淮，因議廢新莊舊閘，建壩閘內，爲車盤入淮之道。其舊置五壩，信壩以近淮城，係黄河埽灣，久廢。仁、義二壩，原共一口出船，亦係黄河埽灣，又與清口閘相鄰，恐有意外衝漫，不復修復，止將禮、智二壩修復，與新莊舊閘爲車盤三壩。十四年河決天妃壩，淤福興閘，乃築塞之。河渠考：「初，陳瑄創鑿清江浦一帶以通黄、淮兩河，而黄流甚濁，恐至淤澱，乃設天妃等閘遞相啓閉，以時節宣。時將入伏，閘外即築軟壩，一應船隻俱從五壩車盤。九月水落，復開壩由閘。二百餘年，皆因其制。

後漸廢弛，天妃閘全納濁流，舟行阻滯，乃改置閘於三里溝以避黄就淮。隆慶五年河臣萬恭言：『舊道天妃口入黄河，穿清河半晌耳。嗣緣黄河水漲，逆入天妃口，而清江口多淤，議者乃塞天妃口開新河以接淮河，蓋以避黄水之淤耳。及伏秋黄水發則西擁淮流數十里，并灌新開河，未嘗不淤也。又使運艘迂八里淺滯始達於清河，孰與出天妃口之便且利哉？』因復開舊閘。既而啓閉不時，淤塞益甚。萬曆五年開朱家口，引清水灌之，僅可通舟。六年潘季馴乃改建通濟閘，專向淮水，用清避濁。五六月間，黄水盛發，慮其逆上，仍築軟壩隨時啓塞，申嚴舊制，運道賴以無阻。」閘口即清江浦口，爲漕河入淮之處。稍折而北，乃爲清口，即黄、淮合會處也。河漕考：明艾南英合輯。「景泰七年，河灌新莊閘口，至清江浦三十餘里，淤淺阻漕，命濬治之。尋復舊。隆慶四年淮決高堰，河決崔鎮，見桃源縣。漕河漲溢。萬曆三年高堰、崔鎮復決，山陽以南匯爲巨浸。五年漕臣吴桂芳等增築山陽運堤，築清江浦南堤以禦湖水，增河岸以禦黄、淮。六年河臣潘季馴復築高堰長堤，修清江浦北岸迤東長堤，而漕大治。十四年河決天妃壩，尋塞之。天啓元年山陽裏河、外河、清河俱溢決數處，水灌淮城。詳見大河。三年山陽外河謂淮河。決乾溝、新河，乾溝在清江浦西南，新河即永濟河也。西湖決馬湖閘、月壩等處，西湖即管家湖。馬湖閘、月壩俱在府西南二十里清江浦南岸。尋築塞之。四年濬新河，起自府城南十里楊家廟，西至武家墩文華寺止，幾七十里。旋濬正河，時正河淺淤，因先濬新河以通回空漕舟，而次濬正河以行重運。又修築護城堤以防水患。」城南築包家圍、洋信港諸處，城西築西湖嘴至許家閘諸處。説者曰：

漕河要害莫甚於清江口一帶。倘南河水發，謂淮河。必奔入浦口，衝閘決堤，漫湖壞壩，決而北則掃河頭、湖嘴諸市而入北河，決而南則出高家堰席捲湖蕩，破諸涵洞，包家圍以南必且爲沮洳之區矣。倘北河水發，不衝囓北河堤岸，亦必注南河，破運道，汎濫於高家堰一帶，然此猶南北獨漲之患也。倘兩河並溢，則上至清河、邳、宿，下至高、寶、興、鹽，且蕩然一壑耳。淮志云：淮安府志，明陳文燭修。「平江伯創挑運河，開清江浦口，其法全仗水平。清江口自新莊閘而下，因其高卑，遞爲五閘，五閘或曰舊通濟閘，原在新莊、福興之間，旋廢，故福興、新莊相去至二十餘里，潘季馴因而改置也。板閘而下南抵瓜、儀，堤湖鑿渠，置閘設洞，水各相平，以時蓄洩。又慮河溢則南侵漕，於是堤北河南岸，長四十餘里，以護漕河，而石甃雞嘴雞嘴壩，一名順水壩。於草灣對岸之衝以護堤。慮淮漲則北侵漕，於是築漕南之高家堰，長二十六里餘，以護漕河，而甃磚洞於高卑有辨之界以護堰。一防北河黃流入口，不免泥淤，因詳爲閘壩之制；一防各閘啓閉無時，不免淺涸，因嚴其啓放之規，法至密也。其後日就廢弛，不究水平法度，不審壩閘利病，何怪淮之日却，而南河亦乘之同注於漕渠哉？」漕河議：「淮安城南漕渠之西有涇河，西南有管家諸湖，湖滿則入漕渠。渠東岸堤自城南包家圍至寶應界可六十里，有涵洞，有平水閘，水滿則過閘入洞，洞外有溝接受閘洞餘水，會諸圳洫，不妨田疇，且資灌溉，與涇河並橫亘而東，並入射陽湖，薄鹽城石𥕢口入海。又郡城之東有澗河，有馬邏、建義諸港，中間各有田疇，各有溝洫，或順澗河，或順諸港，各入射陽湖，由廟灣暨鹽城縣北出捍海塘以入海。此亦疏導壅閼之一法也。」

又西北經清河縣治西，又西經桃源縣北，又西經宿遷縣南，

漕河自清江浦口接淮河，稍東北行五里而至清口，清口在清河縣治西南，又西三十里爲三汊口，有巡司，即清河分淺之處，萬曆十六年議開老黄河處也。又西二十里曰新河口，又西十里曰黄家嘴，萬曆二十四年楊一魁分導新河之處。又十里即桃源縣，大河南去縣城不及一里。又西十里曰滿家灣，又西三十里曰崔鎮，隆慶、萬曆間河屢决於此，清口淤塞，黄、運交病。又西二十里曰古城驛，又西二十里曰白洋河口，歸仁集堤在焉。堤在河口東南，所以捍禦黄水、睢水、湖水，使不得射泗州，衝高堰，又東睢、湖之水使并注黄河助其衝刷者也。萬曆六年河臣潘季馴創築，長三十九里，關係至重。又十五里曰陸家墩，十里曰小河口，又十五里至宿遷縣，又十五里爲落馬湖口，志云：宿遷縣北有侍丘、落馬諸湖，爲山東境蒙、沂諸水所匯也。天啓初議開落馬湖口至邳州直河東岸馬頰口，凡五十里，以避劉口、直口及磨兒莊一帶險溜，直接泇河。繼又以縣西二里有陳窑口，竟通落馬湖，復議開陳溝，更避二十里河險。蓋董家溝在縣西二十里，東去落馬湖口五里，又西爲劉口，又西則磨盤莊，接直口之處，舊皆運船所經。是時泇河通運垂二十年，因益開新路以接泇河。崇禎六年大河從吕梁洪西决入直河，而直河、董口匯成洪流，明年復經理之。又十五里爲汊路口，又二十里至皂河，西接邳州界，輿程記：汊路口西五里爲毛兒莊，又三里爲龍岡淺，又十二里即皂河矣。」蓋即大河經流之道矣。

又西經邳州城南及睢寧縣北，又西經靈壁縣北，

漕河在邳州城南二里。自皂河而西十里至直河口，山東蒙、沂諸山之水從此洩入於大河。又西三十里至匙頭灣，隆慶四年河決靈壁縣油房諸處，下流淺淤，河臣潘季馴浚匙頭灣八十餘里，盡塞決口，河復故道。又二十里至邳州，又二十里至乾溝，又二十里至睢寧縣之辛安驛，又十里爲馬家淺，又二十里爲靈壁縣之雙溝，又五里爲徐州接境之栲栳灣。在大河北岸。以上諸口皆大河決溢處也。河渠考：「萬曆三十一年河決單縣之蘇莊，入夏鎮，衝運道。明年河臣李化龍以漕事可虞，請挑泇河，起直河口，至李家口止，在夏鎮東十里。凡二百六十里，漕船始由泇通行，以避黄險。」蓋泇河之議始於隆慶中河臣翁大立，而泇河之功成於化龍，中間開直河之支渠，修王市之石閘，王市，在邳州北五十餘里。平大泛口之湍溜，大泛口，在州西北八十里。濬彭家口之沙淺，彭家口，在州西北百十六里，入山東嶧縣境内。爲功最巨。自是漕出邳州之北，河經州南矣。實録：「萬曆三年科臣侯于兆等議以河衝蕭、碭則二洪涸，衝睢寧則邳河淤，請自夏鎮以東數十里開性義嶺通泇河，爲可興之功。議者多言不便，至是河成，卒賴其利。」里道記：「由直河驛而西北二十里至田家口，又二十里至萬莊集，又二十里至猫兒窩，又十里至齊塘橋，又十里二郎廟，又十里王市閘，又十里泇溝口，又三十里爲臺兒莊，又二十里鄧家閘，又十里至巨梁橋，又二十里至韓莊閘，又六十里而至夏鎮，此泇河開後漕舟北出之道也。」萬曆末河臣劉士忠復慮泇河易淤，議每歲三月開泇行運，九月閉之以修濬，開吕孏令回空由黄，是後泇、黄並用云。泇河，今詳見邳州。

又西北經徐州之北而接於泉河，又西北經沛縣之東，漕河在州城東北，自州北以達於臨清，所謂泉河也，汶、泗之水與諸泉匯流而成川，故曰泉河。亦曰閘河。其舊道自栲栳灣而西北十五里至房村，又十里至吕梁洪，舊稱懸流千仞處也。今鎸鑿屢施，無復嵯岈之患矣。詳見徐州。又二十里曰黄鐘集，又十五里曰樊家店，又七里曰狼矢溝，萬曆中河屢決於此。今詳見大河及徐州境内。又十八里至百步洪，峭石驚湍，險與吕梁相埒，今亦剷鑿就平。詳見徐州。然上流決潰，漕舟經此，輒有淺澀之虞。嘉靖十九年河決睢州，二洪涸，兵部侍郎王以旂開蘭陽李景高口以濟運，上言：「漕河初開，原不資於大河，後因黄河屢被衝決，曹、單、豐、沛、魚臺數十年間泛濫瀰漫，因其勢而曲爲宣防，故徐、吕二洪亦賴濟運，然魯橋以下諸閘及昭陽湖泊多被淤塞。今河漸南徙，舊決各口俱已乾塞，惟存野鷄岡、孫繼口二處，亦係舊築，導河支流直出徐州小浮橋，徑下徐、吕二洪，比之往年出自豐、沛、魚臺等處，絶不相同，與諸閘無干，可免淤塞之患；若令本口多開一溝，常借三分支流使歸渠内，則二洪得以通行無阻矣。」其後二洪益至淺涸，河流亦復遷徙。萬曆二十五年河決單縣黄堌口，入河南夏邑、永城界，二洪復涸。河臣楊一魁亦言：「國家運道原不資於河，全河初出亳、壽之郊，以不治治之，故歲無治河之費。其後全河漸決入運，因遂資其灌輸，五十餘年，久假不歸。又日築垣而居之，涓滴不容外洩，於是濁沙日淤，河身日高。上遏汶、泗則鎮口受淤，魚、滕被浸，下壅清、淮則退而内潴，盱、泗爲魚，以至瀕河没溺，歲運飄流，甚至侵及祖陵，而當事者猥以運道所資，勢不能却之他徙。臣謂宜改弦易轍，但用小浮橋股引之流及節宣汶、泗、沂、兖之水，已足濟運，正不必殫力決塞以回全河也。」既而二洪益涸，河患無已，乃復挽黃流，疏徐、邳運河。蓋自徐、吕二洪至清河五百四十里，重運出其間，欲僅以汶、泗餘波濟之，必不得之數矣。又二里出州城東北大浮橋，在舊城東北三里，本名萬會橋，今去新遷州城五里許。又西北二十里至秦梁洪，又十里至茶城，舊爲北接閘河之口。大河舊道從城東北隅小浮橋合運。嘉靖末河益徙而北，小浮橋漸淤，遂自茶城接於閘河。河漕考：「徐州北三十里有秦溝，正與茶城對衝，戚家港一帶水勢湍溜，自河入秦溝濟運，往往覆溺漕舟，因另開河北岸塔山支河以行舟，後復淤，因開內華等閘。」隆慶六年河臣朱衡言：時河決邳州，運道阻，衡奉命濬徐、邳河。「茶城以北，防黃河之決而入；茶城以南，防黃河之決而出。故自茶城至邳州、宿遷高築兩隄，宿遷至清河盡塞決口，蓋防黃河出則正河淤也。自茶城、秦溝口至豐、沛、曹、單，皆接築縷水舊堤，蓋防黃河入則漕渠淤也。二處告竣，則沛縣窑子頭在沛縣東南三十里。至秦溝口，應築堤捍禦。」從之。萬曆十六年潘季馴言：「河水濁而強，汶、泗清而弱，交處則茶城也。水漲沙停，水落沙去，全在閘禁嚴明，啓閉以時，所謂建閘易，守閘難也。」河漕考：「萬曆九年中河郎中陳瑛以茶城口逼近黃流，水發則倒灌茶城，沙停易淤，因移河口於茶城東八里，創建古洪、內華二閘，黃漲則閉閘避淤，黃退則啓閘衝刷。十六年科臣常居敬復於古洪閘東南二里餘增築鎮口閘，去河愈近，衝刷益易。十七年河臣潘季馴議以鎮口、古洪以東多傍山麓，以西一望平曠，濁河經流，更無隄防，黃水出岸，橫截閘河，腹心受病，因於塔山支河接築縷堤一道。而牛角灣即茶城舊運渠也，又築壩一道，東接塔山，西接長堤，凡二里許。又以壩地本係河身，因於壩南舊縷堤支將軍廟起，東接塔山，築長堤以衛之，黃流始無從逸入。是時季馴復請開小浮橋舊河，議者謂自歸德丁家道以東舊河多成平陸，小浮橋去古洪三十餘里，難以濟運，遂寢。三十四年復開小浮橋，河由故道。又

十里曰梁境閘，其地有境山，因名。輿程記：「境山北二十里曰黃家閘，又十餘里曰皮溝閘，又九里即留城矣。」又漕河記：「運河自茶城北出臨清，舊有七十二淺，新河開後悉爲通渠，惟茶城爲黃、運交會間，正值運盛時，黃水淺，高下不相接，是以有茶城、黃家閘之淺，因復設境山閘以節宣之。」又三十里至留城，接沛縣境。嘉靖四十四年黃河橫決，絶漕河入昭陽湖汎濫而東，詳見大河。運道大阻，遣工部尚書朱衡濬治。衡奏開新河自留城北至南陽閘，凡百四十一里有奇。新河在舊河東三十里。舊河自留城以北十二里曰謝溝閘，又十里曰下沽頭閘，又北五里曰中沽頭閘，又五里爲上沽頭閘，又七里爲金溝閘，又十里至沛縣，又北三十里曰廟道口閘，又北十八里爲湖陵城閘，入魚臺縣界。而沛縣東北有昭陽湖及沙、薛諸水，皆入金溝閘注於運河。初，嘉靖七年河決曹、單，侵沛北，逾漕入昭陽湖，沙泥聚壅，運道大阻。河臣盛應期請於昭陽湖左別開新渠，北起姜家口，南至留城，百四十餘里，以通漕船。而廷臣胡世寧亦言：「宜於昭陽湖東岸滕、沛、魚臺、鄒縣地方之中，地名獨山、新安社諸處別開一河，南接留城、北接沙河口二處舊河以爲運道，而以昭陽爲河流漫散之區，所謂不與水争地也。」從之。功未畢爲異議所阻，至是河流變異，運道悉皆淤塞。朱衡謂運道之利，莫如應期所開之地，乃上言：「自古治河，惟欲避害；今之治河，兼資其利。河流出境山之北則閘河淤，出徐州之南則二洪淤，惟出自境山至小浮橋四十餘里間乃兩利而無害。自黃河橫流，碭山郭貫樓支河皆已淤塞，河從華山分爲南北二支：南出秦溝，正在境山以

南五里許，此誠運河之流也；惟北出沛西及飛雲橋，逆上魚臺，爲患甚大。今議者多以復故道爲言，其不可有五：自新集至兩河口皆平原高阜，無尺寸故道可因，郭貫樓至龍溝一帶頗有河形，又係新淤，無可駐足，一也。河流由新集，則商丘、虞城、夏邑受之，由郭貫樓，則蕭、碭受之，今改復故道，則魚、沛之禍復移蕭、碭，二也。黃河西注華山，勢若建瓴，欲從中鑿渠，挽水南向，必當築壩，爲力甚難，三也。曠日持久，四也。工費告匱，五也。惟宜廣開秦溝，使下流通行，修築長堤，以防奔潰。」從之。及新河成，引鮎魚諸泉、薛河、沙河注其中，壩三河口築馬家橋堤，遏水俱入於秦溝，而橫流始殺。三河口諸處見滕縣及沛縣境。濬舊河自留城至境山之南，凡五十三里有奇。一作：留城至赤龍潭凡五十三里。運河通利。河渠考「隆慶元年河衝濁河鷄爪溝，逆徐入洪，繼而山水暴發，淤新河三河口。朱衡於薛河則築王家口、豸裏溝等壩，開支河引水由吕孟湖出地浜溝西南入運河；於沙河則築皇甫等壩，開支河引水會趙溝等泉而入獨山湖注運河。凡新河之爲閘九，其利建閘屬北河，而珠梅以南八閘屬夏鎮。又減水閘凡二十，壩十有三，薛河口石壩一，南陽河石堤三十餘里。又開支河凡八，旱則資以濟漕，澇則洩之昭陽，而運道盡通，所謂夏鎮河也。三年河溢豐、沛間，衡復自城東北二十餘里開回回墓河，上通昭陽湖口、陵城河口以洩漲水。既而河臣翁大立開鴻溝廢渠，亦自臨陽東出留城，爲節宣之利」云。今自留城而北十三里曰馬家橋閘，自閘而北五里有百中橋。又十里曰西柳莊閘，一名蕭縣閘，西去沛縣四十里。又五里曰滿家橋閘，又五里曰夏鎮閘。有夏鎮城分司駐焉，在縣東北四十里。萬曆三十三年泇河成，漕由直河而西北至夏鎮始合於正河，不復出徐、沛東矣。自夏鎮而北又六里曰楊莊閘，舊名楊家樓閘，在縣東北四十三里。河漕考：「楊莊閘東北即薛河壩。又北即沙河壩，所謂沙河口也，西北去滕縣五十里。」又北即山東魚臺縣境。

又西北經魚臺縣東，又北經濟寧州西，運河西岸曰嘉祥縣，曰鉅野縣，亦皆運道所經。運河在魚臺縣東北二十里，自南直沛縣之楊莊閘三十里至珠梅閘，舊名宋家閘。沛縣志云：「在縣北四十里。」已上屬夏鎮分司。又北四十里至利建閘，屬北河分司。又二十里曰南陽閘。自留城至南陽，所謂新河也。其舊運河在縣東十七里，一名谷亭河，有谷亭鎮。在縣東南二十五里。志云：自沛縣北湖陵城閘十二里至孟陽閘，又十八里至八里灣閘，又十八里至谷亭閘，又十八里即南陽閘矣。此舊運河所經之道也。又西南爲塌場口。在縣南四十里。明初洪武元年大將軍徐達開塌場口，引大河入泗通運。時運河未濬治也。永樂九年初濬會通河成，會通河本元舊名也。志云：元初定江南，漕轉之路自浙西入江、淮，由黄河逆流至於中灤，登陸以至淇門，復由御河登舟以達燕京。至元二十年以江、淮水運不通，乃命兵部尚書李粤魯赤等自今濟寧州開河達於今東平州之安民山，〔一〕凡百五十里。北自奉符爲一牐，以導汶水入洸。東北自兖州爲一牐，以遏泗、沂二水，亦會於洸，以出濟寧之會源牐分流南北。其西北流者至安民山以入清濟故瀆，經東阿縣至利津縣入於海。其後海口沙壅，又從東阿陸轉二百里抵臨清州以下御河。二十六年以壽張縣尹韓仲暉言，復自安民山西南開河，由壽張西北至臨清引汶絶濟達於御、漳，凡二百五十里，是名會通河。由是南接豐、沛，北迄天津，凡一千五百餘里，而推輓之勞不事焉。明初河決原武漫入安山湖，而會通河淤。永樂九年以濟寧州同知潘叔正言，命尚書宋禮濬會通河故道，自濟寧至臨清三百八十五里，凡九閱月而績成。侍郎金純從封丘荊隆口引河達塌場口，築堤導河經二洪百步、呂梁洪也。南入淮。後黃河屢經遷決，而塌場運道淤。嘉靖七年河決而南，沛縣北廟道口淤。八年沛縣飛雲橋之水北徙魚臺谷亭，舟行閘面。九年河決塌場口，衝谷亭，水經三年不去。二十六年復自曹縣決入谷亭。四十四年黃河決溢，谷亭以南運道復淤。於是河臣朱衡改濬新河，至南陽復合於舊河。今由南陽而西北十里曰棗林閘，志云：南陽西北有支河曰牛頭河，由魚臺東舊河口分流而北，至鉅野縣永通閘復合於正河。又五里曰魯橋閘，又三里曰師家莊閘，又八里曰仲家淺閘，又五里曰新閘，又五里曰新店閘，又十八里曰石佛閘，又五里曰趙村閘，又八里曰在城閘，又二里至濟寧州城南天井閘，又西北三十五里至通濟閘而入汶上縣界。通濟閘，萬曆十七年增置，屬鉅野縣界。又西南五里有永通閘，亦是時增置，本名梭堤集，即牛頭河合流處也。輿程記：「州西三里有分水閘，又西十三里舊有安居閘，又五里曰耐牢坡閘，又十里曰火頭灣，即通濟閘也。」自茶城而北，直至臨清，皆所謂閘河也，亦謂之泉河。漕河考：亦見泉河史。「山東泉源屬濟、兗二府十六州縣，共一百八十泉，崇禎五年共計舊泉二百二十六，新泉三十六，蓋山谷之間隨地有泉，疏引漸增也。議者謂諸泉沙積頗多，汶河每爲壅淤，如天時亢旱，泉水亦無涓滴，一遇淫潦，隨地漫流，故泉可恃而未可盡恃云。分爲五派，以濟運道。新泰、萊蕪、泰安、肥城、東平、平陰、汶上、蒙陰之西，寧陽之北，九州縣之泉俱入南旺分流，其功最多，關係最重，是爲分水派：；泗水、曲阜、嵫陽、寧陽迤南四縣之泉，俱入濟寧，關係亦大，是爲天井派：；鄒縣、濟寧、魚臺、嶧縣之西，曲阜之北五州縣之泉，俱入魯橋，是爲魯橋派：；滕縣諸泉盡入獨山、吕孟等湖以達新河，是爲新河派：；又沂水、蒙陰諸泉與嶧縣諸泉俱入邳州徐、吕而下黄河，是爲邳州派。志云：弘治中棄蒙、沂諸泉。萬曆初以滕、嶧、魚之泉舊入沙河及二洪，新河開後由吕孟等湖入運，湖有餘瀦，亦議棄之。其分水、天井、魯橋三派，均漕河命脉也。」

又北經汶上縣西，又北經東平州西，

運河在汶上縣西南三十五里。志云：自濟寧州通濟閘而北二十餘里至縣境之寺前閘，輿程記「火頭灣而北十里曰小長溝，又六里曰大長溝，又五里而至寺前閘」云。又十二里曰柳林閘，亦曰南旺上閘。又四里爲南旺，此爲南北分流之始。又四里曰南旺北閘。亦曰下閘。南旺南、北閘，河之上源也。永樂中築戴村壩在東平州東六十里。遏汶水盡出南旺，分流爲二：四分往南以達徐浦注於河，六分往北以達臨清入於衛。河渠考：「是時相地置閘，以時啓閉。自分水至臨清，地降九十尺，爲閘十有七，南至沽頭，地降百有十六尺，爲閘二十有一，故曰閘河。」自是修堤濬渠，專官管理，稱爲要害。南旺上流專藉汶水，然汶水濁流多沙，自戴村直至南旺，河皆平滿，水易漲溢，雖屢經挑濬，而沙積兩岸，或平鋪地上，風起飛颺，仍歸河內。嘉靖間築東西堤攔之，且開減水閘、滾水壩各四，以洩暴水云。潘季馴曰：「南旺分水，地形最高，所謂水脊也。南流北流，惟吾所用。當春夏轉輸之際，正汶水微弱之時，宜用輪番之法。如運艘淺於濟寧之間，則閉南旺北閘，令汶盡南流以灌茶城。如運艘淺於東昌之間，則閉南旺南閘，令汶盡北流以灌臨清。當其南也，並發東南諸湖水佐之。當其北也，并發濟北諸湖水佐之。泉湖兼注，南北合流，即遇旱暵，鮮不濟矣。所謂分則不足，合則有餘也。」漕河考：「運艘全賴於漕渠，漕渠每資於水櫃。南旺等五湖，謂南旺、蜀山、安山、馬腸、馬踏五湖也。或以南旺、安山、馬腸、昭陽爲四櫃。水之櫃也。漕河水漲，則減水入湖，涸則放水入河，各建閘壩，以時啓閉，實爲利漕至計。嘉、隆以來，昭陽湖爲河水淤平，民畊其中。南旺、安山諸湖亦時爲民所盜種，湖皆狹小，無以濟運，漕行其間，多患淺澀。蓋河身常高於湖至六七尺，水易旁洩，瀦蓄得宜，則湖利而漕亦利矣。萬曆中科臣常居敬言：「鎮口閘至臨清板閘一帶漕渠，共計八百餘里，皆藉汶河之水以資利涉，而漕渠頗遠，泉源頗微，故多設閘座以便節宣，修復南旺等五湖以便瀦蓄，建立減水閘壩以便宣導，皆治漕要務也。」後舊制漸湮，漕始多故矣。自北閘而北又十二里曰開河閘，又十二里曰袁家閘，漕河考：「永樂中尚書宋禮濬會通河，一因元人之舊，惟於汶上縣袁家口東徙二十里至壽張縣之沙灣而接舊河，即此處也。」又十八里曰靳家口閘，以下屬東平州。又十五里曰劉家莊，又十五里經東平州西之安山湖，東去州城十五里，有安山閘。元至元二十六年自安民山西南濬會通河至臨清是也。明天順八年安山北至臨清二百五十餘里皆淺阻，都察院都事金景輝上言：「汴梁北陳橋原有黄河故道。其河北由長垣縣大崗河經曹州至鉅野縣安興墓巡司地界，出會通河合汶水通臨清，惟陳橋三十餘里淺狹，可開挑深闊，引河、沁二水通運河。如此則徐州、臨清西河均得河、沁之濟，而衛河亦增。且開封、長垣、曹、鄆等處税糧俱免陸運，江、淮民船亦可由徐州小浮橋達陳橋至臨清，得免濟寧一帶閘座擠塞留滯之弊」云。又北三十里曰戴家淺閘，而入壽張縣界。

又北經壽張縣東、東阿縣西，又北經陽穀縣東，

漕河自東平州戴家淺閘西北十五里至安平鎮，即古張秋也。東北至東阿縣六十里，西南至壽張縣五十餘里。正統十三年河決滎陽而東衝張秋，潰沙灣，沙灣在壽張縣東北三十里，當張秋之南。命廷臣石璞及王永和等修塞，弗克。景泰三年沙灣復決，河渠考：「時決潰沙灣東堤大洪口，濟、汶諸水皆從之入海，會通河遂淤。」漕運艱阻，命都御史徐有貞治之。有貞言：「大河東決沙灣東，大洪口適當其衝，於是決而奪濟、汶入海之路以去。諸水從之而洩，渠隤隄淤，澇則溢，旱則涸，此漕途所由阻。然欲驟堙，則隤者益隤，淤者益淤。今請先疏上流，水勢平乃治決，決止乃濬淤，多爲之方，以時節宣，庶幾有成。」從之。有貞爲廣濟渠，以疏決河，渠首起張秋，西南行九里至濮陽濼，又九里至博陵陂，又六里至壽張沙河，又八里至東、西影堂，又十五里至白嶺灣，又三里至李堆，又西上二十里至竹口蓮花池，又三十里至大豬潭，乃踰范暨濮，又上而西凡數百里經澶淵以接河、沁。有貞以河、沁之水過則害，微則利，乃節其過而導其微，用平水勢。渠成賜名廣濟渠，張秋之閘曰通源閘。設九堰以堰河流之旁出而不順者，水遂不東衝沙灣，更北以濟運矣。大豬潭，一作「大伾潭」。漕復通利。時有貞既治決河，乃濬漕渠，由沙灣北至臨清凡二百四十里，南至濟寧凡三百十里，復建閘於東昌之龍灣、魏灣者凡八，水泛漲則開而洩之，皆導古河以入海云。弘治三年河決原武，其支流自封丘決而東，衝張

秋。五年張秋復決，河渠考：「是時河自封丘荆隆口隤儀封黄陵岡，下張秋，入漕河，與汶水合而北流。七年河復決張秋東堤，奪運河水東流，由東阿縣舊鹽河奔注海。」命都御史劉大夏塞之，大夏議於山東、河南與北直大名接界處修整黄陵南北古堤，防河東注，疏曹、單間賈魯古河，導河盡南下徐、沛，由淮入海。乃於張秋鎮南北各造滚水石壩，中砌石堤十餘里，仍疏引汶水接濟運河。萬一河再東決，壩可泄漲水，堤可捍衝流。或夏秋水溢，南邊石壩逼近上流，河口船隻不便往來，則於賈魯河或雙河口徑達張秋北下，且免濟寧一帶閘河險阻，尤爲便利。漕河復治。於是更名張秋堤曰安平鎮。河防分司駐焉。自鎮而北十二里爲荆門上下二閘，又十二里爲阿城上下二閘，又十二里爲七級上下二閘，又十五里爲官窑口，又十里曰周店閘荆門以下諸閘屬陽穀縣界。而入東昌府界。

又北經東昌府東，又北經堂邑縣東，又北經博平及清平縣西，漕河在東昌府城東南，自周店閘而北十五里曰李家務閘，一作「李海務」。又二十里至府城南通濟閘，志云：自東昌府南至安平鎮凡九十里也。又五里至城北永通閘，二閘皆萬曆初增置。又三十五里曰梁家鄉閘，又十五里曰土橋閘，二閘屬堂邑縣境。又十二里曰魏家灣閘，又北二十里曰戴家灣閘，二閘屬清平縣。志曰：清陽驛在二閘間，相去各十里。河之東岸即博平縣界也。又北接臨清州界。

又北經臨清州城西而入於衛河，又北經夏津縣及武城縣西，漕河在臨清州城西。自州北以達於天津，皆衛河也。志云：漕河自清平縣戴家灣閘二十里至雙淺舖，又二十里至州南三里之板閘，又北至城下曰新開上閘，稍北曰南板閘，爲北接衛河之口。閘河至此勢弱流緩，而衛河流濁勢盛，故於其間櫛比置閘，以防閘河之北出，又以防衛河之南溢也。漕河考：閘河高而衛河下，此爲交合之處，每三四月間，雨少泉澀，閘河既淺，衛水又消，高下陡峻，勢若建瓴，節宣不可無術也。漕舟入衛河，始無啓閉之阻，安流以達天津矣。由臨清而北四十里曰夏城窑，一作「油坊巡司」。又北二十里入夏津縣界，東北去縣四十里。又二十里曰渡口驛，又三十里經武城縣城西，又東北五十里曰甲馬營，有巡司。而接恩縣界。

又東北經恩縣西，又北經故城縣東，

漕河在恩縣西北五十里。自甲馬營東北五十里至鄭家口，又三十里至防前，又三十里經北直故城縣城東南，又七十里即德州矣。蓋自臨清而東北，即北直大川衛河所經之道也。

又東北經德州城西，又東北經景州之東，吴橋縣西，

漕河在德州城西，自故城縣流經此。又七十里地名桑園，有良店水驛。又北三十里爲廢安陵縣，西去景州十七里，安陵之東即吴橋縣界也。東去縣城三十里。又三十里曰黄家園，亦曰

黃家園河口。又三十里曰連兒窩，有連窩驛，屬吳橋縣。又東北接東光縣界。

又東北經東光縣西，又東北經交河縣東，

漕河在東光縣城西三里，自連窩驛三十里而經縣西，又東北五十里而經交河縣東五十里之泊頭鎮，又東即南皮縣也。輿程記：「自東光縣東北二十里至下店口，又三十里即泊頭鎮，新橋驛在焉。」

又東北經南皮縣西，又東折而北經滄州城西，又西北經興濟縣西，

漕河在南皮縣西北二十里，有齊家堰，自泊頭鎮東北二十里流經此。又二十里爲薛家窩，又三十五里至滄州南之磚河驛，又北三十里至滄州城西，又北四十里而經興濟縣城西也。

又北經青縣東，又東北經靜海縣北，又北接於白河，

漕河在縣城東，自興濟縣西北流四十里而經此。輿程記：「興濟縣北十里至周官兒屯，又二十里至青縣。」又東北流四十里至流河驛，又六十里至雙塘，輿程記：「流河驛東北二十里有唐官河屯，又四十里至雙塘兒。」又東北十二里經靜海縣城北，又北二十里至獨流河，又二十里爲新口，又二十里爲楊柳青，又二十里爲曹家莊，又二十里至天津衛。衛河至此而合於白河，天津當兩河之交，爲噤喉重地。衛東爲小直沽口，畿輔羣川悉由此而達於海矣。自天津衛至海口，凡六十里。

又西北經武清縣東，又西北經漷縣東，

漕河在武清縣東三十五里。自天津衛以達於神京，皆白河之流也，亦謂之通惠河。元人創開運道，自昌平州引神山諸泉經都城至通州合於白河，又南至於天津，皆曰通惠河，今亦曰大通河。今自天津而西北十里曰丁家沽，又十里曰尹兒灣，又十里曰桃花口，又十里曰滿溝兒，又二十里曰楊村驛，潘氏曰：「楊村以北，通惠之勢峻若建瓴，白河之流淤沙易阻，夏秋水漲則懼其潦，冬春水微則病其澀，浮沙之地，既難建閘以備節宣，惟有濬築之工耳。沿河兩堤，如搬罾口、火燒屯、通濟廠、東要兒渡口、黃家務、華家口、閻家口、棉花市、猪市口、觀音堂、蔡家口、桃花口以上堤岸，卑薄最甚，民居漕艘，被患不時，所當以時濬築，不可或忽也。」又三十里曰南、北蔡村，又十里曰磚廠，又十里曰黃家務，又十里曰蒙村，又十里曰白廟兒，又十里曰河西務，西南至武清縣三十里。又三十里曰紅廟，里道記：「河西驛十五里至王家擺渡口，又十里至魯家渡，又五里至紅廟。」又十里曰靳家莊，又十里曰搬罾口，又十里曰蕭家林，又十里曰和合驛，屬通州。又二十里至漷縣楊家莊。又二十里至漷縣，又十里則火燒屯也。自河西務以至通州張家灣計百四十里，河狹水迅，路曲沙渟，凡五十有九淺云。

又北至通州之南而輸於太倉。

漕河至州南十五里曰張家灣，東南運艘畢集於此，乃運入通州倉。里道記：「火燒屯而北七里曰公雞店，又七里曰沙孤堆，又六里曰保運觀，亦謂之李二寺，又十里即張家灣矣。」自通州而西，又四十五里乃達於都城，則上流淺阻，置閘節宣，僅容盤運，非運艘直達之道矣。詳見京師大通河。潘季馴曰：「治河莫難於我朝，亦莫善於我朝。宋、元以來，惟欲避河之害，故賈讓不與河爭地之説爲上策。自永樂以來，由淮及徐，藉河資運，欲不與之爭得乎？此之謂難。然以治河之工，而收治漕之利，漕不可一歲不通，則河不可一歲不治，一舉兩得，所謂善也。故宋、元以前黄河或北或南，曾無定歲，我朝河不北徙二百餘年，此兼漕之利也。今欲別尋一道，遂置兩河於不治，則堯、舜之時氾濫於中國者此河也，縱使漕運無阻，民可得而食乎？」又曰：「運河自瓜、儀至淮安則資湖，自淮安至徐州鎮口閘則資河，自鎮口閘至臨清板閘則資汶、泗。河浲洞之水患在漭，汶、泗涓涓之流患在涸。固其堤使之可捍，深其渠使之可容，此治漭法也。湖以蓄之使不匱，閘以節之使可繼，此治涸法也。邵伯隄固而湖水無泛濫之虞，寶應堤成而閘口免回沙之積。高堰無傾圮之患，則淮、揚免昏墊之災；淮河絶支岐之流，則清口有專攻之力。茶城、鎮口之閘建，深得重門禦暴之方；永通、通濟之閘增，自無長堤濟運之困。五湖堤界明，則汶、泗渟涵，而不時之需可待；斗門閘壩設，則蓄洩有所，而湖河之利相須。汶、泗趨而泉河易竭，故坎河大壩之關係匪輕；汶北注而南旺之東流必微，故何家一壩之利賴不少。至於捲築障埽，加幫卑薄，雖非一勞永逸之計，然亦每歲修防之必不可已者也。」夏允彝曰：「漕河南盡瓜、儀，北通燕、薊。其間自昌平縣神山泉諸水由西山貫都城，過大通橋，東至通州入白河者，大通河也；自通州而南至直沽會衛水入海者，白水也；自天津而南至臨清會閘河者，衛水也；閘河自南旺分流，北經張秋至臨清會衛河，南至濟寧天井閘會泗、沂、洸三水者，汶水也；自濟寧城東北出天井閘與汶合，南流至南陽出夏鎮，每年俱於三月開彭壩入泇河出直口入黄以濟重運，九月閉彭壩由徐州大浮橋入黄南下者，泗、洸、沂并山東泉水也；自直河口至清口者，黄河也；自清口通淮南至儀真、瓜洲者，淮、湖諸水也。」

王在晉曰：「東南糧餉，由會通河而達京師，南北不啻數千里，總命曰漕河，其實有六：爲白漕，爲衛漕，爲閘漕，爲河漕，爲湖漕，爲浙漕。大抵水勢迴異，而治法亦各有緩急之殊。六漕之中，惟河漕、湖漕最急。河漕爲有源之水，而遷決靡定。湖漕爲無源之水，而衝嚙可虞。」謝肇淛曰：「漕河由廣陵而達淮安爲南河，由黄河而達豐、沛爲中河，由山東而達天津爲北河，由天津而達張家灣爲通惠河。之四者，天下之脉絡所關也。」

余毅中曰：「國家定鼎燕都，轉漕吴、楚，其治河也匪直袪其害，而復資其利，故較之往代爲最難。然通漕於河，則治河即以治漕，會河於淮，則治淮即以治河，合河、淮而同入於海，則治河、淮即以治海，故較之往代亦最利。邇歲以來，横議滋起：有以決口爲不必塞，而且欲就決爲漕者，不知水分勢緩，沙停漕淤，雖有旁決，將安用之，無論沮洳難舟，田廬咸沼也，是索途於冥者也。有以縷堤爲足恃，而疑遥堤無益者，不知河挾萬流，湍激異甚，堤近則逼迫難容，堤遠則容蓄廣寬，謂遥不如縷，是貯斛於盂者也。有謂海口淺墊，須别鑿一口者，不知非海口不能容二瀆，乃二瀆失其注海之本體耳，使二瀆仍復故流，則海口必復故額，若人力所開，豈能幾舊口萬分之一，别鑿之説，是穿咽於胸者也。又有謂高堰築則泗州溢，而欲任淮東注者，不知堰築而後淮口通，淮口通而後入海順，欲拯泗患而訾堰工，是求前於却者也。他如絶流而挑，方舟而濬，疏渠以殺流，引洫以灌溉，襲虚舊之談，而懵時宜之窾者，紛紛籍籍，載道盈廷。至於釣奇之士，則又欲舍舊而新是圖，於是有泇、膠、睢三河之説焉，不知既治河而又别治漕，是以財委壑也。又有興復海運之説焉，不知歲用民賦，而又歲用民命，是以民委壑也，是又不達於水可攻水之理耳。蓋黄河之性，合則流急，分則流緩，急則蕩滌而疏通，緩則停滯而淤塞，故以人力治之則逆而難，以水力治之則順而易。大都盡塞諸决，則水力合矣；寬築隄防，則衝决杜矣；多設減壩，則遥堤固矣。并堤歸仁，則黄不及泗矣。築高堰，復閘壩，則淮不東注矣。堤柳浦，缮西橋，則黄不南侵矣。修寶應之堤，濬揚、儀之淺，則湖捍而渠通矣。河身益深，而河之赴海也順；淮口益深，而淮之合河也切；河、淮併力以推滌海淤，而海口之宣洩二瀆也易。此借水攻沙之明效也。若謂水騆於分湧於合，恐其合而湧也，則堤址既遥，而崩騰可恣，是寓分於合矣。若謂胡不用濬而純用築也，則築堅而水自合，水合而河自深，是藏濬於築矣。若謂胡不使黄、淮分背而乃使淮助河勢、河扼淮勢也，則合流之後，海口即大闢，蓋河不旁决，正流自深，得淮羽翼而愈深，是用淮於河矣。若謂河决爲天數，不可以人力强塞，故曰故道難復也，然既塞之後，河即安瀾，是全天於人矣。若謂胡不創築一渠，而拘拘膠柱爲也，則二百年成規本無庸創，而自今復之，是兼創於守矣。若謂閘壩之復，行旅稍滯，然河渠既奠，而行旅益通，何便如之，是含速於滯矣。雖然，排河、淮非難，而排天下之異議難。合河、淮非難，而合天下之人情難。使非選擇明而任用專，何能奏難成之績哉？」

右漕河。

海道南自瓊、崖，北達遼、碣，回環二萬餘里。魚鹽之饒，下被于民，輓輸之利，上濟於國，而撻伐之方，戍守之備，所係亦綦重矣。今略舉濱海州縣著之於篇，而附以元人海運之跡。城邑形勝，山川事跡，俱散見各卷中，此不載。其要荒蕃服及島嶼諸夷，皆略而不書者，亦以見重内略外之意，且不欲啓後世窮兵黷武之心也。

廣東爲府者有十，而濱海之府八，瓊州府則回環皆海也。

瓊州府北至海岸十里，渡海至雷州府海岸爲道六十里。而儋州西北去海四十餘里，萬州東去海二十里，崖州西南去海五十里，所屬十縣類皆竝海。而瓊之澄邁、臨高、文昌、樂會，儋之昌化，萬之陵水，崖之感恩，去海尤近云。

大海在欽州之南，又東爲廉州府之南。

海在欽州南二百五十里，與安南國接境。又東爲廉州府，北去府城八十里。

又東折而南爲雷州府之南，

海自廉州府南境折而東南，出雷、瓊二府間，又繞而東北。今雷州東西南三面皆環海，東面去海僅十里。所領縣三，徐聞一縣尤逼海濱矣。縣在府南百餘里，東去海二十里。

又東北爲高州府之南，

高州府南去大海百五十里，所屬州一，縣五，而化州之吴川縣尤迫海濱，次則電白縣也。吴川縣南去海四十里。電白縣東南去海百里。大海自雷州而東北經吴川縣南，又東經高州府電白縣南而入肇慶府境。

又東爲肇慶府南境，

府南境去海爲遠，而所屬之陽江縣則南去海僅五十餘里，縣在府西南四百四十里。與高州府之電白縣、廣州府之新寧縣界相接也。

又東北爲廣州府南，

海在府南百里，而所屬之新寧、新會、香山、東莞、新安五縣，尤爲濱海要衝。自陽江縣而東經新寧縣南，縣南去海七十餘里。又縣西南二百里名寨門海，向爲番舶往來之衝。又東北爲新會縣南，縣南去海八十里，宋之崖山在焉。又東北經會城南，而三江之水流入焉。三江，西江、北江、東江也。詳見廣東大川。其南則香山縣也。縣北去府城百五十里，大海環其外，渡海至北岸凡五十里。又東北經東莞縣南，縣西南去大海六十里。又東南爲新安縣南，海自縣之西北繞而東南，番舶往來，皆出於此。又東北接惠州府界。

又東北爲惠州府南，

海在府南一百十里，而所屬之海豐縣爲濱海要地。縣城南去海百里，有甲子門諸險。志云：海自廣州府新安縣東北經府南境，又東三百里乃經海豐縣南。閩、廣往來，海豐其必出之途矣。

又東北爲潮州府南。

海在府南百五十里，而所屬潮陽、惠來、普寧、澄海四縣尤近海濱。自惠州海豐縣東二百三十里，經惠來縣南，海在縣南四十里。又東經揭陽縣南，海在縣東南九十里。又東經潮陽縣南，海在縣南五里。又東經府南，又東經澄海縣南，海在縣南四十里。而接福建漳州府界。

福建爲府八，而濱海之府四。其西與潮州府接境者曰漳州府，

海在漳州府東南五十餘里，而所屬詔安、漳浦、海澄三縣，皆濱海衝要也。自潮州澄海縣

東北入詔安境，海在縣城東南一里。又東北經漳浦縣東，海在縣東百里。又北經府東南。而海澄爲漳州之門户，縣東北以及西南皆濱大海，欲固漳州，必先衛海澄也。

又東北爲泉州府南，

海在泉州府城東南四十里，唐貞觀二十一年泉州海溢。而所屬同安、惠安兩縣尤爲衝要。自漳州府海澄縣東北經同安縣南，縣西南去大海僅十餘里。又東北經府東南，又東北經惠安縣南，縣西南去大海僅十餘里。又東北接興化府界。

又東北爲興化府南，

海在興化府南三十里。自泉州府惠安縣東北入府境，又東北接福州府福清縣境，東南有警，防維最切。

又東北爲福州府東，

海在福州府東百里，而所屬福清、長樂、連江、羅源四縣皆濱海之區也。自興化府東北經福清縣東，縣東去海三十餘里。又北經長樂縣東，縣東去海亦三十餘里。又北經府東而建江流合焉。建江，詳福建大川。又北經連江縣東，縣東去海三十里。又北經羅源縣東南，縣東南去海三十餘里。又東接福寧州界。福州者，東南之隩區，海陬之襟要也。自福州而達江、浙，風帆往來，最爲捷徑。自福州而達交、廣，乘潮駕浪，東西便易。東晉末孫恩肆毒於東海，其黨盧循等竄入番禺。既而劉裕與循等相持於潯陽，裕潛遣水軍自海道襲其番禺，則閩海非經行之地乎？唐咸通中安南陷於南詔，諸兵皆屯聚嶺南，餽運艱阻，閩人陳磻石建議，〔三〕自福建運米泛海至廣州，軍食以足。宋理宗朝，朱子奏劄言：「廣東海路至浙東爲近，宜於福建、廣東沿海去處招邀米客。」景炎、祥興之際，自閩入粤，與蒙古争衡於海島。元至正十九年時山東、河南之路不通，議遣户部尚書貢師泰往福建，以閩鹽易糧給京師，得數十萬石。其後陳友定亦自閩中海運貢奉不絶。明初定閩、粤，皆由海道而前。湯和出明州海道取福州，而廖永忠自福州海道定廣東。世廟時倭寇播惡，殲除之績多在閩、粤海中。至於安南用兵，識者皆以海道之兵不繼，故盪平未奏。然則交、廣用兵，閩海又其上游之勢與！附海運攷：「福建布政司城東南水波門船廠發船，至神仙壁，碧水，屋山島開洋，至三岔河口，又東至皷山寺，至琅琦港娘媽宫前泊。一日至長樂港口，一日至民遠鎮巡司，一日至總埠頭港，一日至福州左等衛，一日至五虎廟，一日至五虎門。開洋望東北行，正東便是荻蘆山，亦謂之褁衣山，正北是定海千户所，東南是福清縣鹽場。一日至王家峪海島泊，一日至北高山巡司西洋山口泊，一日至福寧州幫娘娘廟前泊，一日至蒲門千户所，晚收舥艚巡司海口。一日至金鄉衛，一日至温州府平陽縣平陽巡司海口，至鳳凰山、銅盆山，晚收中界山泊。一日至磐石衛，見霧，在中界山正北島泊。待南風行，至晚收楚門千户所泊。北過利洋雞籠山至松門港，收松門衛東港泊。又至台州海門衛東洋山泊。離温州望北行，到桃渚千户所聖門口泊。開洋至大佛頭山、屏風山至健跳千户所長亭巡司，又至羅漢堂山，到石浦千户所東關泊。離石浦港後門，過銅瓦山、後沙洋、半邊山至爵谿千户所，望北行至青門山、亂石礁洋，至錢倉千户所、雙膌港、騎頭巡司，過大嵩千户所、沈家門山、招寶山進定海港定海衛南門。開洋望北行，至遮口山、黄公洋、洌港千户所、海寧衛、東山、姑山。望北行，若至茶山，低了。至金山衛灘、松江府上海縣，海套水淺。望東南行，晚泊候潮，過羊山、大七山、小七山、太倉寶塔，望東北行兩日夜見黑水洋，南風一日見緑水，瞭見海内懸山一座，便是延真島。靖海衛口淺灘，避之。此運船自福州至登州靖海衛之道也。」

又東北爲福寧州東。

大海在州東六十里，自福州府羅源縣東折而北出，經州東又遶州北而達浙江温州府界。

浙江爲府十一，而濱海之府六。其南與福寧州接界者曰温州府。

大海在温州府東九十里，唐顯慶元年、總章三年海水屢溢永嘉、安固二縣，即温州境也。而所屬平陽、瑞安、樂清三縣，皆濱海要地也。自福寧州北經平陽縣東，海在縣東南七十里。又北經瑞安縣東，海在縣東百里，而海港直通縣城南。又北經府東，又東北經樂清縣東，海在縣東南六十里。又東北接台州府界。

又東北爲台州府東，

海在府東百八十里，而所屬太平、黄巖、寧海三縣，皆濱於海。自樂清縣東北，經太平縣東，海在縣東南二十里。又東北經黄巖縣東。海去縣城百里，有海港直入，徑至縣城北。府境海防，縣爲最衝。黄巖，台郡之門户也。又北經府東，又東北經寧海縣東，海在縣東四十里。與寧波府接界。

又東北爲寧波府東，

海在府東南百餘里，而所屬之象山、定海、慈谿三縣皆濱海要地也。自寧海縣東折北而出爲象山縣，縣東西南三面皆濱海。相距皆不過數十里，防衛至切。又迤北而西折，定海縣當其衝。縣城東北兩面皆濱大海。定海不特寧波一郡之鎖鑰，而全浙之襟喉也。由定海而西爲寧波之北境，府北距海六十餘里。又西則慈谿之北矣。縣北距海六十里。蓋大海自閩至浙皆北行，至台州東北乃益折而東，過象山又折而西，府境適當折旋之處，東南北三面皆險也。自寧波北望金山大洋，出崇明沙、上海門，風帆隼飛，信宿可至，寧波告警，大江南北安得晏然無事與？

大海西折而北出，西南爲紹興府境，

海在府北三十里。浙江、錢清江、曹娥江之水並會於此而入海，謂之三江海口，唐大和二年越州大風雨，海溢。西北趨杭州不過百餘里，會城以此爲門户，而所屬之餘姚縣亦爲濱海要地。海在縣北四十里。自府北而東北，對海寧、海鹽一帶，烽火相接也。

又北爲杭州府境，又東北爲嘉興府境。

海在杭州府海寧縣南十里，與紹興府三江口相接，並爲襟要。唐大曆十年杭州海溢。自海寧縣而東，又微折而北，經嘉興府海鹽縣城東里許，又東北折而入南直松江府界。

南直爲府十有四，而濱海之府四。其南與嘉興府接境者曰松江府。

海在松江府東南七十餘里，而所屬上海縣亦濱海要區也。自海鹽縣東北折即府境金山衛，在府東南七十二里，其南遥對定海門。當南直之要衝。又東北經府東，又北歷上海縣東，西去縣七十里。而吴松江之水自縣北以達於海矣。吴松江，詳見南直大川三江。

又微折而西北，經蘇州府之東，

海在府東百八十里，而所屬之嘉定縣、太倉州、常熟縣皆濱海，崇明縣則孤懸海渚，在太倉州東二百里，大海環其四面。東北與海門縣之料角嘴相爲控帶，爲長江外衛，舊稱險要。今自上海縣而北，即嘉定縣之東境，海在縣東四十五里，縣南吴松江與上海縣分界。又北即太倉州之東境，海在州東七十餘里。劉河入海處也。又北爲常熟縣東北境，海在縣東北百餘里。大江經縣北以達於海，江之北岸即揚州府境矣。海運攷：「劉家港出揚子江南岸，候潮長沿西行半日到白茅港，潮平，帶蓬櫓摇過撑脚沙尖，轉崇明沙，正東行，南有朱八沙、婆婆沙、三脚沙，須避之。揚子江內北有雙塔，南有范家灘，東南有張家沙。江口有陸家沙，可避。口外有暗沙一帶，直至崇明。江北有瞭角嘴，開洋或正西、西南、西北風，潮落，正東或帶北一字行，半日可過長灘，是白水洋。東北行見官緑水，一日見黑緑水。循黑緑水正北行，好風兩日一夜到黑水洋，又兩日夜見北洋緑水，又一日夜正北望顯神山，半日見成山。自轉瞭角嘴未過長灘正北行，靠桃花班水邊，北有長灘沙、嚮沙、半洋沙、陰沙、溟沙，切避之。如黑水洋正北帶東一字行，量日期不見成山、黑水，多必低了，可見升羅嶼，海中島西有礒如筆架，即復回，望北帶西一字行，一日夜便見成山。若過黑水洋見北洋官緑水，或延真島，望西北行，便是九峰山。向北去有赤山、勞山，皆有島嶼可泊。若勞山北有北茶山、白蓬頭，石礁横百餘里，激浪如雪，即開。使或復回，望東北行，北有馬鞍山、竹山島，北有旱門漫灘，皆可泊，北向便是成山。如在北洋官緑水内望見顯神山，挑西一字，多必是高了，即便復回，望東北行，過成山正西行，前雞鳴嶼内有浮礁，避之。西有夫人嶼，不可行，須到劉公島西可泊。劉島正西行，到之罘島東北，有門可入。西北離百餘里有黑礁三四畝大，避之。至八角島東南，有門可入。自之罘島好風半日過抹直口，有金嘴石衝出洋内，潮落可見，避之。至新河海口到沙門島，東南有淺，挨深行，南門可入。東有門，有暗礁。西北有門，可泊。沙門島開洋北過鼉磯山、欽島、没島、南半洋、北半洋到鐵山洋，東收旅順口，又東收黄洋川，西南有礁。黄洋川東收平島口，外有五箇饅頭山，進内泊南岸。外洋成兒嶺盡東望三山正中入，内有南北沙相連，可泊。三山西有南山，收青泥窪，西有松樹島，北有孤山。東北望鳳凰山、和尚島，墩西有礁石，外有亂礁，避之。三山北青島一路，望海駝收黄島、使島。若鐵山西收羊頭窪、雙島，有半邊山、艾子口。望塔山，看連雲島，東北看蓋州，西看寶塔臺，便是梁房口，入三汊河，收牛家莊馬頭泊。此自劉河運至遼東之道也。」

又北爲揚州府之東境，

海在府東三百餘里，而所屬之通州、海門、如皋、興化諸州縣，皆濱海處也。今自海門而南爲大江入海之口，最稱衝要。東南與崇明縣相望。自縣東又折而西北，舊志：海門縣東去海十里，北去海二十里。今縣境大抵淪入於海，非復舊壤也。爲通州之東北境，州東北去海五十里。又西北爲如皋縣之東北境，縣東北去海百餘里。又北爲興化縣東境，縣東去海亦百餘里。又北接淮安府鹽城縣界。

又西北經淮安府之東。

海在府東二百里，而所屬之鹽城、安東縣以及海州贛榆縣皆濱海。今自興化縣而北經鹽城之東，縣東去海五十里。又北經府東，益折而西北，爲長淮入海之口。淮河北岸即安東縣也。縣東去海五十餘里。又北經海州之東，海在州東二十八里。又北爲贛榆縣東，海在縣東北七十里。接山東青州府境。

大海自南直海州而北爲山東青州府之境，又折而東爲萊州府及登州府之南境，

海在青州府日照縣東二十里，與贛榆縣接界。唐上元三年青州大風，海溢，漂居人五千餘家。折而東北爲萊州府之膠州境，州東南二境皆去海數十里。又東北經即墨縣境，海在縣南五十里，自縣南以達於東北皆濱海，南與海州及安東縣相望。又東北爲登州府萊陽縣境，海在縣南百餘里。又東爲棲霞縣境，海在縣南百四十里。又微折而東南爲文登縣境。海在縣南六十里，而東北兩面亦皆濱於海。此山東南面之海道也。

大海經登州府東境，又折而西經登州府之北及萊州府、青州府之北，海自文登縣東北出而西折，經寧海州之北，州北至海五十里。又西經福山縣之北，海在縣東北三十餘里。又西經登州府之北，海在府城北五里，北與遼東相望。自新開海口而北至遼東金州衛旅順海口五百里而近。又西經招遠縣之北，海在縣北五十里。又西經萊州府之北，海在府城北九十里。又西經昌邑縣北，海在縣北五十里。又西經濰縣北，海在縣之北八十里。又西經青州府壽光縣北，海在縣北五十餘里。又西經樂安縣北，在縣東北百十里，與博興縣接界。又西北而入濟南府境。此山東北面之海道也。

大海西折而北出，經濟南府之東北。海在濟南府濱州東北八十里。今自樂安縣而西北，經蒲臺縣東，西至縣百四十里。又北經濱州東，又北經利津縣東，海在縣東北三十里。又北經霑化縣東，海在縣東六十里。而入北直滄州境。蓋山東之爲郡者六，而濱海者凡四。

又北經北直河間府之東，海在河間府滄州東百八十里。自霑化縣境經鹽山縣東，海在縣東七十里。又北經州境，又北經靜海縣東，海在縣東北百五十里。當漳、衛諸川入海之處，所謂小直沽也。天津衛在焉，衛在靜海縣西北七十五里。爲畿輔噤喉之地，元人海運至大都者皆集於此。明初亦因其制。

今漕運之達京師者亦未嘗不自天津而北也。海運考：「自直沽開洋，望東挑南一字行，一日夜見半邊沙門島，挑南字多必見萊州三山，挑東北行半日便見沙門島，若挑北多見砣磯山，南收登州衛。沙門島開船，東南山嘴有淺，挨中東行，好風一日夜到劉島。劉島開洋望東挑北一字行，轉成山嘴正南行，好風一日夜見緑水，一日夜見黑水，又一日夜見南洋緑水，又兩日一夜見白水。望南挑西一字行，一日點竿戳二丈，漸減一丈五尺，水下有亂泥二尺深，便是長灘，漸挑西收洪。如戳硬沙，即便復回，望東行見緑水，到白水，尋長沙，〔三〕收三沙洪。如不著洪，望東南行，日看黄緑色浪花如茶抹，夜看浪潑如大星，多即是茶山。若船坐茶山往西南一字行，朝北見崇明沙，南見清浦墩岸劉家港。如在黑水洋正南挑西，多是高了，前有陰沙、半洋沙、嚮沙、攔頭沙，即是暸角嘴，便復回望正東行，看水色風汛，收三沙洪。如風不便，即挑東南行，看水色收寶山。如在黑水大洋挑東，多必是低了，見隔界大山一座，便望正西南一字行，一日夜便見茶山。如不見隔界山，又不見茶山，見黑緑水多，便望正西行，必見石龍山、孤礁山，復回望西南行，見茶山收洪。此運舟自直沽南還之道也。」〔四〕

大海又北折而東出，經順天府東南及永平府之南。海自天津而東北，爲順天府寶坻縣東南境，海在縣東南二百餘里。又折而東爲豐潤縣之南境，海在縣南百三十里。又東爲永平府灤州南境，海在州南百三十里。又東爲樂亭縣南境，海在縣南三十里。又東經永平府南，海在府城南九十里。又東爲昌黎縣南，海在縣東南七十里，碣石山在焉。又東經山海關南而接遼東界。海在關南四里。自登、萊以迄於滄州、永平之境，古所謂渤海之險也。

大海自西而東，經廣寧之南境，又南折而東出經遼陽之南境。

遼東南面皆濱海爲險，回環幾二千里。自山海關而東，舊曰廣寧前屯衛，南去海二十里。又東舊曰寧遠衛，南去海二十五里。又東北舊曰廣寧中屯衛，南至海五十里。又東舊曰義州衛，南去海百五十里。又東舊曰廣寧右屯衛，南去海三十里。又東舊曰廣寧衛，南去海百三十里。此古所稱遼西地也。自此折而南，經故海州衛之西南曰梁房口關。亦曰三岔口，亦曰遼河口，在海州衛西南七十里。爲遼河入海之處。又南經故蓋州衛西，東去衛城十里。又南經故復州衛西，東去衛城四十五里。又南經故金州衛西，東去衛城三十里。又南折而東經衛南，北去衛城百二十里。曰旅順口關，爲遼東全鎮咽喉之地。南對登州府新開海口。又東北至遼陽南境，海在城南七百三十里。又東接朝鮮境内，此古所稱遼東地也。蓋西南以安南爲翼衛，東北以朝鮮爲藩維，懷柔鎮疊之規模，於此亦可睹矣。海運考：「自遼河口開洋，順風一日夜至鐵山。帶東二字望南行，經成山入南洋，望正南行，三日夜經桃花班水。望東行，見白水，帶西二字勤戳點竿，尋長灘一丈八尺，漸減至一丈五尺，望西行戳揚子江洪。如不見，望下使必見茶山，船稍南而坐茶山望西行，半潮便見崇明沙。如風順，一潮至劉家港内。此運舟自遼東南還之道也。」

丘濬曰：「海運自秦已有之，而唐人亦轉東吳粳稻以給幽、燕，杜甫詩：「漁陽豪俠地，擊鼓吹笙竽，雲帆轉遼海，粳稻來東吴。」又云：「幽、燕盛用武，供給亦勢哉。吴門持粟布，汎海凌蓬萊。」此唐人海運之證也。然以給邊方之用而已。用之以足國，則始於元初。伯顔平宋，命張瑄等以宋圖籍自崇明由海道入京師。至元十九年始建海運之策，命羅壁等造平底海船，糧從海道抵直沽。是時猶有中灤之運，不專於海道。二十八年立都轉運萬户府，督歲運。至大中，以江淮、江浙財賦府每歲所辦糧充運，自此至末年，專仰海運矣。説者謂雖有風濤漂溺之虞，然視河漕之費所得蓋多，故終元之世，海運不廢。」

羅洪先曰：「考元至元二十一年伯顔始建議海運，尋建海道萬户府，三任故海盜朱清、張瑄、羅壁爲萬户。初時押運糧僅三萬五千石，船大者不過千石，小者三百石。自劉家港出揚子江盤轉黄連沙嘴，月餘始至淮口，過膠州勞山，一路至延真島望北行，轉成山西行至九皐島、劉公島、沙門島，放萊州大洋，收界河，兩月餘抵直沽，實爲繁重。至元二十六年增糧八十萬石，二月開洋，四月直沽交卸，五月還，復運夏糧，至八月回，一歲兩運。是時船尚小。二十七年朱清請長興李福四押運，自揚子江開洋，落潮東北行，離長灘至白水、緑水，經黑水大洋，北望延真島轉成山西行，入沙門，開萊州大洋，進界河，不過一月或半月，至直沽，漕運利便。大德以後招兩浙上户自造運船，量給脚價。船大者八九千，小者二千餘石。歲運三百六十萬石至京師。迤南番貢亦循道而至。自上海至直沽内楊村馬頭，凡萬三千三百五十里，不出月餘即達，省費不貲。若長樂港出福州經崇明以北，又自古未有之利也。」元史「初海運之道，自平江劉家港入海，經揚州路通州海門縣黄連沙頭、萬里長灘開洋，沿山嶴而行，抵淮安路鹽城縣，歷西海州、海寧府東海縣、密州、膠州界，放靈山洋投東北，路多淺沙，行月餘始抵成山。計其水程，自上海至楊村馬頭凡萬三千三百五十里。至元二十九年朱清等言其路險惡，復開生道。自劉家港開洋至撑脚沙，轉沙嘴至三沙、揚子江，過匾擔沙大洪，又過萬里長灘，放大洋至青水洋，又經黑水洋至成山，過劉島，至之罘、沙門二島，放萊州大洋抵界河口，其道差爲徑直。明年千户殷民略又開新道，從劉家港入海，至崇明州三沙放洋，向東行入黑水大洋，取成山，轉西至劉家島，又至登州沙門島，於萊州大洋入界河，當舟行風信有時，自浙西至京師不過旬日而已，視前二道爲最便」云。

梁夢龍曰：「元史稱元人海運，民無輓輸之勞，國有儲蓄之富。今國家都燕，財賦自東南而來者，僅恃會通一河，識者不無意外之慮。若尋元人海運之道，别通海運一路，與河漕並行，江西、湖廣、江東之粟照舊河運，而以浙西、東瀕海一帶由海運，未爲非策也。」丘氏濬亦主此説。又曰：「元人由海運或至損壞者，以起自太倉、嘉定而北也。若但自淮安而東循登、萊以洎天津，本名北海，中多島嶼，可以避風，與東南之海渺茫無際者迥異。誠議運於此，是名雖同於元人，而利實專其便易矣。」

王在晉曰：「元輕使其民，是以投之窮海，而忽視其死。至元二十八年漂米二十四萬五千石有奇，至大二年漂米二十萬九千石有奇，其隨船汩没者不知幾千人矣。元史亦言：「風濤不測，糧船漂溺，無歲無之。」夫驅民而納於沉漭之中，仁人不忍言也。況以今時而出海道，則三十六島之間，定有餘糧矣。或者曰利害相因，在審時而度勢，事之不可執一論也，豈獨海運爲然哉？」○山居贅論曰：「禹貢言『沿於江、海，達於淮、泗』，又曰『夾右碣石入於河』，是貢賦之道，未嘗不兼用海也。秦人飛芻輓粟，起於黄、腄、琅邪負海之郡，輸轉北河，其制未盡非，而用民失其道矣。説者謂海運作俑於秦，而效法於元，豈通論哉？」

右海道。

校勘記

〔一〕兵部尚書李粤魯赤　元史卷一五世祖紀作「兵部郎中李處選」，卷六四河渠志又作「兵部尚書李處巽」。

〔二〕閩人陳磻石　本書卷一〇〇、卷一〇六及通鑑卷二五〇唐紀六六均作「潤州人陳磻石」，此誤。

〔三〕尋長沙　「尋」，底本原作「築」，今據職本改。

〔四〕此運舟自直沽南還之道也　「還」，底本原作「運」，今據職本改。

分野叙

五行之質位於地，五行之氣麗於天。九州十二國位於地者也，二十八宿十二辰麗於天者也，氣與質之不相離也，猶影響也。周禮列保章之官，春秋時分星之略徵之子產，而梓慎、裨竈之屬亦往往以此驗郡國之休咎。後世司馬遷、班固、蔡邕、皇甫謐諸家，亦從而著其説，而史傳所紀，如高詡、申胤、崔浩、高允之徒，以迄近代之善言天文者，有所推驗，類皆不爽。而世儒則疑之，以爲稽其世次，則韓、趙、吴、越不並列於一時；考其區分，則交阯、九真未阪圖於周季；按其方位，則降婁、析木不同符於土封；語其廣輪，則環海四夷何無與於分野，膠執毋乃過與？夫以十二辰之次配以十二國，亦猶言天度者寓以名而紀其數也。五行以相生爲用，相克爲功，或配合以成能，或錯綜以盡變，達於其故，引而伸之，觸類而長之，分野無不可言也。余略爲差次所聞，以備方輿之闕，若其穿鑿附會，誕妄而不經，拘牽而失實者，槩無取焉。

讀史方輿紀要卷一百三十

分野

周禮：「保章氏以星土辨九州之地，所分封域，皆有分星，以觀妖祥。」此後世言星野之始也。晉志云：「職方掌天下之土，保章辨九州之野。」春秋傳：「子產曰：『辰爲商星，參爲晉星。』」外傳：「伶州鳩曰：『歲之所在，則我有周之分野。』」星緯分驗之文，左氏多有，今略舉二條。子產之說，即二十八宿之分也。伶州鳩之說，又即五星之占也。然則分野之驗，其傳舊矣。

鄭氏曰：「此即周禮星土之說也。」易氏曰：「在諸侯則謂之分星，在九州則謂之星土。」九州星土之書亡矣，今其可言者十二國之分，謂十二次之分，詳見下。考之傳記，災祥所應，有可證而不誣者。昭十年有星出於婺女。鄭裨竈曰：「今兹歲在顓頊之墟，姜氏、任氏實守其地。」釋者以顓頊之墟爲玄枵，此玄枵爲齊之分星，而青州之星土也。昭三十二年吳伐越。晉史墨曰：「越得歲而吳伐之，必受其凶。」釋者以爲歲在星紀，此星紀爲越之分星，而揚州之星土也。昭元年鄭子產曰：「成王滅唐而封太叔焉，故參爲晉星，實沈爲參神。」此實沈爲晉之分星，而并州之星土也。襄九年晉士弱曰：「陶唐氏之火正閼伯居商丘，相土因之，故商主大火。」此大火爲宋之分星，而豫州之星土也。昭十七年星孛及漢，申須曰：「漢，水祥也。衛，顓頊之墟也，故爲帝丘。其星爲大水。」此娵訾爲衛之分星，而冀州之星土也。襄二十八年春無冰。梓慎曰：「歲在星紀而淫於玄枵，蛇乘龍。龍，宋、鄭之星。」此壽星爲鄭之分星，而亦豫州之星土也。鄭語：「周史曰：『楚，重黎之後也。黎爲高辛氏火正。』」此鶉尾爲楚之分星，而荆州之星土也。爾雅曰：「析木謂之津。」釋者謂天漢之津梁爲燕，此析木爲燕之分星，而幽州之星土也。以至周之鶉火，秦之鶉首，趙之大梁，魯之降婁，無非以其州之星土而爲其國之分星，所占災祥，其應不差。陳氏曰：「先儒謂古者受封之日，歲星所在之辰，其國屬焉。觀春秋傳凡言占相之術，以歲之所在爲福，歲之所衝爲災，故師曠、梓慎、裨竈之徒，以天道在西北而晉不害，歲在越而吴不利，歲淫玄枵而宋、鄭飢，歲棄星紀而周、楚惡，歲在豕韋而蔡禍，歲及大梁而楚凶，則古之言星次者，未嘗不視歲之所在也。」又梓慎曰：「龍，宋、鄭之星也。」宋，大辰之虚也；陳，太皞之虚也；鄭，祝融之虚也，皆火房也。衛，高陽之虚也，其星爲大水。以陳爲火，則太皞之木爲火母故也。以衛爲水，則高陽水行故也。子産曰：「遷閼伯於商丘，主辰，商人是因，故辰爲商星。遷實沈於大夏，主參，唐人是因，故參爲晉星。」然則十二域之所主，亦若此也。

史記天官書：「杓，自華以西南。衡，殷中州河、濟之間。魁，海岱以東北。」

此以中宫斗杓言分野也。春秋緯文耀鉤因其説而廣之。其言曰：「布度定紀，分州繫象，華、岐以西，龍門、積石至三危之野，雍州屬魁星。太行以東至碣石、王屋、砥柱，冀州屬樞星。三河、雷澤東至海岱以北，兖州、青州屬機星。蒙山以東至南江、會稽、震澤，徐、揚之州屬權星。大别以東至彭澤、九江，荆州屬衡星。荆山西南至岷山、北嶇、鳥鼠，梁州屬開星。外方、熊耳以至泗水、陪尾，豫州屬摇星。此九州屬北斗，星有七，州有九，但兖、青、徐、揚并屬二州，故七星主九州。又後漢志注：「玉衡九星主九州，第一星主徐，二主益，三主冀，四主荆，五主兖，六主揚，七主豫，八主幽，九主并。」晉志則曰：「北斗七星，一秦，二楚，三梁，四吴，五燕，六趙，七齊。」

角、亢、氐，兖州。房、心，豫州。尾、箕，幽州。斗，江、湖。牽牛、婺女，揚州。虚、危，青州。營室至東壁，并州。奎、婁、胃，徐州。昴、畢，冀州。觜觿、參，益州。東井、輿鬼，雍州。柳、七星、張，三河。翼、軫，荆州。又曰：昴、畢間爲天街。其陰，陰國；其陽，陽國。

此以二十八宿言分野也。後班固、皇甫謐諸家之説大都不出於此。

秦之疆也，候在太白，占於狼、弧。吴、楚之疆，候在熒惑，占於鳥衡。燕、齊之疆，候在辰星，占於虚、危。宋、鄭之疆，候在歲星，占於房、心。晉之疆亦候在辰星，占於參、罰。及秦并吞三晉、燕、代，自河山以南者中國。中國於四海内則在東南，爲陽；陽則日、歲、熒、惑、塡星；占於街南，畢主之。其西北則胡、貉、月氏諸裔旃裘引弓之民，〔一〕爲陰；陰則月、太白、辰星；占於街北，昴主之。故中國山川東北流，其維首在隴、蜀，尾没於勃、碣。是以秦、晉好用兵，復占太白，太白主中國；胡、貉數侵掠，獨占辰星，辰星出入躁疾，常主夷狄：〔二〕其大經也。

此以五星占分野也。星經曰：「歲星主泰山，徐、青、兗；熒惑主霍山，揚、荆、交；塡星主嵩高，豫；太白主華陰，凉、雍、益；辰星主常山，冀、幽、并。」其以五星分配五岳、九州，蓋亦本於此。而唐一行山河兩戒之説，亦由此而推廣之。

漢書地理志：「秦地，於天官東井、輿鬼之分野也。其界自弘農故關今河南靈寶縣廢函谷關。以西，京兆、今西安府。扶風、今鳳翔府。馮翊、今同州。北地、今慶陽以北。上郡、今延安以北。西河、今汾州府以西北。安定、今平凉府。天水、今秦州。隴西，今鞏昌府。南有巴、今重慶府。蜀、今成都府。廣漢、今漢州。犍爲、今叙州府。武都，今階州。西有金城、今蘭州以西。武威、今凉州衛。張掖、今甘州衛。酒泉、今肅州衛。敦煌，今廢沙州。又西南有牂牁、今遵義府。越嶲、今建昌行都司。益州，今雲南府。皆宜屬焉。自井十度至柳三度，謂之鶉首之次，秦之分也。

魏地，觜觿、參之分野也。其界自高陵今陝西高陵縣。以東，盡河東、今平陽府。河內，今懷慶府。南有陳留今河南有陳留縣。及汝南之召陵、見河南郾城縣。㶏强、見許州。新汲、見洧川縣。西華、今縣。長平，見陳州。潁川之舞陽、今縣。郾、即今郾城縣。許、即許州。鄢陵，今縣。河南之開封、見開封府附郭祥符縣。中牟、今縣。陽武、今縣。酸棗、見延津縣。卷，見原武縣。皆魏分也。

周地，柳、七星、張之分野也。今之河南雒陽、穀城、俱見今河南府附郭洛陽縣。平陰、見今孟津縣。偃師、今縣。鞏、今縣。緱氏，見偃師縣。是其分也。自柳三度至張十二度，謂之鶉火之次，爲周之分。

韓地，角、亢、氐之分野也。韓分晉得南陽郡今府。及潁川之父城、今見汝州郟縣。定陵、見舞陽縣。襄城、今縣。潁陽、見登封縣。潁陰、見禹州。長社、見長葛縣。陽翟、今禹州。郟，即郟縣。東接汝南，今汝寧府。西接弘農得新安、今縣。宜陽，今縣。皆韓分也。自東井六度至亢六度謂之壽星之次，鄭之分野，與韓同分。

趙地，昴、畢之分野。趙分晉，得趙國。北有信都、今北直冀州。真定、今府。常山、今元氏縣，故郡治也。中山，今定州。又得涿郡之高陽、今縣。鄚、今見任丘縣。州鄉；見河間府附郭河間縣。東有廣平、今府。鉅鹿、今順德府境。清河、今有清河縣。河間，今獻縣是其治也。又得勃海之東平舒、今大城縣。中邑、在滄州境。文安、今縣。東州、見河間縣。成平、見獻縣。章武，見鹽山縣。河以北也；南至浮水、即浮陽，今滄州治廢清池縣也，訛曰浮水。繁陽、見內黃縣。內黃、今縣。斥丘，見成安縣。西有太原、今府。定襄、見朔州。雲中、見大同府境。五原、見榆林衛。上黨，今潞安府。皆趙分也。

燕地，尾、箕分野也。東有漁陽、今薊州。右北平、今永平府。遼西、今廣寧等衛。遼東，今遼陽等衛。西有上谷、今宣府衛境。代郡、今蔚州。鴈門，今代州境。南得涿郡之易、今易州。容城、今縣。范陽、見易州。北新城、見安肅縣。故安、見易州。涿縣、今州。良鄉、今縣。新昌見新城縣。及渤海之安次，今東安縣。皆燕分也。樂浪、玄菟，今朝鮮縣。亦宜屬焉。自危四度至斗六度，謂之析木之次，燕之分也。

齊地，虛、危之分野也。東有菑川、今縣。東萊、今萊州府。琅邪、今沂州地。高密、今縣。膠東、今即墨縣。泰山、今泰安州。城陽、今莒州。千乘，見高苑縣。清河以南，勃海之高樂、見北直南皮縣。高城、見鹽山縣。重合、見滄州。陽信，今縣。西有濟南、今府。平原，今德州境。皆齊分也。

魯地，奎、婁之分野也。東至東海，南有泗水，至淮，得臨淮之下相、見邳州。睢陵、見盱眙縣。僮、見虹縣。取慮，亦見虹縣。皆魯分也。

宋地，房、心之分野也。今之沛、宿州境。梁、歸德府。楚、徐州。山陽、見山東金鄉縣。濟陰、今曹州境。東平，今州。東郡之須昌、見東平州。壽張，今縣。皆宋分也。班固又云：「東平、須昌、壽張皆在濟東，屬魯，非宋分也。當考。」蓋固本據舊文，不敢以己意刊正，古人之不敢自用類如此。

衛地，營室、東壁之分野也。今之東郡今北直開州。及魏郡彰德府境。黎陽，見濬縣。河内之野王、今懷慶府附郭河内縣。朝歌，見衛輝府淇縣。皆衛分也。

楚地，翼、軫之分野也。今之南郡、荆州府。江夏、武昌府。零陵、永州府。桂陽郴州。武陵、今常德府。長沙，今府。及漢中、今府。汝南郡，盡楚分也。

吴地，斗分野也。今之會稽、蘇州府以南。九江、壽州以南。丹陽、應天府以西。豫章、南昌府以南。廬江、廬江府以南。廣陵、揚州府以北。六安、郡治六縣，見廬州府舒城縣。臨淮郡，郡治徐縣，今見泗州境。盡吴分也。

粤地，牽牛、婺女之分野也。今之蒼梧、梧州府。鬱林、今鬱林州以西北。合浦、今廉州府境。交阯、今太平、思明等府境。九真、今安南境内。南海、今廣州府。日南，今安南境内。皆粤分也。

此十二國分野之詳也。本志所載十三國，而曰十二國者，吴、粤本同分也。王氏曰：「十二國分野本出於七國甘、石之學，天官書：「傳天數者在齊甘公，魏石申是也。」漢之言天數者復以當時郡縣分配之，班氏志地理遂從而著其説，其後張衡、蔡邕亦傳述焉。」鄭康成曰：「九州諸國中封域，於星亦有分焉。其書亡矣，堪輿雖有郡國所入度，非古數也。後之言分野者益從而附會之，誕矣。」○山居雜論曰：「分星之説，載之周禮，散見於左氏。司馬遷世掌天官，亦言曰天有日月，地有陰陽；天有五星，地有五行；天有列宿，地有州域。二十八舍主十二州，斗秉兼之，北斗秉十二辰，兼十二州也。所從來久矣。然參考諸家，惟班氏所載庶不大悖於古，亦可兼通於今，因差次其文，以備一家之學。至於晉志所載魏太史令陳卓更定郡國所入宿度，其辭雖詳，然大旨不出於班志，而特爲支離穿鑿之耳。其尤不經者，牂牁、越巂而繫之以魏，酒泉、張掖而繫之於衛，濟陰、東平而屬之於鄭，上黨、太原而別之爲秦，則其術之疏繆，固不必累舉而見也。乃後代猶襲其繆而附益之，不亦異乎？」

帝王世紀：「黄帝推分星次以定律度，自斗十一度至婺女七度曰星紀之次，今吳、越分野。於辰在丑，律中大呂，斗建在子。自婺女八度至危十六度曰玄枵之次，今齊分野。於辰在子，律中黄鐘，斗建在丑。自危十七度至奎四度曰豕韋之次，豕韋亦曰娵訾。今衛分野。於辰在亥，律中應鐘，斗建在寅。自奎五度至胃六度曰降婁之次，今魯分野。於辰在戌，律中無射，斗建在卯。自胃七度至畢十一度曰大梁之次，今趙分野。於辰在酉，律中南呂，斗建在辰。自畢十二度至東井十五度曰實沈之次，今晉、魏分野。於辰在申，律中夷則，斗建在巳。自井十六度至柳八度曰鶉首之次，今秦分野。於辰在未，律中林鐘，斗建在午。自柳九度至張十七度曰鶉火之次，今周分野。於辰在午，律中蕤賓，斗建在未。自張十八度至軫十一度曰鶉尾之次，今楚分野。於辰在巳，律中仲呂，斗建在申。自軫十二度至氐四度曰壽星之次，今韓分野。於辰在辰，律中姑洗，斗建在酉。自氐五度至尾九度曰大火之次，今宋分野。於辰在卯，律中夾鐘，斗建在戌。自尾十度至斗十度百三十五分而終曰析木之次，今燕分野。於辰在寅，律中太簇，斗建在亥。凡天有十二次，日月之所躔也；地有十二分，王侯之所國也。」

此皇甫氏謐略言十二國所入宿度也。案蔡氏邕月令章句及陳氏卓郡國宿度，其所入之數雖微有不同，而大抵相類，故不並著。王氏曰：「杜佑謂國之分野，上配天象，始於周季，世紀所云，蓋以星官之書，自黃帝始也。」又廣雅云：「東方七宿三十三星，積七十五度；星經：角四星十二度，亢四星十度，氐四星十七度，房四星五度，心三星六度，尾十星十八度，箕四星九度，是三十三星七十五度也。南方七宿六十四星，積百十有二度；星經：「井八星三十二度，鬼四星二度，柳八星十二度，星七星七度，張六星十八度，翼二十二星二十一度，軫九星十九度，是六十四星百十有二度也。」西方七宿五十一星，積八十度；星經：奎十六星十七度，婁四星十二度，胃三星十五度，昴七星十一度，畢八星十五度，觜三星半度，參十星十度，是五十一星八十度也。北方七宿三十二星，積九十八度四分度之一。星經：「斗七星二十五度，牛六星七度，女四星十一度，虛二星十二度，危三星十度，室八星十九度，壁二星九度，是三十二星九十八度四分度之一也。」四方凡一百有八十星，三百六十五度四分度之一，而九州十二國之分野，各以類推。」

杜佑分野議曰：「左傳周敬王、魯哀公之時，吳爲越所滅，其後六十九年至威烈王始命韓、魏、趙爲諸侯，後十七年安王之時，三國共滅晉而分其地，後五十六年顯王之時，而越爲楚所滅。當吴之未亡，天下列國尚有數十，其時韓、魏、趙又未爲諸侯，晉國猶在，豈得分其土地。自吴滅至分晉凡八十八年，時既不同，班固漢書、皇甫謐帝王世紀所列分野，下分區域，土配星躔，固合同時，不應前後。又考所在封疆，詳辨隸屬，甚爲乖互。勾踐滅吴稱霸時，未嘗有蒼梧、鬱林之地。越滅後十代至閩君摇，漢復立爲越王，都東甌。其時秦南海尉趙佗亦稱王，五嶺之南皆佗所有也。其於會稽之越地分星躔，皆不相涉，未審二子何所依據，覽者所當察也。」○孔氏曰：「星紀在於東北，吴、越實在東南。魯、衛東方諸侯，遥屬戌亥之次。又三卿分晉，方始有趙，而韓、魏無分，趙獨有之。漢書地理志分郡國以配諸次，其地分或多或少，鶉首極多，鶉火極狹，徒以相傳爲説，其原不可得聞。其於分野或有妖祥，而爲占者多得其效，蓋古之聖哲有以度知，非後人所能測也。」易氏曰：「分野之説，有可疑者。武王代殷，歲在鶉火，伶州鳩曰：『歲之所在，我有周之分野。』蓋指鶉火爲西周豐、岐之地。今乃以當洛陽之東周，何也？周平王以豐、岐之地賜秦襄公，而其分星乃謂之鶉首，何也？又如燕在北而配以東方之析木，魯在東而配以西方降婁，秦居西北而鶉首次於東南，吴、越居東南而星紀次於東北。賈氏以爲古者受封之月，歲星所在之辰，恐不其然。若謂受封之辰，則春秋、戰國之諸侯，以之占妖祥可也，後世占分野而妖祥亦應，豈皆古者受封之國乎？唐氏曰：『子産言封實沈於大夏，主參；封閼伯於商丘，主辰。』則分星之説，其來已久，非因封國始有分野。若以封國歲星所在即爲分星，則每封國自有分星，不應相土因閼伯，晉人因實沈矣。又漢、魏諸儒辰次之度，各用當時曆數與歲差遷徙，亦非天象度數之正也。」○袁氏黄曰：「分野災祥，應嘗不爽。稽之後代，四星聚牛、女而晉元主吳，四星聚觜、參而高齊王鄴，彗掃東井而苻堅亡國，歲見尾、箕而慕容復燕，此其最著者。」鄭康成曰：「分野妖祥，主用客星，彗孛之氣，爲象當矣。」又分野之次，於東西南北有相反而相屬者。三禮義宗有云：「晉屬實沈者高辛主祀，宋屬大火者閼伯當饗，齊屬玄枵者逄公托食。意者五德之后，各有攸主，而五氣類應焉。徵之傳記，可以意通也。」或曰燕屬析木，高辛所建；魯屬降婁，少皞始都也。

唐天文志：李淳風次漢書度數，而一行以爲天下山河之象存乎兩戒。兩戒之説，本於漢志。武帝元封中星孛於河戒，占曰南戒爲越門，北戒爲胡門。其後漢兵擊拔朝鮮，朝鮮傍海，越象也，居北方，胡域也。天官書：越之亡，熒惑守斗，朝鮮之拔，星茀於河戒。」是也。又星傳云：「月入牽牛南戒。」又曰：「積薪在北戒西北，積水在北戒東北。」南戒、北戒，即南河、北河也。北戒自三危、積石，負終南地絡之陰，東及太華，逾河並雷首、底柱、王屋、太行，北抵常山之右，乃東循塞垣，至濊貊、朝鮮，是爲北紀，所以限戎翟也。南戒自岷山、嶓冢，負終南地絡之陽，東及太華，連商山、熊耳、外方、桐柏，自上洛南逾江、漢，攜武當、荆山至於衡陽，乃東循嶺徼，達東甌、閩中，是爲南紀，所以限蠻夷也。故星傳謂北戒爲胡門，南戒爲越門。河源自北紀之首，循雍州北徼達華陰而與地絡相會，並行而東，至太行之曲分而東流，與涇、渭、濟瀆相爲表裏，謂之北河。江源自南紀之首，循梁州南徼達華陰而與地絡相會，並行而東，及荆山之陽分而東流，與漢水、淮瀆相爲表裏，謂之南河。故於天象則弘農分陝爲兩河之會，五服諸侯在焉。自陝而西爲秦、梁，北紀山河之曲爲晉、代，南紀山河之曲爲巴、蜀，皆負險用武之國也。自陝而東，三川、中岳爲成周，西距外方、大伾，北至於濟，南至於淮，東達鉅野爲宋、鄭、陳、蔡，河内及濟水之陽爲邶、鄘、衛，〔三〕漢東濱淮水之陰爲申、隨，皆四戰用武之國也。北紀之東至北河之北爲邢、趙，南紀之東至南河之南爲荆、楚，自北河下流南距岱山爲三齊，夾右碣石爲北燕，自南河下流北距岱山爲鄒、魯，南涉江、漢爲吴、越，皆負海之國，貨殖之所阜也。自河源循塞垣北，東及海爲戎翟，自江源循嶺徼南，東及海爲蠻越。觀兩河之象與雲漢之所始終，而分野可知矣。」

此以山河兩戒言分野也。孔氏曰：「南河、北河，三星分夾東井。南河爲南戒，一曰陽門，亦曰越門；北河爲北戒，一曰陰門，亦曰胡門。兩戒間三光之常道也。」史又云：「自南正達於西正，得雲漢升氣，爲山河上流；自北正達於東正，得雲漢降氣，爲山河下流。娵訾在雲漢升降中，居水行正位，故其分野當中州河、濟間。星紀得雲漢下流，百川歸焉。析木爲雲漢末派，山河極焉。」又曰：「斗杓謂之外廷，以治外，故鶉尾爲南方負海之國；斗魁謂之會府，以治内，故娵訾爲中州四戰之國。星經：「一至四爲魁，五至七爲杓。」其餘列舍在雲漢之陰者八，爲負海之國；在雲漢之陽者四，爲四戰之國。降婁、玄枵負東海，歲星位焉；星紀、鶉尾負南海，熒惑位焉；鶉首、實沈負西海，太白位焉；大梁、析木負北海，辰星位焉；鶉火、大火、壽星、豕韋爲中州，鎮星位焉。」以七宿之中，分四象中位，自上元之首，以度數紀之，而著其分野，其州縣雖改隸不同，但據山河以分，可得天象之正。一云雲漢自坤抵艮爲地紀，北斗自乾攜巽爲天綱。乾維内爲少昊之墟，外爲顓帝之墟；巽維内爲太昊之墟，外爲列山氏之墟。

徐氏應秋曰：「九州十二域，或繫之北斗，或繫之二十八宿，或繫之五星，至唐一行又爲山河兩戒之説，而宋世之言分野者多宗之。然而因數推理，驗往察來，則經緯分而主客辨，度數定而方位明，如昔人所稱湯王殷而星聚房，房，宋、亳之分。武造周而星聚柳，柳，河、洛之分。三星會而敬仲知齊之必霸，會於虚、危，齊分也。五星會而甘氏知漢之必興，會於東井，秦分也。火守心而子韋以爲宋當其禍，心爲大火，宋分也。日食畢而仲舒以爲晉失其民，畢爲大梁，晉分也。太白蝕昴而趙括長平之事應，昴在趙分。熒惑守斗而吕嘉南越之釁成。斗爲越分。自古及今類皆不爽，固不必爲更新之論矣。然而因源泝流，由微察著，所貴通於感召之幾，明於天人之際，而拘牽擬議，守象緯之成説而不知變者，無當於知天之學也。」

校勘記

〔一〕其西北則胡貉月氏諸裔旃裘引弓之民　「胡貉」，底本原作「外域」，今據職本、鄒本及史記卷二七天官書改。

〔二〕胡貉數侵掠至常主夷狄　「胡貉」、「夷狄」，底本原均作「外域」，今據職本、鄒本及史記卷二七天官書改。

〔三〕爲邶鄘衛　「邶」，底本原作「邲」，新唐書卷三一天文志作「邶」，邶同邶，此「邲」乃「邶」之訛，今據改。又新唐書無「鄘」字，本書衍。

輿圖要覽目錄

卷一

卷二

卷三

卷四

輿地總圖

按天下大勢莫强於秦，陝西。莫雄於楚，湖廣。古今不易也。然而時勢所區，各因際會，有未可概論者焉。若言今日咽喉，斷以三齊爲首。何者？三齊之東固大海也，北足以闞京師，南足以履淮、泗，又餉道所必經，上而德、清，下及濟、博，數百里之中，皆足以出奇制勝，爲百世之功，秦、楚雖云險會，要其禍患猶未若斯之甚也。若夫大梁一道，地稍平衍，雲中之域，又近朔漠，雖曰英雄崛起，未可類推，要以擅東南之財粟，用西北之甲兵，其所舉措，必有洞中竅要者，而後可以濟，否則不足以厭觀望之心而堅草澤之戴也。至於欲放四出之謀，當先根本之計。根本云者，非一域之疆百里之島也，必足以奪敵之險，擣敵之虚，制敵之命，絶敵之資者也。是故關中既定，乃下成皋，太原既封，爰規龍首，長安山。千百年中所見皆同，所由不異，大約循此必成，違此必敗。彼五嶺以南，匪我思存矣。是故出溢口可以震武昌，下當陽可以開巴峽，由宛、鄧可以控潼關，固邳、徐可以平青、濟而通燕、涿，道濠、壽可以靖梁、衛而連韓、趙，經饒、浙可以運閩海而清嶺粤，此皆指顧之間，鉤連之勢也。更有進於此者，余淺昧不足以知之矣。管子曰：「凡主兵者，必先審知地圖。」轘轅之險，濫車之水，名山通谷，經川陵陸丘阜之所在，苴草林木蒲葦之所茂，道里之遠近，城郭之大小，名興廢邑困殖之地，必盡知之，地形之出入相錯者盡識之，然後可以行軍襲邑，舉錯知先後，不失地利，此地圖之常也。

輿地總圖

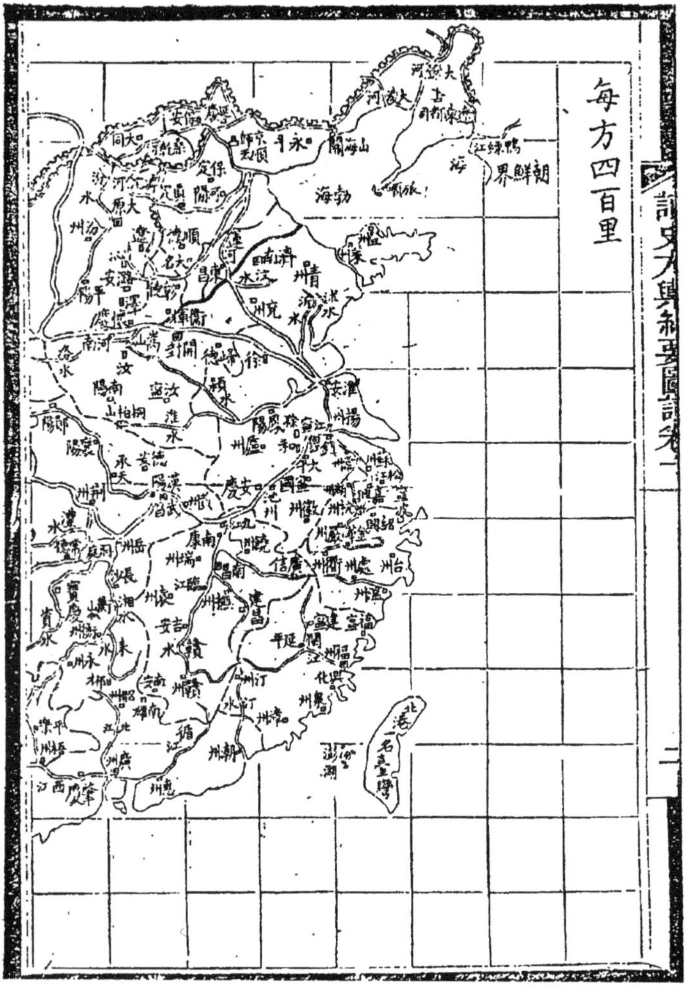
每方四百里
朝鮮界
鴨綠江
渤海
山海關
永平
大同
太原
保定
濟南
青州
開封
徐州
南陽
廬州
揚州
安慶
南康
九江
吉安
贛州
廣信
建寧
福寧
延平
泉州
潮州
惠州
彭湖
北港一名臺灣

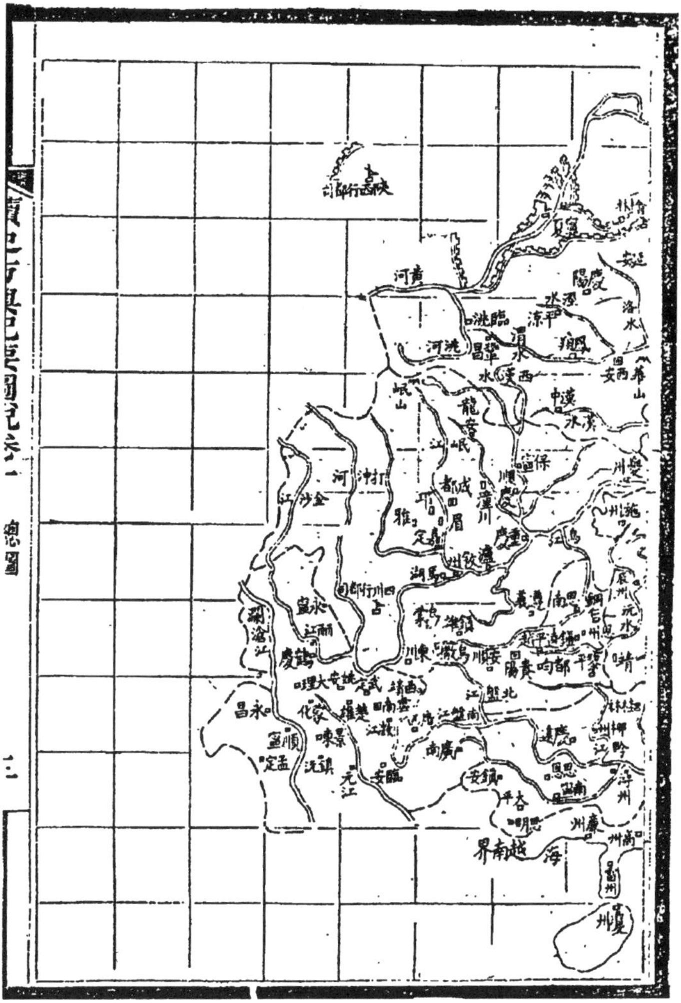
黃河
洮河
臨洮
鞏昌
平涼
鳳翔
西安
漢中
成都
重慶
雲南
越南界
海
瓊州

輿地東起朝鮮，西至嘉峪，南濱大海，北連沙漠，道路縈紆，各萬餘里。

南、北直隸，府二十二，州六，屬府州三十，縣二百二十二。承宣布政使司十三，屬府一百二十一，羈縻一十五；州一百六十四，羈縻四十七；縣九百三十，又羈縻九。總爲府一百五十八，州二百四十七，縣一千一百五十一。實計里六萬九千五百五十六，户九百三十五萬二千零一十五，口五千八百五十五萬八百零。

夏秋二税，共米麥二千六百零八萬五千九百一十六石。

京、通二倉，臨、德、徐、淮四倉，每年漕運米四百萬石。

南京各倉每年運米。

絹二十萬五千五百九十八匹，絲一萬七千零三斤，又三百一十六萬八千一十七兩，綿花二十四萬六千五百六十二斤，綿布一十三萬八百七十四匹，麻布二千七十七匹，洞蠻席布二百五十九條，苧六十五斤。

鈔八萬一千二十五錠零一百八十四貫。

馬草一千四百六十九萬五千九百九十一包，又一千一百一十六萬二千六百四十三束。

都轉運鹽使司六，鹽課提舉司九，鹽課司一百六十九。

每歲辦鹽一百一十七萬六千五百二十五引，又鹽價并引價銀四萬六千一百五十八兩。

太倉庫歲額運銀一百四十九萬兩，内夏稅二十五萬五百餘兩，秋糧九十四萬四千八百餘兩，馬草折銀二十三萬七千餘兩，鹽課折銀二萬餘兩，雲南閘辦三萬餘兩。

行太僕寺三，苑馬司二，監十八，苑七十七，馬驢騾共二十萬二千一百匹，市舶提舉司三，茶馬提舉司三，河渠提舉司二。

兩京都督府分隸各都指揮使司十六，行都指揮使司五，中都留守司一，所屬衛共四百九十三，屬所二千五百九十三，守禦千户所三百一十五，儀衛司二十九，犧牲所二。

京營并在外衛所、中都、承天各邊馬步官軍共八十四萬五千八百餘員名。

兩京文武官吏歲支俸糧共該

各邊鎮應發年例并新增調集軍馬等項銀四百四十五萬兩有奇。

王府二十九，郡王三百五十四，鎮國、輔國將軍、中尉以下，九千四百四十一。郡主、縣主、郡君、縣君、鄉君以下，共九千七百八十三。

每歲祿米八百五十三萬石。

以上係嘉靖三十年十月前數。

各長史司三十四。

夷官宣慰司一十一，宣撫司一十，安撫司二十二，招討司一，長官司一百六十九，蠻夷長官司五。

四夷入貢各國：東北朝鮮等二，東日本一，南安南、占城等六，西南浡泥等四十九，西哈剌等四十六，西北哈密等七，北朶顔、韃靼等二。

京師第一

按京師地偏東北，迫近藩籬，自近代以來，言者亟亟然以肩背爲憂，故議大寧議開平，更遠而議豐、勝。嗚乎，孰知滅秦者非胡也。即今日而論，吾姑置其西北而較其東南，則廣平、河間之際實首衝也。臨清、天津至漁陽，皆海運通衢，而東安、霸州、武清以東，山澤曠野，萑葦彌望，在昔盛時已爲逋逃淵藪，今未知其何如也。夫太宗至河西，而關中羣盜皆爲首功，然耶？否耶？若夫真定居燕、趙之郊，順德爲東西之會，兔園夫子諒能悉知，吾言其切者近者而已。

京師古燕、冀地，有府八，屬州一十七，縣一百一十五，又州二，屬縣一。總爲里三千二百有零，舊户凡四十一萬八千七百八十九，口凡三百四十一萬三千一百五十四。夏秋二税共米麥六十萬一千一百五十二石，絹四萬五千一百三十五匹，綿花一十萬三千七百四十八斤，鈔九貫，馬草八百七十三萬七千二百八十四束。

長蘆鹽運司額辦大引折小引鹽一十八萬八百七引。鹽運司一，在滄州。領鹽課司二十四。青州十二，滄州十二。

親軍衛三十九，屬所二百五十二。守禦千户所一。在京屬府衛三十八屬所一百三。守禦千户所二。在外直隸衛三十九，屬所一百二十二。守禦千户所九。

大寧都指揮使司領衛十，屬所五十四。守禦千户所一。永樂時徙大寧都司及屬衛所僑置内地，其故墟後爲朵顔所據。

萬全都指揮使司領衛十五，屬所七十六。守禦千户所七。

京營見操并外衛馬步官軍共一十一萬七千三百餘員名，巡捕官軍五千六百餘員名。

薊州、保定、宣府三鎮馬步官軍共十萬五千八百餘員名。

大僕寺所屬順天等府寄養馬三萬四千八百餘匹，然贏縮有時，弗常厥數。

南、北直隸及山東、河南二省種馬共十餘萬匹，各處苑馬寺行大僕寺不與焉。

總督遼、薊都御史一，駐薊州。巡撫都御史三，順天一，駐遵化；保定一，駐保定；宣府一，駐宣府。巡按監察御史十。順天一，真定一，隆慶一，提學一，印馬一，巡倉一，巡鹽一，刷卷一，京營一，山海一，順天巡按兼屯田一，印馬御史兼清軍一。順天巡按轄順天、保定、河間、永平等府，真定巡按轄真定、順德、廣平、大名等府。

京師輿圖補註

一、桑乾河，亦名漯河，出山西大同府桑乾山，自渾源州流至保定州西南四十里，灌溉甚溥，與温河合，流經太行山，入順天府西南境名盧溝河，俗呼小黄河，亦曰渾河，出盧溝橋東下，南流至看丹口分二派：一流至通州高麗莊入白河，一流經固安至武清小直沽與衛河合流入海。

一、滹沱，出代州泰戲山，自雁門而來，經靈壽境，過真定府城南，趨晉州，過保定府東、束鹿縣南，三十里達深州，又東入河間府獻縣，南至青縣而合衛河，由直沽入海。

一、沙河，出山西繁峙縣白坡頭口，經真定新樂治西南，由定州西入保定祁州，自州西南二十里東流至博野縣與唐河合而入易水。

一、衛河，出河南衛輝府，經大名府濬縣、内黄境入故城縣，過景州東十里及吴橋、東光縣境，下至滄州，西流入青縣，又東北一百九十里入直沽而達海。又其水與淇、漳、滹沱等河合，亦名御河。

一、澧河，源出順德府南和縣，合漳水，過任縣東十五里入真定府隆平界，與沙河合，入胡盧河。

一、漳河有舊漳、新漳二水，俱從魏縣西北流至大名府，西入廣平府成安、廣平、肥鄉、曲周四縣境，下流入洺河。

京師輿圖

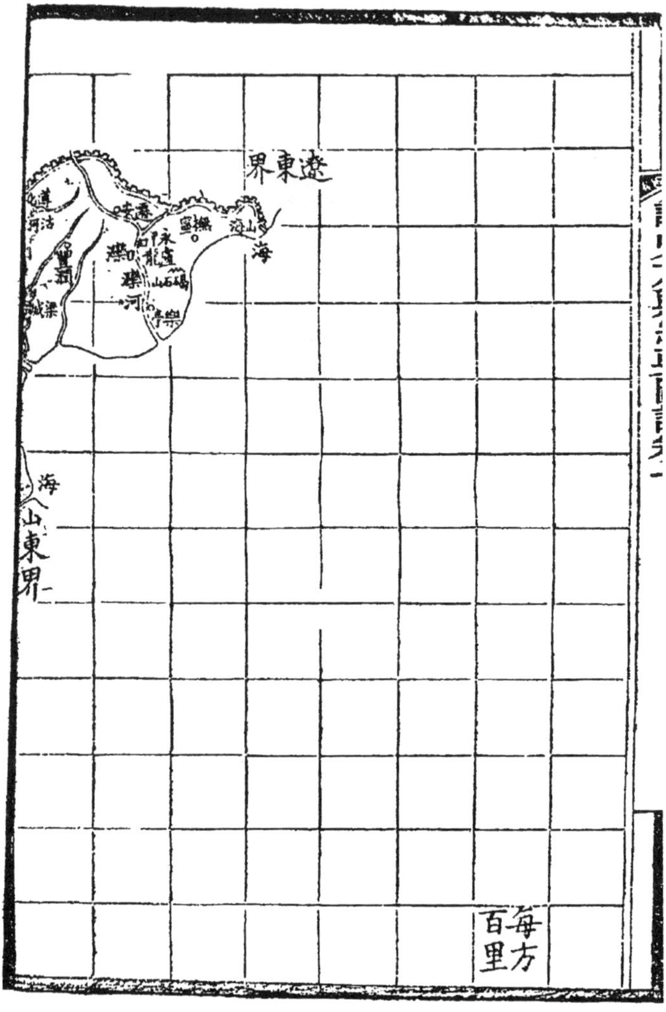
遼東界
遷安
撫寧
山海
海
永平
盧龍
灤州
灤河
碣石山
樂亭
豐潤
海
山東界
每方百里

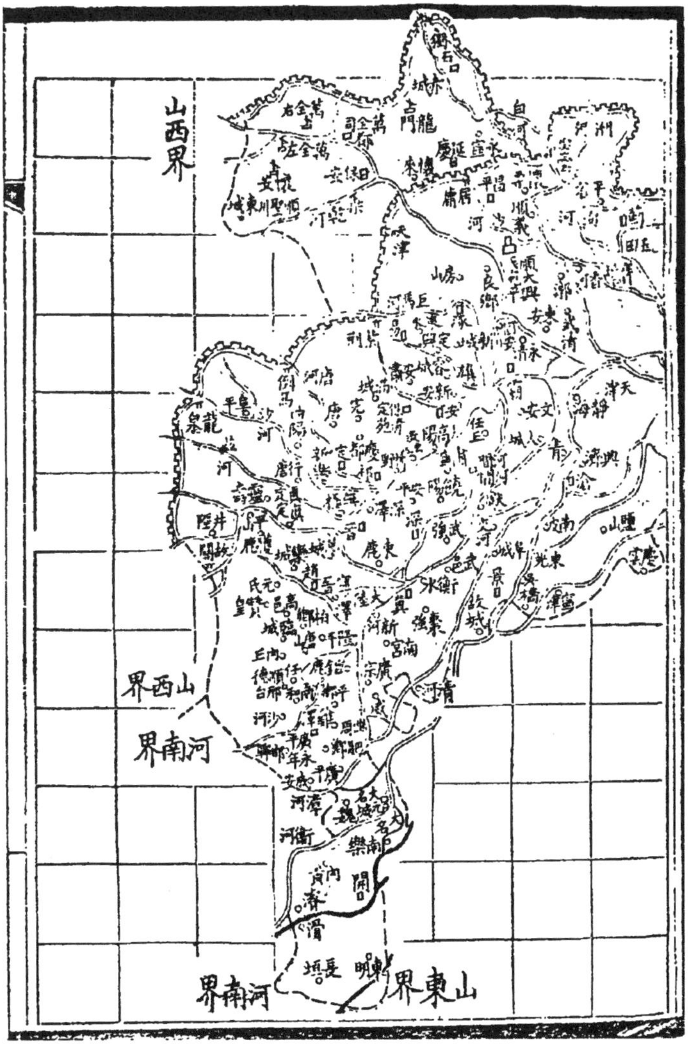
山西界
山西界
河南界
河南界
山東界

	巡按，提學，印馬，刷卷。 巡按通州倉。
府八	順天，古燕、薊、幽州，秦上谷、漁陽郡，漢廣陽，唐范陽，元燕京大都路北平府，又遼南京，金中都。州五，縣二十二。米一萬四千石。民貧賦重，丁少差多，煩劇難治。京師左環滄海，右擁太行，北枕居庸，南襟河、濟，形勢雄偉，稱都會焉。 水道
州十九　附郭	大興，秦薊縣，或析津。糧雜追丞二。四十九里。 宛平，唐幽都縣。同前丞二。百二十里。 通，漢潞縣，或潞郡，玄州。軍多民少，煩，衝，貧。
并外縣百十六	良鄉，古中都，或固節。民貧，衝，煩。二十五里。府西南七十里。 固安，漢方城，或爲州。煩，僻。三十八里。府西南百二十里。 永清，漢益昌，隋通澤，後武隆、會昌。多盜。三十一里。府南百五十里。 三河，漢臨泃地。貧，煩，衝。三十六里。州東七十里。
	東安，漢安次，元爲州。民貧，僻。四十四里。府南百五十里。 香河。本武清地。貧，僻，簡，裁。十里。府東南百二十里。 漷縣，漢泉州縣，或漷陰、漷州。衝，疲，裁，下。
衛五十	興州中屯，良鄉。 營州前屯，香河。 定邊，通州。 神武中，通州。 通州，
所七	

巡按河西務。

昌平兵備，密雲總兵。

玉河，出府西北三十里玉泉山，經大內出都城東南爲大通河，流至高麗莊入白河。白河，自密雲南至順義北三十里牛欄山與潮河合，流至通州入直沽，一名白遂河。黃花鎮河，源出塞外，流入鎮口，逕昌平至懷柔入白河。高梁河，水經注云：「出并州，黃河別源，東經昌平沙澗泉，又東南經高粱店入都城海子。」宋太宗

三十二里。府東四十五里。米三千二百石。

昌平，漢軍都縣，或燕平。二十七里。府北九十里。米六千七石。

武清，漢雍奴。貧，煩，裁。二十里。州南五十里。

順義，秦上谷地，或歸德郡及順州、燕州、歸寧、歸化、順興軍。二十七里。州東南九十里。

十五里。州南四十五里。

寶坻。亦泉州地，或盈州。煩，僻。二十二里。州東南百三十里。

密雲，漢漁陽，或安州、檀州、玄州，安樂郡、武威、橫山軍。煩，衝。十九里。州東北百二十里。

懷柔。本昌平、密雲地，或歸化、溫陽。簡。十四里。州東北百里。

通州左、右，

興州後屯，三河。

營州後屯，三河。

武清，武清。

梁城，寶坻東南。

勃海，昌平州黃花鎮。

霸州道寄衡山東按察司分司。

與耶律沙戰於高梁河，即此河源。龍泉河，自房山北八十里大安山下東南流，與良鄉南四十里之琉璃河同至霸州治南合巨馬河、霸水至直沽入海。鮑丘河，水經注：「自禦夷北塞南流，逕密雲北三十里之九莊嶺，過密雲而南，道人溪自縣南北來會焉，經通州米莊村，沽水江自東會焉，經三河界入泃河，自平谷縣界逕三河

涿，古邑，秦上谷地，後涿地，范陽及永泰、涿水軍。四十六里。府西南百四十里。米三千百石。

霸，唐永清縣，益津關，信安軍。多盜，好訟，僻。三十一里。府南二百十里。米二千五百石。

房山。金萬寧、奉先。僻，裁，簡，差多。十六里。州西北四十里。

文安，漢縣，唐徙豐利城，永清省入。同上。四十四里。州南七十里。

大城，漢東平舒縣，後章武郡及平舒縣。同上。二十三里。州南百二十里。

山險

西山，府西三十里。記曰：太行首始河內，北至幽州，第八陘在燕，故府境西北數百里層峰疊嶺，形强勢巨，峙爲險焉。其在府北百里者曰天壽山，氣勢雄壯，三陵在焉，亦即西山所盤結也。呼奴山，順義東北二十里，相傳鄧訓、任興屯兵於此以備匈奴、烏桓。密雲山，密雲南十三里，亦名橫山，昔

涿鹿，涿州。

涿鹿左、中，涿州。

密雲中、後，

營州左屯，順義。

總督薊、遼管糧郎中。密雲兵備副使駐薊州。巡撫順天等處駐遵化。

縣界北至寶坻境，合黎水、鮑丘河、五里河諸水爲潮河入海。」按此非白河之潮河也。沙河，在霸州城南與唐河合，至入海處呼爲飛魚口。又豐潤縣亦有沙河，源自灤州西北，流經縣東南入海。磁河，源自安州，聚九河之水至雄縣爲瓦濟河，至保定爲磁河入直沽。龍池河，薊州城南，源自盧兒嶺口，流合遵化西南之黎

薊。古薊門關，漢漁陽縣，爲漁陽郡治，或尚武軍、廣川郡。衝，煩。二十五里。府東二百里。

二角淀，武清縣南，周二百餘里。或曰即古雍奴水也，合衆水而成，東會直沽，武清東南衛河、白河、丁字沽合流於此。

保定。本涿州新鎮地，宋平戎軍。裁，僻。六里。州南四十里。

玉田，古無終，宋經州。衝，煩。十九里。州東八十里。

豐潤，本玉田永濟務。裁，盜。二十二里。州東南百九十里。

遵化，古無終國，唐馬監，鐵冶，遼景州、清安軍，宋灤川郡。裁，中。三十三里。州東百二十里。

燕伏兵於此，大獲趙兵。白檀山，密雲南二十里，曹操越白檀破烏桓於柳城，即此。般州山，房山西南四十里，上有寨。崖兒口山，豐潤東北百里，其山連列，東斷爲崖兒口，西爲白霤口，有水自崖而入，故名。碣山，平谷東五十里，峰巒峭峻，林木深邃。城山，平谷東六十里，山高聳，中平如城。

營州右屯，薊州。鎮朔，薊州。薊州興州左屯，玉田。興州前屯，豐潤。遵化，東勝右，遵化。

寬河。遵化。

河，經玉田界入白龍港，即潮河也。按府境川源交錯，不可勝詳，大約西南之水盡宗盧溝河，而近於東北境者悉達於寶坻之潮河，其連絡而爲東南諸水之會。又有通州之白河，其間煩曲，視此爲準可也。沽水，一名西潞河。東潞河自塞外丹花嶺合九泉水，南經密雲東北七十里之安樂故城，西南與螺山水合爲西潞河，又南

清沽港，武清南八十里，西接安沽港，東合丁字沽入海。車箱渠，府城西北，自遵化抵昌平。督亢陂，涿州城南，地沃美，即荆軻所賫也。張家灣，通州城南，即白河下流。龍灣者，香河南四十里，舊有大、小二龍灣，夏秋水合，流經寶坻界入七里海，相傳遼時海運故道。

關隘

黃花鎮，昌平東北

平谷，漢縣。丁少，栽，簡，僻。十三里。州西北八十里。

關隘

居庸關，府北百二十里，兩山夾峙，一水旁流，關跨南北四十里，懸崖峭拔，最爲險要。淮南子曰：「天下九塞，居庸一也。」關南諸山層列，曰居庸疊翠。天津關，良鄉縣西北，至大龍門凡十五關口，其差大者曰天門關。黃崖峪

燕山，玉田西北二十五里，自西山一帶迆邐而東，延袤數百里，直抵海岸。陳宮山，豐潤北四十里，東臨還鄉河，山南有峰名曰華山。分水嶺，府西四十五里，山澗諸水至此分爲二，一入盧溝，一入房山縣。十八盤嶺，府西北八十里，縈曲十八折。青山嶺，府西百五十里，四面高聳，中平坦，多產杉漆諸藥。

忠義中，遵化。

營州中屯。平谷。

經順義東北十里狐奴故城，西與鮑丘水合，爲東潞河。浭水，出豐潤崖兒口山，一名還鄉河，經豐潤西南而入玉田境，合梁門河，又抵寶坻莫頭河入海。南海子，府南二十里，永樂時以爲遊觀處，中有池，汪洋若海，故名。又府西三里有西海子。

九十里。自此而東至古北口，凡四十八關，其間差大者曰大水峪關、白馬關、陳家峪關、弔馬峪關。峨眉山寨，密雲東北，又東至黄崖關凡五口，其間差大者曰黄松峪關、將軍石關。

關，薊北四十里，自關以東凡十五口至馬蘭關，其差大者寬佃谷關。馬蘭谷關，遵化北，自此而東凡三十一關口至大喜峰口，其間差大者曰沙陂谷口、羅紋谷口、松棚谷口、龍井兒口、潘家口、團亭寨。白楊口，昌平西，凡二十七關口至天津關。古北口，密雲東北二十里，兩崖壁立，中有路，止容一車，下有洞，巨石磊塊，

增攷

龍門，遵化南十里山間，上合下開，開處高六丈餘，水自縣崖傾瀉而下，觸石成井，奔蕩之聲轟然若雷。石門，遵化西北，山峽塹絶壁立，其中洞開，俗呼石門，漢張純叛，孟溢討戰於此。徐無山，玉田東北二十里，漢末田疇居此，百姓歸者五千餘家。

薊州永平道寄衡山西按察司分司。府東山海關百八十里,西順天豐潤界百二十里。

永平,古孤竹及山戎肥子國地,秦遼西、右北平二郡,後盧龍、北平、樂浪等郡,又遼興軍及南京興平府、平灤路。州差多,路衝。州一,縣五。米四萬五千石。府地連青、幽,負山襟水,爲東北之屏障,稱形勝云。

盧龍,漢肥如,或新昌。煩,衝,雜盜難治。十里。

灤。漢石城,又海陽,義豐省入。民貧,雜盜。六

凡四十五里,自此而東凡四十二關口至峨眉山口寨。大喜峰口,遵化北,凡七十口至永平府青山口。

遷安,漢令支,或安喜。裁,簡。二十二里。府西北四十里。

昌黎。遼西郡,或營州、廣寧縣,海山省入。民貧,土沙薄。二十六里。府東南八十里。

樂亭。唐馬城,或溟州。近海。二十七里。州東

撫寧,漢驪地,或新安鎮。裁,衝。十七里。府東八十里。

水道

海,府南百六十里,東連遼東,西接直沽。漆河,府西門外,源自北口,入桃林口,南流至遷安七十里爲青龍河,東爲漆河,與灤河合

永平,

東勝左,府城。

盧龍,府城。

開平中屯,灤州。

興州右屯,遷安。

巡按山海關兵部主事。

山險

陽山，府東南十五里，峰巒高聳，下多溪谷。洞山，府西十五里，與遷安東北十五里之蟒山俱産鐵，有冶。都山，遷安北十五里，高聳秀拔，俱多材木。臨渝山，撫寧境，崛起峰巒千仞，下臨渝河。

附攷

盧龍鎮，州西北九十里，土色黑，山如龍形，故名盧龍寨。曹操北征，田疇自盧龍

十七里。府南四十五里。

關隘

青山口，遷安西北，西接大喜峰口，東至冷口，共十二口。冷口，遷安西北，東至劉家口關凡三口，其閒差大者爲流河口。義院口，撫寧北，東至黃家口凡五口，其差大者爲石門寨。董家口，撫寧北，東至山海關凡十口，其差大者爲大毛山口、大青山口。

九十里。

榆關，撫寧東二十里，一名臨閭關，劉家口關東至桃林口關，凡四口。桃林關，盧龍北，東至界嶺口關，凡四口。界嶺口關，在昌黎界，至義院口，凡六口，其差大者爲箭捍嶺口。山海關，撫寧東，其北爲山，其南爲海，相距百數里，實險要之地，明初徐達移榆關於此，今改名。

入海。灤河，源自北口開平，東流經遷安縣界至盧龍合漆河，又南至樂亭縣入海。渝河，撫寧東二十里，源出古瑞州，南流至連峰山入海。蒲泊，在昌黎境内，有鹽場。肥如河，一名濡河，在府東二十里，源出部落嶺，下流至城西入漆河。

撫寧，

山海。山海關城内。

塞塹山湮谷五百餘里。

巡按。

東河間獻縣界三百十里，北保定府慶都界百七十里。

真定，并州，秦鉅鹿，後恒山、常山、鎮州、恒州、成德、武勝等軍。州五，縣二十七。米裁，衝，瘠貧。十一萬七千石。府面臨滹沱，背倚恒山，左接瀛海，右抵太行，當燕、趙之交，爲都會之地。

水道

滋河，府北三十里，出山西枚回山，經行唐縣而伏，

真定，古東垣，或中山，亦曰常山。裁，貧，煩，衝。十八里。

井陘，漢縣，或并州、天威軍、威州。同上。十三里。府西南百五十里。

獲鹿，舊石邑，或鹿泉、鎮寧、西寧州。同上。十一里。府西南五十里。

元氏，漢縣。同上。十七里。府南九十里。

欒城，漢關縣，或欒氏。衝，裁。十三里。府南六十里。

無極，漢毋極。裁。十二里。府東南八十里。

平山，古蒲邑，漢蒲吾，或房山、岳州。同上。二十一里。府西九十里。

真定，神武右，府城。

至府境復出，東南流至河間入甸水。綿蔓河，井陘南，其東南十五里又有甘陶河，出平定州，至縣界而合，東南經平山縣入滹沱河。汶河，欒城西十二里，自平山流經縣境，至趙州南入大陸澤。按府境諸水流於滹沱河，其衆水之會則入於胡盧河而已。漳河，冀州西北三十里，自山西界東南流經寧晉，

定，漢中山郡，後博陵、義武、定武軍、中山府、安喜縣。衡，中。三十里。府東北百三十里。米五千四百石。

靈壽，古中山國地，或蒲吾郡、燕州。裁。十三里。府西北六十里。

藁城，或高城、廉州、藁平、永安州。同上。十三里。府東南六十里。

新樂，漢新市。裁，地瘠，中下。十一里。州西南五十里。

曲陽，漢上曲陽、恒陽。二十五里。州西六十里。

阜平。隋行唐地，金北鎮。同上。十一里。府西北二百五十里。

行唐。秦南行唐，或玉城、章武、泜州、彰武、永昌。中。二十二里。州西九十里。

定州。

倒馬關中。定州西倒馬關城內，屬真定衛。

過州境至武邑，達滹沱。胡盧河，寧晉東南，自順德府過任縣，流至此匯爲澤，即大陸澤，亦名廣阿澤。倒馬關水，行唐東二十五里，源發靈丘山谷間，經定州北合滱水。索盧水，棗强西北，即衛河支流，經縣界入阜城，流冷河達海。澧水，隆平東十里，自漳河分流，經縣與沙河合入胡盧水。定州北八里

冀，古東陽，漢信都縣、廣川，又安平國，後長樂、魏州、武安軍。裁，無司，中。十七里。府東南二百八十里。米五千二百石。

南宮，漢縣，堂陽、新河省入。裁。十二里。州南六十里。

新河，漢堂陽。裁。十二里。州西六十里。

棗强，漢縣，或廣川、棘津。裁。二十七里。州東三十里。

武邑。漢縣，觀津省入。裁。州東北九十里。

晉，漢下曲陽，或昔陽、鼓城。中。十九里。府東北九十里。米三千六十石。

安平，漢縣，後博陵郡、深州、南平州。十二里。州東南百二十里。

饒陽，漢縣。同前。裁。十七里。州東南百二十里。

武强。漢武隧地，元東武州。裁。十四里。州東北百六十里。

有滱水，出恒山，北流至州境。冀州治北有澤水，俗呼枯洚水。泜水，臨城西北二十五里，出元氏，經高邑、欒城達寧晉胡盧河，即韓信斬成安君處。衛水，出靈壽東北，入滹沱。恒水，出行唐恒山，北注行唐縣。

附攷

灃城，寧晉東，城乃小堡，其藪澤周回百餘里，中有魚藕菱芡之利，金末王義率衆保此。

趙，秦鉅鹿地，後趙國、趙郡、欒州、平棘，宋慶源或沃州。中。二十里。府南百十里。米二千九百石。

深。漢下博地，静安省。中。十七里。府東二百五十里。米七千三百石。

山險

柏鄉，漢鄗縣，或柏鄉縣。衝。十里。州南七十里。

隆平，漢廣阿，後象城、大陸、昭慶。下，裁。十一里。州東南百里。

高邑，漢房子。裁。十二里。州西南五十里。

衡水。漢下博地，中。七里。州南五十里。

敦輿山，一名幽淮山，臨城西約七十里，南抵太行，

贊皇，漢房子地。裁，下。十二里。州西九十里。

寧晉，舊楊氏，後廮陶，又廮遥。中，裁。十里。州東四十里。

臨城。漢房子。裁。十三里。州西南九十里。

關隘

倒馬關，定州西，自是而東凡三關口，至保定之周家堡，自此而西凡五關口，至金龍洞。土門關，

抱犢山，獲鹿西八里，本名萆山，韓信伐趙，使人持赤幟從間道登萆山而望，即此。西屏山，獲鹿西三十里，高數百丈，峰巒列亘如屏。嘉山，定州西四十里，郭子儀敗史思明處。恒山，曲陽西北百四十里，五岳之一也。

北接恒山。五馬山，贊皇東十里，宋馬擴奉信王榛聚兵於此。割須嶺，元氏西北七十里，中有徑通井陘，光武北伐駐元氏，尤來、大槍之徒皆割須變貌，即此地。又縣西北五十里有封龍山，峰巒極勝。十八盤嶺，贊皇西六十餘里，高崖茂林，中有小徑，縈紆上下，有十八盤。

獲鹿西十里，唐置，一名井陘關。龍泉關，曲陽西，自此而東北凡二十一關口至金龍口，自此而西南凡十五關口至白羊口。白羊，靈壽西，自此而西南凡二關至惡石口。惡石，真定西北，自此而西南凡十五關至故關。故關西接山西平定界。

巡撫，大寧都司。東河間府静海界三百里，西山西大同廣昌界三百里。

保定，秦、漢上谷、涿郡，後清苑縣，秦州、保州、保塞軍。土城。衝，難治。州三，縣十七。秋米六萬一千石。府控幽、冀之交，爲邊關重地。

水道

徐河，出五回嶺，其下流灘石湍急，名曰雷溪，經滿城北十里曰大册河，又經府北十五里曰徐河，入安州境。温義河，新安縣南八里，源出安肅南

清苑，漢樊輿，或樂鄉。煩，衝，中。二十四里。

滿城，漢北平地，或永樂、樂浪郡。裁。二十里。府西北四十里。

安肅，本遂城地，或郡或鎮，梁門口寨、静威軍、徐州、安肅軍及州。十六里。府北六十里。

定興，隋范陽地。衝，煩，難。二十一里。府北百二十里。

新城，漢新昌國，又北新城，元新泰州。衝。二十五里。府東北百

慶都，漢望都。裁，衝，煩，中。二十一里。府西南九十里。

完縣，秦曲逆，漢北平，後燕平、永平等縣。僻，中。十八里。府西九十里。

容城，漢名，或全忠。裁，僻，下。六里。府東北九十里。

雄縣，漢易縣，或歸義、歸信、易陽郡、永定軍、雄州。水，衝，下。

保定左、右、中、前、後。

三十里曰曹河，一出安肅西十里曰徐河，至縣南而合曰温義河，又南流與縣西長流河合，至雄縣入瓦濟河。巨馬河，出代郡之涞水縣北，又東南至定興治西合易州白溝等河，晉劉琨守此以拒石勒處，東至新城南三十里白溝河，爲宋、遼分界，又東至霸州合直沽而達海。唐河，唐縣西南三十里，出大同靈丘南，經飛狐

祁，漢安國，或義豐、立節、蒲陰。裁，簡，中。十四里。府南百二十里。米二萬四千石。

五十里。

唐縣，古鮮虞，或中山縣，堯封邑。二十二里。府西百十里。

博野，漢蠡吾地，又博陵縣。僻，簡。二十三里。府南九十里。

深澤，漢縣。同上。十一里。州南二十里。

束鹿。漢鄡縣，或改爲鄡，後安國、安定、鹿城。中，僻。十七里。府南百二十里。

十四里。府東北百二十里。

蠡縣。漢蠡吾，或蠡州、永寧軍、寧州。僻，中。二十七里。府南九十里。

山險

郎山，亦名狼山，府北五十里，峰巒尖鋭，如削玉然。五回嶺，易州西南百二十里，曲折五回，望之如蟻蛭，俗名五虎嶺。易州西舊有武夫關，武水所出，即此。紫荆嶺，易州西百里，

工部侍郎，易州廠。易州道寄衛山西按察司分司。

口、倒馬關至縣東南入祁州，與沙河合。其分流曰梁河、土尾河，俱過府境，至安州入易水。滋河，祁州西南三十里，自無極縣流入深澤，至州境合沙河。此與真定所列小異。易水，安州城北，府境內沙河、曹河、徐河、橋河、一畝泉水、鵶兒河、唐河等水流於此名易水。記曰：易水合而成也，至雄縣南名

安，武定，又唐興、順安軍、渥城，葛城省入。四里。府東七十里。地僻，多斥鹵，水患，民貧。米三千二百石。

易。本上谷地，或昌黎郡、上谷郡、高陽軍、遂武郡。衝，中。二十八里。府西北百二十里。米二千七十石。

附攷

中山城，唐縣西北

高陽，或高陽郡、滿城。裁，水，衝。十四里。州南四十里。

新安。本容城地，或渥城。水，貧，同前。十七里。州東二十里。

淶水。漢遒縣，或永陽、故安、易縣。水患。二十五里。州東四十里。

上有關通山西大同。東鹿岩，東鹿縣北門外，隘內廣可容千人，又名三丘古洞。

關隘

紫荊關，易州西八十里，歷代爲扼塞之所，本朝徹而新之，城高池深，足爲戍守之固。鴻山關，唐縣西北七十里，名鴻城。倒馬關，唐縣西北，漢置，以山路險峻而名。八渡關，唐縣西北五十里，有水屈曲八

茂山，易州。

真武，

神武。二衛俱在易州紫荊關城內。

紫荊關

中。易州西八十里紫荊關城內，隸大寧都司。

東山東濟南海豐界三百里，北保定府雄縣界百三十里。

天津鈔廠。

瓦濟河，入順天、保定以合滋河，過直沽入海。

河間，古東陽，或瀛州、瀛海軍。州二，縣十六。近京，衝，煩，地鹻，賦重，多盜輕生。米六萬五千石。

府東瀕滄海，西麗太行，地勢廣闊，爲水陸衝要之路。

山險

十三里峭嶺之上，慕容垂都此。廢遂城縣，安肅西二十五里，昔以爲雁門關衝要。

河間，武垣，州鄉侯國，又唐叔封邑。路衝，差多，中下。二十七里。

獻縣，漢樂成，或樂陵、廣城，樂壽省入。又壽、獻二州。衝，訟。二十七里。府南六十里。

阜城，漢縣，或漢阜。衝，煩，差多。二十六里。府西南百四十里。

渡，漢置關於水上。高陽關，在高陽縣，五代時置。瓦橋關，在雄縣，三關之一。西水寨，易州西南百里。

青縣，舊蘆臺軍，或寧州、永安、清州、乾寧等軍。人荒，衝，裁，僻。十七里。府東百五十里。

興濟，宋范橋鎮。裁，衝，僻，難治，中。十九里。府東百八十里。

河間，

瀋陽中屯，府城。

大同中屯，府城。

天津道寄衙山東按察司分司。

西山，青縣西南五里，高峻而頂平。

水道

海，鹽山東七十里，潮汐所及，其土鹽鹵可煮爲鹽。浮河，滄州南五十里，自東光南永濟渠分出，東北流經州界，又東北入海。濡水，在任丘西北五十里，東合易水。易水，任丘西十六里，源出代州，流經獻縣五里鋪合滹沱入海。慶雲東有明月沽，西接馬谷，山東濱海煮鹽處也。

景，漢渤海郡，後觀州、弓高、定遠、永静軍、蓨縣。訟，衝，中。十八里。府南二百里。米四千四百石。

肅寧，或城或鎮，始曰平虜寨。簡，僻，易治。十四里。府西五十里。

任丘，漢鄚縣，莫州省入。衝，訟。二十三里。府北九十里。

交河，舊中水，滹沱、高河交流處。丁多，僻，煩。府南八十里。

吴橋，隋將陵。裁，僻，易治。十五里。州東五十里。

東光，漢縣，安陵省入。中上，同上。十九里。州東北九十里。

静海，宋渦口寨、靖海縣。貧，衝，中。十九里。府東百八十里。

寧津。本保安鎮地。僻，難治，丁差，與衝。二十五里。府東南二百九十里。

故城。歷亭，或鎮。差重，裁，煩，衝，易治。八里。州南九里。

天津，天津左、右。俱在静海小直沽城內。

長蘆鹽運司，巡鹽。	北真定柏鄉界百里，西山西遼州和順縣界百五十里。
	順德，古邢國，後信都、襄國、邢州、鉅鹿、保義、安國軍，京師要地。患水。縣九。米四萬二千石。府鎮以太行，縈以漳水，依山馮險，四衝之會，形勝之區也。山險
滄。渤海、清池、長蘆、景城郡、義昌、順化、橫海、臨海等軍。水路，衝，煩，差重。二十八里。府東百五十里。米四千六百石。	邢臺，或龍岡。衝，煩。二十二里。水道 濁漳河，平鄉西南二十里，源出山西潞州發鳩山，流經此，下入南和，即禹貢漳水也。真定所載之
南皮，僻，賦重，中下。九里。州南七十里。鹽山，古無棣，漢高城，或浮陽、東鹽州。簡，僻，中下。二十七里。州東九十里。	沙河，或溫州。衝，煩。地沙石，下。十九里。南和，或和州。裁，簡。十八里。府東四十五里。
慶雲。漢陽信。賦重，裁，簡，易治，下中。十一里。州南百六十里。	鉅鹿，漢南欒，或起州。裁，僻，好訟，煩，中。十四里。府東北百二十里。唐山，舊柏人，後柏仁、東龍州、堯山。中。十五里。府東北九十里。內丘，漢中丘，或
滄州。	順德。

東山東東昌臨清界百二十里，北順德南和界六十里。

百嵒山，府西北，其山極峻，共有百嵒。夷儀山，府西北百七十里，道通襄國。石門山在府境。石勒遣石季龍進據石門，即此。

廣平，漢名，後洺州、武安郡、邢洺路。土城，地僻。縣九，米五萬九千石。

府夾於洺、漳之中，北通兗、冀，南連鄭、衛，亦都會之區也。

漳亦出山西，其分合俟考。泜水，唐山縣西二十里，上接趙州臨城縣，下流入任縣及內丘、南和境。

永年，舊曲梁，臨洺省入。民貧賦重。三十二里。

水道

洺河，府北三十五里，源出遼州太行山，經安成東北，至府境鷄澤

平鄉，漢廮陶，或封州。簡，裁。十三里。府東百里。

廣宗，漢堂陽，或宗城、宗州。裁，簡，下。十二里。府東北百二十里。

廣阿澤，鉅鹿北五里，亦名大陸，中有泉，可煮爲鹽。

曲周，漢縣，或曲安，平恩省入。僻，中。二十二里。府東北四十五里。

肥鄉，古蒲縣，清漳省入。中。四十八里。府南四十里。

趙安。裁，衝，中。九十里。府北五十里。

任縣。舊張縣，或苑鄉、清苑。裁，簡，水患。十九里。府東北四十里。

成安，古乾侯，漢斥丘。軍民雜。二十七里。府南六十里。

邯鄲，趙都，漢郡。煩，衝，中下。三十里。府西南五十里。

山險

狗山，府西七十里，世民討劉黑闥，建壘於此。

與沙河合。沙河，府西北五十里，從沙河縣來，至雞澤合洺。

雞澤，古名。僻，中。十一里。府北七十里。

廣平，或武安、魏縣并入。裁，僻，中。十九里。府東南七十里。

威縣，漢斥漳，或洺水、威州。裁，僻，沙磧。十里。府北百三十五里。

清河。周甘泉市，秦厝縣，漢信成，後貝州、永清軍、恩州。裁，下。八里。

大名道寄衙山東按察司分司。東山東東昌冠縣界九十里，北東昌館陶界百里。

大名，商都，後陽平、貴鄉、魏州，或天雄軍、東京、興唐府、鄴都、廣晉府、北京、安武軍、河使。差煩，各縣同。州一，縣六。米十四萬八千石。府界東西之會，有山河之固。

附攷

元城，古沙鹿地。略衝。中中。三十八里。亦曰冀州。

大名，或貴鄉。中。十九里。府南七十里。

南樂，漢樂昌及東昌、繁水。中。四十二里。府東南四十里。

內黃，古相、繁陽，柯地，漢置縣。稅重，民貧。三十四里。府南百里。

濬縣，衛邑，漢黎陽，後黎州、濬州、通利軍、濬川、平川等軍。土廣民稠，五十

黎陽津，濬縣西二里廢黎陽縣，一名白馬津，酈食其所云「守白馬之津示諸侯形制之勢」者，此也。靈昌津，在滑縣境，舊名延津，石勒濟師處。馬陵道，在府東南十里，即孫子伏弩處。黃河故道，開州治南，正統時河決陽武，復循此東抵濮州，道張秋入海，聲聞數十里，俗名響子口。黎陽倉，大伾山北麓，隋置，李密據以

開，舊澶淵，秦東郡，漢頓丘、澶水，澶州、鎮寧、開德府，濮陽省入。中上。百二十二里。府南百六十里。米二萬一千石。

魏縣，古洹水，或漳陰。中。四十八里。府西四十里。

清豐，古頓丘，或德清軍。僻，淳。二十二里。府東九十里。

東明，河迫，多盜。十九里。府東南二百里。

長垣。古匡邑，或匡城。土沃賦重。七十八里。州南百五十里。

山險

善化山，濬縣北三十里，去內黃西南六十里，三峰鼎峙，南北連跨，

里。府西南二百里。

滑縣。古豕韋，晉濮陽，或兗州、杞州、滑州、東郡、靈昌及成義、宣義、武成軍，白馬省入。同前。八十九里。府南二百三十里。

水道

御河，自魏縣經府境東北，流經館陶界。衛河，舊名白溝水。滑河，滑縣境。舊志云：河經北而東滑最大，自洛以西百水皆合於

賑民，唐、宋河北糧儲皆置此，河徙後遂廢。瓠子口，開州西南二十五里，即漢武所塞處。枋頭，濬縣西八十里，淇水之北，即淇水口也，曹操以枋木築堰通淇水入白溝以通餉，桓温破慕容垂於此。

關隘

金堤關，滑縣境，已廢。博望關，內黃東南十二里，接河内汲縣。

岡巒溪澗，不啻數百。大伾山，濬縣東二里，峰巒秀拔，若倚屏幛，即禹貢所載者。黑山，濬縣西八十里，一名墨山，形如展箕，嵒石奇特，東漢末黑山賊衆十萬掠魏郡，即此地。其西南連亘者曰陳家山，石壁險立，下臨淇水。

此。淇水，開州西境，自林慮山發源，綿歷太行而東，至濬縣枋頭東流入衛河，其合流處曰黎河，亦曰濬河。高雞泊，府境內，唐樂崇訓伏兵害宰相王鐸處。長豐泊，濬縣西二十里。志云：天下名泊二，梁山與此也。

直隸

東至四海冶百三十里，西至保安州沙城界百里。

隆慶。漢廣甯，或北燕、嬀州、儒州、縉陽、龍慶州。十四里。去京師北百八十

永寧。遼縉山。

五里。州東三十里。

山險

紅門山，州東二十

水道

嬀川，自州界流至懷來城東南，又西流合桑乾水，俗名清水河。

隆慶，

隆慶左，

俱在州東南五十里居庸關。

里。米四千六百石。

州南扼居庸之衝，北距龍門之險，爲京師要害之會焉。

里，高三里。東螺山，州西北三十三里，高七里。

附攷

岔道，州南二十里，出居庸關東西路由是兩分。又州南三十里有八達嶺，爲居庸關北口。

永寧。永寧。

直隸

東至隆慶州土木驛四十里，南至山西蔚州界美峪百里，北至宣府界泥河七十里。州山險川環，控扼之所也。

保安。漢涿鹿，或永興、新州、威塞軍，遼奉聖州、武定軍，後德興府，古名上谷，險阻。七里。去京師西北三百里。米千八百石。

山險

磨笄山，州西北二十里，代王夫人自殺處。保寧山，州西北六十里。涿鹿山，州西南九十里，涿水出焉，黄帝勝蚩尤於此。

水道

洋河，出宣府界，經州南十五里，又東南入桑乾河。清水河，在州西南三十里，即隆慶來之嬀水也，合流洋河而達桑乾河。

保安。隆慶左、永寧、保安三衛屬萬全都司。

美峪。州城，屬萬全都司。

口北道。

萬全都司領衛十五。其蔚州、隆慶左、永寧、保安四衛及廣昌、美峪二所散建於各州縣而屬於都司。所 堡以上俱隸都司。城

都司駐宣府衛城。

巡撫，巡按，總兵，管糧郎中。

宣府左、右、前，秦上谷，漢下落，後文德、武州、毅州、歸化、宣德、順寧，又宣化，去京師西北三百五十里。

萬全左，元宣德縣，宣府西六十里。

萬全右，德勝口，宣府西八十里。

開平，舊在元之

懷安，漢夷興縣，宣府西百二十里。

保安右，永樂十五年建於順聖川，二十年移於懷安衛城內。

懷來，漢潘縣，或懷戎、嬀州、懷來縣，宣府東南二百五十里。

隆慶右，初建於居庸關，宣德五年移於懷來衛城內。

興和，初置於懷安衛北百六十里之高原廢縣，去宣府西三百餘里，永樂二十年移入宣府城中。

長安，舊名槍竿嶺，又豐峪驛，宣府東北百四十里。

四海冶，隆慶州西百二十里。

鵰鶚，宣府東北百七十里。

赤城，宣府東北二百里。

順聖川東城，宣府西南百四十里。

順聖川西城。東城西百里。兩城別轄於南路參將。

上都，宣德五年移獨石，宣府東北三百里。

龍門。唐縣名，元省入宣德縣，宣府東百二十里。

雲州，宣府東北二百十里。

龍門。宣府東北二百四十里。

馬營。宣府東北二百六十里。

五軍都督府屬

衛四十。親軍指揮使司上直衛二十六，番上宿衛各親軍，以護宮禁不隸五都督府。長陵等衛及永清、彭城、武功六衛非親軍，亦不隸五都督府。

所

中府，屬衛四，所二，府治在長安右門南。

留守中，神策，和陽，應天。

牧馬，蕃牧。

左府，屬衛六，府治在中府南。

留守左，瀋陽左、右，驍騎右，鎮南，龍虎。

右府，屬衛三，府治在左府南。

留守右，虎賁右，武德。

前府，屬衛三，府治在右府南。	留守前，龍驤，豹韜。
後府屬衛二十四，府治在中府後。以上五軍都督府所屬皆京衛。	留守後，武成、中、前、後，神武、左、右、後，忠義、左、右、前、後，義勇、左、右、前、中、後，大寧、中、前，蔚州左，會川，富峪，寬河，興武，鷹揚。
親軍指揮使司。上直衛二十六。	錦衣，旂手，府軍，府軍左、右、前、後，虎賁左，金吾左、右、前、後，羽林左、右、前，燕山左、右、前，大興，濟陽，濟州，通州，騰驤左、右，武驤左、右。

長陵，獻陵，景陵，裕陵，茂陵，泰陵，康陵。以上七陵衛俱在昌平州天壽山。永清左、右，彭城，武功左、右、中。以上六衛俱在京師。

南直第二

按金陵自古有帝王氣，所云龍蟠虎踞之都也。夫長江固天險矣，而昔之論者，謂守江莫先守淮，豈不然乎？是故邳、徐、淮、泗之右臂也，濠、壽、全淮之左臂也，而揚州，而滁、和，而太平，而合肥，皆所以聯江、淮，咽喉表裏者也。是故守江之要，其上流則在横江、采石間，其下流則在儀真、京口間，前事可鑒，斯其概也。乃吾觀安慶一區，當長江委流，束約全楚，爲東西門户，所以制江表而禍中國者，必由於此。何也？江之上流在楚、蜀之際，而洞庭合湘、沅之流，鄱陽爲章、貢之委，大川宏敞，湓口爲都會，故論九江者，謂所以接武昌而蔽金陵，則安慶之爲要，從可識矣。若夫徐、潁諸州，雄跨齊、梁，蘇、常諸郡，饒於財賦，宣、歙而下，富有山溪，上有以清河、洛，下可以靖嶺、海，惟運之得而已。王導有言：「經營四方，此爲根本。」蓋未嘗不三復乎斯言也。

南直，古揚州地，秦爲鄣郡，漢丹陽郡，孫吴以後多建都於金陵。明初定鼎於此，後爲南直隸。府十四，州一十三，縣八十八。又州四，屬縣八。總爲里一萬三千七百四十三，舊有户一百九十六萬二千八百十八，口九百九十六萬七千四百三十九。夏秋二税共米麥五百九十九萬五千三十四石，絲一十萬九千九百十兩，絹三萬八千四百五十二匹，麻布二千七十七匹，鈔八千七百七十錠，馬草五百八萬四千二百一十七包。

兩淮鹽運司額辦小引鹽七十萬五千一百八十引。鹽運司一，在揚州。領鹽課司十三。淮安五，蘇州四，通州四。

親軍衛一十七，屬所一百十二。守禦千户所一。在京屬府衛三十二，屬所一百九十六。守禦千户所一。在外直隸衛二十八，屬所一百四十五。守禦千户所十五。

中都留守司領衛八，屬所四十。守禦千户所一。京營馬步官軍舍餘夷人共一十二萬有奇，在外衛所，除中都留守司，南直、北直、山東、河南各二班。

京操外馬步官軍舍餘共四萬四千八百。南京太僕寺所屬應天等府種馬凡數萬匹。

南直輿圖

一、泗水，出山東泗水縣，至徐州東北而合汴水，至下邳西南而入淮。○一、清河，出淮安清河縣治西，即泗水下流也，源自山東泗水縣，流經徐州，至邳州分爲大、小二清河，南流達淮。

一、官河，即邗溝也，亦名邗江，東北通射陽湖，經寶應縣北，過山陽縣治東入淮。

一、太湖，在蘇州府南五十里，常州府東南百里，連武進、宜興、吴縣界，縱横三百八十里，周三萬六千頃。

一、練湖，志云在丹陽北。

一、滁河，出盧州府，經全椒縣北，襄水東南流合焉，至滁州東南三汊河，州西清流水來會焉，經六合縣境至瓜步入大江。

一、淮水，出河南桐柏縣桐柏山，自汝寧府境入潁上縣界，至壽州西北合肥水，至懷遠縣合渦水東流，經鳳陽府北境，又東入泗州，至清河口合泗水，過淮安府城北五里，縈迴於城東，又東而入海。

一、睢水，自河南夏邑縣入徐州南境，經宿州北二十里，亦名小河，自靈壁縣東流，經睢寧縣治北，至宿遷縣而入泗。

一、大江自九江府來，合洞庭、彭蠡諸水東北流，繞安慶府東西南三面，自東流縣入池州府界，北折而東，過府城北，下合府境諸水，歷太平、應天，東抵常州府北五十里，西接丹陽，東接江陰、靖江，與泰州、泰興分居南北岸，又東而至蘇州常熟縣境，縣北四十里有福山港，與通州對岸，大江入大海，在通州、海門間也。

南直輿圖

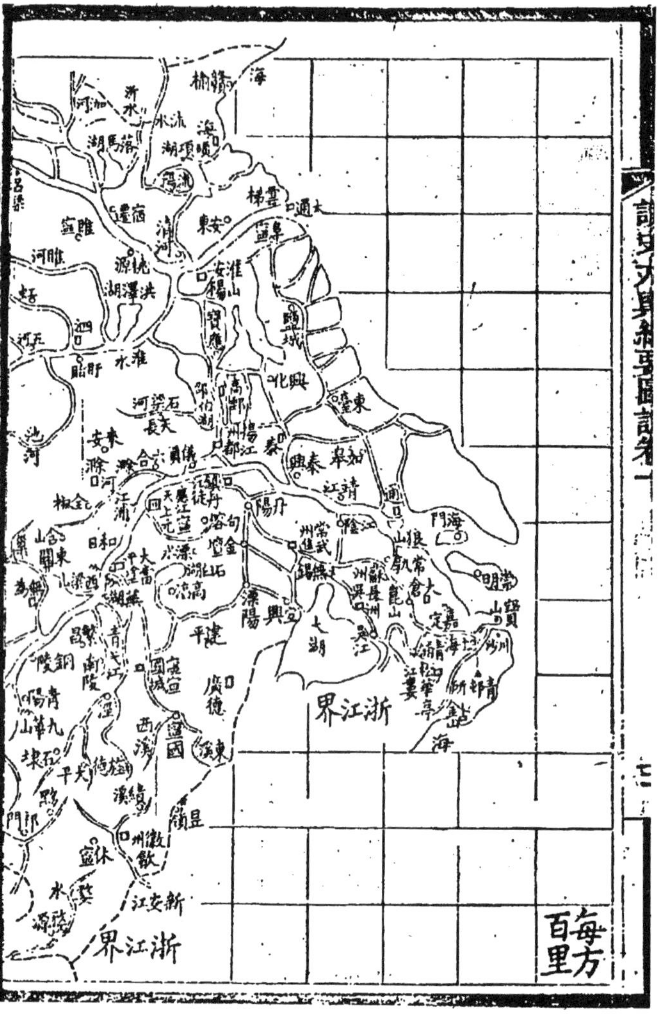
浙江界
浙江界
每方百里

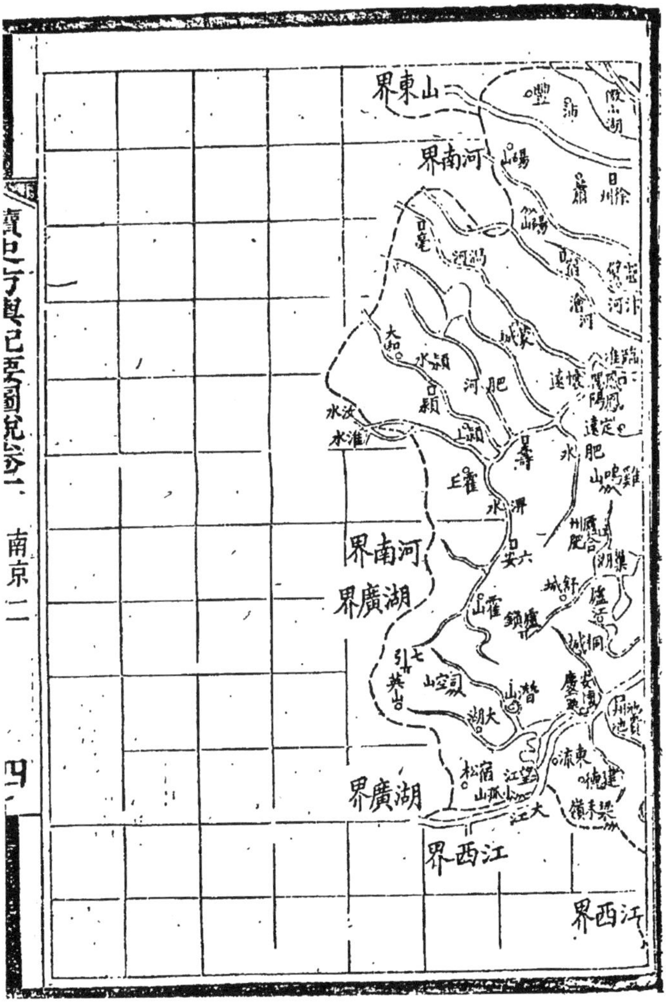
南京二
山東界
河南界
河南界
湖廣界
湖廣界
江西界
江西界
淮水
汝水
潁水
肥河
渦河
霍山
潛山
大湖
大江
望江
宿松
六安
舒城
廬江
桐城
安慶
定遠
懷遠
肥水
東流
建德

	府治至京師三千四百四十五里。
府十四	應天，楚金陵，秦秣陵，吴建業。縣八。米二十萬五千六百石。府三吴爲東門，荆、蜀爲西户，形勢莫重於此。山險 鍾山，府東北，周六十里，比諸山特高。石頭山，府西二里許。龍蟠虎踞，此二山也。覆舟山，府北七里。四望山，府西北十里。方山，府東南四十
州十七 附郭	上元，差多，民困，煩，衝。三百二里。江寧，晉建都，治城、歸化、白下。七十四里。伍牙山，溧陽西六十里，一名護牙山。芝山，溧水東南七十里。龍洞山，江浦西北二十五里，與西華山、定山起伏相連。四潰山，亦名四馬山，在江浦西南七十里。附攷
并外縣九十六	句容，漢名，或茅州。衝，煩。二百五十二里。府東九十里。溧陽，漢縣，或路或州。訟。頗煩。三百三十五里。府東百二十里。溧水，今溧陽地。訟，煩。二百五十五里。府東八十五里。水道 中江，在溧陽西北，今名永陽江，下流入宜興界。長蕩湖，溧陽北五十三里。胭脂
	江浦，本六合地。衝，煩，下。二十里。府西四十里。六合，楚棠邑，或秦郡，雄州。軍民雜，十七里。府西北百三十里。高淳。析溧水置。簡，難治，下中。十三里。丹陽湖，溧水西七十里。固城湖，高淳西南五里，分四派，中流與太平接界，東經宜興入太湖。余家堰，高淳南七
衛八十五	
所	

	中都留守。西河南開封項城界五百九十里。
五里。三山，府西南五十里，下臨大江。雁門山，府北六十里。慈姥山，府西南百十里。絳巖山，句容南三十里，本名赤山，絕高。竹里山，句容北六十里。	鳳陽，鍾離郡，或北徐州。衝。州五，縣十三。其屬半疲。米二十萬五千七百石。府東連三吳，南引荊、汝，外有江、湖之阻，內保淮、肥之固。
石頭城，府西二里。又金城，府北三十五里。浦子渡，江浦東二十里。	鳳陽，析臨淮置，本鍾離地。衝，煩。三十四里。
河，溧水西，北通大江，西通丹陽湖。	臨淮，古鍾離地，塗山省入。煩，衝。四十里。府東北二十里。懷遠，曹魏蘄城，或鎮淮軍。衝。四十八里。府南七里。
十五里。關隘 大勝關，府北十里。石灰山關，府西北二十里，本名幕府山。龍江關，儀鳳門外。	五河，宋隘口屯田，又安淮軍。煩，下。三十五里。府東北百十里。虹縣。漢夏丘，或晉陵郡，又垓下。訟，煩。十九里。府東北百五十里。

山險

韭山，定遠東北四十里。橫澗山，定遠西北七十里。八公山，壽州東北五里，淝水之北，淮水之南，即苻堅望此草木皆兵處。紫金山，壽州東北十里，周世宗拒南唐兵於此。峽石山，壽州西北二十五里，兩崖相對，淮經其中，嘗立土城以防津要。長圍山，盱眙北七里，臧質守盱眙，魏自都

壽，古六國，楚壽春。熕，衝。四十八里。米萬二千二十一石。州在府西百八十里。

定遠，秦曲陽，後東城。三十三里。府南九十里。

霍丘，漢安豐、松滋二縣地。衝。熕。二十七里。州西南百二十里。

蒙城。漢山桑，或渦陽、肥水。裁，減，熕。三十八里。州北百八十里。

水道

渦水，自河南東流蒙城北，逕懷遠北與淮合。肥水，出宿州龍山湖，東流至懷遠入淮。潁水，在潁州境。汝水，在潁州西百二十里，詳見汝寧府。澮河，出河南永城縣馬長河，東流歷宿州南境，至五河西北入淮，此五河之一也。汴河，自宿州流入虹縣，至泗州東西二城間入淮。池河，自

英武，定遠。

飛熊，定遠。

壽州，

梁山築長圍圍城,造浮橋絶水路,即此也。其南一里有軍山,亦其故址。斗山,盱眙西南。又縣東南五十里有都梁山,與此連,當淮水險處。青山,盱眙西八十五里,宋劉綱保此,金人不敢近。三台山,盱眙西南百五十里,山有三峰,鼎立,可容十萬衆。横山,天長東南五十里,山形四平,望之若屏,宋劉綱保聚於此以拒金人。

泗,古徐國,漢泗水國,東徐州、東楚州、安州、下邳郡。水陸衝,煩。五十里。府東二百十里。

宿,古國,或睢州、睢陽郡。衝,煩。七十里。府西北二百三十里。米三萬八千二百九十石。

盱眙,古善道,漢置縣,或郡或軍,又北兗、北譙州,又昭信軍。鹽盜,水陸衝。三十七里。州南七里。

天長。漢廣陵地,或涇州、石梁、永福、建武軍。訟,簡,裁。二十里。州南百五十七里。

靈壁。隋虹州,或靈壁。煩,衝。四十一里。州東百二十里。

廬州府境歷定遠入淮。

附攷

銅城鎮,天長西北四十五里,吴王濞即大銅山鑄錢處,後因名鎮。連珠塞,壽州北四里,山腰有石甃大路,周世宗攻壽州,屯兵於此。邵陽洲,府東北淮水中,魏元英圍鍾離,梁韋叡救之,夜趨於此,截洲爲城。青岡城,壽州西二十五里,謝玄禦秦時築此。渦

泗州,

宿州,

潁州兵備僉事，兼轄河南。

潁，古胡國，或汝陰、信州、順昌。衝，煩。五十五里。府西北四百五十里。米五十萬石零。

亳。古譙邑，或縣或國，南兗州、亳郡、集慶軍。盜。四十一里。府西北四百五十里。米五十萬石。

潁上，漢慎縣，或下蔡郡。煩，衝，裁，中。十三里。州東南百二十里。

太和。漢細陽，或萬壽。裁，煩，中。三十里。州西北百八十里。

口城，懷遠東北十五里，今名拖城，唐時於渦口對岸築兩城，置兩城使。

潁川，潁州。

武平。亳州。

潁上。

西河南汝寧固始界五百五十里。

廬州，古廬子國，漢廬江，又合肥，或南豫州、合州、北陳郡、保信軍。淳，山險。州二，縣六。米七萬七千三百石零。府腹巢湖，控臨潁，膺濡須，枕灊、皖，誠淮右之襟喉，江北之脣齒也。

山險

黃山，府東百三十里，接巢縣界，有三百六十峰，周二百餘里，泉出不涸，俗名龍泉山。春秋山，舒

合肥，漢縣，或汝陰縣、金斗。煩，衝，近淳。五十四里。

無爲，或鎮或軍，襄安省入。臨湖，有盜。四十九里。府東南二百八十里。米三萬三千七百石。

六安，古六國，或六縣，唐霍州、來化、六安軍。盜。七十里。府西百八十里。米一萬四千二十石。

廬江，漢龍舒，或相州，古灊城。裁，僻。十四里。府南百八十里。

巢縣。南巢，秦居巢，或蘄縣、巢州鎮。裁，盜。三十里。州北九十里。

英山，本蘄州羅田地，宋鷹山寨。山險。三十七里。州西南四百里。

霍山。新析。山險。裁。二里。

關隘

舒城。古舒國，舒、龍舒二縣。四十五里。府西南百二十里。

水道

巢湖，巢縣西十里，一名焦湖，周四百餘里，港汊大小百六十，占合肥、舒城、廬江、巢縣四縣境，有姥山最高峻，有孤山在其中。白湖，廬江東北三十里，周七十餘里，與巢湖相接，流入大江。裕溪河，無爲東北百二十里，源出巢

廬州，

六安。

城南三十里，頂有洞可容數千人。冶父山，廬江東北十里，形勢峻峭，峰巒森密，自麓至頂凡五里。胡避山，無爲西六十里，舊名孤鼻山，宋紹興初郡人王之道保此，寇不能破。七寶山，巢縣東南三十里，曹魏時濡須山爲東關，此爲西關。踟蹰山，巢縣南三十七里，陳荀朗破郭元建於此。左傳「楚子

祖家山，六安西南百三十里，形勢高昂；文家山，六安西南百四十里；二山皆南宋時避兵處。陶成忠山，六安西百七十里，石徑崎嶇，林菁掩翳，相傳有陶鐵鎗者屯於此。天人山，英山北三十里，險峻有寨。英山，縣東五十里，峰巒峭拔，上有井。樓子山，英山東北七十里，有寨。多雲山，英山西北百里，

冷水關，廬江西三十里，兩山夾道如門，相傳曹魏設隘處。北峽關，舒城南四十里，南屬安慶，爲入蘄、黄大路。東關，巢縣東南四十里，必争之地也，昔吳、魏相持於此。西關，巢縣東南三十里，吳、魏相持處。九井鎮、桃花鎮俱在舒城北二十五里。清水鎮，府東北百三十里。

增攷

湖，東入大江。柘皋河，巢縣西南，源出合肥浮槎山，入巢縣，劉錡敗兀朮於此。淠水，六安西，一名白沙河，出霍山，北流入壽州境入淮。肥水，府南七十五里，本出府西北之雞鳴山，北流十里分爲二，其一東南流入巢湖，其一西南流入淮水。爾雅：「歸異出同曰肥。」謝玄破苻堅、韋叡堰水合肥，皆

觀兵於坻箕山」，即此。洪家山，六安東南八十里，有寨，四面石壁險峻，南宋有洪姓率民保此。霍山，六安西南九十四里，或名天柱山，高險，上有泉池。三洄山，六安西南百里，亦名三曲，中有小港通故步鎮，山隨水勢，縈回三灣。東北二十里名梅子嶺，可容數十萬衆。董靖原山，六安西南百二十里，有寨，山原平敞，周有小徑。

接羅田界，上有九井。龍眠山寨、石索山寨俱在舒城西境，有山峪可容數千人。

增攷

偃月城，無爲州東北五十里，即濡須塢也。孫權聞曹操來，夾水立塢，狀如偃月，呂蒙嘗與魏兵相持於此。

濡須塢，無爲州東北五十里，接巢湖，湖之東南有石梁，鑿山通水，名東關口，一名東興，其地高峻險峽，諸葛恪於東興作大堤遏巢湖，左右依山，夾築兩城，使全端守之。滁陽城在廢梁縣東北四十里，孫吴斷涂作堰以淹北道。或曰魏人築此守之。廢梁縣，在府東北七十里。

於此。濡須水，出巢湖，經巢縣南，一名馬尾溝，流經縣東北八十里至亞父山，又北而入大江，即孫、曹相拒處。藏舟浦，府城西北，張遼鑿此以藏戰艦。

西湖廣黃州黃梅界二百一十里。

安慶，皖城，古舒，或晉熙、固安、東安州、舒州，又盛唐郡、德慶軍。煩，衝。縣六。米十三萬一千八百石。府淮陽之屏蔽，江介之要衝，控中原而引三楚，形勢在斯，必爭之地也。

山險

浮山，桐城東九十里，一名浮渡山，有三百五十嵒、七十二峰，其中有可居可遊之處三十六，西南有

懷寧 漢皖縣。煩，衝，上中，民澆半。四十六里。

摩旂山，桐城東南百三十里，相傳關羽屯兵處。灊山，灊山縣西北二十里，一名皖伯臺，有峰嵒池洞之勝，與皖公、天柱山連屬鼎峙，層巒疊嶂，爲長淮捍蔽。小孤山，宿松南百二十里，江之北岸，孤峰峭拔，與南岸山對峙如門，大江之水至此束

桐城，古桐縣，漢樅陽，或同安。衝，煩。五十九里。府東北百五十里。

灊山，本懷寧地。五十八里。府西北百四十里。

太湖，或龍安。八十五里。府西二百三十里。

水道

龍南蓮若湖，宿松東南五十里，東五里爲白荆、湾池，又東五十里爲大伯湧湖，又東十里爲張富池，下流入望江

宿松，漢松滋、高塘。四十六里。府西南二百七十里。

望江。晉大雷戍，或新冶，又高州、智州。裁，貧，衝，煩。二十二里。府西南百十里。

皖水，出灊山北，太湖西南有沙河，自壽州界來，縈回三百餘里而合此，下流又與灊水會，經府城西南入江。桑落洲，宿松南百九

安慶。

獨峰直上千仞，大江環遶，望之若浮，故名。

約而出其下，深險可畏。烽火山，宿松東北六十里，北齊及陳分界處。司空山，太湖西北百九十里，極高峻，半山有洗馬池。

縣西四十里之泊湖，又東而出雷港合大江。漳湖，望江東北二十里，會上流青草、武昌諸湖水東入隸溝至山口鎮入江。

十里九江口，劉毅與盧循戰於此。石子港，望江北二十里，合慈湖諸澗谷水入武昌湖。

關隘

海門第一關，在小孤山上，元立鐵柱於此，長三丈餘。山口鎮，府西十里，即皖口也。

總督漕運，理刑，管閘，船廠。

東海岸二百三十里，北

淮安，山陽、淮陰、楚州、北兗、順化軍。四通八達，兩京要路。衝，煩，劇，貧甚。州二，縣九。米四十一萬二千八

山陽，漢射陽。貧，衝，煩，劇。百二十里。

鹽城，漢鹽瀆，或射陽郡及射州。僻，貧。八十五里。府東南二百三十里。

清河，宋清河口、清河軍。貧，衝，

桃源，本宿遷之桃園鎮，或淮濱。衝，貧。四十八里。府西北百六十里。

沭陽。漢厚丘，或潼縣、懷文。

淮安，大河。府城。

鹽城，

山東莒州界四百五十里。

百五十石零。

淮安俯臨淮、海，控制山東，水陸交通，襟喉南北，而海州連山阻海，北接齊、魯，南蔽江、淮，亦衝要之所也。

山險

峒峿山，宿遷北七十里，有石洞，水泉不竭，宋據此以拒金人。金牛岡，山陽西北十里，周世宗屯兵處。

海，古郯子國，漢東海，或郯郡、郯縣，又青、冀二州，北海、西海郡，又寧海州。貧，煩。濱海。府北百六十里。三百七十里。米一萬五千九百九十石零。

煩。四十六里。府西五十里。

安東，襄賁縣、東海郡，或漣水。貧，煩。濱海。五十五里。府東北九十里。

贛榆。秦鬱洲，漢東海縣，或懷仁。貧，煩。濱海。五十里。州北百十里。

僻，下。八十一里。府北百七十里。

水道

射陽湖，山陽東南七十里，與寶應、鹽城分界。桑墟湖，海州西北九十里，上接沭河，下流入海。又其東與碩項湖相接，亦達淮。沭水，自山東沂水縣流經郯城，合馬脊固諸澗會流至沭陽縣界分爲五道，一入桑墟湖，三入碩項湖，一入漣水。洪澤湖，在山陽界，舊

海州中、前，東海中、左。海州。

邳，古國，秦下邳，徐州、淮陽軍。貧，衝。四十里。府西北四十五里。米三千三百七十石零。

宿遷，古鍾吾，秦下相。煩，貧，下。五十九里。府南百三十里。

睢寧。睢陵、臨睢。僻，下。二十六里。州南六十里。

沙河，府西北十里，宋人開此以避淮河之險，通洪澤之漕。明時陳瑄復於此開河置閘，名清江浦，旁置倉積糧以備漕運焉。

邳州。

有閘，宋魏勝守海州，調發兵糧由運河至洪澤出閘入淮，即此。白水塘，山陽南九十里，鄧艾伐吳，修以灌田。捍海堰，自鹽城南接泰州海陵界，范仲淹築。老鸛河，府城西七十里，周世宗至北神堰，舟大不能進，開此以通舟。

巡鹽,兩淮運鹽司,鈔關,儀真廠。府東至海三百六十里,南至江六十五里。高郵管河主事。

揚州,漢江都、廣陵,或南兗州、東廣州、吴州、東都、淮海府。水陸衝,煩,疲甚。州三,縣七。米三十六萬二千六百石。

府枕江臂淮,爲東南要會,而高郵一州尤稱咽領云。

山險

得勝山,府西北三十里,韓世忠大敗金人於此,故名。瓜步山,儀真西四十五里,即魏太武南伐

江都,或江陽。衝,煩。百六十里。

高郵,古邗溝,或軍,承州。衝,煩。八十六里。府北百二十里。米三萬六千五百石。

泰,漢海陵,或吴陵、吴州。僻,煩。百七十里。府東百二十里。米一萬一千五百四十三石。

儀真,唐揚子,或永貞、迎鑾鎮、建安軍、真州、白沙鎮。衝,累。十四里。府西七十五里。

興化,亦海陵地。僻,煩。七十二里。州東百二十里。

如皋。舊名。僻。四十二里。州東南百四十里。

泰興。舊海陵。刁,僻。百十里。府東南百四十里。

寶應。漢平安,又安宜,或陽平郡、倉州。衝,煩。三十里。州北百二十里。

水道

三湖,繫年録云:承、楚之交有樊梁等三湖,連亘三百里,宋張榮聚軍於此以拒金人,金人陷揚州,

揚州,

儀真,

高郵。

興化,

泰州,

諸軍同日臨江處，山有盤道。

通静海軍、崇州。僻，煩。近海。百七十里。府東四百里。米二萬四千四百石。

附攷

料角觜，海門治東，素號形勢，控扼之所，其沙脉坍漲不常，非熟於舟楫者不能辨也。皂角林，江都南三十里，金人掠揚州，劉錡遣將大敗金人於此。

海門。東洲鎮。僻。十九里。州東百里。

瓜州鎮，府東四十里，江之沙磧也，民商畢集，有渡通鎮江。五十八里。宜陵鎮，府北六十里，地勢高阜，民居稠密。北阿鎮，在高郵州西九十里，晉名三阿，即謝玄破苻秦將彭超處。

榮又於黿潭湖積茭爲城。又有五湖，皆在高郵境。得勝湖，興化東十里，宋張榮、賈虎率山東義軍，由梁山泊與金人轉戰至承、楚間，榮以舟艦設伏於縮頭湖，大敗撻攋之衆，因改是名。伊婁河，揚子鎮南，唐時開通。

通州。

東浙江杭州昌化界百二十里，西江西浮梁界三百七里。

徽州，秦鄣郡，漢丹陽，後新都、新安、新寧、歙州、興安府。僻，煩。縣六。米十萬零五百石。

府峰巒層疊，鳥道縈紆，險要之區也。

山險

烏聊山，在府東南隅，一名富山，東漢末賊毛甘據此，吳賀齊討平之。飛布山，府北二十里，一名主簿山，昔寇亂，縣主簿率衆保此。

歙縣，秦名歙浦。訟，煩。三百十五里。

黃山，府西北百三十里，一名黟山，有峰三十二，水源三十六，溪二十四，洞十八，嵒八，泉石幽異，不可盡記。林歷山，黟西南十里，泉石幽異，吳賀齊討山越，賊保林歷山，即此也。復山，黟縣南三十五里，山勢孤峻，兩旁皆石壇，中有溝，水甚迅激，東南入休寧

休寧，吳休陽、海陽，後海寧，黎陽省入。訟，煩。三百五里。府北六十五里。

婺源，本休寧地，或州。訟，煩。百六十四里。府西南二百里。

祁門，本黟縣地。煩，中。四十六里。府西百八十里。

水道

新安江，一出歙縣黃山，一出休寧東南四十里之率山，一出績溪

黟縣，舊名。煩，中。十四里。府西北百五十里。

績溪。或梁安，又北野。中。二十五里。府東北六十里。

徽溪，在府城外，源自績溪縣來，與黃山諸水合，西流經府城西，會東港浦水、休寧港入於錢塘江。澧溪，出婺源西北山谷中，合衆水入鄱陽界，凡百里。閶門灘，祁門西南十三里，有山對

新安。府城。

東浙江湖州府三百五十七里。

寧國，漢丹陽，又宣城，或淮南及南豫州、宣州。縣六。米十萬三千三百石。府阻重山，控大江，吳、越之交，屏藩之重。

界。芙蓉嶺，婺源東七十五里，志云：婺有五嶺，而此嶺尤爲峻峭。武陵嶺，祁門西四十里，昔人於此鑿爲盤道以便行者。

宣城，漢宛陵，或懷安。刁，劇。三百十七里。水道

青弋江，府西五十里，源出涇縣，及池州石埭，合衆流注大江。句

東六十里之大鄣山，一出婺源北七十里浙源山，合流至新安，爲灘三百六十。婺水，源出婺源西北五十里之大廣山，下流合斜水入江西樂平縣界。

寧國，南徐、猷州。盜，中。六十里。府東南百五十里。

涇縣，漢名，或南徐、猷州。多盜，刁，煩，衝。六十四里。府南百五十里。

峙如門，名閶門，其水下流入鄱陽界，昔時石蹙流迅，唐縣令路旻開斗門以平其險，亦曰路公溪。

旌德，安吳、沙城。山僻，盜。四十一里。府南二百四十里。

南陵。漢春穀，或陽穀、北江州。刁，盜，中。八十八里。府西百有五里。

宣州。府城。

山險

陵陽山，府城内，岡巒盤屈，爲郡之鎮。黄山，太平南三十里，即徽州所載者，蓋此山實盤宣、歙之間也。

溪，府東五里，出歙縣之叢山，北流二百里合衆水入江。綏溪，出廣德建平，即桐汭也，至府北四十里合北崎湖、句溪入江。賞溪，涇縣西，一名涇溪，源出石埭，支流出太平縣，流至涇縣、南陵、宣城，逾蕪湖入江。

太平，本涇縣地。

盗，裁，中。十九里。府西南二百四十里。

舒溪，太平西六十里，源出黟縣，歷涇縣入江。漳淮，南陵南六十里，吕山所出，至縣東合中港、西港等水，西流入小淮河，至石硊西，出魯港達大江。

附攷

桓公城，旌德北五十五里，地名蘭石，晉桓彝當蘇峻之亂，進屯涇縣，遣俞縱守蘭石，即此。赭圻城，南陵北百三十里，西臨大江，吴赭圻屯所也。桓温入朝，詔止之，遂城此。

西江西九江彭澤界百四十里。

池州，吳石城，或康化軍。衝。縣六。米六萬一千九百石。

府江山襟帶，景物清夷，地多饒沃。

山險

齊山，府南三里，山有數峰，高皆齊等，巖洞奇勝，稱名岫焉。靈山，府西南二百里，山顛有田百畝，水泉四時不竭。城山，銅陵東五十里，四圍石壁峭拔，惟西南一徑可通如城門，山頂平坦可數十畝，名曰塞塘，有

貴池，秋浦。濱江。煩，衝。二十七里。

陵陽山，石埭治北，自西北迤邐而來，三峰連亘，東接宣州。櫟山，石埭西百六十里，石壁峭拔，上有池水。石龍磯，銅陵北五里，瀕大江，有三石門，水涸可出入，容數十人，亦名仙霞洞。

青陽，本涇縣地，或臨城。裁。十六里。府東八十里。

銅陵，梁南陵地，或義安，銅官冶。裁，貧，衝，煩。十六里。府東北百二十里。

石埭，石埭場。裁，僻，樸，下。十二里。府東南百六十里。

附攷

蒼隼潭，府西七十里舞鸞鄉，即秀山下池口河會處也，行李往來，俱

建德，漢彭澤、石城，唐至德。民奸，裁，僻。十九里。府西南百三十里。

東流。本彭澤地。土薄民淳，下。七里。府西百八十里。

水道

池口河，即貴池，源出櫟山，流爲管公明溪，歷龍須河，會於府西七十里之秀山蒼隼潭，過白面渡，匯爲秋浦，長八十里，闊三十里，北入大江。大通

井，亦靈異，鄉人避兵於此。

濟此。桃源，建德南四十里，水源深邃，人跡罕至，五季之亂，土民避此者俱免於難。

河，南陵南四十里，異源而合流至大通鎮入江。府境之水悉入江，已見前。

巡按，蕪湖鈔關。

東應天溧水界百十里，西和州界三十里。

太平，漢丹陽、姑孰，或雄遠、平南軍。縣三。米一十二萬九千石。府據天門之勝，挾牛渚之險，爲東南水陸衝要，京畿咽領之地。

山險

金山，府北十里，出銅如金。又繁昌西南五十里有銅山，產銅。石城山，府東二十里，

當塗，晉于湖，或南豫州、新和州、丹陽縣省入。衝，累。百六十九里。

采石山，府北二十五里，臨江有磯，相去一里有牛渚磯，皆險要。天門山，府西南三十里，二山夾大江，東曰博望，西曰梁山，對峙如門。褐山，府西

蕪湖，古鳩茲，即祝茲，又僑上黨郡、襄垣縣。衝，煩。三十八里。府西南六十五里。

水道

魯明江，蕪湖西南三十里，與繁昌分界，亦名魯港，楊行密與孫儒戰，行密將臺濛於此作五堰以輕

繁昌。亦春穀地。裁，僻，簡，中。十二里。府西南百六十五里。

黃池河，府南六十里，東接固城湖，西接蕪湖水，南至黃池鎮，北至宣城界。蕪湖水，出府東南丹陽湖，西北入大江。荻港，繁昌西南二十里，與

建陽。府城。

有石環遶如城，上有池及井。

南三十五里，楊行密敗趙鍠於此。又田頵與馮弘鐸戰於此。靈山，蕪湖西南五里大江中，舊名孤圻山。相去二里有蟂磯，亦在大江中。七磯，蕪湖西北十五里，亦名磧磯，梁末周文育襲湓城，徐嗣徽據蕪湖，列艦於青墩，至七磯斷其歸路，即此也。

舟給軍食。大信河，府西南二十五里，江自天門山釃爲夾河，曰大信，下達采石入大江。新河，采石東牛渚磯江流湍激，宋人開此於磯後以避其險，南接夾河，北連大江。慈湖，府北六十五里，吴笮融屯此，晉陶侃戰蘇峻於此。又侯景之亂，兵至慈湖，梁人大恐，即此是也。

赭圻城相屬，西對無爲州，乃江流險要處。青堆沙，府南二十里，周文育克徐嗣徽於此。虎檻洲，繁昌東五十里，宋沈攸之、王休仁屯此以破孫沖之，拔赭圻。又侯瑱進軍與王琳合戰於此。

巡按，滸墅鈔關，漕廠。

東海岸三百十四里，南浙江秀水界九十里。

蘇州，秦會稽，吳郡、吳州或長洲軍，或中吳、平江。州一，縣七。米二百有三萬六十石零。

府枕江倚湖，控臨大海，爲浙西之都會，居財賦之淵藪。

山險

黃山，府西南十五里，俗稱筆格山，隋劉元進退保黃山，即此。

吳縣，衝，煩。五百二里。

長洲，本吳縣地。衝，中。七百七十七里。

太倉。近海，古倉場。一百二十里。府東百里。米七十二萬七十石零。

水道

海，太倉州東七十里，倭自海來，恒由此出，劉河、七鴉二口，州境之要防也。

崑山，秦婁縣地，或信義縣。衝，煩。四百五十里。府東七十里。

常熟，古常熟地。六百四十里。府西北十里。

崇明。古沙地，鹽場。多盜，民煩。二百三十里。

古三沙，崇明東北，北通狼、福，南通宋信嶴，西接營前沙，爲江南北數郡關鍵。

吳江，在吳江縣東，分太湖之流，古名笠澤，亦曰松陵江。

吳江，本吳縣地。衝，煩。八百二十里。府南四十里。

嘉定。宋縣。僻，中。九百五十里。府東四十里。

附攷

滬瀆壘，府城東百里，晉袁山松築壘於此以禦孫恩。

蘇州，

太倉，

鎮海。太倉。

吳淞江，嘉定東南。

崇明沙。崇明東。

東至海岸百里，南至海岸七十里。

松江，秦會稽地，元華亭府。苦重，煩，衝。縣三。米九十五萬九千石零。府襟帶江湖，梯航閩、越，與淞江口互爲形援。

華亭，唐縣。煩，衝。八百零四里。水道 青龍江，府北七十里，上接松江，下通滬瀆，孫權造青龍戰艦於此。吴松江，府北七十四里，一名松江。

上海，宋上海市。煩，衝。八百三十里。府東北九十二里。古上海之水直通大海，歲久沙積，常致淤塞，明夏原吉導黃浦以達吴淞，蓋黃浦當三泖之下流也。

青浦。增。府西北六十里。三泖，府西三十五里，有上、中、下三泖湖之水，上承澱湖，凡嘉湖以東，大湖以南諸水多匯入焉，下流合黃浦入海。

金山。府東南。

松江，青村，府東。南匯觜。上海東南。

常、鎮兵備。西鎮江丹陽界五十五里。

常州，晉姑幕，又毗陵、延陵、晉陵。縣五。米七十六萬二千石零。府江、淮下流，濱湖上源，金陵之翼帶，東南之襟要也。

武進，古武進、蘭陵。中，衝，煩。四百二十里。水道 白龍河，在府西北五十里，西接得勝新河，東通滆港入大江。芙蓉

無錫，古句吴。衝，煩，上上。四百零二里。府東九十里。江陰，衝，煩。四百二十九里。府東北九十里。山險

宜興，盜，中。三百四十二里。府南百二十里。靖江。盜，中。五十四里。府東北百十里。國山，宜興西南五十里，高百二十

湖，府東五十五里，北注大江，一名射貴湖。又陽湖，府東五十里，北通茭饒、臨津二湖，共爲三湖。荊溪，宜興城南，會諸山澗水入太湖，即百瀆上源。

馬跡山，府東南六十里，太湖之內，山麓周百二十里，其西麓地名西青，石壁屹立，下有馬跡，因名。黃山，府西北七十里，俯瞰大江，山東北有小山入江，謂之吳尾。

五仞，延袤三十六里。錫山，無錫西五里，與慧山連麓而別爲一峰。

北至揚子江二里，東常州宜興界七十里。

鎮江，吳京口，僑徐、兖二州，延陵、潤州、鎮海軍。沿江。縣三。米三十一萬五千石零。府內控江湖，北拒淮、泗，山川形

丹徒，古朱方，南徐州治。衝，中。二百七十里。山險北固山，府治北，下臨長江，勢最險固，因名。金山，府西北七里大江中，一名浮玉山。焦山，府東北九

丹陽，本楚之雲陽邑，又曲阿、雲州、簡州。二百十里。府東南六十里。水道潤浦，府東一里，北通大江，隋以此名州。練湖，丹陽

金壇。本曲阿縣之金山鄉，或琅邪、茅州。煩，上。一百三十六里。府南百三十里。

鎮江。

勢，六朝以來，代爲重鎮。

里江中，山之餘峰東出，有二峰對峙江中流曰海門山，亦名海門關。圌山，府東北六十里，濱大江，山西里許曰大港口，爲控扼要地。夾岡，丹陽縣北二十五里，下臨運河。

城北，一名練塘。九曲河，丹陽縣北，南接漕渠，北達大江，委蛇七十餘里，亦謂之新河。長蕩湖，金壇縣南三十里，與宜興、溧陽接界，即洮湖也。

兵備副使。

直隸

東浙江湖州府一百六十里。

廣德，古桐汭，或石封、廣德路。僻，中。縣一。百二十七里。米一千八百石零。

州山谷盤紆，襟帶吳、越。

建平。郎步鎮地。刁，煩。一百十里。州西北九十里。

山險

橫山，州西五里，高出羣山，岳武穆

水道

桐水，州西北二十五里，出州南白

直隸

東應天府江浦縣界六十里。

和，晉歷陽，或南豫州、歷陽路。衝。米八千二百五十石。

州淮南要衝，江表藩蔽，昔人以歷陽爲建康、姑熟之門户，諒哉。

嘗駐軍於此。巖頭山，州西北四十里，兩山屹立如闕，中夾一溪，州境南山之水皆會於此而入建平縣界。

含山。晉僑龍亢、武壽。十七里。州西六十里。

山險

梁山，州南六十里，俯瞰江流，與太平府博望山相對，亦曰西梁山。夾山，州北五十里，巖嶂環峙，隱如金城，爲一方

石山，亦曰桐川，桐汭之名因此。南碕湖，縣西南十里，承桐川下流入丹陽湖，俗謂之南湖。

水道

横江，州東南二十五里，直江南采石渡處，自昔濟江之津要也。柵江，州西南百五十里，即濡須水入江之口。烏江浦，在故烏江縣境，即亭長艤船

瀋陽右。州城。

直隸

東應天府六合縣界七十里。

山險

琅邪山,州南十里,晉伐吳,命琅邪王伷出涂中時嘗駐此,因名。下有琅邪溪。清流

滁,新昌郡、頓丘郡、南譙州,清流裁入。煩,中。縣二。十二里。米二千一百石零。

州山川環遶,江、淮之間,號爲衝要。

阨塞,中有夾山關。小峴山,含山北二十里,一名昭關,稍西曰城山,兩山屹峙,爲廬、濠往來衝要。石門山,含山南二十里,兩山夾峙,石壁峭立如門,爲往來之徑。

全椒,齊嘉平縣,北譙、臨滁、滁水。煩。十二里。州西南五十里。

水道

滁河,州東南七十里,源出廬州府廢梁縣,流經全椒與襄水合流,

待項羽處。濡須水,含山縣西南七十里,自巢湖東流經亞父山,出東關口爲海子口河,又東南經黄洛河、運漕河,過新裕口,至柵江口注於大江。

來安。本清流縣地,或永陽。裁,煩,衝,下。七里。州東北三十五里。

關隘

清流關,州西南二十里,周師敗皇甫暉於此。

滁州。

	山，州西北二十二里，亦曰清流關山。又西北曰石駝山，其上有關曰北關口，頗險阨。南岡山，全椒縣南二里，山勢自西來，連亘數十里，至此益高峻，環遶縣治，爲縣形勝。	五湖山，來安縣東北十八里，下有五湖，因名，山高險，控扼南北，至爲險要。石固山，來安北三十五里，羣山緜亘，此山最險峻。	至州東南三汊河與清流水會，入應天府六合縣界，下流注大江。湯河，來安縣東南三十五里，縣北山澗諸水竝流會焉，南入滁河。范莊河，來安縣北七十里，東北會常店水，流入天長，爲石梁河之上源。			
兵備副使，管洪，管閘，管泉。	直隸 東淮安府邳州界百十里。 山險 定國山，州城東四里。雞鳴山，州	徐。古大彭國，秦彭城，唐感化軍，或武寧軍。民强好訟，衝，煩。一百五里。縣四。米一十四萬八千二百石零。	豐縣，古邑。十七里。州西北百八十里。	沛縣，古偪陽國，小沛。煩，衝，劇。三十六里。州西北百四十里。	徐州，徐州左。	

東北十三里。呂梁山，州東南六十里，其下即呂梁洪也。爬頭山，州東北，連徐、邳、滕、嶧之境。七山，沛縣西南三十里，縣之鎮山也。碭山，在碭山縣東南七十里，其北八里曰芒山，漢高嘗隱芒、碭山澤間是也。

州汴、泗交流，山岡四合，接齊、魯之疆，通梁、楚之道，誠南北之咽喉，攻守之要區也。

碭山，漢梁國，或安陽，唐輝州。

十八里。州西北百七十里。

水道

汴水，自河南開封界，流過蕭縣，自州北與泗水合。睢水，州南六十里。泗水至州北亦謂之鼎伏，昔周顯王時九鼎淪沒於泗水，即此處。

蕭縣。古蕭國，或龍城、臨沛。

四十三里。州西南四十五里。

黃河，州城東北，地皆掃灣急溜，而州東郭家觜、魁山堤尤爲要害。鴻溝，蕭縣西北四十里，今堙廢。泡河，沛縣城西，其上流即豐水也。夾河，碭山縣西南五十里，大河支分處也。

五軍都督府屬	衛三十二	所
中府，屬衛五，所一。府治在長安右門南。	留守中，神策，應天，廣洋，和陽。	牧馬。
左府，屬衛十。府治在中府南。	留守左，驍騎右，龍虎，瀋陽左、右，水軍左，鎮南，龍江右，英武，龍虎左。	
右府。屬衛五。府治在左府南。	留守右，虎賁右，武德，廣武，水軍右。	
前府，屬衛七。府治在右府南。	留守前，龍驤，豹韜，天策，飛熊，龍江左，豹韜左。	
後府。屬衛五。府治在前府南。	留守後，興武，鷹揚，江陰，橫海。	
親軍指揮使司，親軍衛十七，	錦衣，旗手，府軍，府軍左、前、右、後，羽林左、前，右、金吾左、前、右、後，虎賁左，江淮，濟川。	

孝陵衛與左、右、前、後四府所屬衛竝聽中府節制。

孝陵衛，朝陽門外。

中都留守司，屬衛七。〇皇陵衛亦隸留守司。

留守中、左，鳳陽，鳳陽中、右，懷遠，長淮。

洪塘。

皇陵衛。中都西南十二里。

海防附見

江北

海防之法，禦之於海口易，禦之於江中難。禦之於江中猶易，禦之於陸路尤難。而江南、江北，同險而共患者也。論江北大勢，東起瞭角觜、大河口及呂四、盧家等場，沿海門、裏河，通州等境漸近揚州矣。踰海門而北，則爲徐步營，又北爲掘港，又東爲插港，轉而西北則金沙、鹽城、廟灣、劉莊、姚家蕩，再而西北則蛤蜊、麻線等港，而至大海口矣。劉莊東北爲安東、海州、贛榆，泰州、通州西北爲高郵、寶應，寶應以北則淮安也。賊入海之道有三：其一爲新港，即所謂三江口，蓋由南江狼山越儀真、瓜州而入，稍東即揚州矣。此可以登岸，亦可出海之便道也。其二則蛤蜊、麻線等港爲一道，北則大海口，有水陸道通廟灣，賊若據此，則屯姚家蕩以扼之，賊必尋大海口而出矣。蓋安東、海州之東北，其海迂遠而多沙磧，不能重載，可入而不可出之道也，故賊出海之途有二。若其登岸之處，東則瞭角觜、呂四場、楊樹港，又西則狼山，北則新插港是也。若賊登狼山，窺通州，或於瞭角觜、呂四場等進，則餘東、餘西之要害既得，揚州可以無患矣。又淮揚之地，類多沙岡，東南抵呂四場，西北抵姚蕩，賊若登岸，不伺淮安，則出劉莊、廟灣之境，我若據險待之，可一戰而擒也。是故江北險要，除安豐等三十六場俱在腹內，而通州，而狼山，以及楊樹港等，皆要害也，向有堡戍守之矣。其要之尤者曰新港，逼近揚州，出入最便者也；曰北海，可以通新港者也；曰廟灣巨鎮而通大海口者也。至海安鎮，在如皋、泰州之閒，東可以控扼狼山、通州、海門之入，而西可以捍衛揚州，其要亦均也。要以狼山當江、海之吭，而瞭角觜等皆揚州東境，朐山據淮、海之首，鬱洲嘤遊山皆淮安東北境，中包泰興之周家橋，鹽城之射陽湖，山陽之雲梯關、廟灣等處，皆沿海衝要之區，盜寇出没之所也。夫海口、江、淮之際，運道所經，可不重哉？

江南

江南海患，蘇、松爲要，常、鎮次之。自金山衛之南匯所各有官軍守禦之汛地，而議者謂於金山、青村適中柘林地方，南匯、吴松適中有七、八團地方，皆宜添設兵，相爲應援。此海塘設備之大略也。沿海港口，金山以東有翁家港、柘林等處，南匯所有五六七團、洪口、川沙、清水等處，皆宜多設戰船，結爲水寨，嚴明查守。此海港設備之大略也。若夫内地守禦，則黄浦一帶，實爲蘇、松要害，今吴淞江口即爲黄浦口，此門户之地。至上海之南蹌渡等處，華亭葉謝鎮等處，則亦登岸渡浦甚易，所宜分布水軍巡邏把截以備之。此内地設備之大略也。議者又謂羊山爲松江所屬，爲定海、吴淞二處兵船會哨處，總兵水寨，往來遊擊，外則爲定海、吴淞之羽翼，内則爲海港把守之捍蔽。此又海洋設備之大略也。蘇、松沿海一帶，險隘甚多，其大者如常熟之福山港，太倉之劉家河，嘉定之吴淞江，皆海之通衢，而東吴之門户也。長洲有泖湖浩蕩，吴江有鶯湖相屬，吴縣有太湖交通。此又賊之徑道而腹裏之關隘也。其次則福山以西有三丈浦，東有許浦，劉河以北有新塘、浪港、茜涇，吴淞以南有寶山港、老鴉觜，則皆險要之次者也。故劉河、福山、七鴉等處，守備皆不可單弱。又如賊自東南來，必由寶山、吴淞，宜於吴家沙堵截；賊自東北來，必由三沙、劉家河，宜於營前沙堵截，而三丈浦、老鴉觜則皆掎角聲援處也。此蘇之外防也。至於風汛時越，吴江水兵統發勝墩，平望以防嘉興突犯之寇，吴縣水兵統發太湖以防其突犯之寇，長洲水兵統發周莊以防泖湖突犯之寇，則蘇之内防也。或曰海防之備，常熟福山爲最，腹裏之備，吴江勝墩爲最，亦大略也。若夫常、鎮之備，則沿海一帶皆要衝也。議者謂崇明、靖江、江陰，守禦所必先，而三沙、圌山、孟河尤爲要害，故昔人謂海賊入江，由江兩岸登陸處。瞭角觜、營前沙南北對峙，海面約百四十五里，爲二重門户。周家橋與圌山對峙，爲三重門户。失此三門而守金、焦兩岸則無策矣。此常、鎮内外設備之要略也。要之，吴淞實水陸之要衝，吴淞之喉舌，南可援金山之急，北可扼長江之險，自此而北爲劉河、七鴉，又東爲崇明，七鴉而西爲白泖、福山，又折而西爲楊舍、江陰、靖江，又西爲孟河、圌山，皆水戰處也。圌山官兵駐營前沙以會哨江北，吴松官兵駐竹白沙以會哨羊山，常、鎮官兵據江、海之交，鎮守楊舍，亦云密乎？又吴淞而南爲川沙堡，爲南滙所，又南爲青村所，青村而東南爲柘林堡，皆不遠六十里，聲援易及矣。金山西連乍浦，東接柘林而北護松江，防維或疏，發之禍烈矣。此平時所宜究心，而寇至所宜加意者也。

山東第三

按山東之地，南臨淮、泗，北走冀、燕，西控中原，東連遼海，誠形勢之區，而用武之地也。且其境爲饋運通衢，下自邳、徐，上溯天津，則兖州、東昌皆其衝也。乃吾觀其大要，則德州一隅，尤爲川陸之要會，畿輔之咽喉，而臨清、濟寧之間，猶爲次焉，當事者不可不盡心于此地也。青、濟諸墟，山澤糾紛，號多横賊，而兖州河患亦猶劇焉。志稱其人多雄武，疾貧約，故自古禍亂恒必由之，説非誣也。若登、萊海道，可以直走襄平，又烏可以忽略耶？

山東古青、兖二州地，漢置青、兖二部刺史，唐以諸郡屬河南、河北道，宋分京東東路、京東西路及河北東路二司，元分山東東西道，今爲山東等處承宣布政使司，治濟南。左右參政二，糧儲一，分守一。左右參議二，分守二。領府六，屬州十五，縣八十九。總爲里六千四百，舊户七十七萬五百五十五，口六百七十五萬九千六百七十五，夏秋二税共米麥二百八十五萬一千一百一十九石，絲二千一百一十一觔，絹五萬四千九百九十四，棉花五萬二千四百四十九觔，馬草三百八十一萬四千二百九十束。

山東都轉運鹽使司，在濟南。領鹽課司十九，膠、萊七，濱州十二。歲額辦鹽一十四萬五千六百一十四引。

山東都指揮使司，隸左軍都督府。都指揮三，掌印一，僉事二。領衛一十七，守禦千户所十二，本都司所屬舊除二班京操外有馬步官軍六萬三千八百餘員名，儀衛司三。

山東提刑按察使司按察使一，副使十四，清軍，驛傳，提學，兵備臨清，曹濮，海右，徐州，密雲，天津，霸州，大名，登萊，太倉，遼海。僉事六。分巡東兖，沂州，潁州，海州，武定，濟南。分道三。

王府：三。魯府，高十，封兖州。郡，十四：安丘，鄒平，鉅野，東阿，樂陵，東甌，新蔡，郯城，館陶，翼城，滋陽，陽信，高密，歸善。德府，英四，封濟南。郡，八：泰安，濟寧，東平，歷城，臨朐，高唐，臨清，寧海。衡府。憲六，封青州。郡，十：玉田，漢陽，新樂，高唐，齊東，邵陵，武定，平度，寧陽，高河。

山東輿圖補註

一、大清河，古濟河也，從兖州汶上縣北流入濟南府，經長清、齊河、歷城、濟陽、齊東、武定、青城、濱州、蒲臺、利津等境入海。又小清河，亦曰濼水，發源府境西趵突泉，東北經章丘、鄒平、新城等境入海，蓋濟州之南也。又青州志：「小清河在高苑西五里，轉而東入博興、樂安界，合時水入海。」

一、會通河，在兖州府北、濟寧州南，元人開此以通漕運。自濟寧分水閘至東昌府臨水閘，凡四百餘里。明朝于開河閘至沙灣北，重爲疏鑿，皆修其故道，則引泗、洸及徂徠諸山谷水注之，經流則引黄河支流自金隆口者合之，由陽穀縣經東昌府東南至臨清界合于衛河。

一、衛河，在館陶西二里，漢曰白溝，隋名永濟渠，亦曰御河，自河南輝縣東北流入臨清州，合會通河，自武城界經德州城西，又北經河間府入海。此東南漕運、商賈賓旅必由之道也。

一、汶河，出泰安州西南，流入兖州府寧陽、平陰、汶上縣界，又西至東平界入濟。志曰：汶有三源，一發泰山北仙臺嶺，一發萊蕪原山陽，一發萊蕪寨子村，至泰安静封鎮合焉，曰塹汶，西南流與徂徠山陽之小汶河合，又西南至洸河入濟。水經有五汶：曰北汶、瀛汶、紫汶、浯汶、牟汶，其寔一流也。

山東輿圖

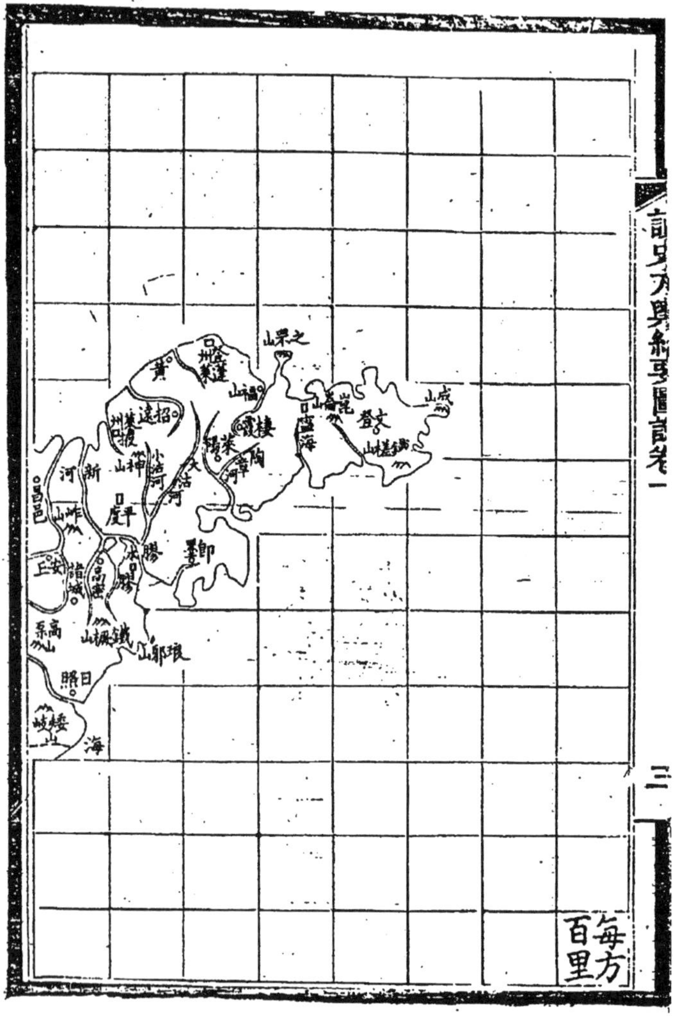
讀史方輿紀要圖說卷一
三
每方百里
之罘山
成山
文登
寧海
棲霞
萊陽
福山
招遠
黃
平度
即墨
膠
高密
諸城
安丘
昌邑
日照
瑯邪山
海

讀史方輿紀要圖說卷一
山東三
直隸界
海
霑化
海豐
利津
陽信
樂陵
濱
武定
德平
德
陵
臨邑
平原
武城
夏津
恩
臨清
高唐
禹城
商河
濟陽
齊東
蒲台
博興
小清河
高苑
新城
樂安
清水泊
壽光
青州
益都
臨淄
長山
章邱
濟南
歷城
齊河
長清
泰山
萊蕪
新泰
泰安
肥城
平陰
東平
東阿
汶水
汶上
寧陽
兗州
濟寧
泗水
曲阜
鄒
滕
嶧
費
沂水
沂州
蒙陰
莒
沭水
郯城
馬陵山
江南界
河南界
黃河
運河
曹州
曹
定陶
城武
單
金鄉
魚台
鉅野
嘉祥
鄆城
濮
范
壽張
聊城
館陶
冠
觀城
朝城
莘
堂邑
博平
茌平
清平
東昌
昌樂
濰
白狼河
日照
諸城
安邱
高密

道三	濟南道，
	巡撫，巡按，鹽運司。北直隸河間景州吳橋縣三百八十里，至京師九百里。
府六	濟南，漢名，或冀州、齊州、齊郡、臨淄、興德軍。煩，衝，上。州四，縣二十六。米八十五萬一千六百石。府馮負山海，擅利魚鹽，而德州北枕鬲津，西臨漳水，亦衝要處也。山險華不注山，府東北十五里，一名金輿山，虎
州十五　附郭	歷城，古歷下，平陵省入。煩，衝。九十八里。
并外縣八十九	章丘，古高唐，漢陽丘，或清平軍。煩，中。百三十里。府東百十里。鄒平，古鄒國，或鄒縣，濟陽城。煩，中。五十七里。府東北百八十里。淄川，漢般陽，或東清河郡、貝丘縣、淄州、淄萊路。宂，中。八十里。府東北二百里。
	濟陽，長樂，或高苑。煩，衝，中。五十八里。府北九十里。禹城，周祝國，漢祝阿。煩，衝，中。五十六里。府西北百里。臨邑，漢名，或歸化，孫耿鎮。中。三十二里。府北百五十里。
衛十七	濟南，
所十二	

牙桀立，孤峰特起，下有泉。黃山，府西南六十里，山周如城，西有池，岱陰諸水所匯也。大峪山，鄒平西南十五里，中廣而深。長白山，章丘東三十里，跨鄒平西南十里，一名會仙山，峰巒盤聳，高六千九百丈，周六十里。乃泰山副岳也，繡江源發此。陶山，肥城西三十里，

長山，漢於陵，或廣川、武强、東平原郡。穴，中。六十五里。府東北二百里。

新城，本長山地。僻，下，四十五里。府東北二百二十里。

齊河，漢祝阿，或鎮。煩，衝，中。二十七里。府西五十里。

齊東，本鄒平地。穴，中。五

長清，漢盧縣，山茌省入。煩，衝，上。四十四里。府西南七十里。

肥城，古國。或碻磝戍。中，訟。三十三里。府西南百六十里。

青城。本臨邑、寧津地，或青平。穴，中。三十二里。府東北二百三十里。

肥城，

連平陰界，范蠡居此。泰山，泰安州北五里，即岱宗也，屈曲盤行，至絶頂高四十里，東有日觀峰，雞鳴時見日，西有秦觀峰，可望長安，又西曰越觀峰，可望會稽，其餘嵒石溪壑之勝，不可殫述。宮山，新泰西北四十里，舊名小泰山，即泰山左翼也，山連萊

泰安，漢奉高、博縣，隋岱山、汶陽，又博城，或泰州、乾封、奉符、泰寧軍。煩，上。九十三里。府南一百八十里。

十五里。府東北百八十里。

陵縣，漢安德縣，或安陵，又陵州。穴，中。三十二里。府西北二百四十里。

新泰，漢東平陽、泰山。簡，下。二十八里。州東南百八十里。

萊蕪。古夾谷，又嬴縣。簡，下。四十二里。州東百二十里。

管倉主事，分巡僉事。

兵備僉事。

蕪界，嵒岫溪洞之勝爲多。大石山，萊蕪東南十三里，出鐵。陰涼山，萊蕪北三十里，有銅礦。原山，萊蕪東五十里，連淄川界，今名岳陽山，淄水出其陰，汶水出其陽。

德州，秦齊郡地，漢平原，或安德郡。煩，衝，上。三十四里。府西北二百八十里。

德平，漢平昌，般縣省入。煩，中。四十一里。州東百六十里。

平原。漢名。或東青州。穴，中。四十六里。州東南百二十里。

德州。

武定，漢平陽、渤海郡地，或樂陵、樂安、棣州、厭次、濱棣路。煩，上。九十八里。府東北七十里。

陽信，古厭次。僻，簡，下。百二里。州北四十里。

海豐，隋無棣，廣武、保順軍。簡，下。四十二里。州東北六十里。

樂陵，漢縣，咸平。僻，穴，中。五十六里。州西北九十里。

商河。漢縣，或濕沃。僻，穴。六十八里。州南百二十里。

武定。

鹽課。

濱州。漢千乘地，或榷鹽務，贍國軍，渤海縣省入。煩。七十八里。府東南三百五十里。

水道

淯河，即繡江也，會章丘南百脈等泉至縣西北匯爲白雲湖，俗名劉郎中泊，周六十里，又北而入小清河。孝婦河，淄川西門外，源出益都縣龍溪水，合瀧萌

利津，本永利鎮。簡。古濟河入海處。四十里。州東六十里。

趵突泉，府西，一名瀑流，出山西王屋山，伏流至河南濟源縣涌出，過黃河溢爲滎，西北至黃山濁馬邑，伏流五十里，至城西出爲此泉，會諸泉入城爲大明湖，周十餘里，由北水門出與

霑化，或招安。僻，中，賦重民疲。四十一里。州西北六十里。

蒲臺。漢濕沃，望海臺。賦重民疲。六十九里。州南三十里。

關隘

鹿角關，臨邑北，唐置。

等水，北流徑長山、新城界入小清河。

濟水合，瀰漫無際，遙望華不注山宛在水中，歷城最勝處也。濟南名泉七十二，以瀑流爲最。

東兗道，

西北至廣平府廣平界百五十里，北至河間景州故城界二百五里，至京師九百四十里。

東昌，古聊攝地，秦東郡，或魏郡、南冀州、博州、博平郡。煩，衝，上。州三，縣十五。米三十二萬八千五百石零。府南接濟、兗，北連德、景，漕河所經，乃要衝處也。

聊城，秦名，武水省入，博固。煩，衝，上。二十三里。

堂邑，漢發干、清縣，或清河。裁，簡，僻，中。十七里。府西四十里。

博平，古博陵、寬河鎮。裁，僻，穴，中。十六里。府東四十五里。

茌平，秦舊縣，

莘縣，漢陽平縣，或樂平、武陽郡，又清邑、莘州。民煩，衝，中。十八里。府西南九十里。

清平，漢清陽，隋貝丘。裁，僻，簡，中。十六里。府北九

平山，府治東。

東昌。

臨清鈔關，
磚廠，
管倉主事，
兵備副使。

山險

茌山，府東五十三里，漢茌平縣治此，山之平地曰茌，故以名縣。歷山，濮州東七十里，相傳虞舜耕田之所。陶山，館陶南，微有土阜，禹貢「道沇水東至於陶丘北」，即此。西山，恩縣西四十里。弇山，莘縣北四十五里。

水道

	臨清，隋貝州，或永濟臨清閘。淳，煩，衝，上。三十五里。府西北二百二十里。	高唐，古邑，或南清河郡、崇武、魚丘、齊城。民貧，衝，煩，上。三十九里。府東北二百十里。
興利鎮。衝，煩，中。三十六里。府東北七十里。	丘縣，漢置，或平恩。僻，中。三十八里。州西二百里。	恩縣，古貝丘，或清河郡，或貝州、永清軍、恩州。煩，衝，中。三十七里。州西七十里。
十里。冠縣。古冠氏，或冠州。淳，簡，僻，中。二十七里。府西南百五十里。	館陶，漢名，或毛州。簡，中。二十八里。府西百三十里。	武城。漢東武城，或陽鄉。僻，簡，中。二十一里。州西二百五十里。

會通河，府城東南，自兖州陽穀流入境，北至臨清入衛河，永樂九年疏以通漕。衛河，自河南輝縣東北流經館陶西，至臨清與會通河合。鳴犢河，高唐州南，漢時河決靈鳴犢口，即此。

濮州，古帝丘，又昆吾、濮陽、鄄城、兖州、濮陽郡。裁，僻，淳，簡，中。二十八里。府西南二百里。

黄河，濮州東南，永樂時疏入會通河。漯河，高唐州西，溢涸無常。雷澤，濮州東南。

夏津，漢鄃縣。貧。三十一里。州西五十里。

范縣，古邑，或州，廩丘。裁，僻，簡，中。十三里。州東北六十里。

觀城，古國，漢畔觀，又衛國。裁，僻，簡，下。十里。州西北七十五里。

朝城。漢東武陽，或武聖。衝，煩，中。二十九里。州北九十里。

濮州。

東至淮安贛榆界四百九十里，南至徐州沛縣界百五十里，至京師與南京俱千二百三十里。

管泉主事駐寧陽。

兗州，魯國、沛郡及泰山郡地，又任城、魯郡、泰寧軍、襲慶郡、泰寧郡。衝，煩，上。州四，縣二十三。米四十四萬石。兗州當河、濟之要，直南北之衝，上通燕、齊，下連淮、泗。

山險

九龍山，鄒縣東北三十里，山起伏凡九，上有靈泉。君山，嶧縣北六十里，上有池及平田數

滋陽，古負瑕，漢瑕丘，瑕縣。煩，衝，上。二十四里。

曲阜，古名，或汶陽、仙源、闕里、洙水。裁，下。十六里。府東四十五里。

寧陽，古闡邑，或平原、龔丘、襲縣。煩，衝，中。三十五里。府北五十里。

鄒縣，古邾國，鄒縣。衝，下。二十九里。府東五十里。

泗水，古卞國，魯卞邑，漢卞縣。簡，下。二十九里。府東六里。

金鄉，古緡國，漢東緡縣省入，又金州、戴州。中。三十二里。府西南百八十里。

魚臺，魯棠邑，漢方與。簡，下。二十七里。府南百七十里。

單縣，古單父，或北濟陽郡、戴州、單州。中。舊悉河。五十二里。府南二百九十里。

兗州護，

兵備副使。

分巡，管閘主事。

頃，一名抱犢山。金鄉山，鉅野南十五里，山北有石洞曰清涼，其間有堂閣石道，甚寬敞，相傳秦時避暑宮。碻磝山，東阿南七里，檀道濟與魏交兵處，今城南三土堆即唱籌量沙所也。𡾰山，東阿南三十里，其山高大，實羣山之冠。大沫崮，費縣西南六十里，根盤三十里，壁立雲霄，縣境諸山多名崮，是

曹州，古國，漢濟陰郡，晉濟陽，或西兖、威信、彰信軍、興仁府。裁，中。二十八里。府西三百里。

滕縣，古滕國，或蕃縣、滕陽軍、滕州。衝，煩，上。八十七里。府東南百四十里。

嶧縣，古鄫國，漢蘭陵、丞縣、鄫州、嶧州。僻，下。四十五里。府東南二百六十里。

曹縣，古楚丘，隋濟陰縣。舊悉河。裁，中。六十八里。州東南五十里。

城武。漢名，或永昌郡、戴州。舊悉河。簡，下。二十二里。府西南二百九十里。

定陶。古名，或廣濟軍。裁，下。十八里。州東南五十里。

滕縣，

管河郎中駐東阿安平鎮。

其尤者。

水道

泗水，出泗水縣東五十里陪尾山，四泉俱發，經縣北八里而合，過曲阜縣，夾府城下。至濟寧分南北流，南入徐州境，北入會通河。沂水，源發曲阜東南五十里尼山之麓，西入泗水，「浴沂」之沂也；其一出青州沂水縣西雕厓山，經縣南

濟寧，晉高平、任城地，或濟川、濟北郡、碻磝城。民貧差重，衝，煩。五十六里。府西六十里。

嘉祥，本鉅野，魯獲麟於此。裁，簡，中。二十四里。州西五十里。

鉅野，古大野澤，唐麟州，或濟州。簡，下。三十五里。州西北百里。

鄆城。漢壽良地，或清澤、高平郡，又萬安、廩丘、鄆州、盤溝村。裁，僻，下。二十二里。州西北百六十里。

東平，古須句國，漢名改濟東國、大河郡，或魯州、鄆州、天平軍，須城縣省入。煩，衝，上。三十三里。府西北百五十里。

汶上，古厥國，漢東平陸，或樂平，金汶陽。煩，中。四十八里。州東南六十里。

東阿，齊阿邑，漢置縣。煩，衝，上。二十四里。州西北七十里。

陽穀，古名，巡鎮。僻，煩，中。三十九里。州西北百四十里。

壽張。古良邑，漢壽良，或壽州。裁，僻，下。十五里。州西二百二十里。

濟寧，

東平。

兵備僉事。

二里入沂州，與費縣西南一百里之枋水合，流郯城入邳州，此禹貢所載者也。黃水即黃河支流，自開封府流至本府曹縣界分爲二派，一東流至徐州入泗，一東北流入會通河。

沂州，秦、漢琅邪地，或北徐州、臨沂縣、琅邪郡。煩，中。百三十八里。府東三百六十里。東平州西十五里有積水湖，在會通河南，周百餘里，四面有堤，正統初於近河處置減水閘。又南旺湖在汶上西南三十里，每歲引湖水濟會通河。

平陰，古名，漢盧縣地，隋榆山。裁，簡，中。十九里。州北百二十里。

郯城，古郯子國，漢郯縣。僻，疲，中。十八里。州南百二十里。

費縣。古國，又魯邑、祊城。同上。八十二里。州西南九十里。

沂州。

海右道，

分巡副使。東南至海五百里，東北至海百八十里，至京師千里，至南京千五百里。

青州，秦齊郡，漢北海，又樂安國，或平盧、鎮海軍、益都府。頑，煩，上。州一，縣十三。米六十七萬石零。府憑負山海，封壤饒沃，古曰東秦，蓋四塞之雄，用武之地也。

山險

雲門山，府南五里，上有通穴如門，可容百餘人，傍有黑龍洞及石井。

益都，漢廣縣地，或廣固城。煩，衝，上。二百六十七里。

臨淄，古營丘、營陵、齊國。煩，衝，上。五百六十里。府西三十里。

博興，古博姑，漢博昌，或樂安、安平。煩，中。四十里。府北百二十里。

高苑，古苑墻，或長樂、會城。僻。三十八里。府西北百五十里。

樂安，漢廣饒，或千乘、乘州。

昌樂，本營陵，或安仁、營丘。衝，煩，中。九十八里。府東七十里。

蒙陰，古顓臾，漢縣。僻，下。五十里。府西南三百五十里。

臨朐，古駢邑，或東莞、蓬山。百十里。府東南四十五里。

安丘，古渠丘，或牟山、輔唐。衝，煩，上。百七十四里。府東二百里。

青州左。

大峴山，臨朐東南百有五里，劉裕兵伐南燕過此。沂水縣西北九十里有大弁山，與鵰厓山相連，頂平八九十里，俗名太平崮。

頑，煩，中。九十九里。府北九十里。

壽光，古斟灌地，閭丘省入。煩，上。百三十三里。府東北七十里。

諸城。魯諸邑，漢諸縣，或高密郡、密州、安化軍。衝，煩，上。二十八里。府東三百里。

莒州，古國，漢城陽國及莒縣。僻，下。二百七十里。府南三百里。

水道

淄水，臨淄西五十里，源出萊蕪縣之原山，流達臨淄，至

沂水，周鄆邑，漢東莞，或新泰、東安。衝，下。百四十三里。州西北七十里。

日照。漢海曲，又日照鎮。僻，煩。八十三里。東去海二十里。

關隘

紫金關，蒙陰東南五里。穆陵關，在大峴山，有巡檢司。

諸城。

壽光而入濟河。濰水，出莒州西北九十里箕屋山，東北抵諸城界，韓信敗龍且於此，其下流經萊州高密境，至昌邑、濰縣界，東北入海，俗呼爲淮水。沂水，出沂縣，東北達莒州，下入沂州，此青州之浸也。

分巡副使，備倭都司。北至海五里，東至海七十里，由海道至遼陽旅順口五百里，至京師千六百里。

登州，古嵎夷及斟尋、牟子國，又東牟郡、長廣。地薄賦重，民頑，中。州一，縣七。米二十四萬七千石。府三面距海，爲東垂要地。

山險

蓬萊，漢置。煩，中。六十七里。

寧海，漢東牟，後牟平。僻，中。八十四里，府東二百二十里。

福山，漢腄縣。簡，中。二十九里。府東四十里。

黃縣，舊名。衝，煩，中。五十里。府東南六十里。

棲霞，楊疃鎮。簡，中。五十二里。府東百五十里。

文登。古不夜城，漢不夜縣。簡，中。七十四里。州東南百三十里。

附攷

招遠，漢掖縣地，後羅峰鎮。簡，下。五十四里。府南百五十里。

萊陽。漢昌陽地，盧鄉省入。衝，中。百四十一里。府南二百五十里。

水道

原疃河，出萊州府境，經招遠東北合東良、平南二河入海。按府境南北諸水悉入海，不盡載。

關隘

登州，

大嵩，萊陽東南百二十里。

寧海，

靖海，文登南百廿里。

福山，

奇山，福山東北三十里。

寧津。文登東南百二十里。

丹崖山，府北三里，東西二面石壁巉崖，上有蓬萊閣，其西田横山，下臨大海，石壁高峻，與此對峙。龍山，府西四十里，常産鐵。之罘山，福山縣東北三十里，連文登界，周十里，三面瀕海，秦、漢時名山也。

北曲山，棲霞西北三十里，産鐵。又縣東五十里有百澗山，水泉至多，舊亦産鐵。大崑嵛山，寧海東南四十里，與小崑嵛連，秀拔爲羣山冠，本名姑餘山，有太白峰，中有烟霞洞。沙門島，府西六十里，渡遼者必泊此避風。

萊子城，黄縣東南二十五里，古國也，地名龍門，山峽之間，鑿石通道，爲險隘，俗名萊子關。緜城，府東南三十里羽山上，相傳魏將田預領兵築城禦吴將周賀於此。

新開海口，在府城北，宋時濬池引海水，置刀魚寨以備虜，明朝初繚以磚城，建帥府於中。

成山，文登東百二十里。

威海。文登北九十里。

海道分巡僉事。北至海九十里，東南至海二百五十里，至京師千四百里。鹽課。

萊州，古萊夷，又東夷，或光州、定海軍。地僻，賦重，民頑，中。州二，縣五。米三十萬石。府襟帶三海，屏翼青、齊，亦東道之雄也。山險大谿山，平度西二十里盧鄉廢城有谿口，即此也，與小谿山相峙，中通驛路。石臼島，膠州南百里，李寶大破金人於此。

掖縣，漢名曲城，當利省。貧，瘠，衝，下。八十三里。

平度，漢縣，又膠東，或膠水。民貧，賦重，煩，上。百二十五里。府西百里。

膠州，古介國，漢黔陬，後膠西，或臨海軍。依山海，地瘠，多盜，中。九十三里。府南二百二十里。水道

濰縣，漢下密，或北海、濰州，又北海軍。煩，衝，中。九十二里。州西百八十里。

高密，漢縣，又膠西國。煩，中。八十八里。州西五十里。

昌邑。漢都昌。衝，同上。九十五里。

即墨。古名，漢不其故城。穴，中。八十五里。府東百二十里。

萊州，

靈山，膠州東南九十里。鼇山。即墨東四十里。

膠州，

浮山，即墨南九十里。雄崖。即墨東北九十里。

小沽河，出府東南三十里馬鞍山，經平度州界，與黃縣界東之大沽河合，過膠州即墨境入海。

膠水，出膠州西南百三十里鐵橛山，過高密與潴澤、張奴等水合，北入新河，經平度州昌邑界入海。

遼海東寧道。

遼東行都司領巡撫，副總兵，兵備僉事，行太僕寺，苑馬寺，鹽課提舉司。東至鴨淥江五百六十里，西至山海關千十五里，南至旅順海口七百三十里，至京師千七百里。

衛二十五

定遼中、左、右、前、後，俱在都司遼陽城内，漢襄平或東平郡。

東寧，司城内。

海州，沙卑、南海、臨溟、澄州，司南百二十里。

所俱隸衛，守禦以據要害。

州二

自在，初治三萬衛開元城内，後徙司城。

附攷

遼東，古幽州、營州地，秦以幽州爲遼西郡，今廣寧以西是，以營州爲遼東郡，今廣寧以東是。漢武置樂浪、玄菟、真番、臨屯四郡，魏置東夷校尉于襄平，又分遼東、昌黎五郡置平州，唐置蓋、遼二州及安東都蓋州，蓋牟城、辰州、奉國軍、建安縣。司南二百四十里。

復州，遷民、懷德軍、永寧、永康。司南四百二十里。

金州，蓋牟地。司南六百里。

廣寧，無慮、巫閭守捉城、顯州、奉先軍，望平、閭陽、鍾秀等縣。司西四百二十里。

廣寧中、左、右，俱在廣寧城内。

義州，漢象縣、宜州、崇義軍、弘政縣。司西北五百四十里。

護，遼曰東平郡，南京、東京在焉。平壤城，鴨渌江東，箕子封國也，漢樂浪治此。開元城，三萬衛西門外，元置城。西南曰寧遠縣，又西南曰南京，又南曰合蘭府，又南曰雙城，直抵高麗上都。正西曰谷州，西北曰上京，金會寧府也。京南曰建州，西曰濱州、黄龍府，又西曰信州，東曰永州、昌州、延州，東北曰哈州，皆渤海國及金州縣也。五國頭城，三萬衛北七十里。大寧廣寧後屯，在義州衛城内。

廣寧中屯，西樂郡、錦州、臨海軍、大寧路、永樂縣。司西北六百里。

廣寧左屯，與中屯同城。

廣寧右屯，司西五百四十里。

廣寧前屯，遼西郡、集寧縣、營州、瑞州、來賓。司西九百六十里。

寧遠，司西七百七十里。

松山中、左，衛南二十里。

大淩河中、左，衛東四十里。

急水河中、前，衛西五十里。

杏林中、後，衛東五十里。

塔山中、左，衛東五十里。

小沙河中、右，衛西四十里。

城，都司北，潢水南，唐爲饒樂郡，遼中京、大定府，金北京，元大寧路，領和衆、富庶、武平、龍山等七縣。

瀋陽中，漢遼東郡，或挹婁地，瀋州、興遼軍、昭德、顯德、遼陽故地。司北百二十里。

鐵嶺，壽州故地。司北一百四十里。

三萬，古肅慎、挹婁、勿吉、黑水靺鞨、燕州、黑水府，或龍泉府、會寧府、上京、開元路。司北三百三十里。

遼海。初治牛家莊，洪武二十六年徙三萬衛城。志云：遼海在開元城内。

撫順，衛東北八十里。

蒲河，衛北四十里。

懿路中，衛南六十里。

汎河中、左。衛南三十里。

安樂。在三萬衛城内，即開元城。

海防附見

登州營(每營各有把總二員。)

登、萊二郡，東南北三面距海，故設營連絡，每營當一面之寄，登州營則扼北海之險者也。登、萊二衛及青州諸衛皆屬焉。其策應地方，則有奇山、福山、黄河口、劉家汪、竈河、馬埠諸塞，楊家店、高山、海倉、魚兒鋪諸巡司，海外則有空峒、半洋、長山、蓬萊以及三山、芙蓉諸島，皆登州北門之護也。然而取島中之利者皆遼陽之編户，故諸島之在登州恒可畏而不可恃焉。國家既於新開海口置城，而又有本營之建，所係誠不輕也。營以東抹直、石落灣子、劉家汪、平陽、盧洋諸處，營以西西王莊、西山、欒家、孫家、海洋山、後八角城、後之罘、莒島等處，皆番舶之道也。嚴外户以綏堂闥，必出於此也。

文登營

文登逼近東海，設營所以扼其險也，寧海、威海、成山、靖海四衛隸焉。其策應地方則有寧峰、海洋、百尺崖、尋山等所，清泉、赤山等寨，辛汪、温泉諸巡司，而成山以東若旱門山、九峰、赤山、白蓬頭諸島皆縱横沙磧，聯絡潮勢，勢若難近，而明初倭寇固從此入矣，不可忽視之也。夫建營之意，北所以援登州，南所以應即墨，犄角之雄，實在於此，可不重歟？

即墨營

山東與南直連壤，即墨南望淮安、安東、東海諸衛所城，左右相錯，咽喉關鎖，倭若犯淮，其漸必犯萊矣。即墨所係，視二營爲重。大嵩、鰲山、靈山、安東一帶海南之險，皆本營控禦處也。其策應地方則有雄崖、膠州、大山、浮山、夏河、石臼等所，乳山、行村、虎跨、古鎮、信陽、夾倉諸巡司，其海口若唐家灣、大任、陳家灣、鵝兒、栲栳、天井灣、顔武、周疃、金家灣、青島、徐家莊諸處皆衝要也。夫山東地高阜而民强悍，非倭所能患，所可慮者惟登、萊一途耳。國家特設備倭都司一員、巡海副使一員分置郡縣，豈不壯歟？又聞宋以前日本入貢，自新岡趨山東，此亦今日内寇之路也。但萊、登之海，危礁暗沙，不可勝測，其略可辨者，則安東以北若勞山、赤山、竹竿、旱門、劉公島、八角、沙門、三山諸島皆倭所必陷而吾所當備者也，若白蓬頭、槐子口、鷄鳴嶼、金觜、石倉廟淺灘亂磯，乃倭所必避而吾所當遠者也。此固禦備之先資而海運之機謀也。

山西第四

按山西表裏河山，綱維華夏，古今之都會也。志稱其俗勤儉，民强勇有虞夏之遺風，三晉之餘習。但以北倚危邊，近代以來，鴈門南北皆爲寇衝，致財力皆殫，當事者蒿目而籌，猶恐不贍，至轉而憂屯卒，憂逋民，何其衰也。

山西古冀州地，漢分置并州部，唐置河東道，宋爲路，元山西河東道，今爲山西等處承宣布政使司，治太原。左右布政二，左右參政三，左右參議四，糧儲一，分守三。領府四，屬州十六，縣六十六，州四，縣十一。總爲里四千四百四十零，舊户五十八萬九千九百九十九，口五百八萬四千十五。夏秋二稅共米麥二百二十七萬四千二十二石，絲五十觔，絹四千七百七十七匹，草三百五十四萬四千八百五十束。

山西都轉運鹽使司在河東。歲額辦鹽四十二萬引。

山西都指揮使司，隸後軍都督府。指揮三，掌印一，僉書二。領衛九，屬所四十。所七。本都司所屬舊有馬步官軍舍餘夷人等萬九千五百餘員名，儀衛司三。

行都指揮使司，分府大同。領衛十四，屬所七十。所三。本都司所屬馬步官軍四萬六千餘名。

行太僕寺舊有馬驢騾三萬二千九百餘匹。

山西提刑按察使司，按察使一，副使十二，清軍一，兵備，易州，口北，昌平，提學一，岢嵐，潞安，鴈門，井陘。僉事六，分道四。

總督宣、大都御史一，駐陽和。巡撫都御史二，太原一，或代州、大同一。巡按御史一，太原。巡鹽御史一。河東。

王府：三。晉府，高三，封太原。郡，二十二：寧化，廣昌，方山，臨泉，雲丘，寧河，徐溝，義寧，河中，襄陰，新化，榮澤，靖安，安溪，河東，太谷，旌德等府，慶成，永和，俱分封汾州；交城，陽曲，西河，俱分平陽。代府，高十三，封大同，六千石。郡，二十四：廣靈，潞城，昌化，饒陽，定安，棗强，吉陽，溧陽，博野，和川，寧津，樂昌，進賢，河內，富川，碭山，寶豐，泰興，山陰，襄垣，俱分封蒲州；靈丘，分封絳州；宣靈，隰川，分封澤州；懷仁，分封霍州。瀋府，高二十一，封潞安。郡，二十：武鄉，陵川，平遥，黎城，沁水，沁源，清源，遼山，稷山，唐山，西陽，宜山，吴江，雲和，內丘，永年，靈川，宿遷，定陶，福山。查嘉靖二十年前，每年禄米三百一十三萬石。

山西輿圖補註

一、桑乾河，在大同府南六十里，源出洪濤山，初曰灅水，下流與金龍池合，東南入盧溝河。

一、滹沱河，源出大原繁峙東北三十里泰戲山，歷代州崞縣、忻州定襄、五臺、盂縣入真定府平山縣界。

一、清漳水，出樂平沾嶺，北流折而西南入遼州和順縣，分二流，一自縣西流經州南一里而東，一自縣西北石堠嶺經州東七十里而南，至交漳村而合入潞州黎城界。

一、濁漳水，出長子西五十里之發鳩山，經州西南二十里，東北經襄垣、黎城，下流合清漳水。

一、沁河出沁州沁源北百里之綿山，過本縣，經平陽界流入澤州沁水縣東五十里，至懷慶府入黄河。

一、黄河自古東勝州界歷大同府廢武州西北二百五十里，南流入太原府保德州，經興縣西南入平陽府石樓縣界，過永和、大寧、吉州等境，至蒲州西門，東歷芮城、平陸、垣曲入河南府。

一、汾水河，在太原府西二里，源出静樂之管涔山，經太原、清源、交城、文水、祁縣等境，入汾州，歷平遥、介休南入平陽府靈石、趙城、洪洞等境，又西歷襄陵、太平、絳州、榮河而注于河。

山西輿圖

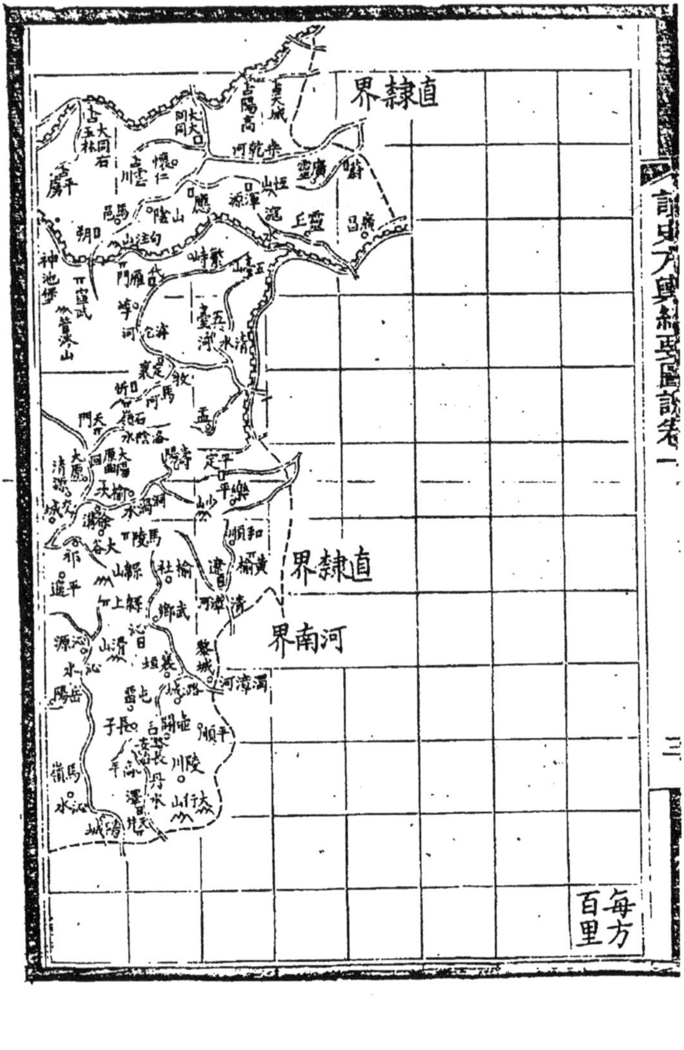
直隸界
直隸界
河南界
每方百里
大同
太原
平定
樂平
黎城
長子
神池堡
蘆芽山
濁漳河
太行山
三

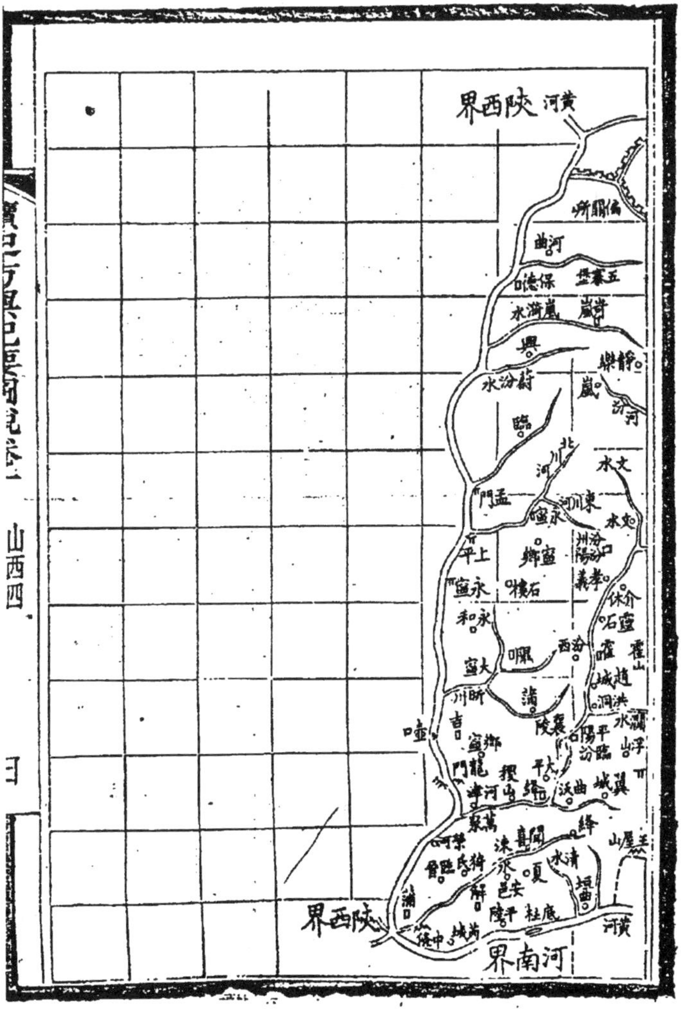
山西四
陝西界
黃河
陝西界
河南界
黃河

道	府四	州二十　附郭	并外縣七十七		衛二十三	所十
冀寧道，井陘兵備。東直隸真定井陘界三百七十五里，西延安吳堡界五百五里，至南京二千四百里，至京師一千二百里。	太原，古并州，唐國，晉地，秦置郡，或北京、西京、河東、武勇軍、冀寧路。州六，縣二十二。煩，衝，劇，上中。米五十七萬石零。府左有恒山，右有大河，句注險阻，稱爲雄鎮。山險　幘山，祁縣東南六十里，東接太谷，南接武	陽曲，秦狼孟，或汾陽、陽直。煩，上，劇。八十六里。	太原，古晉陽，或平晉軍，唐叔封此。五十四里。府西南四十里。榆次，古涂水。煩，上。百七十里。府東南六十里。太谷，漢陽邑，或太州。僻，中。八十三里。府東南六十里。	文水，晉平陵邑，趙大陵，或受陽、武興。僻，煩，中。七十九里。府西南百六十里。壽陽，古馬首邑，或受州、晉州。衝，煩，中。二十里。府東百六十里。臨縣，漢離石，或烏突、修化、太和、臨泉、北和州、臨州。僻，煩，下。十五里。府西南五百里。	太原左、右、前，	

鄉。句注山，代州西二十五里，上有太和巖，一名西陘。雁門山，代州北三十五里，即雁門寨也。茹越山，繁峙北十里，有谷，路通大同。五臺山，五臺東北百四十里，山分五峰，高出雲表，周五百里。石樓山，興縣東北五十里，孤峰削拔，高不可登，惟北向盤曲可上。岢嵐山，岢嵐州北百里，高二千餘丈。

祁縣，古邑。煩，中。四十五里。府南百五十里。

徐溝，舊鎮。衝，煩，裁，下。十九里。府南八十里。

清源，古名，又梗陽，或晉州。僻，煩，中。二十八里。府西南八十里。

盂縣，古仇猶國，又原仇、烏河、盂州。僻，簡，下。二十三里。府東北二百四十里。

靜樂，漢汾陽地，樓煩郡。裁，下。二十八里。府西北二百二十里。

河曲，雄勇鎮、火山軍、火山縣、隩州。近邊，裁，僻，下。七里。府西北百八十里。

關隘

天門關，府西北

寧化，靜樂北八十里。

偏頭，河曲北百十里偏頭關。

馬嶺，太谷東七十里，路通順德府。

水道

澤發水，平定州東九十里，平地突起，下注絶澗，懸流千尺，即井陘冶河源也。洞渦水，樂平西四十里陡泉嶺，至平定合浮化水。沾水，樂平西南二十里沾嶺，東合嗚水、小松水，過平定州西八十里，東流入冶

平定，漢上艾，後西陽郡、石艾、廣陽。衝，煩，中。三十三里。府東二百八十里。

忻州，新興、晉昌、肆州、定襄、九原府。衝要，中。六十三里。府北百三十里。

交城，牧官，靈川、交口城、大通監。僻，簡，中。四十二里。府西南百二十里。

樂平。漢沾縣，或平晉軍、臯州。僻，下。十里。州東南六十里。

定襄。本陽曲地，僻，簡，下。二十五里。州東五十里。

四十里。隆州谷北關，祁縣東北九十里，有巡司。伏馬關，盂縣東九十里，舊名白馬，路通真定。葦澤關，平定東北八十里，隋於此置葦澤縣。井陘關，平定東九十里，韓信擊趙，東下井陘，即此。今置巡司。雁門關，代州北三十里。郎嶺關，繁峙東百十里，路通應州。

平定，

巡撫，雁門兵備副使。

岢嵐兵備副使。

河。昔人以州得沾水之利，謂此也。本志云水過樂平東五十里昔陽城入沾河，非平定也。此悞。

代州，秦雁門郡，漢治陰館，廣武縣、震武軍。衝，煩，上。四十一里。府東北三百五十里。

岢嵐，古樓煩，或嵐谷縣。僻，煩，中上，近邊。十里。府西二百八十里。

繁峙，漢縣，或郡，又武州、北靈州、堅州。僻，下。十九里。州東七十五里。

五臺，漢慮虒，近邊，僻，中，裁。十五里。州南百四十里。

崞縣。漢名，或石城及平寇。近邊，衝，煩，下。三十九里。州南六十里。

嵐縣，漢汾陽，或東會州。裁，疲，中，近邊。二十二里。州東南百四十里。

兩嶺關，靜樂東百里，又縣東八十里有婆婆嶺，二隘俱設巡檢。天澗保隘，岢嵐州北五里，路通大同。州西八十里有千坑保隘，東又有洪谷隘，俱通保德州。

附攷

武林堡，太谷東南，臨象谷水，三面石崖，有戍守，唐置。董卓壘，平定州東北九十里，唐於此置

振武，代州。

鎮西。岢嵐。

雁門，代州北三十五里。

寧武，崞縣西北。

保德，宋定羌軍。臨邊，簡，下。五里。府西北五百里。

石州。離石、西河、永石、昌化、懷政郡、西汾州。簡，僻，中。四十里。府西南四百十里。

興縣。蔚汾、臨津、興州。裁，僻，簡，下。十二里。州西百五十里。

寧鄉。平夷。裁，下。十五里。州西南五十里。

承天軍，戍以兵，乃太原、恒山之界關也。

保德州。

河東道。

東澤州沁水界百五十五里，南至黃河岸三百六十五里，西至黃河岸三百十里。

平陽，古名，東雍州、唐州、晉州、平河、臨汾、定昌、建雄軍。上上。州六，縣二十九。米一百十一萬九千石零。

府太行東峙，黃河南阻，北接汾、晉，西通關、隴，被山帶河，形勢萃焉。

山險

三磴山，襄陵西南十五里，長九十餘里。紫金山，曲沃南

臨汾，漢縣，或西河。煩，衝，上。一百五十一里。

襄陵，漢名，或禽昌。煩，衝，上。七十二里，府南三十里。

洪洞，漢楊縣。上。八十八里。府北五十里。

浮山，神山。裁，煩。十七里。府東九十里。

趙城，漢彘縣，或霍邑。僻，上。三十七里。府北九十里。

岳陽，漢穀遠，或冀氏。裁，僻，簡，下。十八里。府北百十里。

曲沃，古名，漢絳縣。衝，煩，上。六十八里。府南百二十里。

翼城，古絳邑，或北絳、澮州、翼州。衝，煩，上。八十四里。府南百三十里。

汾西，東漢永安。下。十五里。府西北百八十里。

平陽。

十三里，產銅，山半有泉。喬山，曲沃北四十五里，形陡峻，下有泉。翱翔山，翼城東南十五里，產銀、鐵，下有泉。汾西山，縣南六十里，產鐵，一名青山，乃姑射山之連阜也。中條山，蒲州東南十五里，跨解州夏縣境，有桃花、玄女二洞。檀道山，解州南五

蒲州，古蒲坂，或河東、秦州及河中府、護國軍，唐中都。煩，衝，上。八十七里。府西南四百五十里。

太平，漢臨汾地。上。五十四里。府西南九十里。

臨晉，漢解縣，或北解、温泉。衝，煩，上。六十三里。州北九十里。

榮河，古綸地，漢汾陰、榮州。僻，下。二十八里。州北二十里。

猗氏，古郇國，漢縣，或桑泉。衝，煩，上。五十一里。州東北百二十里。

蒲縣。古蒲城，或蒲子、石城、隰川。裁，簡，下。九里。府西百四十里。

萬泉，唐名，舊桑泉，或北解、温泉、虞鄉地。六十三里。州東九百九十里。

河津。古耿國，秦皮氏縣，後龍門、泰州。僻，中。三十六里。州東北二百十里。

蒲州。隸潼關。

里，與中條相接，通河南靈寶縣寶津渡，中有泉。湯山，聞喜南三十里，出銅。稷神山，稷山縣南五十里，稷播穀處也，接萬泉、安邑界。太陰山，絳縣東南十五里，四面陡絶，陽景不到。絳山，絳縣西北二十五里，産鐵。太行山，絳縣東二十里，西北諸山

解州，古解梁，漢解縣，後南解、安定、虞鄉，又保昌。僻，煩，中。三十一里。府西南三百四十里。

絳州，古絳、新田，後正平郡、東雍州、絳郡、絳陽軍、正平

安邑，古名，或虞州、虞邑。衝，煩，上。九十五里。州東五十里。

夏縣，禹都此，或南安邑。衝，中。九十五里。州東北百里。

聞喜，古曲沃地，秦左邑。衝，上。六十二里。州東北百二十里。

稷山，古稷州，爲河東郡、蒲州，又高凉。衝，上。七十

平陸，古虞國，又吴城。僻，煩，中。五十二里。州東南九十里。

芮城。古芮伯地，永樂郡。僻，煩，中。四十四里。州西南九十里。

關隘

大慶關，蒲州西門外，舊名蒲津關，即孟明

皆其支脈。折腰山，垣曲西北七十里，有銅冶。霍山，霍州東南三十里，接趙城界，乃冀州之鎮山也。妙樓山，隰州北七十里，巖石池泉極勝。孔山，大寧西北七十里，唐於其西置馬關。秦王嶺，浮山東北四十里，太宗爲秦王時，南破宋老生，自霍州潛行至此以掩前鋒，因

縣、晉安府。衝，煩，上。五十一里。府南百五十里。

霍州，古岳陽，漢彘縣，又永安郡。衝，煩，上。三十里。府北四十里。

三里。州西五十五里。

絳縣，晉都，或南絳。僻，中。四十里。州東南百里。

垣曲。漢垣縣，後白水、邵郡。僻，煩，中。二十七里。州東南二百三十里。

靈石。本介休地。衝，煩。二十五里。州北百里。

焚舟處。風陵關，蒲州南六十里。烏仁關，吉州西七十里。上平關，石樓西北九十里，有巡司。窟龍關，石樓東北六十里。永寧關，永和西十五里，通陝西綏德州。興德關，永和西六十里。太平關，襄陵南三十五里。武平關，絳州西二十五里，北齊

名。銅山，州東南百三十里，極險峻，四面陡絶，惟南面可行，産銅如金，因名。峨嵋坂，臨晉北五里，東連猗氏、聞喜，西抵黄河。南首，即首陽山，在蒲州西南三十里。龍門，在河津西北三十里，一名孟門。壺口，在吉州西七十里。解州東南有白徑嶺，通陝州大陽津

吉州，晉屈邑，後北屈，又文成郡。僻，簡，下。二十二里。府西二百七十一里。

鄉寧。太平、昌寧。同上，下。十六里。州東南六十里。

隰州，晉蒲地，又西河，或長壽、龍泉郡、大寧郡。僻，下。三十一里。府西北二百八十里。

大寧，漢北屈地。中州。僻，下。十里。州西南九十里。

石樓，古屈産、泉建，後土軍。同前，難治。十三里。州北九十五里。

水道

第一河，出蒲縣，西入河，山溪衆水所宗，故名。涑水，自絳縣至蒲州入

永和。漢狐讘，或臨河郡。僻，下。十一里。州西百五里。

屯兵於此。茅津渡，平陸東南二十里黄河上。吴王渡，臨晉西三十里，與陝西郃陽渡相對，韓信渡河襲魏豹，由此。

渡。嗚條岡，安邑北二十里，湯伐桀處也。又平陸東三十五里有傅巖，其東出十里大河中有砥柱峰。

河，其出聞喜間者曰絳水，智伯言可灌安邑者也。鹽池，解州西，産鹽。安邑亦有鹽池，生乳鹽。

冀北道，

巡撫，行都司，總督，陽和兵備。東直隸保安深井界三百六十里。

大同，秦雲中，雁門、代郡、北恒州、西京、大同路。近邊，貧困，中。州四，縣七。米十二萬六千石零。府京師屏蔽，邊城要衝，蔚州

大同，古大同川，漢平城、定襄。中，同上。三十六里。

渾源，漢平舒地，或恒陰。裁，煩，衝，中。十四里。府東南百三十里。

懷仁。漢沙南，或大利。裁，下。九里。府南七十里。

關隘

雁門關，馬邑東七十里，東西巖削拔，中有路盤磴崎嶇，絶頂置關，有兵戍守。倒馬關，廣昌南七十里，通保定，有戍兵。亂嶺關，渾源東南

大同前，大同後，俱在府城。

東連上谷，南達并、恒，險隘所聚，尤稱重地云。

山險

白登山，府東七里。冒頓臺，即冒頓困漢高處。黑山，府西北四百五十里，與夾山相連，昔遼王天祚避女真兵，奔夾山，即此。官山，府西北五百餘里，上有九十九泉，流爲黑河。七寶山，府北四百餘里，上有

應州，秦陰館縣，或陰城。裁，煩，衝，中。三十里。府南百二十里。

朔州，新興、新昌郡、神武郡，又太平、廣寧郡、鎮武軍、朔寧府、馬邑郡，鄯陽省入。衝，疲，下。八里。府西南二百八十里。

蔚，秦代縣，漢代國，或靈丘郡、忠順軍。衝，煩，上。二十六里。

山陰。或平齊郡、神武、河陰。裁，煩，下。七里。州西六十里。

馬邑。五代唐寰州，或固州。同上。五里。州東四十里。

廣寧，漢延陵，或安邊。裁，僻，下。八里。州西六十里。

四十里，有巡司。開山口，府東北四十里，自此而西有大石、小石二口，折而南有黑塔、尖峪二口。茹越口，應州南四十里，接胡峪口，有巡司。寧武軍口，朔州南百二十里，南連静樂。偏嶺口，懷仁西南五十里，過此有阿毛口。龍灣谷口，山陰西南

安東中屯，應州。

朔州，

蔚州，

山陰，

馬邑，

井坪，朔州西北。

古城，或云漢五原郡，或云金人屯兵處也。清凉山，懷仁北二十里，有鐵冶。恒山，渾源南二十里，即北岳也，高侵雲霄，有天峰、望仙嶺，泉谷喦洞，不能偏述。其相連柏山、翠屏等山，亦極秀拔。龍首山，應州北，山之南雁門山，應州西南四十五里，北與龍首相望，故州以應名。

翠峰山，朔州西南七十里，東連石碣，北接馬騣山。九宫山，蔚州東三十二里，金章宗避暑處，上有九宫。襄山，蔚州北八十里。白石山，廣昌東南三十五里，上有白石口。隘門山，靈丘東南二十里，壁立直上，極險，北魏於此置義倉，設關以禁行旅。雙化嶺，

廣昌，古飛狐口，漢置縣。衝，煩，中。四十里。州南百五十里。

靈丘。漢縣，或成州。衝，下。十里。州西百五十里。

水道

胡盧河，在蔚州北，源自廣寧豐水，下流入安定界。如渾水，一名街河，有兩源合爲一，歷府城東而南，武州川自府西來會

四十四里，過東有沙家、五人谷口，西有東、西寺口。水南寨，與順城、牛欄等寨俱在廣靈，對節寨與栲栳、饅尖等寨俱在廣昌。飛狐道，廣昌北，入懷仁界，酈食其言塞飛狐口。大勝甸，靈丘東六十里，元勝金於此。

大同左，廣昌。

雲川，俱在府西南。

大同右，

玉林，俱在府西北。

陽和，俱府

高山，東北。

天城，俱府

鎮虜，東北。

冀南道。

兵備副使。東河南林縣界百七十里。

潞安，古黎國，秦上黨，後安義、昭德軍、隆德府。衝，煩，上。縣八。米二十二萬三千八百石零。府肘京、洛而履蒲津，倚太原而跨河、朔，居天下之脊，爲雄勝之方。山險

長治，百七十里。水道絳水，屯留西南八十里，出盤秀山，經本縣北東流入府境，至潞城西二十里之交漳村與濁漳合，名交漳水，又東流百八十里至彰德府林縣界合清漳水。

府西三十里。牛皮嶺，府東六十里，上有關。大和嶺，馬邑東南六十里，有佳吉寨。

長子，古名，或樂陽、冀氏。煩，上。九十二里。府西南五十里。屯留，古余吾邑，又純留。煩，衝。六十里。府西北五十五里。襄垣，秦縣，或韓縣。煩，上。八十里。府北九十里。

焉，下流入桑乾河。

壺關，漢名。中。九十六里。府東二十五里。黎城，古國。煩，中。四十九里。府東百十里。平順，僻，煩，下。三十一里。關隘

潞州，府城。瀋陽中護，府城。

威遠。府西。

壺關山，府東南十三里，昔人於此置關。柏谷山，府東北十三里，與太行、王屋二山相連，山多柏。三垂山，潞城西二十里，晉將王廣、趙柔敗劉聰將喬乘於此。

潞城。或潞子國，秦潞縣，或刈陵。中。九十里。府東北四十里。

長平關，長子南四十里，即白起坑長平卒處。吾峪關，黎城北二十八里，有巡司。十八盤隘，壺關東南八十五里。正梯關，壺關東北十里。櫛林關，壺關東南百二十里。

直隸

東潞安府界二百十里，北太原太谷界三百三十里，西霍州界二百五十里。

沁，本上黨地，又義寧、陽城郡、威勝軍。衝，煩，中。縣二。六十二里。米四萬八千二百石零。水道

沁源。漢穀遠地。裁，下。十八里。州北二百里。

關隘

柴店關，在沁源縣，昂車關，武鄉北，皆唐置。

武鄉，漢涅縣，或武鄉郡，又鄉縣，南亭川。頗煩，中。四十八里。州東北六十里。

附攷

沁州。

直隸

東河南衛輝輝縣界四百十里，南懷慶河内界百四十里。

漳河有二，一出州西三十里之伏牛山西谷，經州城西南流，一出州西南護甲嶺，經武鄉東南入潞州界。涅水，亦出護甲嶺，經武鄉境，東入襄垣西北六十里合漳水，至縣南合濁漳水。

澤，秦高都，或建興郡、建州、長平郡，又高平、晉城。煩，劇，上。縣四。百六十七里。米四萬六千六百

高平，本長平地，漢泫氏，又蓋州。煩，上。百六十里。州北八十三里。

陽城，漢濩澤。煩，中。九十

閼與，州城西北二十里，即趙奢破秦軍解圍處，俗曰烏蘇村。斷梁城，州東北，下臨深壑，三面絶澗，廣袤二里。

陵川，本泫氏地。煩，中，僻。九十三里。州東北百四十里。

沁水。漢縣，或廣寧郡，又東

寧山。澤州。

石零。

州據太行之山，爲東路之藩，山高澗深，道路極窄。

水道

丹水，州東北三十里，舊名泫水，出高平西北四十五里仙公山，南流合州南三里之白水入沁河。

山險

太行山，州西南三十里，乃郡山之宗也。五門山，州西二十里，形如城，有五門。王屋山，陽城南，有仙宮洞，

四里。州西百里。

關隘

天井關，州南，在太行山頂。長平關，高平北，隋置。

永安，端氏省入。煩，中。五十五里。州北二百里。

附攷

馬邑城，沁水東二十里，白起與趙括戰時牧馬處，地險峻，南極山澗，北距大川。王離城，沁水東北五十六里，秦王離擊趙，據險築此，四面懸絕。巴公鎮，州北三十五里，五代周世宗自將兵禦漢主，陣於巴公，親犯矢石，以敗漢兵。即此。

直隸

東河南磁州武安界百四十里，西太原府太谷界百九十里。

寬廣三十里，此即禹貢所載之王屋也。又縣西南七十里有析城山。馬武山，陵川東三十里，漢馬武嘗屯此。

遼，亦上黨地，或遼陽、儀州、樂平郡。僻，下。縣二。二十七里。米二千六百石零。

州山川險峻，居太行絶頂。

山險

合山，和順東四十里，其山盤

榆社，本涅縣地，或榆州。僻，中。二十二里。州西百里。

水道

千畝泉，州南三十里，地廣平可千畝，名曰千畝原，中有泉。漚麻池，

和順。古榆城，漢沾縣。僻，下。三十二里。州北九十里。

關隘

黃澤關，在州東南，元置。馬陵關，榆社縣西北，相傳即龐涓自刎處。

踞，富於林泉。松子嶺，和順北三十里。孫臏坡，和順西南百二十里，山勢盤曲，西即馬陵關道，相傳孫子伏兵處。

和順東北三十里李陽村，即石勒與李陽所争者。

以上關俱有巡司。

直隸

東大原祁縣界百四十里，西石州界六十里，南平陽靈石界百里。

汾。西河郡、南朔州、介州、汾陽軍。熕，中。縣三。

山險

白雀山，孝義西北百七十里，極高峻，爲汾、隰諸山之冠。

孝義，漢兹氏，或中陽。衝，簡，中。三十里。州南三十五里。

平遥，中都，代國。熕，中。五十八里。州東八十里。

介休。古彌牟邑，或定陽郡。熕，中。四十六里。州東七十里。

關隘

金鎖關，州西三十五里。子嶺關，介休南六十里。温泉關，孝義西九十里。

汾州。隸行都司。

陝西第五

按陝西山川四塞，形勝甲於天下，爲歷代建都第一重地，雄長于茲者，誠足揮斥中原矣。然延、綏以及平、固，皆要衝也；西寧以及岷、洮，多羌患矣；一旦竊發其間，連壞于西北者，未免于騷擾也。且夫陰平有道可入蜀，必可入秦、階、成、秦、鳳之間，當究心矣。延安以東，逼近山西，一葦杭之，非不可也，吴堡縣有菜園渡。何必蒲津。若夫潼關制全陝之命，漢中實楚、蜀之衝，不必言矣。遐哉秦嶺，其中蓋難治矣。

陝西古雍州地，漢置三輔及涼州部，唐分京畿、關内、隴西、山南爲四道，宋爲永興、鄜延、秦鳳、環慶、涇原、熙河六路，元置陝西省及甘肅等處行中書省，今爲陝西等處承宣布政使司，治西安。左右布政使二，左右參政六，分守二，管糧一，管册一，西寧一，涼州一。左右參議七，分守三，商洛一，花馬池一。領府八，屬州二十一，縣九十四。總爲里三千五百九十七，舊户三十六萬三千二十七，口三百九十三萬四千一百七十六。夏秋二税共米麥一百九十二萬九千五十七石，絲綿三百六觔，絹九千二百十八匹，棉花一萬七千二百七十二觔，布五十八萬八千九百九十四匹，京運年例并鹽課銀共四十六萬四千五百二十三兩有零，草一千八百四十三萬六千七百餘束。

茶馬司三，洮州、河州、西寧各一。課茶共五萬一千三百八十四觔。河渠提舉司一。在西寧。

陝西都指揮使司，隸右軍都督府。都指揮三，掌印一，僉書二。領衛二十有六，屬所一百三十四。守禦千户所一十有二。

行都指揮使司，在甘肅。領衛一十有三，屬所五十六。守禦千户所四。總延綏、寧夏、甘肅三鎮舊有馬步官軍舍餘土達十三萬九百餘員名。

行太僕二，陝西一，在平凉。甘肅一，在甘州。苑馬寺二，監十二，平凉六，甘州六。苑四十八，平凉二十四，甘肅二十四。舊有所屬馬五萬七千七百八十餘匹，洮河、西寧二衛番茶易馬四千八百餘匹。

提刑按察司按察使一，副使十二，清軍一，提學一，糧斛一，分巡兼兵備撫治一，鞏昌一，金州一，延安一，又岷州一，肅州一，西寧一，固原一，甘州一。僉事八，邠涇一，分巡鳳翔一，屯田一，榆林二，寧夏二，蘭州一。分道六。

總督陝西三邊都御史一，駐固原，防秋駐花馬池。巡撫都御史四，陝西一，駐西安，防秋駐固原；延綏一，駐榆林；寧夏一，駐寧夏；甘肅一，駐甘州。巡按御史二，一駐西安，一駐鞏昌。巡茶御史一。駐漢中、鞏昌。

王府：四。秦府，高二，封西安，護衛一。郡，十一：永興，保安，興平，永壽，渭南，富平，宜川，臨潼，郃陽，汧陽，安定。

肅府，高十四，封甘州，徙蘭州，二千石，護衛一。郡，七：洵陽，汾川，淳化，鉛山，金壇，會寧，延長。

慶府，高十六，封慶陽，改韋州，徙寧夏，護衛一。郡，十三：真寧，靖寧，岐山，安塞，平涼，岐陽，豐林，洛南，鞏昌，弘農，壽陽，桐鄉，延川。

韓府，高二十，封開原，改平涼，一千石，護衛一。郡，二十四：襄陵，臨汾，樂安，開城，西鄉，平利，褒城，通渭，高陵，漢陽，廣安，彰化，高平，西德，隴西，寧遠，長泰，永福，建寧，長洲，崑山，長樂，高淳，休寧。

陝西輿圖補註

一、黃河，源出西域，自積石山流至河州，北經蘭州，洮、湟水皆入焉，又東北越亂山中，經寧夏中衛過峽口山而至寧夏，東南流，溉田凡數萬頃，又東北過東勝州，折而南，經綏德境，與山西分界，又南經延安之延川、宜川二邑境，過龍門，入西安之韓城、郃陽境，又歷朝邑境，折而東入蒲州界。此黃河在陝境之始末也。

一、渭河，發源臨洮府渭源縣西二十五里之南谷山，東流五里而經鳥鼠山，過渭源縣，北去城二里，又東入鞏昌府之北，去城三里，轉入鳳翔府，經寶雞治南，汧水入焉，又東過扶風、岐山等縣，潦水、斜水皆入焉，流入西安府，西經盩厔、興平、咸陽、渭南諸縣，涇水、沮水、灃水、汭水皆入焉，郡省水入此者甚多，至華陰而入黄河。此渭河之本末也。淮南子曰：「渭水多力，宜黍。」

一、涇河，自平凉府城西南白石山發源，至涇州東南入邠州界，歷醴泉、涇陽至高陵入渭。

一、灃水，出終南山，合太平、高觀谷水，東至咸陽入渭。詩、書所載者，此也。沮水，源詳左。

一、漆河，發源鳳翔扶風古漆縣地，經西安府同官縣至耀州，合沮水。沮水自延安府宜君縣東南流，至耀州富平縣合漆河，至同州朝邑縣東南而入渭。

一、汭水，出鳳翔府隴州西四十里之弦蒲藪，流入平凉府崇信、華亭二邑，至涇州之東合涇水同入渭。

一、終南山，在西安府南五十里，亦曰南山，東西連亘藍田、咸寧、長安、盩厔之境，又西接鳳翔府之岐山、扶風諸縣境，直抵大散關，所云「南山連太散」也，産金銀玉石。羅氏曰：「關中雖稱四塞，然南山通接商、洛、汝、鄧、漢、鳳、褒、沔，山深谷密，綿邈遼曠，縈紆盤亘將數千里，内多嵒洞窟穴，恒爲强梁逋逃藪焉。又諸郡皆稱沃壤，延、慶少瘠矣，故榆林糧運，視諸邊倍焉。」

一、嘉陵江，出鳳縣東大散關，歷兩當，至略陽西南會東谷等水而入保寧。按嶓冢有二，一在鞏昌西南六十里，西漢水出焉，經西和西南與馬池水合，有武侯壘在焉。

一、洮水，出洮州西南之西傾山，經州南東入岷州，北流入臨洮府，經府之西南，又北直蘭州而入黄河。

一、浩亹河，一名閤門，源出塞外，由山峽中流出，東入湟水。

一、洛河，出慶陽府合水縣，東北流經廢洛源縣，至甘泉西而合沮水。此延安所載之洛河也。

一、漢水，出沔縣西百二十里之嶓冢山，曰漾水，南合沔水，東流經漢中府城南洋縣、漢陰等境，至湖廣漢陽府入於江。

按沮水發源慶陽之子午山，南流至中部城南而東入洛，歷宜君縣至西安境内。

附考

羊膊山，沙州城南，山多嵒石，草木不生，北有一嵒若羊膊。三隴山、流沙磧，在玉關外，有二斷石極大。白龍堆，郡國記：「燉煌玉關外有白龍堆。」渥洼水，沙州境，即産天馬處。

陝西輿圖

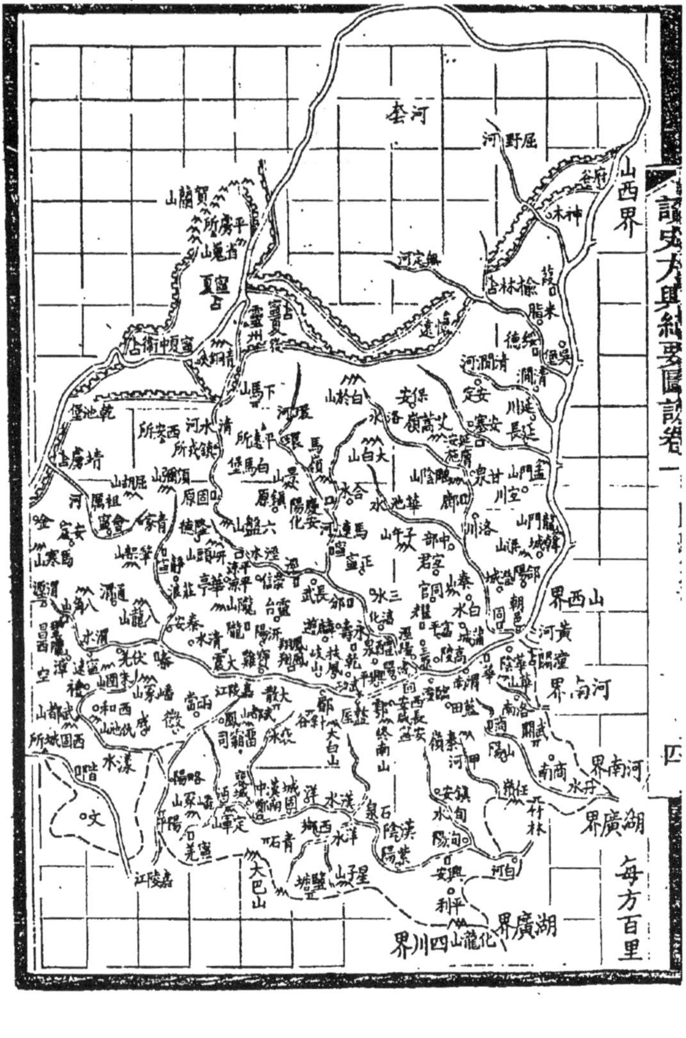

河套
屈野河
山西界
神木
府谷
榆林
延長
黃河
河南界
湖廣界
四川界
化龍山
大巴山
終南山
太白山
長安
商南
漢水
每方百里

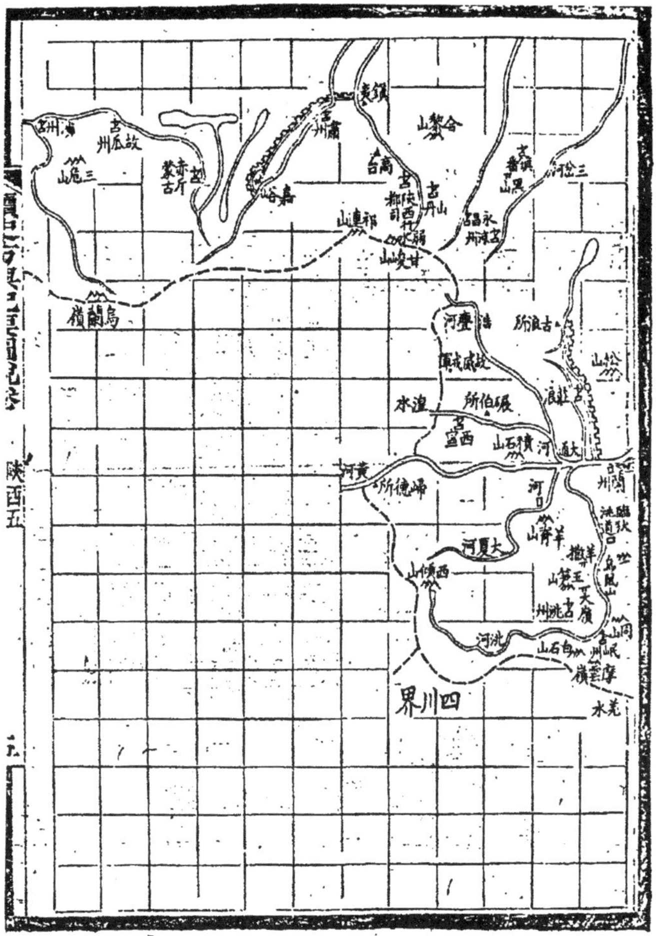
陝西五
故瓜州
三危山
赤斤蒙古
嘉峪
肅州
鎮夷
高台
合黎山
祁連山
甘峻山
永昌
三岔河
烏蘭嶺
古浪所
故威戎
碾伯所
湟水
西寧
積石山
大通河
黃河
歸德所
大夏河
羊背山
西傾山
洮州
洮河
白石山
岷州
四川界
羌水

道	關內道，
	巡按。至北京二千六百五十里，至南京二千四百三十里。
府八	西安，秦內史，漢京兆，或雍州及佑國、永平軍，又永興、晉昌，元安西路，又改曰奉元。煩，上。州六，縣二十九。米八十六萬石。府被山帶河，所云「金城天府之國」也。若夫華州前據，太華後臨，涇、渭左控桃林之塞，右阻藍田
州二十一附郭	長安，古名。煩，上。五十五里。 咸寧，漢萬年，或大興，宋樊川。煩，上。八十一里。
并外縣九十四	咸陽，秦縣，漢新城，又渭城。裁，煩，衝。十二里。府西北五十里。 興平，周犬丘，秦廢丘，漢槐里，又茂陵，或始平郡。中。十七里。府西百里。 臨潼，古驪戎國，漢新豐，或慶山，櫟陽省入。煩，衝，中。五十二里。府東五十里。
	鄠縣，古扈國，又崇國。僻，簡，中。二十三里。府西南七十里。 藍田，秦縣，玉山，白鹿省入。中。二十九里。府東九十里。 盩厔，舊名，或曰恒州。煩，僻，刁，上。四十四里。府西南百六十里。
衛三十九	西安左，西安前，西安後，西安右護，
所十六	

分巡兼兵備撫治商洛副使，

之固，於境內尤爲險要云。

山險

七盤山，藍田南二十里，近北又有級坡。通典云：七盤十二級，藍關險路也。唐李西華自藍田至內鄉開新道七百餘里，回山取途，人不病陟，謂之偏路，行旅便之。太華山，華陰南十里，即西岳也。太白山，武功南九十里，極高，恒積雪，軍

商，契封地，漢上洛縣，北魏洛州。簡，僻，中。二十八里。府東南二百六十里。

涇陽，秦縣，白公渠在西北。刁，僻，中。四十四里。府北七十里。

高陵，秦縣，或鹿苑。中。十四里。府北八十里。

鎮安，本豐陽地，又乾元，或乾祐。八里。州西南百五十里。

洛南，古上洛地，或拒陽。裁，刁，下。十里。州東七十里。

三原。本池陽地，三原護軍，唐曰華池。煩，衝，上。三十四里。府北九十里。

山陽，近山。簡，裁，僻，下。十二里。州東南百十里。

商南。同上。十五里。州西北八十里。

行其下，不得鳴鼓角，鳴則風雨立至。沈嶺，盩厔南五十里。橫嶺，藍田北三十五里，自驪山東入縣界。錫谷，府東南六十里，有路至歸安鎮合義谷，通漢中府。子午谷，府西南百里，路通南北，故名。

水道

敷水，華州東南十五里，流經華陰，合渭，昔人鑿此以通渭

同，古大荔國，秦内史地，漢河上郡及左内史，又匡國、忠武軍，馮翊省入。僻，煩，上。三十里。府東北二十八里。

朝邑，古臨晉，或五泉。僻，煩，簡，刁，下。六十五里。州東三十里。

郃陽，古莘國，夏陽省入。簡，中。七十里。州東北百二十里。

韓城，古少梁，秦夏陽，或西韓州、禎州。五十里。州東北二百二十里。

白水，古彭衙，後粟邑，又衙縣、奉先。僻，簡，中。二十九里。州西北百二十里。

澄城。古北徵地，或長寧、奉先。僻，中。六十四里。州北百二十里。

潼關兵備。

灃。灞水，府東南二十里，本名滋水，源出秦嶺，合藍谷水入於渭。

補遺

龍首山，府北十里，首入渭水，尾達樊川，長六里，土赤不毛。按府南二十里有樊川。洛南縣北五十里有洛河，發源冢嶺，東流入河南盧氏縣。藍田南二十里有嶢山，東南二十五里有蕢山。

華，鄭封地，曰咸林，秦內史地，漢京兆、弘農地，又興德府、金安軍，鄭縣省入。簡，衝，上。四十九里。府東二百里。

華陰，古陰晉，秦寧秦，或潼津、仙掌、太陰縣。衝，煩，中。二十四里。州東七十里。

渭南，漢新豐。衝，煩。十六里。州西五十里。嘉靖二十八年改屬府，府東北四十里。

蒲城。漢重泉地，或南白水，又奉先縣。煩，上。六十七里。州北百二十里。

潼關。直隸中府。

耀，漢祋祤地，或北雍州，又宜州及義勝、靜勝等軍，華原省入。簡，中。十八里。府北百八十里。

同官，亦祋祤地，晉頻陽，或銅官。煩，中。二十二里。州北七十五里。

富平。漢縣，唐徙治。僻，簡，中上。四十里。州東南七十里。萬曆三十八年改屬府，府北九十里。

分巡僉事。

附考

白鹿原，藍田西五里，苻雄與桓沖戰於此。五丈原，武功南七十里。鴻門坂，臨潼東十七里。馬嵬坡，興平西二十五里。罌浮渡，朝邑東北六十里，韓信渡此以虜魏王豹。

乾，秦內史地，唐奉天縣，或勝威軍，宋醴州。衝，煩，中。十八里。府西北百八十里。

郃。古西戎地，漢右扶風、北池、安定三郡地，又新平郡、南豳州，宜祿

醴泉，漢谷口地，後池陽。疲，衝，中。二十一里。州東七十五里。嘉靖三十八年改屬府。

武功，古邰國，稷封此，或武亭。衝，煩，中。十六里。州西南六十里。

淳化，本漢之雲陽地，黎陽鎮。裁，僻，簡，中。十八里。州東二百里。

永壽。古豳州地，漢漆縣，或廣壽。裁，衝，中。十里。州北九十里。

關隘

潼關，華陰東四十里，歷代爲要地。子午關，在子午谷中，漢置。藍田關，藍田東九十里，本秦嶢關，沛公引兵繞嶢關，踰蕢山擊秦軍，即此。武關，商南縣東百八十里。

關西道，

行大僕寺，苑馬寺。東西安邠州界二百二十里，南鳳翔隴州界二百四十里。

總督，

兵備副使，

平涼，漢安定郡，宋涇原路，或武州。簡，衝，中。州三，縣七。米十六萬二千石零。府山川秀拔，控制西垂，實爲要地，而鎮戎、固原，并稱險要云。

山險

省入。煩，衝，中。二十七里。府西北二百五十里。

平涼，漢朝那縣地，或長城地，潘原省入。衝，煩，中。三十三里。

固原，本高平縣地，宋開遠。邊衝，煩，中。九里。府北百三十里。

三水，石門。裁，僻，簡，下。十一里。州東四十里。

長武。州西八十里。萬曆十一年置。

崇信，唐崇信軍。裁，僻，簡，下。五里。府東南八十里。

華亭，秦隴西地，或神策軍，又義州，化平省入。近山，裁，僻，簡，下。八里。府東二百十里。

鎮原。漢高平，或太平郡、涇原軍、平涼郡，原州省入。刁，僻，煩，中。二十里。府北百三十里。

關寨

通稍關，府東五里，衛軍戍守。

木峽關，鎮原

平涼，

固原，

西安，府西北二百三十里。

鎮戎，固原北百二十里。

甘州郡牧所。

可藍山，府西南二十里，亦名都盧山，赫連據平涼嘗屯兵於此。雉頭山，鎮原西三十里，隗囂使將王孟塞鷄頭道以扼漢兵，即此。六盤山，固原西六十里，曲折高峻，元主嘗駐兵於此。保嵒山，靈臺西三十里，山勢削拔，回磴百尺，上有經臺，下常有雲霧。

涇州，漢安定郡，或保定縣及涇川縣。裁，煩，中。二十七里。府東北五十里。

靜寧。本渭州隴干地，宋德順軍。近邊，裁，衝。十一里。府西三百八十里。

水道

晉陽水，在西番界，東流至鎮原縣，又東流入涇州界。大黑水，固原北

靈臺。古密須國，漢鶉觚縣地，良原省入。近山，僻，煩，中。二十里。州南九十里。

莊浪，元莊浪路，或州。裁，僻，簡，下。近邊。七里。州東南九十里。

隆德。宋羊牧隆城寨。近邊，衝，中。五里。州東九十里。

三川，鎮原西北三十里，源本

西北百四十里，漢以來爲重地，所以襟帶西涼，咽喉靈武者也。瓦亭關，華亭西北百里，隗囂使牛邯守此，唐肅宗幸靈武，牧馬於此，今巡司守之。靜邊寨，靜寧州西七十里。得勝寨，靜寧南八十里。定川寨，鎮原西北三十里。治平寨，靜寧南八十里，吳璘

平虜，固原北二百里。

	分巡，僉事。東西安武功界百五十五里，西鞏昌清水界三
	鳳翔，古岐州地，漢右扶風，後秦平郡、雍城鎮。煩，中，州一，縣七。米十九萬石。府隴、關阻西，
百五十里，流入黃河，旁有小黑水流入焉。	鳳翔，秦雍縣，或天興縣。煩，上。四十里。
一，流爲三，宋於此築威雄堡。通遍川，靜寧東百五十里，以道路四通而名。水洛川，靜寧南百五十里，源出隴山西南，流合犢奴水，又經石門峽流入秦州界。	岐山，本雍縣地，或三龍。煩，中。十七里。府東五十里。寶鷄，秦陳倉，或苑川、顯州。
遣王中正破金人於此。新城鎮，鎮原西五十里。柳泉鎮，鎮原西北七十里。	郿縣，秦名，或平陽、郿城及郿州。裁，簡，中。十八里。府東百四十里。麟遊。漢杜陽地，唐麟州。裁，
	鳳翔。

百十里，北平涼靈臺界二百二十里。

益門扼南，地勢險阻，土肥物饒，五水之會，三秦之雄也。

山險

益門山，寶鷄南十五里，古益州境由此而入。隴山，州西北六十里，頂有泉，其阪九迴，登者七日乃得越。金門山，隴州南百四十里，其山如門，渭水經焉。小隴山，隴山西，高險不通轍跡。

隴州。周岐隴地，漢汧縣，或東秦州、隴東郡，汧縣省入。近山，僻，煩，中。三十八里。府西南百八十里。

補遺

簡，衝，下。四十九里。府西南九十里。

扶風，古岐陽鎮，美陽地。煩，衝，中。二十九里。府東百十里。

汧陽。漢隃麋地。近山，簡，中。十五里。州東九十里。

水道

汧河，出隴州西四十里之汧山，經汧陽至寶鷄東入渭。

近山，僻，簡，中。十七里。府東北百二十里。

關隘

隴關，州西七十里，有舊故關，新故關，俱屬故關大寨巡檢司。二里關，寶鷄西南四十里，有益門鎮。二里關、散關俱設巡司。斜谷關，郿縣西南三十里，谷之南曰褒，北曰斜，即武侯帥師處。石鼻和尚原，寶鷄西南三十五里，大散關東，吴玠破金處。方山原，隴州西南二百里，吴玠於此破金人。楊政知方山軍，儲芻糧其中。龍尾坡，岐山東二十里，鄭畋破黄巢處。

岐山，岐山縣東北十里，亦名天柱山。五將山，岐山北三十里，亦名武將，連亘扶風、長安縣界。按醴泉縣北十八里亦有武將山，當即此。吴岳山，隴州南百四十里，今爲西鎮山，有五峰最秀異。

岐水，出麟遊西百二十里，南入漆水。雍水，出府北三十里之雍山，東流扶風界，又歷中牢溪谷，號中牢水。按五水，汧、渭、岐、漆、雍也。磻溪，寶鷄東南八十里。磻谷即太公釣魚處。

寨，寶鷄東四十里，武侯築此以拒郝昭，亦名石鼻城，自蜀入秦者至此以出山，自秦趨蜀者至此亦入山矣。

關南道，

兵備副使。東湖廣上津界千四十里，西四川保寧廣元界三百七十里，南巴縣界百四十里。

漢中，秦郡，古梁州，漢川、褒州、興元府及路。煩，上。州二，縣十四。米三萬石零。府東連南郡，西接陰平，南通廣漢，北達秦川，蓋不啻吴頭楚尾，稱爲都會也。山險漢山，府南二十里，頂有池，四時不竭。金華山，府南七十里，峰巒環繞，旁有數泉合爲

南鄭，古縣，或光義。裁，衝，中。二十里。

褒城，古褒國城。裁，衝，煩，中下。七里。府西北四十五里。城固，漢縣，後樂城。僻，完，上。二十三里。府東七十里。洋縣，本城固地，或州，武康軍，真符省入。僻，完，上。三十六里。府東二百十里。

西鄉，亦城固地，或南鄉、豐寧、洋州、洋川郡。煩，中。十五里。府東南二百二十里。鳳縣。秦隴西地，或河池、梁泉縣，武興軍。近山，裁，下。九里。府西北三百八十里。

漢中，

撫民參議。

一池。天臺山，府西南七十里，頂平如臺。大巴山，府南一百里，南接巴、梁，積雪不消。梁州山，府東南百八十里，四面皆高，中三十里甚平，古梁州治此。連城山，褒城北百八十里，山有十二堡連屬，故名。鷄翁山，褒城北，入斜谷十里。箕山，褒城北十五里，武侯使

寧羌，近山。裁，簡，下。四里。府西三百里。

金州。古庸國地，漢末西城郡，或魏興、東梁州、昭信、昭化等軍。近山，僻，煩，上。四里。府東南六百四十里。

定軍山，沔縣東南，兩峰對峙。青泥嶺，略陽西北五十里，唐道濟守此以拒茂貞。饒風

略陽，漢沮縣地，興州。近山，僻，下。四里。府西北二百十里。

平利，漢長利地，或上廉。近山，下。八里。州西九十里。

石泉，永樂，晉昌、武安。裁，簡，下。八里。州西八十里。

洵陽，漢縣，洵城省入。下。十七里。州東百二十里。

沔縣。漢沔陽，或嶓冢、鐔水。近山，裁，簡，下。十五里。府西百十里。

關隘

青石關，府南九十餘里。漢陽關，褒城西北二十里，漢置，昭烈守此。馬嶺關，鳳縣西三十五里。仙人關，在鳳縣，路分左右，自成州經天水出皂郊堡直抵秦州，此左出之路；自兩當趨鳳縣直抵鳳翔

寧羌。

沔縣，

金州。

趙雲等據箕谷，即此也。興勢山，洋縣北二十里，山形如盆，外甚險，武侯屯兵於此。鐵山，沔縣北五里，產鐵，姚仲於此置寨以拒金人。

嶺，紫陽西北百二十里，吳玠於此築壘以拒金，其旁地名殺金坪。褒谷，褒城北十里，出連雲棧直抵斜谷，長四百餘里，褒水經其中，張良說高祖燒絕棧道，曹操出斜谷軍遮要以逼臨漢中，武侯由斜谷取郿，皆此道也。儻谷，洋縣北三十里，南口曰儻，北口曰

漢陰，漢安陽，或安康、新店。裁，下。州西百二十里。

白河，本洵陽縣地，成化十二年析置。多山，裁，僻，下。八里。州東三百八十里。

紫陽。近山。裁，僻，下。五里。州南二百十五里。

水道

犀牛江，略陽西北百二十里，自階州東流入嘉陵江。紅崖

大散關，此右出之路。土門隘，自青岡平壋過武休山寨至此，甚險峻，元主取蜀過此。又漢中野録云：「斜谷榆林、寶家、石樓、西谷、梁州山、土地埡、羊城，凡八隘，皆險處也。」鐵城戍，在黃金谷東，城在山半，極險峻，蕭坦拔楊難當於此。

附攷

駱，中間路屈八十里，凡四十八盤，唐德宗幸興元，由此。黄金谷，洋縣東八十五里，蜀將王平拒曹爽處。和尚原，鳳縣東。

河，鳳縣西四十里，源出鞏昌。褒水，一名黑龍江，又名紫金水，源出太白，經鳳縣南流入褒谷，入漢江。沔水，褒城南四里，源出古金牛縣，南流合沮水，又東至南鄭入漢水。按沔水、漢水，一水而異名者也。

洋州志曰：州要地有三，褒谷、斜谷、子午谷也。宋於駱谷置佛堡，子午谷置楊岑寨，西城置渭門寨、分水寨，皆備禦要地。

河西道，

分守參政。東延安鄜州界二百五十里，西平涼鎮原界百五十里，南西安邠州界五百里。

慶陽，古北豳，後義渠、戎國，或朔州、安化、順化郡、安定、武靜軍，或定安軍。州一，縣四。米十五萬石。

府山高水深，險固易守，控制羌、胡，爲關輔之保障焉。

山險

子午山，合水東五十里，一名橋山，南連耀州，北抵鹽州，東接延安，亘百里。烏崙山，

安化，漢郁郅縣，後合水、合川。煩，衝，中。三十三里。

寧州。秦義渠縣，漢泥陽，或華州、彭原郡，安定省入。衝，中。四十八里。府南百五里。

水道

環水，出環縣北七十里，經縣西委曲環抱，南至府城西，爲西河，合楊集澗水、谷溝、

合水，漢歸德地，或蔚州。裁，僻，簡，下。十八里。府東七十里。

真寧。漢陽周地，或泥陽。裁，僻，簡，下。二十里。州東百里。

九龍川，寧州東二百里，亦名九陵川，自橫嶺流至州西南，會延川自東來會焉，南流入涇河。建水，源出子午山，西南流至

環縣。會州、安樂州、通遠軍。極邊，裁，下，衝，煩。四里。府東北二百十里。

關隘

驛馬關，府西南九十里。清平關，環縣境，宋置橫山寨，在府境，東接東谷寨，西接寧羌寨，北接定邊軍，南接通寨堡。柔遠寨，府西北百四十里，宋楊承吉戰夏人處。平戎寨，

慶陽。

環縣。

環縣北三十里，甚高峻，頂平闊，根狹小，難於登陟，宋於此立寨，今有兵防守。安化有馬嶺，漢牧馬邊地，舊有民居，有果實猿鳥，洞穴幽邃，莫測所止。

下馬汀諸水，由西而南，會於東河。黑水，府西百二十里。鹽池，府北百里。有二：大鹽池，周回八十里；小鹽池，周回六十里。花馬池，周回四十三里，與馬槽、孛羅、濫泥、鍋底等池相近。

合水縣，與府東來之北岔河合，故曰合水。洛水，出府南境，北經上郡雕陰秦望山，過寧州東六十里之廢襄樂縣。按此與延安所記洛河不同，俟考。紅柳池，府北五百里，周二十六里，石溝池在西，蓮花池在東。

合水東北百八十里。安化寨，環縣東七十里。又有安邊、大拔、方渠等寨，羅溝、河原、朱臺、流井、歸德、木瓜、麝香、通歸、惠丁等堡，俱在縣境。天固堡，府西南境，隋築，極險固。荔原堡，府東北二百五十里。在府境者又有通寨、麥川、威寧、矜戎、金村、勝羌、定戎等堡，皆宋置。

分巡副使。東山西黃河界四百五十里,西慶陽合水界二百里,北沙漠界五百里。

延安,古白翟地,或統萬鎮、金明郡、東夏州、延州、忠義、彰武軍。州二,縣十六。米二十六萬石。

府據山帶河,西土之襟喉,邊垂之要地。

山險

重複山,府東南境,峰巒層疊,故名。獨戰山,延長東北六十里,山險峻,一人獨戰可以當千。野

膚施,秦縣,宋以金明、豐林二縣并入。衝,煩,中。二十七里。

安塞,漢高奴縣地,元以敷政省入。裁,僻,中。二十里。府西北四十里。

甘泉漢鵰陰地,或伏陸。裁,衝,煩,中。二十三里。府西南九十里。

安定,唐延川縣地,宋爲堡,元以丹頭縣省入。裁,僻,簡,下。九里。府北百九十里。

保安,古樗桂城,或永康鎮、保安鎮及軍。簡,下。八里。府西北百八十里。

宜川,本上郡地,或丹陽、丹州。衝,簡,中。三十四里。府東南二百八十里。

延川。秦臨河地,或延水縣。裁,衝,煩,中。九里。府東二百里。

關隘

盧關,安塞北百

延安,

塞門,安塞北百五十里。

保安,

安定,

猪峽，甘泉北四十五里，山峽險窄。

水道

黃河，府東北，流經延川、宜川境，孟門山扼其中流，名曰石槽。無定河，青澗東六十里，南入黃河，一名奢延水。古志云：唐立銀州，其無定河即延川水也。後人因潰沙急流，深淺不測，故名。吃莫河，在保

鄜州，本上郡地，或杏仁鎮、東秦州、北華州、鄜成郡、洛交郡、保大、康定軍。刁，煩，衝，上。五十一里。府南百八十里。

延長，本膚施地，或北連州。裁，煩，衝，下。十一里。府東百五十里。

洛川，漢左馮翊鄜縣地，或敷城郡。衝，簡，中。二十四里。州東六十里。

中部，漢翟道地，又渠搜、中部，或內部、坊州。裁，煩，衝，中。二十四里。州東百四十里。

七十里，有東西二城遺趾。永寧關，在延川境，通綏德，宋置。銀州關，米脂西九十里，上有古城。烏仁關，宜川境，金置。安定寨，在縣中。又有白洛城、龍州二寨，在西北。李廣寨，綏德東門外，昔李廣屯兵處。孤山寨，綏德北。又有伯顏、雙山、拜堂、魚兒

巡撫，榆林中路兵備僉事。

安境，源出蕃部吃莫川，南流入洛河，不勝船筏。葭蘆河，葭州西五里，多葭葦，宋人於此立寨。延水，源出安塞縣北蘆關嶺，東南流入膚施縣，經府城東，又流經延安縣入河，俗號爲濯筋水。汾川，宜川西北八十里，源出甘泉界，東流入黄河。

綏德，本上郡地，雕陰，或爲軍。赫連所居。中，煩。十里。府東北三百六十里。

宜君。漢祋祤地，或宜君郡及宜州。煩，衝，中。二十八里。州南二百十里。

青澗，故寬州地，綏平，懷寧省入。衝，煩，中。十里。州南百二十里。嘉靖四十一年改屬府。

米脂。本延川之米脂川，克戎縣省入。裁，僻，中。十二里。州北八十里。

河、榆林莊五寨，俱在州北。柏林寨，綏德東北。又有高家、柳樹、東村、神木、府谷五寨，在綏德東北。土門寨，綏德西。又有響水、麻河、大兔鶻、波羅等四寨，俱在西境。自李廣以下十八寨，皆有戍兵，隸綏德衛。義合寨，綏德東四十里；煖泉寨，米脂東四

綏德，

榆林。綏德北三百里。

榆林東路兵備僉事。

補遺

子午水，宜君西南百三十里，源出子午嶺，南流入中部縣，合沮水。玉蓮池，宜川境，池有萬頃，爲一方之勝。大理水，綏德西，宋种諤復綏州，夜渡大理水，即此。三川水，鄜州南六十里，以華池水、黑源水、洛水，因謂之三川，舊爲縣，或爲鎮，今有三川驛。

葭州。漢西河郡之圁陰縣，或中鄉、晉寧軍及州。極邊，裁，簡，中。八里。府北五百八十里。

附攷

綏德州西六十里有克戎城，亦名細浮圖塞，九十里有臨夏城，百三十里有威戎城，皆險要地也。永樂城，米脂西，重岡複嶺，僅容單馬，中無泉井，惟城邊

吴堡，本石州定胡地。極邊，裁，簡，下。三里。州南八十里。

府谷，本太原地，或爲鎮，永安、靖康軍。極邊，裁，簡，下。六里。州東百五十里。

神木。本銀州地，新秦郡，宋移吴兒堡，建寧、鎮西軍，或雲州。同上。裁，簡，下。五里。州東北三百里。

十里；神泉寨，葭州西二十五里；榆木川又有烏飛寨，在州西五十里；皆宋置。懷寧寨，青澗北七十里。綏平寨，青澗西百里，李顯忠破紅巾寇乞即羅義於此。寧寨營，保安北；靖邊營，保安東北；俱有兵戍守。黑松堡，安定北百里，金以李顯忠爲

鎮羌。神木。

無定河可以給食耳。金湯城，保安西北，宋築招安、萬安二寨，今有巡司。五原城，在神木。

護尾九族都巡檢使，駐兵黑水堡，即此。開光堡，綏德北三十里，宋置。又海木窟兒、臨川、定遠等十八堡，皆在境内。園林堡，保安東四十里，北與平戎堡接。菜園渡，吴堡南二十里，東過黄河，通山西永寧。

巡撫，河西兵備僉事。西賀蘭山百里，南慶陽府界三百六十里。河東兵糧僉事。

直隸

寧夏背山面河，形勢險固，爲西陲之屏蔽，且地多湖渠，便於灌溉，可耕戰焉。

山險

賀蘭山，衛西六十里，峻秀盤據數百里，寧夏恃以爲固。峽口山，衛西南百六十里，兩山相夾，黃河經其中，一名青銅峽，上有塔百八座。金積山，衛南

水道

黑水河，衛東，流注黃河。清水河，衛南三百五十里故鳴沙州城南，即古胡盧河，流甚狹，自平涼州界來，注於河。鹽池有二，大鹽池，衛北百里；小鹽池，衛東南二百七十里；皆不假人力而自成鹽。

水道補

觀音湖，衛西九

營寨

靈武營，衛北百里。黑山營，衛北二百二十里。清水營，衛東南百五十里黃河東南。花馬池營，衛東南三百五十里，守備參將分居於此。河西寨，河西岸。河東寨，河東岸。潘昶堡，衛東二十五里。自是而東南有金貴等八堡，屬寧夏衛。王景堡，衛西

寧夏衛，秦上郡，漢朔方，或統萬、夏州、弘化、懷遠等郡，興州、興慶府、中興府，隸都司。

前衛，附寧夏衛城。

左屯衛，同上。

右屯衛，同上。

中屯衛，花馬池。

後衛。漢北地郡昫衍縣，或大興郡、鹽州、五原郡、環州，

興武所，寧夏鎮東南三百二十里。

靈州所，寧夏鎮南九十里。

韋州所，鎮東南二百六十里。

二百里，山色赭，日照如金。蠡山，衛南二百六十里，層峰疊嶂，其峰如蠡。又東北有小蠡山。樗子山，衛東南三百五十餘里，虎豹所居，人迹罕到，出樗子木，故名。

十里賀蘭山大水口；漢延渠，衛城東南；唐來渠，衛西南；皆引黄河水遶城溉田，歲無旱澇之虞。外有數渠，其功皆不及此之溥。

四十里。自是而西南有李俊等六堡，俱屬寧夏左屯衛。王澄堡，衛東北三十五里。自是而東南又有張政、魏政二堡，屬左屯衛。楊顯堡，衛治西南三十五里，自此而西北又有陶容等七堡，屬右屯衛。謝保堡，衛北十五里。又有張亮、李信、丁義、周澄四堡，屬前衛。詳見邊圖。

正統九年置花馬池營，成化中爲守禦所，正德初改衛。西北至寧夏鎮三百六十里。

附攷

保静城，衛西南八十里，初爲弘静鎮，隋爲縣，元廢，今屯軍居焉。

平虜所。鎮北百六十里。

中衛，本靈州地，元應理州。東北至寧夏鎮三百六十五里。	營堡 廣武營，衛東百九十里。五百户堡，衛南三十里。羚羊堡，衛南六十里。回回墓堡，衛南百三十里。鳴沙城，衛東南百五十里，舊鳴沙鎮，因人馬行沙有聲，故名。	關隘 黑山觜，衛北二十五里。觀音口，衛東北百四十里。大佛口有二，一名大佛寺北裏口，衛東北九十里；一名大佛寺北外口，衛東北二百十里。	中衛倚大河之固，左接寧夏，右通莊浪，亦邊陲要地也。 山水險要 沙山，衛西五十里，因沙所積而名。黄河，衛西南自靖虜衛來，分流入城，其正河則在城南，東北流至寧夏。

隴右道，

巡按。東鳳翔隴州界五百五十里，西臨洮渭源界七十五里。

鞏昌，秦隴西地，或南安、安陽、渭州、古渭寨、鞏州、通遠軍。州三，縣十四。米十四萬五千石。府諸山雄峙，秦地重鎮也。而階州接壤羌、戎，通道隴、蜀，山道尤推險阻。若夫成縣，即成州也，背山面池，爲秦、隴之襟帶，昔稱用武要地，夫豈爽哉？

隴西，漢襄武。煩，衝，中。三十二里。

安定，唐西市買馬地也。或定西，西安省入。近邊，衝，煩，中，裁。十九里。府北二百八十里。

會寧，隴西地，或會州、會寧郡，元徙州於西寧縣，以縣并入。近邊，裁，宂，中。府北二百八十里。

通渭，本隴西縣地，宋置縣，元以甘谷、雞川二縣省入。近

寧遠，本舊寨，元以來遠省入。裁，衝，下。十七里。府東九十里。

伏羌，本冀戎地，漢漢陽郡、伏州、伏羌寨及城。簡，中，裁，下。十二里。府東百八十里。

西和，秦臨洮縣地，漢上禄地。裁，僻，下，簡。七里。府東南四百里。

成縣。古西戎

鞏昌，

安邊，成縣。

分巡副使。

山險

馬鹿山，府南八十里，四面石壁甚險。祁山，西和北七里，上有城，武侯嘗攻此。通靈山，西和東南三百餘里，四山環合，二水中流，有清泉自巖竇飛落如玉繩。紫金山有二，一在成縣城內，一在徽州北三十里，有水入漢中，爲山河堰。方山，成縣東

秦州，秦始封地，漢天水郡，上邽縣、平襄，漢陽郡，唐末移治成紀，宋天水軍及縣，金鎮遠軍，元以成紀省入。裁，衝，煩，刁，上。四十九里。府東三百里。

邊，裁，僻，簡，中。十六里。府東北六十里。

漳縣，漢舊縣，或鹽川。裁，僻，簡，下。六里。府南七十里。

秦安，宋爲納甲城，隴安省入。裁，煩，下。六里。州西北九十里。

清水，漢縣，或爲郡，後唐移治上邽鎮，治坊省入。裁，煩，衝，中。八里。州東五十里。

地，漢武都，後爲仇池郡，或同慶府，天水縣省入。裁，簡，下。六里。府東南六百里。

禮縣。漩水。裁，僻，簡，中。十九里。州西南二百二十里。

關隘

石榴關，秦州南九十里。又南十里有現子關，對隴州吴山路。大震關，清水東五

秦州。

禮店，秦州西南百二十里。

四十里，武都氏嘗據此。黑谷山，成縣北，大山喬林跨數郡，上有黑谷關。太祖山，成縣東南，巖巒聳秀，林壑邃深，下瞰數州，歷歷可辨。仇池山，成縣西北百里，四壁峭立，堅固自然，有樓櫓卻敵狀，上有平地，方二十餘里，羊腸盤道三十六回，山上豐水泉，煮土成鹽。瓦

階州，漢武都郡，或武階、武州、永都，元移治柳樹城，將利省入。近西番，僻，中上。十三里。府南八百里。

徽州。漢河池縣，或廣化郡、南鳳州，永寧縣省入。裁，僻，簡。十六里。府東四百八十里。

峰貼峽，在階州西百五十里，與番、羌地相

文縣。陰平道。近西番。裁，僻，下。三里。州南二百十里。

兩當。漢故道縣地，宋徙治廣鄉鎮。裁，僻。十六里。州東八十里。

水道

白水江，西和北二十里，一名白江，從西番東流，經階州，下文縣、龍州，

十里。熟羊寨，府北，宋置。三楊寨，秦州北四十里，領十四堡。三岔堡，府北二十五里。鐵城堡，西和東十八里，縣西十里有谷藏堡，俱宋置。白環堡，成縣北二百三十里，後廢。皂郊堡，秦州西北三十里，宋置。

附攷

地綱，秦州西南，地勢平衍，騎

階州。

亭山，秦州東北，隗囂使牛邯所守處。盤堤城，舊志：鄧艾與姜維相持於此，置葭蘆城。鐵堂峽，秦州東南七十餘里，峽有石笋，長丈餘。屏風峽，西和北四十里，宋郭思謂此爲正祁山。飛龍峽，仇池山下，楊飛龍據此，因名。

連。楊家崖，徽州北百里，宋吴玠兄弟繼爲大將軍，保蜀於此，作家計寨，控扼險阻，又素有積粟水泉之利，寇至不破。木皮嶺，州西十里，路艱險，黄巢之亂，王鐸於此置關以遮秦、隴。雷洞，成縣南十里龍峽之南半山上，宋郭執中集鄉豪守此以拒金人。三都

至保寧府昭化縣北合嘉陵江。漳水，漳縣南三百里，自縣西木塞坡發源，會西傾水入渭。泥陽水，成縣東五十里。西漢水，出秦州嶓冢山，流經西和北，以縣境舊置鹽官，謂之鹽官水。西和東北八十里有鹽井水，與岸齊，鹽極甘美，食之破氣。段谷水，清水

兵縱横無礙，宋吴璘乃創地網於平田間，縱横爲渠，闊八尺，深丈餘，連綿不斷如網，金人來犯，騎兵不得肆。諸葛壘，秦州東三里，俗名下募城，旁有司馬懿壘，俗名上募城，武侯攻天水，懿拒之，此其壘也。木門，秦州西九十里，張郃追武侯中飛矢處。仇池

谷，秦州境，曹瑋破确厮囉十萬衆於此。

東南山下，鄧艾敗姜維於斷谷，即此。

城，西和北仇城山，古白馬氏羌國，晉時楊難當三世據此，魏爲仇城郡。志云：仇池城天生斗絶，壁立千仞，石角外向如雉堞然，惟有一門可通，上有田千頃，泉九十九眼。

西河州衛界八十里。

兵備僉事。

臨洮，秦隴西郡，後狄道、武始、金城郡、臨州、臨洮軍、武勝、鎮洮軍。簡，中。州二，縣三。米四萬石。

府界接羌、戎，山川險阨，亦邊陲重地。

山險

常家山，府西南六十里，與西傾相連，宋時夏人寇邊，羌酋鬼章等駐兵於此。馬寒山，府北九十

狄道，漢縣，唐析置臨川、安樂。煩，衝，中。二十五里。

蘭州，漢金城郡，或武始郡。煩，衝，下。十里。府北二百里。

河州。秦名，或枹罕郡，安鄉城。近西番，刁，煩，衝，中。府西北六十里。

渭源。漢首陽，宋通谷堡。近邊，衝，下。八里。府東百二十里。

金縣。龕谷，定遠城，金置爲縣，又金州、浩亹。近邊，裁，中。十里。州東九十里。

水道

洮河，府西南，出蕃界，流入本境，盤束峽中，奔放聲如萬雷。浩亹河，金縣南，一名

關隘

南關，府城南；北關，府城北；宋於此置堡。三岔關，府西三十里。打壁峪關，府北三十五里，下有打壁河。結河關，府北六十里，三水交結處。八角關，府南百十里。以上俱臨洮衛卒戍守。分水嶺關，渭源西十里。金城關，蘭州北二里，黃河西

臨洮，

蘭州。

里，其山縣亘數百里，勢極高峻，炎夏積雪不消。亂山，金縣東北八十里，其山相連數百里，參差如列戟。皋蘭山，蘭州南五里，爲境之主山，山下地勢平夷，可屯百萬兵，霍去病曾駐此。九州臺山，蘭州東，黄河北，其形峭拔，直上如臺，可以望遠。天都山，蘭州南三

分水嶺，渭源西十五里，其水自此分流，東流者入渭，西流者入洮。鎖林峽，府南六十里，洮水所經，兩岸陡絶，林木森茂。石嶮口峽，蘭州東二十五里，黄河至此東流入金縣亂山，二百餘里始瀉落，巨川如瀑布然，土人以此灌田。通谷，府西六十里，宋於此置堡，其谷東西

閤門河，出馬寒山峽中，流經縣東南入黄河。阿干河，蘭州西三里，源出馬寒山，自分水嶺分爲二，南流入金縣爲閤門河，入蘭州阿干谷始爲阿干河，自峽流至州城，灌田之利甚溥。恒水，在府西南，一名洮水，源出西傾山，經府界謂之恒水。湟水，蘭州西北八十里，一

北，山要險處，宋時據河、山築城，今於河南置巡司。京玉關，蘭州境，本名把捗橋，元廢。阿干鎮關，蘭州南四十五里，宋爲堡，元置縣。以上二關蘭州卒防守。皋蘭堡，蘭州西南九十里，宋置。質狐堡，蘭州西百六十里。東關堡，蘭州東十八里，本名鞏哥關。永寧橋，府西二

十里，宋苗綬伐西夏嘗踰此境，繞南牟屯，至胡盧河而還。積石山，河州西北七十里，即禹貢導河處。雪山，河州南百五十里，四時積雪，亦名雪嶺。石門山，蘭州西南，灘水自塞外來，經此。嵻峎山，亦名可狼山，舊名熱薄汗山，西秦太子熾盤築城於此。

出入，上有竅可見天日，中可容數百人。女遮谷，蘭州西三十五里，宋苗綬城蘭州，破賊於此。李麻谷，蘭州西四十里，通甘州路。榆谷，蘭州西百里，有大、小二榆谷，漢西羌居此，緣山濱水，以廣田畜，故致强大，常雄諸種。

名金城河，源出大、小二榆谷之北，與洮水、浩亹河合。邦金川，府南六十里，宋种誼擊鬼章，夜濟邦金川，即此。

里，有關在焉。鎮遠浮橋，蘭州西十里，明初移駐城西北二里金城關下，用巨航二十四橫亘黃河中，路入甘肅，通西域。

茶馬司。北臨洮府界百四十里，西生番界九百里。

直隸

洮州，西控番、戎，東蔽湟、隴，險要之地也。

山險

東隴山，衛城東，番人耕種地。石嶺山，衛北五十里，山勢峭拔，草木不生，石嶺關在焉。西傾山，衛西南三百五十里，桓水出此。

水道

洮河，衛南三十五里，源出西傾山，東流岷州衛界，朵的河自西北入焉。納憐河，衛西七百里，出哈藏族，西北流入黃河。朵的河，衛西三百里，出川撒兒朵的族，南入洮河。

關隘

石嶺關，衛北十五里。松嶺關，衛東三十里，以黑松嶺而名。洮州關，衛西南三十里。舊橋關，衛東南三十里。新橋關，衛西南四十里。黑石關，衛東四十里。三岔關，衛東四十五里。高橋關，衛東五十里。羊撒關，衛北六十里。以上俱有兵防守。

洮州衛。舊吐谷渾地，或洮陽郡及美相、臨潭等縣，又臨州、臨洮郡、洮州、疊州。

邊備副使。東鞏昌府界百四十里，西洮州衛界七十里，北臨洮府界四百里。

直隸

岷州，東連熙、鞏，西並洮、疊，山川險阻，爲西陲之要地。

山水險要

岷山，衛北，山黑無樹木，洮水經其下。冷落山，衛東五十里，炎夏積雪，因名。貴清山，衛東百五十里，頂平可耕種。普魯嶺，衛東七十五里，爲岷、鞏衛要之地。摩雲嶺，在衛西南，去宕昌寨三十里，下臨白水江，洮州在北，見前。

關隘

茶埠谷寨，衛東五十里。自是而東又有冷落山寨、永寧堡、弄松堡三寨。梅川寨，衛東三十里。自是而東北又有酒店子寨。鵶山寨，衛東南三十里。曹家寨，衛西十五里。自是而西又有中寨、野狐橋、冷地峪三寨。木昔寨，衛西南十

岷州衛。古西羌，秦臨洮地，唐和政郡，或治祐川，或治長道，今治故城，所一。

西固所。衛南四百里。

疊藏河，在衛城東門外，源出分水嶺。洮河，自洮州來，經衛北流入臨洮府界。

五里。自是而西南又有吴麻溝、鹿兒堪、柏木植、鎮羌、三岔五寨。栗林寨，衛南十五里。自是而西又有哈苔川、賞家族、脚力、高樓鋪等十寨。水磨溝寨，衛北五十里。又北有馬崖子寨。以上皆官軍防守。

東臨洮府界百六十里，西生番界七百里，北西寧衛界百七十里。

直隸

河州，山川盤束，有四塞之固。

山水險要

牛脊山，衛南二十里，以形似名。積石山，衛西北七十里，大禹導河積石，即此。雪山，衛西南，接洮州番境。詳見臨洮府。大夏河，衛西南三里，一名白水。黃河，衛北八十里。牛脊河，衛南二十里。

關隘

老鴉關，衛西北九十里。土門關，衛西九十里。積石關，衛西北百二十里，東去積石山五十里。以上三關俱有兵戍守。殺馬關，衛西百二十里。

河州衛。本西羌地，或枹罕、安鄉郡及寧河寨。衛在河州治西。

歸德所。衛西七百里。

北至黃河五里，東北至寧夏中衛二百十五里。

直隸

山水險要

烏蘭山，衛南百二十里，唐烏蘭縣以此山名。雪山，衛北百二十里，山高峻，積雪不消。祖厲河，衛西南，北流經祖厲城入河。黃河堰，衛城北。

關隘

烏蘭關，在烏蘭山上，下臨黃河，有烏蘭橋在焉。會寧關，在衛境，舊名顛耳。迭烈孫堡，衛北九十里，有巡司，每歲冬增戍兵。虎豹口，衛西四十里，有戍兵。

靖虜衛。亦西羌地，或粟州、敷文縣、保川縣、會川城。

北至階州二百十里。

直隸

文縣所左山右江，邊陲之控要，西蜀之襟喉也。

山險

天牢山，所西北二里，上有羑里城，相傳爲文王被拘處。太白山，所南二百五十里，山谷高深，常多霜雪。

關隘

玉壘關，所東百二十里。鐵爐寨，所南四十里。陰平寨，所西八十里。又西有鎮羌寨，又西南有哈南垻寨。臨江寨，所北百二十里，臨江渡在焉。

文縣所。

古氐、羌地，或陰平郡、文州，洪武四年改爲縣，後爲所。

西寧道。

陝西行都司，駐甘州衛城。

巡撫，行大僕寺，苑馬寺，分巡副使。

東臨洮蘭州黃河千一百七十五里，西肅州嘉峪關五百七十里。

甘肅之境，河山環抱，土地沃饒，西陲之要地也。

山險

祁連山，都司城西百里，高峻，即天山也，草木茂盛，冬溫夏涼，宜於畜牧。焉支山，山丹東百二十里。天梯山，涼州衛南八十里，山路崎嶇如梯。青嵒山，涼州東北，下甚廣，人觸

水道

西海，西寧西三百里，王莽時曾立西海郡，一名卑禾羌海。張掖河，司城西十里，源出擺通川，經祁連山西出合黎北，名合黎水，流入亦集乃境。討來河，肅州北百里，源出雪山州北之清水河，歸此下流入黑河，約三百里。西寧

關隘

嘉峪關，肅州西南六十里，其城南有文殊山、硫黃山，東有寒水石山、觀音山、紅山，凡五口。黑山關，鎮番西南六十里。雜木口關，涼州東三十里。又西南有俺公山，南有倘哥兒山、東山、乾溝山，東南有黃羊川，下古城口。水磨川

領衛，十二。

甘州左衛，附郭。本月支國地，漢酒泉、武威、張掖等郡，河西、西涼州皆治此。按左衛爲張掖地，或曰鎮夷，或曰宣德府。

甘州右，以下四衛俱附郭。

甘州中，

甘州前，

甘州後，

本名甘肅衛，明初分置。

守禦千户所，四。

邊備副使。分守參政。

之風雹立至。崑崙山，肅州衛西南二百五十里，南與甘州山連，其頂極峻，積雪不消。峽口山，西寧東，湟、鄯往來咽喉也。鳴沙山，沙州城南七里，一名沙山，峰崿危峻，沙如乾糒，天氣清朗時聞沙鳴，或有沙隨人足墮，經宿復還於山。三危山，沙州東南

河，西寧北，源出衛南之熱水山，經伯顏川，又合那海川，流五百里入黃河。黑河，鎮夷所城西四里，即古之張掖河，經石峽口入居延海。弱水，在甘州西，環合黎山，東北入居延澤。西域傳：「弱水在條支，去長安幾萬里。」疑別一水也。黑水，源出肅州北十五

關，永昌西三十里，又西有白石崖山，西有平羌山、腦兒都山、鸞鳥山，西有一顆樹山，東南有土魯干山、長城山，凡七口。以上關口，各衛分兵戍守。人祖山口，司西北四十五里。又城南有大磁窯、小磁窯二口。通遠口，司南八十里。又南有大慕化、小慕化

肅州衛，都司城西五百十里，本酒泉地也，亦古瓜州地。

山丹衛，司東北百二十里，漢刪丹縣，或甘肅軍、山丹州。

永昌衛，司東南三百十里，漢武威郡，或涼州，或西寧。

涼州衛，司東南五百里，古休屠王城，漢武威、姑臧，或

鎮夷，司西北三百里，故張掖縣地。

二十里，三峰峭絕，即三苗竄處。分水嶺，莊浪西百五十里，嶺嶠有泉分流，南爲莊浪河，北爲古浪河。

里。紅水，肅州南二十里。白水，源出肅州西。三水下流相合。蘇木連河，西寧城北山之陰。漢書：「湟水出金城郡臨羌縣西北，至允吾入河。」又輿地綱目：「湟水經卑禾羌海。」疑即此水也。浩亹水，西寧北，一名閤門，源出塞外，東至允吾界入湟水。宗水，在

等口。紅寺山口，山丹北二十里。石峽口，西寧東七十里。其西又有乢鐵溝山、伯顏川山、可可打班山，北有軍卜魯川山、黑松林山。以上口皆戍兵守。沙河堡，司西。又西有甘浚、高臺、黑城等堡，屬左衛。長樂堡，司西北，南有大滿，西有平涼等堡，屬右

西涼。

鎮番衛，司東五百五十里，漢武威界，元小河灘城。

莊浪衛，司東南九百四十里，亦武威地，元爲縣。

西寧衛。司東南千三百里，古湟中破羌縣，又西平郡、鄯州、樂都郡、湟水縣、青唐、西寧州。

西樂堡，鎮番西。其東又有東安

古浪，司東南六百四十里，本武威地。

碾伯，西寧北百二里。

西寧境，來自青海，過衛境入湟水，水之南有宗谷口。紅鹽池，山丹北五百里，池產紅鹽。又居延澤旁亦有池，產白鹽，采之不竭。

衛。鎮平堡，司城東。西北有平川、胭脂等堡，屬中衛。柳樹堡，司西北。又東南有古城、洪水，共三堡，屬前衛。樂善堡，永昌東。又東南有永安、永定等，共五堡。新河堡，山丹城東。其東南又有永興、煖泉，西南又有三洪、水店等堡。懷安堡，涼州西。又北有舊永昌，東北有雜木口、靖邊，共四堡。

堡。伯顏川堡，西寧城西。又東有石峽、平戎，北有軍卜、魯川等堡。諸堡皆本衛戍守。護衛堡有二，俱在鎮番西南，舊屬中護衛。紅水寨，涼州城東北。暖泉寨，在涼州城東。

附考

居延城，甘州東北，本匈奴地，漢武帝使路博德於此築城。

高臺。司西北百六十里，唐建康軍地。

河南第六

按河南居道里之中，舟車輻輳，便於轉輸，大梁其都會矣。然語夫形勢之勝，則嵩、華峙於左右，河、洛環其表裏，蔽山南而扼河北，殆不及洛陽之險要焉。汝寧山川環互，民物殷阜，接連淮、泗，控扼蘄、黄，昔人曾用心於此。漢之南陽，實光武中興地，北阻成臯，西連商阪，據宛、穰之沃野，通郧、襄之咽喉，李文定嘗欲宋高宗都之矣，豈非圖中原之本耶？若夫彰、衛、孟、懷跨越燕、冀，歸德、睢、陳犬牙畿省，談形勢者又烏可略於斯哉？

河南古豫州地，東漢時置司隸校尉於洛陽，別置豫州於譙郡，唐初置河南、河北、都畿三道，宋都汴，置京東、京西二路，元設河南江北等省及道，今爲河南等處承宣布政使司，治開封。左右布政二，左右參政三，左右參議三，京師管糧一。領府八，屬州十二，縣九十七。總爲里三千八百八十里半，舊户五十八萬九千二百九十六，口五百十萬六千百十七。夏秋二税共米麥二百四十一萬四千四百七十七石，内除起運外，正該存留米麥并棗子棗株木共八十六萬八千八百六石零。每歲禄米該用粟麥一百四萬六千二百零，除王府并合省文武官吏師生旗校官軍俸銀六十九萬三千餘石不計外，絲三十五萬三千六百四十三兩，絹九千九百五十九匹，綿花三百四十二觔，馬草二百二十八萬八千七百五十四束。

衛河提舉司一。

河南都指揮使司，隸中軍都督府。都指揮三，掌印一，僉書二。領衛一十四，屬所四十九。守禦千户所七。本都司所屬除二班京操外，馬步官軍一萬五千九百餘員名。備用馬匹數具在直隸兵馬項下。儀衛司八。

提刑按察使司，按察使一，副使六，分道四。

巡撫都御史，巡按一，或清軍一。俱駐開封。

王府：八。周府，高五，原封杭州，改開封，護衛一。郡，五十四：順陽，祥符，新安，永寧，鎮平，遂平，封丘，内鄉，胙城，通許，原武，鄢陵，河陰，潁川，義陽，臨汝，沈丘，上洛，魯陽，臨湍，堵陽，河清，新會，義寧，崇善，海陽，曲江，博平，汾西，魯山，信陵，萊陽，東會，富陽，會稽，浦江，應城，益陽，奉新，南陵，京山，華亭，寶坻，湯谿，瑞金，商城，柘城，修武，安吉，汝寧，彰德，順慶，保寧等府。唐府，高二十三，封南陽，禄五千石，有護衛。郡，十一：新野，舞陽，三城，新城，承休，湯陰，潁昌，文城，淅陽，郾城，衛輝。伊府，高二十五，封河南，禄二千石，護衛一。郡，七：洛陽，光陽，郟城，方城，西鄂，濟源，萬安。趙府成三，封彰德。郡，十二：臨漳，洛川，南樂，平鄉，湯陰，襄邑，汝源，昆陽，秀水，光山，獲嘉，成皋。鄭府，仁二，封鳳翔，改懷慶。郡，九：涇陽，朝邑，東垣，宜章，繁昌，廬江，丹陽，真丘，盟津。崇府，英六，封汝寧。郡，三：慶元，懷安，瑞安。徽府，英九，封鈞州，今除。郡，十六：興化，遂昌，陽城，景寧，太和，建德，嘉定，新昌，慶雲，隆平，伍城，浦城，太康，陽夏，德平，滎陽。汝府。憲十，封衛輝，今絶。

河南輿圖補註

一、大河，從潼關界流入閿鄉境，經靈寶、陜州、澠池、新安、洛陽、孟津等境流入開封府西、汜水縣東，六十里至府城北，又東至虞城縣，下達山東濟寧州界。按河自洪武以來遷決不一，或決原武，或決滎陽，其東南出項城境而入淮者，自昔然矣。詳見後河圖中。

一、潁水，源出河南府登封縣潁谷，東經鄭州，至襄城爲潁河，又東經臨潁縣，西合沙河入淮。志云：潁水有三源，一出登封東二十五里之陽乾山，一出少室山，一出少室南溪，分左、右、中三源。

一、睢水有二，一在陳留東北四十里，東經睢州達寧陵縣；一在夏邑南二十里，經永城縣，合沙泉達宿州。

一、淮水，出南陽唐縣東南桐柏山，潛流二十里始出，趨東北，經大復山，從信陽州北，東過新息，南與汝水合，又東過安豐、壽春合溱水、潁水，又合肥水、渦水，東北至下邳、淮陰與泗水合而入海，今清河口是也。頃又匯於河，以河濁不可復辨矣。

一、汝水，源出魯山縣分水嶺，或云出天息山，經郟縣合扈澗、長橋等水東入汝寧府，經汝陽、上蔡、西平等境入淮水。

志云：汝水屈曲，形若垂瓠然。

一、濟水，輿圖云：濟出河東垣曲縣王屋山，曰沇水，東過温縣西北始名濟，又東南流經鞏縣之北入河，與河竝流過成皋，溢爲滎，東過陽武、封丘北，又東北過曹州定陶南，至東阿北會河水，東至乘氏縣分爲二，其一東北流經齊郡千乘入海，其一東南流，過金鄉南，至方與爲沛水，過沛、下邳入淮。其流常伏，故時若絶云。

一、洛水，出陝西商南縣冢嶺山，東流經盧氏、永寧、宜陽、洛陽、偃師、鞏縣入河。伊水，出盧氏東南百六十里之悶頓嶺，經嵩縣、洛陽、偃師界入洛。瀍水，出河南府西北五十里穀城山；澗水，出澠池東北二十三里之白石山，經新安、洛陽；二水入洛。

一、淯水，在南陽府東三里，俗名白河，源出嵩縣雙雞嶺，經南陽、新野，會梅溪、洱、灌、湍水、留山、黄渠、栗、鵶、泗、潦、刁等河，與泌水合流，南至襄陽入漢水，有上石谷、馬渡港、蜣蜋、沙堰四堰，溉田六千頃。王莽末諸將立更始於淯水上，即此。

一、滍水，即滍川，從魯山縣流至葉縣入沙河。

河南輿圖

直隸界
山東界
江南界
湖廣界
江南界
每方百里
武安
磁
臨漳
彰德
安陽
湯陰
林
輝
淇
衛河
封丘
開封
祥符
陽武
儀封
蘭陽
考城
虞城
夏邑
永城
鹿邑
商丘
睢
中牟
鄭
滎陽
滎澤
新鄭
長葛
許
臨潁
鄢陵
扶溝
太康
陳
商水
項城
沈丘
西平
上蔡
遂平
汝陽
新蔡
汝水
真陽
息
羅山
光山
信陽
淮水
固始
商城
舞陽
確山

讀史方輿紀要圖說卷一 河南六 五

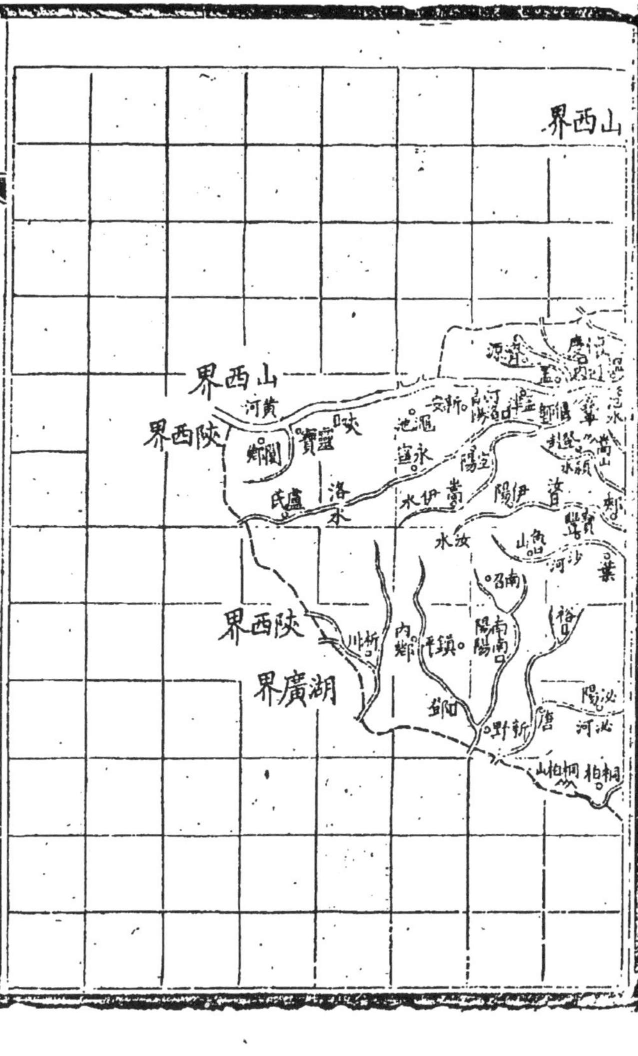

道	四	府八	州十二　附郭	并外縣九十六		衛	所
大梁道，	巡撫，巡按。東直隸鳳陽宿州界五百十五里，西河南鞏縣界三百六十里，至京師千五百八十里，至南京千一百七十五里。	開封，古大梁，秦三川，漢陳留，或梁州、汴州、宣武軍、東京、南京。州四，縣三十。米八十萬七千九百石。府爲天下要衝，四通八達，水陸都會，而虎牢一關，誠所以咽喉九州，闔域中夏者也。山險 黑山，封丘北三	祥符，漢浚儀。煩，衝，上。百七十五里。	陳留，古有莘城。煩，衝。四十八里。府東五十里。杞縣，古杞國，漢雍丘，或杞州。宂，上。百二十里。府東百里。通許，漢扶溝地，或咸平。裁，中。二十五里。府東南九十里。太康，漢陽夏，或匡城。僻，中。三十五	中牟，古名，或廣武郡、官渡。煩，衝，中。三十七里。府西七十里。陽武，秦博浪沙，又武彊城。煩，衝。五十四里。府西北九十里。原武，漢名，或廣武、原陵。僻，中。二十二里。府西北百二十里。封丘，漢名，或平丘。宂，中。四十三里。府	宣武，府城。	

里，曹操斷袁術糧道處。廣武山、三皇山俱在河陰北十里，二山相連，上有東、西廣武二城，即楚、漢相拒處。敖山，河陰西北二十里，秦時敖氏築倉於上，高祖據之，汴水出焉。

水道

汴河，出滎陽大周山，合京、索等水及鄭州東之鄭水，東南至中牟縣北入

里。府東南二百十里。

尉氏，古名。裁，衝，中。二十五里半。府南九十里。

洧川，古曲洧，或洧州。簡，中。二十八里。府西南百五十里。

鄢陵，古邑，或安陵。僻，簡，中。二十九里。府南百六十里。

扶溝，古名。裁，冗，中。二十九里。府南二百里。

北七十里。

延津，古廩延，秦酸棗。裁，衝，冗，下。二十七里。府西北九十里。

蘭陽，秦東明鎮，漢東昏。僻，中。三十八里。府東北九十里。

儀封。古名，漢東昏地，通安堡。中。十二里。府東北百五十里。

河。按此與古汴河異。洧水，源出密縣，東至新鄭會溱水爲雙洎河，至西華入黃河。圃田澤，中牟西北七十里，今爲陂者三十六焉。鴻溝，河陰東，即楚、漢分界處，北接廣武，南與滎澤連。金堤，滎陽東，至千乘海口千餘里，歷代築此以禦河患。官渡口，中牟城

陳州。

陳，古國，秦潁川郡，漢淮陽國，或豫州、宛丘、淮陽郡、鎮安州及淮寧府。煩，冗，上。六十二里。府東南三百五十里。

許，古國，後許昌、南鄭州長社縣、潁川郡、匡國、忠武軍，潁昌府。衝，煩，上。四十八里。府西南二百二十里。

商水，漢汝陽地，或溵水。裁，簡，下。十四里。州西九十里。

西華，漢長平，或鴻溝、武城。僻，簡，下。二十六里。州西北九十里。

臨潁，古名。衝，煩，中。二十二里。州南六十里。

襄城，汝州、襄城郡。煩，衝，中。三十二里。州西南九十里。

項城，漢項縣，或北揚州、陳州。裁，僻，中。十七里。州東南九十里。

沈丘。弘治十年添置。十三里。州東南百十里。

郾城，古國，或臨潁郡、道州。衝，煩，中。二十五里。州南百二十里。

長葛。古邑。簡。三十五里。州北六十里。

北，即袁、曹戰處。

關隘

古崤關，汜水西二里，即虎牢也，唐曰武牢。

鈞，夏禹封地，秦陽翟縣、潁川郡，或潁州、陽翟郡、潁順州，陽翟縣省入。六十四里。府西南三百二十里。

鄭。古國，東漢滎陽郡，或滎州管城縣，管州、奉寧軍，管城縣省入。三十三里。府西百四十里。

新鄭，古鄶國、鄭邑名。衝，中。二十八里。州東北九十里。

滎陽，古京城，秦敖倉，成皋、武泰，又踐土、官渡。頗煩，衝，中。十五里。州西七十里。

滎澤，古澤名，隋廣武。同前。十六里。州北五十里。

密縣。古國，或州。簡，僻，中。二十七里。州西北百二十里。

河陰，秦平陰。裁，簡，僻，下。十一里。州西北五十里。

汜水。鄭巖邑，又虎牢，或司州、北豫州。衝，下。十四里。州西百十里。

鈞州。

睢東兵備。東直隸鳳陽宿州界二百十里，北山東兗州曹縣界四十里。

歸德，古宋國，秦碭郡，或宋州、梁郡，唐睢陽郡，後宣武、歸德軍，宋應天。衝，上。州一，縣八。米七萬七千六百石。府據江、淮之上游，爲汴、洛之後勁，襟帶河、濟，屏蔽淮、徐，舟車之所會，爭中原者未有不以睢陽爲腰膂者也。

商丘，古名，漢睢陽，或壽春、宋州、梁郡、宋城、穀熟縣，睢陽省入。二十七里。

睢。秦襄邑，或拱州。衝，煩，上。三十九里。府西百七十里。

寧陵，古葛國，又寧城，秦碭縣。煩，衝，上。七里。府南百二十里。

鹿邑，古鳴鹿，漢鄲縣，又武平。簡，僻，下。三十四里。府南百二十里。

夏邑，漢下邑，穀熟省入。裁，僻，簡，中。十四里。府西六十里。

考城，古戴國，又穀城、甾縣、考陽、成安，裁，簡，僻，下。十一里。州東北九十里。

永城，古芒邑，又太丘，後臨睢。河患，衝，下。二十四里。府東百八十里。

虞城。古國，或東虞州。裁，僻，簡，中。八里。府東北六十里。

柘城。古株野，漢柘縣。下。九里。州東南九十里。

歸德，

睢陽。州城。

河南道，

西陝西西安華陰界四百九十里，東開封汜水界百六十里，南南陽縣界二百六十里。

河南，古郟鄏，東漢都此，魏司州，或豫州、東京、東都、神都，又西京、金昌府。中。州一，縣十三。米五十三萬九千石零。府大河繞北，洛水貫中，左據成皋，右連函谷，川流伊、澗，允爲名都矣。若夫陝州則崤山以西，潼水以東，皆函谷也，尤稱天險云。

洛陽，秦三川郡，漢河南郡治，宜陽、永昌。煩，衝，上。八十六里。

偃師，古西亳，緱氏。衝，中。三十六里。府東七十里。

鞏縣，古邑，東周、洛口。衝，中。二十九里。府東百三十里。

孟津，古名，或河陽、河清。穴，衝，中。二十五里。府東北七十里。

宜陽，甘棠、陽州、福昌、福慶。僻，簡，上中。六十八

永寧，漢澠池，或熊耳，又移鹿橋。僻，中。六十七里。府西南二百里。

新安，古西周，漢縣，或東垣、中州。裁，衝，煩，下。十八里。府西七十里。

澠池，漢縣，或徙蠡城，又徙大塢城。穴，衝，中。二十八里。府西百六十里。

嵩縣，古伊闕，又陸渾、伊川郡。僻，簡，上。

河南，洛陽中護，

嵩縣。

山險

北邙山，府北十里，山連偃師、孟津、鞏縣境，亘四百餘里。八將山，府西三十里，尉遲敬德與單雄信八將戰處。萬安山，府東南四十里，北接登封。穀城山，府西北五十里，連孟津界，舊名替亭，瀍水出焉。寒戰山，鞏縣東南五十里，其山陡峻，臨玉

陝，古虢國，爲周、召分治處。弘農郡，漢陝縣，唐興府，保義、保平、西安等軍。煩，衝，上。三十五里。府西三百里。

底柱山，州東四十里黃河中，形

里。府西南七十里。

登封，古陽城，又崇高、堙陽。僻，中。四十四里。府東二百四十里。

靈寶，秦函谷關地，漢弘農，隋桃林。穴，衝，上中。五十九里。州西六十里。

閿鄉。漢湖縣地，或鼎州，或湖城省入。穴，衝，下。二十五里。州西百三十里。

五十六里。府南百六十里。

盧氏。古莘地，或洛安郡、虢州。上，僻。十四里。州西南二百四十里。

關隘

白楊關，嵩縣東，有兵戍守。大陽關，陝州城西，即太陽津地。雁翎關，州城東，今置戍。峽石關，州東，即古崤陵關，東通澠池，西通函谷，

弘農。陝州。

仙河，經者戰慄焉。轘轅山，鞏縣西七十里，其坂有十二，曲道將去又還，故名，上有轘轅關。鹿蹄山，宜陽西南，俗名非山，上產玉，下產金，甘水出焉，西北注洛。慕容山，新安治後，慕容垂曾駐此。嵩山，登封北十里，即中岳也，東曰太室，西曰少室，總名

如柱，有三門，南鬼門，北人門，中神門，禹所鑿也。夸父山，閿鄉東南二十五里有林曰桃林，即武王放牛處。熊耳山，盧氏西南五十里，禹導洛水處也。抱犢山，盧氏南九十里，極高峻，昔人避兵處。邢公山，盧氏北九十里，盛彥師殺李密、王伯當處，下有斷

水道

按府境諸水，不下數十，其入洛者什之九，入河者什之一。永寧川，永寧東六十里，自洛南流經鞏縣入河。回溪，永寧北十里，俗名回坑，即馮異戰赤眉處。弘農澗，靈寶治西，會崤、澠諸水北入河。通山溝，偃師西北十里，深二丈，闊八尺，南起邙山，北通孟津。洛汭，在

今設巡司。潼關，閿鄉西六十里，與華陰分界。大谷關，閿鄉西南秦山谷。白華關，盧氏西，通陝西路，今弘農衛戍守。桃林寨，靈寶西，自此至潼關皆武王放牛處。皋門關，府東舊洛城內。

分巡副使。

曰嵩。大熊山，登封南五十里，上可避兵，近有小熊山。㥞來山，登封東南五十里，接永寧界。鐵門山，新安西三十里，一名扼山。

直隸

南南陽府三百七十里，東許州襄城界七十里。

山險

魯山，魯山東百八十里，亦名露山，高出羣

谷澗。鐵嶺，盧氏北四十里，極高峻，古設關於此。

汝。漢梁縣或北荆州、和州、襄城郡、承休縣、陸海軍。僻，上。九十二里。府北三百七十里。

水道

鞏縣洛水入河處，亦名什谷，張儀勸秦王下兵三川，塞什谷之口，即此。

魯山，古鄭邑，漢魯陽，或廣州，滍陽省入。僻，中。四十六里。州西南百三十里。

寶豐，春秋鄭地，漢父城，唐龍興，宋改今名，成化十一年置。僻，中。四十里。州東南八十里。

山，爲一邑巨鎮。大盂山，魯山南七十里，山頂甚窊，四面若城，俗名大團城山、小團城山。

湛水，源出魯山，流至葉縣入沙河，春秋楚、晉夾湛而軍，漢光武破王尋於昆陽，士卒溺死，湛水爲之不流。

郟縣，漢縣，或龍山，輔城省入。簡，上。四十六里。州東南九十里。

伊陽。秦新城，漢伊闕，唐伊陽。僻，中。三十一里。州西五十里。成化十一年置。

汝南道，

南湖廣襄陽界百八十里，北河南登封界四百三十里，西鄖陽鄖縣界二百里。

南陽，古申、鄧二國，秦郡，後宛州、申州、鄧州。州二，縣十一。米十一萬四千四百石。府西通武關，東受淮、泗，北控中原，南屏襄、漢，山川紆鬱，

南陽，古宛邑、秦宛縣，或上宛、上陌，向城省入。煩，衝，裁，中。二十三里。

鎮平，漢安衆，後安昌。裁，僻，中，簡。七十里。府西七十里。

桐柏，漢復陽，梁淮安。裁，簡。十七里。成化中置。府東南三百里。

泌陽，漢舞陰，或臨舞、期城郡。裁，中。四十里。府東二百二十里。

唐縣。漢比陽，後東荊州、淮安郡。中，僻。二十里。府東南百二十里。

南陽，

南陽中護，府城。

唐縣，

土壤沃衍，稱形勝焉。而鄧州爲南北要衝，舟車輳泊，允爲陸海云。

山險

豫山，府東北十五里，孤峰峭立，俗名獨山，下有三十六陂。百重山，府北七十里，山巒重複，可記者武陽、亂石、柘禽、鯉魚、鹿鳴五山而已。丹霞山，府東北百四十里，中峰

	鄧，古國，秦穰邑，漢穰縣，或荆州、南陽郡、宣化、勝武軍。僻，簡，中。三十七里。府西南百二十里。
南召，本南陽地，成化中置。裁，簡，中。二十里。府北百四十里。	内鄉，楚白羽地，秦置中鄉縣。中。三十五里。州西北百三十里。 新野，漢縣，或義陽。裁，煩，中。二十二里。州東南七十里。
	淅川。漢析縣，成化中置。裁，簡，中。十八里。州西南百二十里。
	鄧州。

高秀，有朝拱之奇。遮山，鎮平東三十里，巒岫岧嶢，溝澗深阻，莽兵追光武處。桐柏山，唐縣東南八十里，東南接隨州，西接棗陽，峰巒秀拔，上有玉女、卧龍、紫霄、翠微、蓮花諸峰，淮水出此。銅山，泌陽東四十里，其地有分水處，東流爲淮，西流爲泌。太白山，内鄉西

裕。古方城，漢堵陽、順陽，或襄邑、北澧州、魯州，方城縣省入。煩，衝，上。三十三里。府東北百二十里。

三鴉路，府北七十里，分二路，東北一路帶西而行者謂之三鴉，即行人往來西洛之便路也，石川爲第一鴉路口，分水嶺爲第二鴉路口，今在汝州界者爲第三

舞陽，漢縣，或爲郡。簡，僻，中。四十四里。州東北百四十里。

水道

刁河，鄧州南十五里，自内鄉流至新野，東入淯水。沙河，出魯山，經舞陽，會澧水、灰、綿封等河東入淮河。湍水，鄧州北三里，源出熊耳山，南流經内鄉，繞州城北合淯水。泌水，

葉縣。古應鄉，或襄州、南襄城。衝，中。二十三里。州北百二十里。

關隘

魯陽關，府城北，即魯陽揮戈處。昆陽關，在葉縣昆陽鎮上。二關南陽衛戍守。西峽口關，内鄉西北，有巡司。花園頭關，亦在内鄉西北。荆子口關，黨子口關，俱在内鄉西南。上

	東直隸潁州界二百三十里。
北百三十里，順陽、淅川二縣分界。岞嶺山，淅川西北三百里，山極高峭，登者必忌葷穢，否則風雨暴至。	汝寧，古沈、蔡二國地，漢汝南郡，後懸瓠城、豫州、舒州、溱州、淮康、鎮南等軍。煩，上。州二，縣十二。米十
鴉路口也。臥龍岡，府西南七里，起自嵩山南，綿亘數百里，至此截然而止；回環如巢，中有草廬，其岡下平如掌，即孔明躬耕處也。	汝陽，漢縣名，或溵水、蔡州，平輿省入。三十三里。
唐縣境，本出泌陽銅山，經唐縣北，轉而西，下流入漢江。丹水，出陝西商南縣，入沙河。	真陽，漢滇陽，後淮陽，成化中置。裁，僻，簡，下。十五里。府南八十里。
三關南陽衛卒戍守。馬尾鎮，內鄉順陽堡北，後魏置，北齊將陳顯達攻尉遲迥不能下，即此。	西平，古柏國，或襄城、文城郡。僻，中。二十七里。府西北百三十里。
	汝寧。

分巡副使。

二萬一千七百石零。府水迴曲而地平舒。其襟帶長淮，控扼潁、蔡者，則光州也；連接陳、汝，藩屏許、洛者，則信陽也；二者皆稱要地。

山險

石城山，信陽東南，與州治東義陽山相接。史記「魏攻石城」，即此。士雅山，信陽南十里，魏將元

信陽，漢平氏縣，或義陽郡、申州、信陽軍。僻，簡，中。十七里。府西南二百七十里。

上蔡，古蔡國，或臨汝、武津。三十六里。府北四十五里。

新蔡，漢縣，或郡，又蔡州、舒州、汝北。簡。十二里。僻，府東五十里。

羅山，古蔡地，漢鄳縣，或高安、南羅州。僻，中。二十一里。州東七十里。

遂平。古房國，漢吴房，或遂寧。僻，簡，中。二十八里。府西九十里。

確山。古江國，漢安昌，又朗山。簡，中。二十二里。州北百七十里。

信陽。

英曾築壘於此。賢首山，信陽西南七里，魏攻義陽，蕭衍救之上賢首，即此，一名賢隱山。金山，信陽西五十里，連環二十里。嵖岈山，一名嵯峨，在遂平西七十里，其中有穴可深入，唐李觀與吳元濟戰於此。牢山，羅山東南九十里，層巒疊嶂，勢極險峻。靈

光。弋陽郡、光山軍。裁，簡，僻，穴，上。十二里。府東三百里。

安陽山，固始東五十里，極高，一名大山，上有池。金剛臺山，固始南百八十里，雙峰高峻，一名額山，上有龍井，宋時曾築石城於山，爲光山寓治。萬安山，在固始縣，舊有寨。蔡岡，上蔡東十

光山，古弦國，漢西陽，或光城、期思。中。三十八里。州西四十五里。

固始，古蓼國，漢寢縣、蓼縣、北建州、新蔡郡、澮州、殷城省入。煩，衝。七十二里。州東百四十里。

水道

小黃河，光州治前，源出湖廣麻城縣分水嶺，北流注淮。官渡河，光山南五里，出分

息縣，本息國，或新息、西豫州、汝南郡。裁，簡，中。三十八里。州西北九十里。

商城。成化十六年置。僻，簡，中。二十二里。州東南百九十里。

關隘

冥阨寨，信陽東九十里，古平靖關也，有大小石門，鑿山通道。淮南子曰：「天下九寨，冥阨其一。」

山，羅山西南百四十里，高出羣山之表，亦名霸山。會龍山，光山南四十里，二山竝峙，如兩龍相會。浮光山，光山北八十里，一名浮弋，即浮陽山也，奇形偉觀，産名玉。四面山，光山南八十里，峰四面相向，流水縈迴。石盤山，光山南八十里，盤旋險峻，其頂平正有寨。

八里，周五十里。白鹿崖，在固始縣，與龍山分，三山皆峻險，舊有寨。羅山，在縣西南十里，峰巒環抱，縣以此名。蟠山，確山南二里，環繞縣城，形如龍。

水嶺，至光州爲小黄河，北流合梅林、張師等河及蔣溝、磨子港入淮。以上諸水，近北者入淮，近南者入汝。澌水，自隨州流入信陽治南，湍流爲一境之奇。潢水，出黄土、白沙兩關間，東流至光州南，繞城而東，與淮合。柴潭，府城外，唐李愬、宋孟珙建績之處。

平常關，信陽西南。武勝關，信陽南。九重關，羅山南百二十里。破關，羅山南百二十里。大勝關，羅山南百四十里。五關，光山縣西南。木陵關，光山南三十里。定城關，固始南。二關齊、陳接境時置，隋廢。五水關，固始西百三十里，古有隘口。

河北道。

東直隸大名內黃界七十里。

分巡副使。

彰德，古相地，又東陽及鄴地，秦上黨、邯鄲，漢魏郡，魏鄴都，後相州、司州，昭德、彰德等軍。煩，上。州一，縣六。米二十五萬七千六百石零。

府地勢平廣，旁躡燕、趙，險要之區也。

山險

韓陵山，府東北十七里，高歡破爾朱榮處。

太行山，林縣

安陽，紂都，古東陽，又寧新中邑，或相縣。煩，上。八十四里。

湯陰，古羑里，後蕩陰，或湯源。煩，下。四十三里。府南四十五里。

臨漳。魏鄴地，或靈芝省入。僻，簡，中。三十五里。府西百二十里。

林縣。漢林慮，又林州。僻，中。三十五里。府西百二十里。

磁。本邯鄲地，後武安、臨水、滏陽及成安郡、惠州，又滏陽軍。煩，衝，上。四十里。府北七十里。

粟山，武安南十二里，白起拒

武安，漢縣。僻，簡，中。三十五里。州北百二十里。

水道

安陽河，一名洹水，源出林縣西，經安陽境伏見無常，至

涉縣。古沙侯國，漢沙縣，或崇州，又臨水。裁，僻，下。二十八里。州西二百里。

洺河，出遼州太行山，至武定伏而又出，響

彰德。

林縣中，

磁州。

西二十里，羣山一帶，形勢崔嵬，峰谷巖洞，景物萬狀，總曰太行，爲中州巨鎮。黄華山，林縣西二十里，峰谷極勝。隆慮山，一名林慮，林縣西北二十五里，南負太行，北接恒岳。倚陽山，林縣西北三十里，勢突聳而絶頂平。

廉頗積粟處。流沙嶺，林縣西南三十里，頂多沙，暴風至飛走如流。愁思岡，安陽境内，魏陳思王植不爲文帝所容，於此悲吟，故名。

永和鎮入衛河。漳河有二：一出山西潞州長子縣，名濁漳，自林縣西北入境；一出平定州樂平縣，名清漳，自涉縣西南入境；俱東至林縣合流，經臨漳、館陶入衛河。

水河入焉，東經鉅鹿界入滹沱河。湯水，湯陰西五十里西牟山，本名蕩水，流經縣東五十里，過内黄入衛河。浙水，一名三陽河，自澤州陵川縣南合洹水。

北直隸大名魏縣界七十里，西山西澤州陵川界二百十里。

衛輝，古朝歌及邶、鄘、衛地，漢汲縣，又衛州、和平軍。頗煩。縣六。米十萬七千五百石。

府南濱大河，西壓上黨，據孟門、太行之間，推衝要焉。

山險

太行山，輝縣西五十里，南連懷慶，一帶羣山雖多，太行其總名也。

汲縣，古牧野，漢汲縣，北齊改伍城郡。煩，中。四十里。

水道

黃河，自新鄉西南入境，南經胙城入開封原武界。衛河，出輝縣西北七十里之蘇門山，東北流經府城北一里，東入大名濬縣界。

胙城，古胙國，又南燕國，或胙州。裁，簡，下。二十五里。府東三十五里。

新鄉，古鄘國，隋新樂城。煩，衝，上。五十里。府東五十五里。

清水，出輝縣西南七十里，東南流經獲嘉縣界，又東北入淇水。淇水，出林縣西，經淇縣北三十里合清水入衛河。

獲嘉，古甯邑，修武，或殷州。簡，中。十八里。府西北百里。

淇縣，古沬邑，漢朝歌，元淇州。宂，衝，中。二十六里。府北五十里。

輝縣。古共國，漢共縣，隋共城，唐共州。僻，煩，上。五十二里。府西六十里。

關隘

延津關，府東南二十五里。臨清關，新鄉北，唐置。

衛輝前。

西山西絳州垣曲界二百五十里,北澤州界六十五里。

懷慶。古覃懷,漢河內郡,或懷州、沁南軍、懷孟路,煩。縣六。米三十萬一千一百石。

府北通上黨,南迫洛陽,據虎牢而倚太行,接黃河而引沁水,舟車都會,號曰陸海。

山險

方山,府北四十里,四周方正,可容數百人。碗子城山,府北五十里,極

河內,漢野王,隋河內,唐懷州。頗衝,煩。二百十六里。

溫峪山,修武北五十里,北二十里有石峽,峭壁千仞,懸瀑下注,爲黑、白二龍潭。紫金山,孟縣西八里,宜麥,亦名麥山。太行山,府北二十里,一名丹陘。連山中斷曰陘,太行首始河內,北至幽州,十有八陘,

濟源,古原邑,或西濟州、原州。固僻,中。七十六里。府西七十里。

武陟,懷邑,或陟州。僻,宂,中。七十四里。府東百里。

修武,古甯縣,秦南陽,或廣寧郡,後魏分爲南、北修武二縣。宂,衝,中。六十一里。府東百二十里。

水道

孟縣,古孟津,又河陽關、孟州、三城節度。宂,衝,中。三十一里。府南六十里。

溫縣。古名,或平州。僻,簡,中。三十二里。府南五十里。

淇水三源,一出濟源縣西北十里琮山,俗稱白澗水,一出縣西二十里陽城西南山,一出陽城南溪,俱東南流,合

懷慶。

險峻，上有石城。熊山，濟源東北五十里，三面距沁河，惟西向一峰突出。天壇山，濟源西百二十里。王屋山，濟源西，山峰突兀，靈異最多。

此其一也。

沁河，府北二里，源出沁州，穿太行，達濟源，經武陟入黄河。丹河，府東二十五里，出澤州界，穿太行，名丹口，南流三十里入沁。黄河，自山西垣曲東流，經府境濟源、孟、温縣入河南鞏縣。枋口，濟源東三十里，兩山之間，沁水經焉，亦名沁口。

瀧水，又東流至温縣入河。

關隘

大斛關，府北太行山，唐置。碗子城關，府北太行山畔，羊腸所經，最險隘。軹關、狐嶺關俱在濟源西。河陽古關，孟縣西南。黄河關，孟縣南，黄河北岸。

浙江第七

按浙江之地，爲江、淮之藩屏，東南之衝要，山川連絡，物産豐饒，得其境足以聯絡島夷，招徠閩、粤，非淺鮮也。吾即而論之，浙東之險在乎寧、紹，而温、台非所計焉。何也？寧、紹去海近者三四十里，遠者亦不過百里，而錢塘入海乃在其間，一旦風驅電掣，破竹之勢成矣。臨安不可都，同甫之説，豈不其然？若夫浙西之患，吾又以爲不在三衢，而在吴興也。蓋三衢左出常山，實接江右，南越宣嶺，足控福清，而不知湖郡亦水陸之險也，震澤匯其西北，天目峙其東南，安吉、長興以西，山谷綿渺，勾連數郡，宜留意焉。

浙江古揚州地，漢會稽郡，兼統二浙，隸揚州部，唐初隸江南道，後增置江南東道，宋初以兩浙爲一路，後分隸浙東、西兩路，元置省及江南浙西道、浙東海右道，今爲浙江等處承宣布政使司。治杭州。左右布政使二，左右參政五，管糧一，杭、嘉、湖一，金、衢、嚴一。左右參議二，寧、紹、台一，温、處一。領府十一，州一，縣七十五。總爲里一萬八百九十九，舊户一百二十四萬二千一百三十五，口四百五十二萬五千四百七十一。夏秋二税共米麥二百五十一萬二百九十九石，絲棉共二百七十萬四千二百七十兩，絹九萬八千匹零，鈔五萬一千二百九十三錠，草八十七萬四千四百九十一束。

浙江都指揮使司，隸左軍都督府。都指揮三，掌印一，僉書二。領衛一十六，屬所百三。守禦千户所三十五，本都司所屬馬步官軍三萬九千九百餘員名。

提刑按察使司，按察使一，副使七，清軍一，提學一，協堂一，巡海一，温、嘉、處、湖、寧、紹各兵備一。僉事六，水利一，杭嚴一，台州一，兵備一，金衢一，寧紹一，嘉湖一。分道五。

兩浙都轉運鹽使司一，在杭州。領鹽課司二十六，杭州二，松江八，温、台八，嘉興五，寧、紹二。歲辦鹽四十四萬四千七百六十九引，市舶提舉司一。在寧波。

總督南直、浙、福都御史一，暫設，駐浙江。巡按御史一，巡鹽一，或清軍一。俱駐杭州。

浙江輿圖補註防海事宜

一、嘉興逼近海口，其禍與杭州同之，而海寧一衛，最要之處也。海岸之備則有澉浦、金家澳、石墩、黄灣等處，而赭山一寨，東南逼海，面對蕭山，與錢塘江口相連，最衝處也。若夫海港之備，則龍王塘直抵嘉興，實爲切患，而西海口南通大洋，北近平湖，亦浙西門户也。

一、寧、紹海道之備，一曰昌國衛，對衝大海，倭夷出没必由之處也。其設備之口，則有旦門、三門、大佛頭、牛欄基、壇頭、雞籠嶼等處，不下數十寨，而韭山對衝日本，山外俱遼東大洋，夷船往來必望此爲準。又昌國之咽喉，一曰定海衛，南臨大浹港口，爲要害無窮，沿海之備則小浹港、黄崎、梅山、嵩港等處，海外之備則有舟山、螺峰、涔江、天同嶴、沈家門寨等要害，易於衝突，難於守禦也；一曰臨山、觀海二衛，其海岸之備則有歷海、龍山等處，而三江所界臨、觀之間，相爲聲援，龍山等所北對金山蘇州大洋，東對烈港，伏龍山獨爲兩衛之咽喉也。若夫海港之備，則有蟶浦、勝山等港，而泗門港爲餘姚東北之襟帶，古窑港爲慈溪咽喉，金墩浦爲定海、慈溪相連界，烈港爲臨、觀門户，而三江港爲大洋之口，若從宋家漊、陡門一帶竟至紹興，越港而北即赭山，又省城第一關鎖處也。

一、温州備則有金鄉、盤石二衛。其設備於海岸者，舥艚、炎亭以下凡二十二寨，皆海舟登望之要也；其設備於海外者，大嶨頭海島以下五嶼等隩，皆海舟經泊之所也；而海港口當備者，黄華府城之咽喉也，江口平陽之門户，飛雲各境之外户也，鎮下門、烽火門門户會哨處，而白嶨塘賓蒲岐所之外户也，故有五水寨焉。

一、台州守海之要，松門衛、海門衛也。松門外即大海，直抵日本，而港内迂曲難以拒賊，必出大陳山而迎戰於海中，乃爲得之。若海門，浙東温、台門户也，三面阻水，無險可恃，故賊之犯台，恒必由此。健跳所面山距海，亦衝突處也。自此而下爲中州、臨門等港，凡七焉。若夫陸路之備，則兩衛以下又有六所：海門前所與衛等峙；中隔大港，爲椒江、新河所，去兩衛各五十里，去太平縣三十里，水陸可恃也；隘頑、桃渚，或險或易；而楚門南隔小港，爲玉環山，周百里，則海舟往來停泊之淵藪，温、台二境所宜深慮也。

浙江輿圖

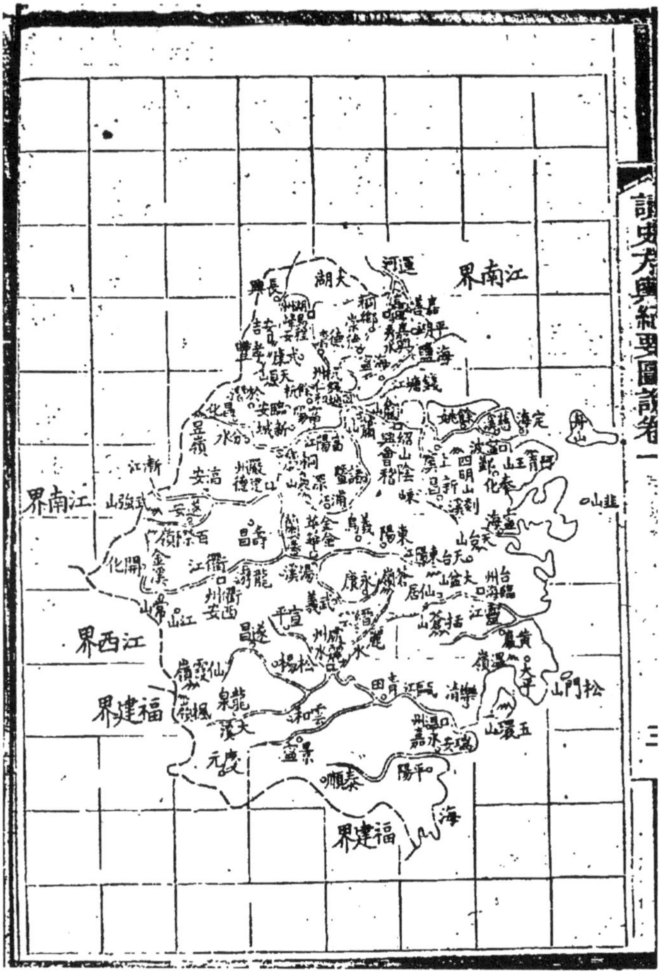
讀史方輿紀要圖說卷一
三
江南界
江西界
福建界
福建界
太湖
運河
長興
嘉善
平湖
海鹽
錢塘江
海
定海
舟山
韭山
松門山
五環山
分水
昌化
壽昌
淳安
開化
常山
江山
西安
龍游
湯溪
蘭谿
金華
義烏
東陽
永康
武義
宣平
遂昌
松陽
雲和
龍泉
慶元
景寧
泰順
平陽
瑞安
青田
樂清
黃巖
太平
天台
仙居
寧海
臨海
台州
象山
奉化
鄞縣
慈谿
餘姚
上虞
嵊
新昌
會稽
山陰
諸暨
浦江
桐廬
富陽
新城
臨安
於潛
嚴州
建德
孝豐
安吉
德清
崇德
桐鄉
海寧

道	杭嚴道,
五	巡撫,巡按,兩浙都轉運鹽使司。東赭山海口六十里,西嚴州桐廬界百三十五里,至京師四千二百里。
府十一	杭州,秦會稽郡,後東安、錢塘、餘杭、武勝軍、吳越國、臨安府。東南要衝,煩,劇,差重,上。縣九。米二十三萬四千石。府外帶江海,内抱湖山,水陸都會,罷於奔命焉。山險 吴山,府治東南,亦名胥山,左臨大江,右瞰
州一 附郭	錢塘,漢錢唐,會稽西部。衝,煩,劇,上。三百七十里。仁和,本鹽官地,或錢江。衝,煩,劇,上。三百七十里。天柱山,餘杭西南十八里,四隅陡絶,聳翠參天,古名山也。黄山,餘杭西南二十五里,左大滌,右天柱,高出衆
并外縣七十五	海寧,漢海鹽縣,又鹽官。衝,煩。四百八十里。府東百二十里。富陽,漢富春縣,後東安郡治。衝,煩,下。七十五里。府西九十里。餘杭,漢縣。僻,簡,中。七十三里。府西百里。臨安,本漢臨水,或安國、衣
	於潛,漢縣,或潛川。裁,僻,下。十二里。府西百七十里。新城,本富春地,或新城。裁,下。十四里。府西百里。昌化。唐紫溪,又武隆、横山、唐山、金昌、吴昌。簡,下。百十里。府西三百十里。
衛十六	杭州前,杭州右。
所	海寧,

西湖，爲一郡之勝。鳳凰山，府治南二里，下俯大江，直望海門，山勢若鳳凰之欲飛。皋亭山，府北二十五里，高百餘丈，雲出則雨，元伯顏入臨安，駐兵於此。浮山，府東南四十里。蘇軾云：「潮自海門東來，勢若雷霆，而浮山峙於江中，與漁浦諸山犬牙相錯，回伏激

山，伏虎嵒在焉。天目山，臨安西五十里，下有兩湖若左右目，又有兩峰，頂各一池，杭郡名山以此爲冠。其東北峰曰徑山，以有徑可通也，五峰回抱，奇勝特異。西菩山，於潛西三十里，九嶺交陳，雙峰對峙。千頃山，昌化西北六十里，上廣千頃。其近又有大鵠頭山，

錦軍、順化軍。下。四十六里。府西百里。

水道

海，海寧南十里，東連海鹽西境，浙江潮汐往來，沖激不常，舊有捍海塘，後又添築鹹塘。浙江，府西三里。志云：出歙縣，其水經建德合婺溪，過富春而爲浙江入海。江口有山，居江中，潮水

苕溪，餘杭治南。圖經云：源出天目山，由於潛、臨安流至餘杭，經錢塘入湖州，匯於太湖，相傳夾岸崖多苕花，故曰苕溪。紫溪，於潛南三十里，源出天目山龍湫，通昌化柳、源兩溪，合流入分水縣界，溉田甚廣。

西徽州歙縣界二百三十里，東杭州富陽界二百里。

射，其怒百倍，砂磧轉移，爲至險處。」定山，府西南四十里，突出浙江中，高數百丈，潮至此輒抑，過之則復吼怒。

嚴州，吳新都郡，或新安、睦州、遂安、新定、建德。山多田少，淳頑相半，簡，中。縣五。米一萬一千石。

其勢上陵霄漢，有龍池，周三百畝。

建德，本富春縣地。衝，煩，下。八十六里。金紫峰，淳安東北八十里，高二十餘丈，峰巒泉石，極爲奇勝。靈嵒洞，

投山，流折而曲，故云浙江也。西湖，府西十五里，川原秀麗，景物鮮華，東南名勝。臨平湖，府東北六十里，舊名鼎湖。

淳安，漢歙縣地，吳始新、新安、雉山、還淳、青溪、淳化。八十一里。府西百六十里。

壽昌，古新昌，新安、雉山。山多田少，簡。二十九里。府西南九十里。

分水。本桐廬西鄉地，或武盛。山多田少，裁，下。十

嚴州。

府據浙江上游，當甌、歙數道之衝，山川宏偉，道路險巇。

山險

萬壽山，府東南二十里，與明山、岊山相連屬，爲郡中佳山。蔗山，淳安西北四十二里，山分八面，水分十派。竝桃山，淳安西北六十里，高出衆山，一望絶頂，杭、歙、衢、婺之山，依稀在目。牛山，

淳安東五十里，上有千仞峰，下有聰明、龍門諸水。仙居洞，淳安東南五十里，連接十數洞，皆有竅可通往來，一洞泉石殊異。威平洞，淳安西七十里，一名清溪洞，又名幫源洞，宋時方臘深據岊屋爲三窟，韓世忠窮追至此禽之。垂雲洞，桐廬西五十里，

桐廬，本漢富春縣桐溪鄉。山多田少，衝，下。五十三里。府東百里。

遂安，吳新定。地瘠民頑，簡，下。五十八里。府西南百八十里。

水道

新安江，淳安南，一名青溪，自徽州歙縣經淳安縣界，至府城南合婺港東入浙江。東陽江，府東南，來

八里。府東北五十里。

嘉湖道，

兵備副使。北蘇州吳江界二十七里，東松

桐廬西四十里，歙人錢畟敗金人於此，淳熙中邑令向演置石柱欄柵於此，以便行者。富春山，桐廬西三十里，一名嚴陵山，清秀奇絶，號錦峰繡嶺，前臨大江，有東、西二釣臺。

嘉興，古長水，又檇李，後嘉禾、秀州。煩，衝，上。縣七。米六十萬八千石。

中有石門，又有石室，可容百餘人。

嘉興，秦由拳地。多水，煩，衝，上。三百八十里。

自金華府，至此與歙港合，東入浙江。桐江，桐廬北三里，一名桐溪，源出天目山，流入浙江。七里灘，桐廬西，即嚴陵瀨也，其險易以風爲候。

嘉善，亦嘉興地。煩，衝，上。三百四十里。府東三十六里。

崇德，義和市。淳，煩，衝，下。三百十一里。府南九十里。

嘉興，

江華亭界五十里，南至海八十三里。

府大海環於東南，震澤匯其西北，土田腴沃，蘇、杭衝會。

水道

當湖，平湖縣治東，周四十里。東泖，平湖東三十里，接松江界。穆溪，府東北四里，上接海鹽西六十里之上谷湖入太湖。雙溪，府東十里，舟之達於松江者皆由此。

秀水，本嘉興地。同上。

乍浦，海鹽東北三十六里，水舊自官河入海，元時蕃舶皆萃此，今置城備禦，即千户所也。澉浦，海鹽南三十六里，道通巨海，東南貿易之所，昔有城，置千户所。

海鹽，漢武原故地。沿海，僻，中。二百七十八里。府南八十里。

平湖，漢故邑地。沿湖，煩，中。百二十里。府東五十里。

山險

獨山，海鹽東北四十五里，不與衆峰接，昔置烽堠於上防寇。

桐鄉。本崇德之梧桐八鄉。煩，衝，上。百七十八里。府西六十四里。

海寧。海鹽。

澉浦，海鹽南三十六里。

乍浦。海鹽東北三十六里。

東蘇州吳江界六十里，北蘇州吳縣界十八里，西廣德州界百三十里。

湖州，古菰城，後吳興、震州，忠國、宣德、昭慶等軍。衝，煩，上。州一，縣六，米四十七萬石。府居山澤之間，舟車所會，爲南國之雄。

山險

卞山，府北十八里，高六千丈，非晴天爽日不見其頂，其別峰曰西陵山。白鶴山，府西北二十六里，連亘長興東

烏程，古名。煩，上。百六十七里。

歸安，宋置縣。穴，上。三百零九里。

安吉。漢故鄣縣地。煩，衝。九十三里。米一萬石。府西北百二十里。

東主山，德清西北三里，沈恪

長興，晉長城，綏州、雉州。山多水廣，刁。二百六十七里。府南九十里。

孝豐，阻山多盜。二十五里。州南六十五里。

水道

玉湖，府南三里，水出天目之

德清，唐武原，或臨溪。多陂湖，煩，上中。三百五十七里。府南九十里。

武康。吳永安，或武州、安州。山僻，下。六十三里。府南百七十里。

霅溪，府南三里，水出天目之陽，至此匯爲

湖州。

南。石城山，府南二十里，嚴白虎壘石爲城，與呂蒙戰於此。呂山，長興東南二十里，呂蒙屯兵處也。四安山，長興西南八十四里，四面平廣，有水流爲苕溪，亦名四安水。天目山，安吉西南七十五里，跨杭州界，極高峻，有泉水。亦見杭州。

拒戰侯景處。蒼雲嶺，長興北六十里，有松林及合溪之勝。其南十里又有啄木、池子二嶺。戍山，長興西三十里，一名夫槩山，因夫槩於此築城戍守也。梁張嵊亦於此築城捍侯景，明朝耿秉文點軍於此，名點軍山。

陽，至此匯爲湖，汪汪百頃，中有溪北流入城中，至東北合苕水入太湖。苕溪，府治西，溪有兩源，一發天目山，一出獨松嶺，合浮玉山水至安吉，合流至府城西，又分二派，一自清源門入霅溪，一自臨湖門外合霅溪入太湖。

湖，百頃。郡有七十二漊，曰漊涇，導苕、霅之流入太湖。

寧紹道，巡海副使，市舶提舉司，定海鹽課司。

東海岸百四里，北慈溪海岸六十二里。

寧波，鄞州、明州、鄮縣、餘姚郡、望海軍、奉國軍、慶元府。東南北近海。縣五。煩，上。米十七萬石零。

府南控閩、廣，東接倭番，海道所會，東南要衝也。

山險

響嵒山，府西南四十里，壁立千仞，下瞰流水。

四明山，府西南百五十二里，周八百里，跨紹興、台

鄞縣，句章。濱海，衝，上。四百五十四里。

蛟門山，定海東四十里，一名嘉門山，出此即大洋，古稱「蛟門、虎蹲，天設之險」，即此也。

虎蹲山，定海東五里，屹立海口，形如虎蹲。

伏龍山，定海西北八十里，山跨東西兩海門，形如卧龍，內有千丈嵒及海眼諸勝。施

慈溪，古句章地。負山濱海，煩。三百八里。府西北九十里。

奉化，本鄞縣地。刁，百四十九里。府南八十里。

水道

灌門海，故昌國境，有砥柱屹立中流，望之如人拱立，水匯於此旋涌若沸，舟行必投物以殺其勢而後過，風雨將作，有聲如雷。

定海，静海軍、望海縣，昌國省入。濱海，中。九十六里。府東六十五里。

象山。或寧海。下。三十二里。府南三百七十里。

寧波，

定海，

觀海，府西百五十里。

昌國。府南三百五十里。

大嵩，定海東南二百三十里。

霩衢，定海東南百二十里。俱隸定海衛。

龍山，府北七十里，隸觀海衛。

州境，二百八十峰，其頂五峰絶高，有石窗四周通日月星辰，名曰四明，其他奇異，不可盡述。太白山，府東六十里，高千仞，周三里，與天童山相接。戍溪山，慈溪西南三十五里，劉牢之屯兵處，下有溪。桃花坑山，奉化西北六十里，山色紅白相映，中有平田數百畝。

公山，定海西六十里，元有巡檢司以拒海寇，今設烽火於上。普陀落迦山，定海東北故昌國縣海中，乃海崖孤絶處也。往時高麗、日本、新羅諸國皆由此取道以候風信，一名梅岑山。

鄞江，有二源，一出奉化北四十里之奉化江，合府東五十里它山之水東流，一出上虞縣，經餘姚、慈溪境東，俱至府城東三港口會，東至定海縣大浹江入於海。大浹江，定海南，劉裕與孫恩戰，退還浹口，即此也。又有小浹江。

石浦前、後，俱府南三百七十里。

爵溪，府南。

錢倉。府南。俱隸昌國。

海道兵備副使。

北海口三十里，西杭州富陽界百三十五里。

紹興，秦會稽郡，東揚州、吳州、越州、義勝、鎮東軍。負山濱海，訟刁，煩。米三十一萬九千石零。

府帶江襟海，爲東南都會，而千邑萬壑，尤稱勝地云。

山險

會稽山，府東南十二里，揚州之鎮山也，縱橫周三百五十里。越王山，府西南百二十

山陰，古于越，舊名。上，衝。二百三十一里。

會稽，訟，煩，中。二百二十里。

城山，蕭山西九里，有洗馬池，句踐保此以拒吳師。峽山，蕭山南六十里，前後有二山相夾。龍門山，蕭山西南八十里，二山對立，上有龍湫。黃罕嶺，

蕭山，漢餘暨，後永興。煩，衝，中。百四十二里。府西北九十三里。

諸暨，秦縣，或義安、諸全州。僻，煩，下。百七十五里。府南百二十里。

餘姚，秦縣，或姚州。上，煩，衝甚。三百零一里。府東百八十里。

水道

海，山陰北三十里。府西五十五里有錢清

上虞，古名，或始寧。負山濱海，宂，中，煩，衝。百四十八里。府東百二十里。

嵊縣，漢剡縣，後嵊州、剡城縣。下，煩，衝。九十九里。府東百二十里。

新昌。石牛鎮。頗煩，中。三十二里。府東二百二十里。

紹興，

臨山。餘姚。

三江，山陰，隸紹興。

瀝海，會稽，隸臨山。

三山。餘姚，隸臨山。

	東海岸百八十里，西處州縉雲界二百十九里。
里，上有走馬岡、伏兵路、洗馬池、支更樓故址。	台州，漢回浦縣，後章安、臨海郡、赤城、海州、德化軍。上中。縣六。米十二萬石零。府山海環富，川澤沃衍。山險
新昌北三十里，唐裘甫寇浙東，或曰惟黃罕嶺可入，甫從之，剡兵遂敗。	臨海，煩，衝，海濱，疲。百七十里。蒼山，天台西北十里，接寧海界。天台山，天台西百十里，山有八重，高一萬八千
江，東南七十里有曹娥江，與浙江皆會此，名三江海口。鑑湖，府西南三十里，古稱南湖，其北有若耶溪，皆古來名勝處也。	黃巖，漢永寧，或永嘉。下。沿海，頗衝。八十六里。府東南六十里。天台，吳南始平，晉始豐，或唐興、台興。山瘠，疲，簡，
	寧海，晉縣。沿海，中。百六里。府東北百八十里。太平。成化五年割黃巖之南三鄉置。濱海，下。五十
	台州，海門，府東九十里。松門。太平東五十里。
	新河，海門南五十里。桃渚，海門東北五十里。

大固山，府城内西北，宛延磅礴，無異屏障，晉辛景休掘塹守此，賊孫恩不能犯。又城内東南有小固山，相連又有巾子山，皆形勝處。靖江山，府東七里，辛景休破孫恩處。真隱山，府西南四十里，高一萬六千丈，周三百餘里，與仙居韋羌山相接，舊名括蒼山。宜山，府西六

丈，周八百餘里，丹梯石橋，神仙窟宅也。大盆山，天台西百八十里，西接東陽南界，遥望形如覆盆，乃婺江之發源也。韋羌山，仙居西四十里，險不可升，衆山之至高者。雷山，寧海西三十里，有三十六峰。天門山，寧海北六十里，水流入海，蓋此山從嵊發脈，繚繞

煩，衝。三十八里。府北九十里。

仙居，晉樂安，或永安。山瘠，僻，下，疲。八十八里。府西九十里。

華頂峰，天台東北六十里，周百餘里，高萬丈，絶頂東望滄海，俗稱望海尖，草木叢郁，殆非人世，夏有積雪。蒼嶺，仙居西北九十里，與處州縉雲縣接

六里。府東南百四十里。

水道

三江，府西十里，天台水與永安、仙居二溪合，至府城南爲靈江，環繞府郭，潮至此而止。又黄巖縣西北有永寧江，二源合流，東入海。

健跳，海門東北百一十里。俱隸海門。

隘頑，松門南六十里。

楚門。松門南百三十里。俱隸松門。

	金衢道，
	兵備僉事。東台州天台界三百九
十里，其顛平衍，有田千頃，潭瀑沾溉，旱不能灾。東刊山，府東九十里，極高遠，一名天柱。海門山，府東南一百二十里。瓊臺山，天台西北三十里。又有雙闕山，兩峰萬仞，屹然相向。	金華，漢烏傷縣，後東陽郡，或縉州、婺州、武勝、保寧軍。山多田少，俗
三百餘里。柏香峰，天台西北六十里，四壁陰崖，垂磴萬仞。	金華，長山，或吳寧、金山。煩，衝。二百五十里。淳、頑半。
界。雙嵒，府南十五里，與府治對，峻峭爲衆山冠。馬蹄嵒，府南二十里，險絶處也。紫溪洞，寧海西北四十里，路極幽阻，唐李光弼擊袁晁，破之，晁弟瑛從五百騎遁於此，光弼駐兵，絶其餉道，其徒竟餓死。	蘭溪，元爲州。健訟，衝，煩，劇，上。二百四十五里。府西五十里。
	武義，或武成。山多瘠，刁，穴，下。九十五里。府西南八十五里。
	金華。

十八里，北嚴州建德界百一十里。

好訟鬬，煩，上。縣八。米十七萬石零。府山水特勝，風俗淳龐。

山險

銅山，府南二十里，一名白沙山，產銅。蘭陰山，蘭溪西七里，亦名横山，横截二江，周二十里。南住山，蘭溪南十五里，山自閩中透迤而來，至此截然而住。石室山，永康東三十里，南北二

歌山，東陽東七十里，有石室五間，可容百許人，山下水通寧海。石門山，義烏東九里，連山中斷，兩石對峙如門。青嵒山，義烏東南十二里，其中高者曰齊山，下有雙澗，南曰前溪，北曰梅溪。鐵嵒山，義烏東南二十里，俗名郭公山，極險削，山半有水簾百丈，頂有曠土百

東陽，山多，頑，簡，上。二百二里。府東百三十里。

義烏，唐綢州。多山，穴，中。百四十五里。府東百十里。

永康，晉麗州。刁，穴。百二十三里。府東南百二十里。

石樓山，義烏東二十八里，四面陡絕，兩山相對，層級高下如重樓複閣，形勝處也。金華洞，府北

浦江，倚山爲縣，土薄民野。百二十里。府東北百二十里。

湯溪。成化六年置。多山，田瘠民貧，下，刁。八十五里。府西六十里。

水道

浦陽江，源出浦江之深裊山，吴越三江之一也。白沙溪，府西南，源出處州遂昌，流入永康。湖溪，浦江北二

	西江西廣信玉山百十五里，東金華蘭溪界百二十二里，北嚴州遂安
穴相通，可容四百餘人。三峰山，永康東北四十里，三峰削聳，異於衆山。夏山，東陽東南四十五里，四面陡絶，頂有池。	衢州，古姑蔑，秦太末，後新安、信安郡。煩，衝，上。山多，田瘠。縣五。米九萬石零。府四通八達，江、浙、閩、廣之所輻輳，而山川
畝，三塢，一潭。	西安，煩，衝，上。百六十里。三衢山，常山北二十五里，山分三道，有石室洞在焉。石耳山，開化西八十里，周三百里，連亘婺
三十里，洞有冰壺之名。雞冠山，浦江東三十五里，重巒複嶂，高低不齊，前後相屬者三十六。	龍游，吴豐安、龍丘。中下，田少，頗衝。百九十三里。府東七十里。常山，吴定陽，或信安。山多，頗衝，中。百六里。府西八十里。
十里，源出縣西五十里之嵒坑山，北流抵富陽縣達於浙江之錢塘江。	江山，本信安縣之南川，或禮賢。多山，中。百二十七里。府西南七十五里。開化。舊場名。多山，民野，煩。百六十里。府西北二百里。
	衢州。

界九十里。

邃深，東南稱勝。

山險

嵒山，府西，四面壁立，絕頂平曠可數十里。響谷山，府南三十里，崖壁削立，水環其址。烏石山，府西四十里，巨石周匝，有如城壁，有門可入，中有水田。鵝籠山，府東五十里，上有繡峰及一池、三塢。

源、德興二縣界。仙霞嶺，江山南百里，宋史浩帥閩過此，募人以石甃路三百六十級。芹嶺，開化西南三十里，與遯嶺相連竝峙，其高切雲。湖山，常山北二十五里，山半有石城。

水道

信安溪，府西三里，一名西溪，環城西北入龍游界，至縣北又東與東陽江合，達杭入海。定陽溪，府東，源出遂昌周公嶺，東北流入本府界，至龍游南三里之雞鳴山下與信安溪合。

金溪，開化北四十里，北流繞縣治，名金溪，又轉而東流，經常山，名金川，下流合江山南之文溪而爲信安溪。

關隘

仙霞關，江山南百里，浙、閩咽喉也，有巡司。

温處道。

兵備副使。東海岸九十里，西處州青田界九十里，南福建福州福寧界四百九十里。

温州，漢初東甌國，後臨海地，又永寧縣、永嘉郡、東嘉州，靖安、靖海、應道等軍。沿海，僻，煩，上，淳頑半。縣五。米八萬一千石。府在浙爲極境，東界大海，西際重山，僻而實險云。

永嘉，漢回浦地。煩，上。二百八十二里。

山險

大羅山，府南四十里，亦曰泉山，朱買臣言「越王居泉山，一夫守險，萬人莫進」，即此。天台山，府西百五十里，山形如甑，旁有十二峰環立先後。玉環山，樂清東南二百里海中，西北有峽如門，名楚門，海航由此出入。

瑞安，吳羅陽，或安陽、安固。僻，上。百四十八里。府南六十里。

樂清，晉樂成。訟，刁，僻，中。百六十八里。府東北百二十里。

玉蒼山，平陽西南八十里，一名八面山，跨峙八面，獨高諸峰，昔稱其虎踞龍蟠。白雲山，平陽西南，高插雲漢，行人攀藤而上，號曰藤道。

平陽，本安固地。僻，疲，中。二百一十里。府西南百二十里。

泰順。裁，僻，簡，下。十八里。府西南三百七十里。

水道

永寧江，舊名慎江，又名永嘉江，東自大海，西通處州青田溪。橫陽江，平陽西十五里，與瑞安南之安陽江及府北之永寧江皆

温州，

金鄉，平陽南七十里。

磐石。樂清西六十里。

平陽，

瑞安，

海安，瑞安。俱隸温州。

蒲門，平陽。

壯士，平陽。

沙園，瑞安。俱隸金鄉。

蒲岐，樂清。

寧村。永嘉。俱隸磐石。

東台州仙居界百十里，西衢州江山界百六十五里，北金華永康百二十里。

處州。本永嘉地，隋括州，或縉雲郡。民悍，山多田少，煩，衝，中。縣十。米五萬七千石零。

府石磴盤紆，湍流險阻，山川扼塞處也。

山險

小括山，府西，舊府治在其上。相連有括蒼山，一名連城山，路曲屈，名

四溪山，平陽西南百里。

麗水，松陽、括蒼。煩，衝，中。百五十四里。

管溪官山，縉雲東七十里，薪竹長饒，龍池在焉。赤津嶺，遂昌北六十里，抵金華境。東嵒，宣平南六十里，四面陡絶，惟一面可上，一名赤石樓峰，下有青風峽、桃花洞，亂時

青田，本括蒼地。少田，僻，下。百十六里。府東南百五十四里。

縉雲，本金華地。頗煩，衝，中。百九十里。府東北九十里。

松陽，本章安之南鄉地。煩，衝，刁。百六十里。府西北百二十里。

入海，亦名三江云。

慶元，本龍泉之松源鄉。多山，微嵐，僻，中。五十九里。府西南四百七十里。

雲和，本麗水地。多山，微嵐，僻，下。五十九里。府西百十里。

宣平，本麗水地。中下。六十里。府北百二十里。

處州。

九盤嶺。大梁山，府南二十里，登其頂俯看城郭，俱在目前。石門山，青田西七十里，兩峰壁立如門，中有溪洞瀑布，皆奇勝。南田山，青田南百五十里，上有田，旱則大熟，唐袁晁亂時，人多避此。

人多避此。又有西嵒，其高竝之。

遂昌，吴平昌。僻，中。七十四里。府西北百九十里。

龍泉，唐縣名，或劍川。僻，刁，煩，難治。百六十五里。府西南二百四十里。

水道

大溪，府南二里，一名清溪，源自龍泉，南合秦溪、漿溪，至府界合松溪、遂昌港，東至青田南，又合諸水，東南至温州入海。

景寧。本青田地，多山，僻，下上。六十六里。府南百四十里。

好溪，府東五里，源出縉雲大盆山，南過洞溪，東入海，舊名惡江。記云：兩岸連雲，高崖壁立。松溪，松陽西三十里，發源遂昌縣，東南流至麗水入大溪。